**ORDINI**
现代世界
**NUOVI**
李猛 主编

Wisdom's Workshop
The Rise of the Modern University
James Axtell

# 生产智慧

## 现代大学的兴起

[美] 詹姆斯·阿克斯特尔 著
何本国 译

生活·讀書·新知 三联书店

Simplified Chinese Copyright © 2022 by SDX Joint Publishing Company.
All Rights Reserved.
本作品简体中文版权由生活·读书·新知三联书店所有。
未经许可，不得翻印。

**图书在版编目（CIP）数据**

生产智慧：现代大学的兴起／（美）詹姆斯·阿克斯特尔著；
何本国译 . —北京：生活·读书·新知三联书店，2022.8
（现代世界）
ISBN 978 – 7 – 108 – 07390 – 7

Ⅰ.①生⋯　Ⅱ.①詹⋯　②何⋯　Ⅲ.①高等教育－教育史－世界　Ⅳ.①G649.1

中国版本图书馆 CIP 数据核字（2022）第 094675 号

All rights reserved. No part of this book may be reproduced or transmitted in any form or by any means, electronic or mechanical, including photocopying, recording or by any information storage and retrieval system, without permission in writing from the Publisher.

责任编辑　王晨晨
装帧设计　薛　宇
责任校对　陈　明
责任印制　宋　家

出版发行　生活·讀書·新知 三联书店
　　　　　（北京市东城区美术馆东街 22 号 100010）

网　　址　www.sdxjpc.com
经　　销　新华书店
印　　刷　河北鹏润印刷有限公司
版　　次　2022 年 8 月北京第 1 版
　　　　　2022 年 8 月北京第 1 次印刷
开　　本　880 毫米×1230 毫米　1/32　印张 17.125
字　　数　383 千字　图 28 幅
印　　数　0,001 – 6,000 册
定　　价　69.00 元
（印装查询：01064002715；邮购查询：01084010542）

# 现代世界
# 总　序

　　不同人类群体在时间和空间上发展的多种文明，共存在同一个世界秩序中，并借助这一秩序相互理解，这是人类前所未有的经验。此前，各种世界秩序的基本框架，都依据单一文明或主体文明的历史视角与空间逻辑构成，其他文明被视为非文明的野蛮形态或反文明的敌对形态。虽然任何世界秩序在建立生活理想与政治、经济、文化形态时，都不得不考虑文明的差异与分歧，但等级制和排斥的逻辑仍然是这些世界秩序处理其他文明的主要方式。不同世界秩序之间始终存在经济或文化上的往来，也有地缘政治的摩擦甚至竞争，甚至一个世界秩序会完全取代另一世界秩序，容纳或消化后者的文明因素作为自己的一部分，文明与秩序跌宕起伏的命运，在今天，都被重新理解为现代世界秩序的史前史。现代世界是人类文明共存与相互理解的一个新阶段。

　　现代世界的复杂构成、漫长演进和多元谱系，是现代学术面临的核心问题。现代学术是现代世界理念的重要来源。一个文明进入现代世界，首要的任务，是建立该文明与其他文明在现代世界的共存关系。无论是比较历史语文学的批评方法、哲学和科学的新体系,还是社会科学的经验途径与田野实践,作为现代学术的核心,都有深刻的文明动机与丰富的世界意涵,成为现代世界观察与理解各种文明形态的主要范式。但由于现代学术的推进往往依托现代文化与政治的各项制度(特别是现代大学的研究体制),在现代学术的实际发展中,大多数文明,仍然只是作为研究素材,以博物馆或田野的方式被纳入现代世界的思想秩序中。现代学术构建的现代世界秩序,往往发端于学术制度背后的政治与文化的母体,这一母体的文明理想,在很大程度上被直接充当现代世界的理念,而现代学术有意或无意地借助这一文明的思想图景,通过泛化和宽容的方式,将其他文明作为对象文明纳入现代世界的秩序中。现代学术的世界秩序理念,仍然很大程度上囿于实际研究中主体文明与对象文明的经验对立,从而限制了进入现代世界的诸多文明自身的思想成熟。"二战"以来的多元文化视野、全球视角和本土化努力,并未在整体上改变现代世界在理念上的这一矛盾处境。现代学术所承诺的世界秩序,在思想上,仍然是未完成的。勇敢地运用文明中的理性与情感的力量,推动各文明激活自身传统的生命力,在现代世界中实现思想成熟,仍然是现代学术的根本课题。

现代世界的学术所面临的文明处境与思想挑战,需要长期系统的建设性工作。现代世界的形成,是一个长时段的历史进程。只有超越现代化的短期视角,超越从中世纪晚期开始直至17、18世纪西欧文明的"古今之争",甚至突破来自现代学术的主体文明对古典–中世纪与现代的划分以及尚待反省的理论预设,才能更好地理解各种文明在漫长的历史进程中如何以不同方式进入现代性的世界秩序。而要把握现代世界秩序的形态,需要跨越现行学术体制的学科界限,综合政治、法律、经济和社会的视角,兼顾制度与思想的维度。"现代世界"丛书希望从翻译入手,在丰富现代中国思想的学术资源的同时,开辟更为宽广的思想空间,为探索现代世界的理念进行学术上的积淀与准备。

李 猛

2019年9月

# 生产智慧

## 现代大学的兴起

WISDOM'S WORKSHOP
THE RISE OF THE MODERN UNIVERSITY

诸门科学之滥觞……智慧的别样摇篮。

——教皇格列高利九世（1231年）

献给苏珊
我的人生伴侣
最好的朋友
身手不凡的编辑

# 目 录

中文版前言　渠敬东　｜　i

前　言　｜　xxx

致　谢　｜　xxxviii

第一章　创　始　｜　1

第二章　牛津－剑桥　｜　50

第三章　通向国外的大学之路　｜　123

第四章　学院之邦　｜　171

第五章　德国印记　｜　256

第六章　步入成熟　｜　319

第七章　巨型大学及其之后　｜　366

后　记　吞食世界的中世纪机构　｜　420

推荐阅读　｜　433

图　目　｜　444

索　引　｜　446

# 中文版前言

渠敬东

## 一

常有一种比方,说一个民族的文明抟成与进步,就像一个人的成长,要有好的营养和环境,也能在命运周折中坚持不懈,创造发明。这样的人,才能兼容并蓄,精神自成,成就出一个独特的世界来。不过,比方归比方,真能将一种面向世界的文明与一个人的身心结合起来,真能在一个人那里见到千年文明的传承发扬,简直是天方夜谭。

可历史就是这样诡异,任何一种文明,之所以被称为活着的文明,就是因为她们都想方设法要去做这件异想天开的事情。且不说欧洲中国这样绵延数千年之久的文明如此,仅有几百年历史的美国,自打建国之始,便以之为大业,从而成就了当今的洋洋局面。

《生产智慧》讲的就是这样的文明故事,而所有的故事又都发生在大学之中。就像本书题记所引用的约翰·梅斯菲尔德的话:"凡尘俗世间,鲜有比大学更为华美的东西。"或者如马修·阿诺德所说:"沉于省察生命,整体的生命",才是大学里真正发生的事。

美国现代大学的兴起,就是美国文明得以塑造的轨迹,也是美国人寻找自身精神的历程。本书遍览历史档案,重拾以往那些点点滴滴的断片,将一幕幕图景蒙太奇般地交织在一起:各种人、各种事、自然的样貌、历史的处境、制度的推进、观念的碰撞皆具体而微,穿梭其间,着实会带给读者一种万花筒般的感觉。不过,依照作者的说法,之所以要去"追溯美国那些研究型精英大学独特而明显的崛起过程","是因为它们代表着主流模式,心怀抱负的国家和竞争对手基本上都想效仿"。

作者说得没错,晚近几十年的时间里,有多少国家比学赶帮,争相模仿着"全世界的标杆和领跑者",每个动作、每个姿势、每个步点都似乎要做到亦步亦趋,有的甚至于乱了自己的方寸。而反观美国大学自身的成长历程,则是"在一系列彼此相近却从不完全相同的机构那漫长的流变过程中,由特定的时间、地点和条件所造就的产物,姿态纷繁而又受限于具体的情形"。这好比人的成长,彼此天性不同,条件殊异,不能死板地诉诸同一种既定的模式。

他山之石,若可攻玉,绝不在一招一式,而在于如何从"整体的生命"那里获得真正的启迪。我们只有在完整的人生中,才能获取启发,调动能力,真正活出自己的人生。假如时光倒推两百年左右,那时候从欧洲的眼光来看,美国还没有一所真正的大学,可如果我们不去观察这一文明起步的童年,如何才能知晓长大成人的艰辛。单靠简单的模仿,人是没法成熟的,一个民族的精神更是如此。美国人起先也曾像孩子一样,对欧洲的文明羡慕不已，努力效仿德国大学的样子，但最终，还是走出了一条属于自己的大学之路。

## 二

任何人都不是凭空而来的，他身上总有祖先的基因、父母的印迹、周围世界的影响，甚至是久远观念的注入。大学也一样，它离不开最久远的传统的种子，也离不开培育自己生长的土壤，离不开当下诸多政治经济条件的作用，就像是每天的阳光和雨水。这意味着，即便要考察美国现代大学的兴起发展，也须得溯往千年以前大学的源头。

"与教堂和议会一样，大学是西欧和中世纪的独创。"作者的此番说法，包含着一个重要的论断，即宗教、政治与学术是现代世界之原初构造的三个支点。这让我想起了涂尔干在《教育思想的演进》中给出的相似定位："'教会''帝国'和'学术'（sacerdotium, imperium, studium），这是基督教世界的三根支柱。教会的基地在罗马，世俗权力（帝国）在皇帝手上，而学术则以巴黎为中心。"（涂尔干，118—119）这说明，大学之形成，必须要从这三重关系来理解，必须具备三个最重要的条件：一是信仰，或者说是价值之终极诉求；二是统一的世俗政治的保障；三是求真意志及知识的探究。三者相辅相成，缺一不可。或者说，从中世纪中期起，在西方世界的构造中，大学便开始逐渐具有与政教体制同等重要的地位了。

欧洲的大学虽诞生于 12 世纪，但在加洛林文化复兴时期便已初现端倪，就是因为在基督教的信仰世界里，查理大帝建立了统一的欧洲世界，并将古典文化的复兴作为勾连帝国与宗教、理性与信仰的桥梁。12—13世纪的情形也相似，大学作为学问所（studia），这种类似于法团（universitas）[1]的组织，之所以能够行使高度的法律自治权，既要在教皇那里获得承认，也需要获得国王的认可。不过，大学的自主性，更在于一种追求真理的独特路径。虽然那个时候，还谈不上今天所谓的"研究"，"真理"依然源自《圣经》的教义，但要能够正确并精确地加以理解和解释，却少不了重新发现古典时代的技艺，史上常说的"三科四艺"，特别是三科中的文法、修辞和逻辑（辩证法），便是"用理性来检验信仰"的思维器具。

因有信仰的指引，学术自然不可以随处探究，但信仰的世界足够博大精深，足以耗费学者们的毕生精力了。面向信仰的知识，当然也不同于今天我们熟知的面向自然的知识，而皆以《圣经》文本和古典文献为基础，在语词、逻辑和义理的世界里钻探。因此，学问也常以"诵读"（快读［raptim］和慢读［tractim］）、"演讲"（lectio）和"辩论"（disputatio）的形式展开。这种情形，仿佛就像今天仍然在中国甘南拉卜楞寺见到的"辩经"那样，场面热烈，充满智慧的较量，以坚实的义理服膺于自己的信仰。

---

[1] universitas 一词在词源学上就有着"一体性的法团"之意，而且经常与 societas、consortium 等词换用，只是在有关学术或教育的表达中，会用诸如教师法团（universitas magistrorum）或学术法团（universitas studii）的概念来明确其具体的指涉。当然，universitas 也可指涉一种知识的整全，或所谓人类学问的总体，就像是一个手艺行业中必须掌握的所有手艺一样，参见涂尔干《教育思想的演进》，李康译，载于渠敬东编《涂尔干文集》第 4 卷，上海：上海人民出版社 2001 年版；Haskins, Charles H., *Rise of Universities*, Ithaca and London: Cornell University Press, 1957。

那时的大学遍处是"经院哲学"的风格,亚里士多德的学说很风靡,成为"学问之王"。不过,人们更感兴趣的是像《范畴篇》《辨谬篇》《前分析篇》和《后分析篇》这样的文献,重于思维逻辑的训练,因此,《工具论》便成了教育中的最高典范。[2] 从建制上说,大学也颇类似于行会组织,教师或师傅们(magistri)被安置在各个学院里,除了神学院、法学院和医学院这些做职业训练的院系外,文理学院则成了规模最大、地位最高、职责最强的机构了。那些从欧洲各地来的学生,则自行结合成为"同乡会",后来发展成为寄宿制学院(collegio),通常住在封闭的方院里,就像我们今天依然在牛津诸学院看到的那种样子,多少带有些修道院的味道。

今天,无论世界上哪个地方的哪所大学,都离不开其始源意义上的基因。万变不离其宗,回顾大学的最初样态,是要强调几个方面:一、学术是一个独立的领域,一项专门的职业,并处于与宗教和政治同等重要的位置上。二、此三大领域相互之间有着重要且微妙的关系,学术无法脱离信仰或价值的向度,不可能因独立而绝对中立,因理性而丧失精神;同样,学术与政治的关联也不可忽视,且不说所有大学都需要资源上的支持,就其本身而言,也必有公于天下、经世致用的目的。三、无论在哪个历史时期,大学都担负着激活传统、延续文明的历史使命,而且,这一使命是借助师生之间的知识通道加以传递的:研究即是教育,教书即是育人,活着的文明必然寓于活着的生命之中。

---

[2] 渠敬东:"教育史研究中的总体史观与辩证法——涂尔干《教育思想的演进》的方法论意涵",《北京大学教育评论》2015 年第 13 卷第 4 期。

## 三

当然，从原初的大学到现代大学的成型，其间的历史过程是相当复杂的。作者以牛津、剑桥为例，进一步追溯了大学与教会和王国之间若即若离的关联。这两所大学的现代崛起，归因于一个伟大的历史时刻——"伊丽莎白和解"（Elizabethan Settlement）。作者指出：到了17世纪初期，"大多数国家都面临着新教改革、国家形成、民族主义和社会经济变革的挑战，英国的反应却促进了其文化和学术机构，向着欧洲探险家所谓的新世界最充分、最直接的移植"。

究其原因，早前在亨利八世时期，大学开始面临一种新的局面，需要改变游戏规则：一是活字印刷的书籍取代了手稿文本，二是文艺复兴的人文主义思潮传播到了英国，三是以观察和实验为基础的自然科学逐渐兴起，四是大学更加世俗化了，人才培育的目标从神职人员转向了国家栋梁。此时，牛津和剑桥对王权的依附依然是很强的，不过，学者们对于英国重新厘定政教关系也起了极其关键的作用。

1530年，亨利王朝要求学者们判定："神授法和自然法是否禁止迎娶自家兄弟未曾生育的遗孀？"后经学者搜肠刮肚，寻找大量历史证据，终于裁定：此种做法不仅过去不合法度，也永久不合法度。[3]此事的意义非同寻常，六年后，英国政府正式否认了罗马教皇在所有事务上的权威，于是，英国在亨

---

[3] 此事的起因，是亨利八世迫不及待地想要与凯瑟琳解除婚姻，但两任罗马教皇都明确反对，亨利只有被迫在国内寻求解决，便求助于自己麾下的两所大学里的博学教员们。

利治下弃离天主教会，后由爱德华六世使英国国教完全转向了新教，不仅废除了独身禁欲和弥撒仪式，礼拜日服侍也改用了英语，拉丁语退出了知识主宰的地位。后来的三十年间，这样的转变反复拉锯，但牛津-剑桥的学者们却始终站在改宗的前列，直到伊丽莎白继位的第二年（1559），议会恢复了国王对国家的宗教和精神事务的管辖权，才尘埃落定。这是决定英国未来的文明命运的大事件，王权与学者们共同发动了政教关系的变革，这个国家从政治、文化和精神上才开始走出了一条独立的现代道路。

接下来，王权与大学的关系如何调理，便成了主旋律。在伊丽莎白一世（以及后来的詹姆斯一世）看来，大学是"我们的教会和国家的摇篮和源泉"，树立了宗教统一、意识形态控制、道德诚信和社会秩序的典范。君主们亲自督导大学的关键事务，巡视教学活动、听取学者进谏、选拔任命要职，给予了极其充分的重视。教员和学生们也是活跃异常，不仅为国王授予命运学位，还踊跃表达自己的见解，甚至连"君主制是不是国家的最佳状况"这样的尖锐敏感话题，也纳入公开的激辩当中。

不过好景也不长久，国王和廷臣们对大学的干涉越来越多，而学者们则竭力想守持住自己的章程，保护内部事务的自决权，一时间，大学秩序再度陷入混乱。直到16世纪70年代，在伊丽莎白一世的亲自督促下，牛津大学和剑桥大学的校长和改革者们最终制定了新章程，强化了校长权力和学院的地位，以及入学、授课、学位等方面的礼仪和纪律，并成立"校务评议会"（convocation）等机构，使得大学最终有了完整、细致和系统的建制，进入发展的鼎盛阶段。

今天大学里通行的导师制度，就是那个时代英国人发明的。导师本来归于学院的体系，常以语言及文理方面的业务来对大学讲师的课程作以补充。虽说导师制一开始是一种学生管理、学术附属的制度，但在方院内学生与导师常形影相随、切学磋艺，不免会带来治学和做人的持久影响。由此，牛津和剑桥便越来越将本科生教育作为重心，文理学士成了关注的焦点。16世纪，牛津和剑桥所构建的课程体系已经就带有了"折中文化"的特点："融合了旧与新、经院哲学和人文主义，但在抱负方面仍然是百科全书式的。……在笛卡尔、牛顿及他们的那些作为新科学化身的同伴之前，无人能与亚里士多德在文化上的主导地位相抗衡。"但到了17世纪，牛津校长开始设立了一些专门研究的教席，如阿拉伯语、几何学与天文学、历史学、透视学等。这其中，"伊丽莎白和解"则起了关键的历史作用，正是这一时刻，"为大学带来了急需的发展和稳定，并消除了政治和宗教的大多数不确定性"。此后，大学在教职、学位、专业、课程、学院、图书馆甚至是出版社等方面进入一个全面建设的时期，成了现代大学的典范。

难怪作者这样评述道：

> 无论牛津和剑桥如何成功地回应了时代的变迁和挑战，它们总能在一种中世纪的神话中找到安慰，这种神话把它们牢牢地置于一个伟大的传统中。两所大学为自己塑造的血统，比严格遵循历史事实的血统更有抱负，这种血统将它们置于从雅典到罗马、从罗马到拜占庭，继而到达巴黎以及伊希斯的草坡和剑桥等主要的知识中心这条直线上。在基督教社会的三元结构中，它帮助这两所大学和其

他新兴的12、13世纪的欧洲大学在老式的教会和国家之外,成功地争取到了一个位置,作为学问所。

## 四

讲英国的事,是为了讲美国的事。美国最先的移民,是新英格兰人。1636年,马萨诸塞法院通过法案,决定在北美创建的第一所学院,不仅落户在"剑桥"的地方,而且执掌学院的院长,也多是剑桥培养的人才。更为重要的是,有历史学家认为,哈佛学院是严格以剑桥大学伊曼纽尔学院为范例建立的:"哈佛是英国清教主义的温床,即剑桥伊曼纽尔学院的继子。"

尽管作者依据大量历史材料,对这样的说法有所订正,但上述判断大体上也是站得住脚的。据记载,"1646年前,接受过剑桥教育的100名新英格兰移民中,来自伊曼纽尔学院的人数达35人之多",超出了牛津全校派出的人数总和。连出资创立哈佛学院的约翰·哈佛牧师本人,也是伊曼纽尔学院的文科硕士。不过,作者的另一番考证倒是很重要,对于理解美国文明的基础很有意义,即伊曼纽尔学院的底色,并不是典型清教徒的神学院,而是"一批致力于改革的牧师和世俗领袖精英",属于加尔文宗的温和派,在"完全服从"和"完全不服从"英国国教教规和仪式的两极行为之间"游走"。在教会—国家—大学的三维结构中,深入理解美国教育形成之初的宗教背景是特别重要的,它注定为美国大学未来300余年的发展并形成自己的独特风格,起到关键的作用。

最早的哈佛学院像一所微型大学(mini-university),为殖民地培养各类职业精英:律师、医生、公务员、教师,以及"在流动社会等级中获取和巩固地位的种植园主、绅士和商人",当然,还有大量的清教牧师。不过,这里需要注意,虽然学院教育以职业为目标,但在培养计划上则凸显了一种未来的倾向,即不是依照现有的职业要求,而是着意于经典学习的统合作用。这样的经典课程系统,不仅将欧洲的 liberal arts 传统严格继承了下来,而且也体现出一些不同于老剑桥的特色:除了学习拉丁语和希腊语来研习修辞、逻辑和哲学等领域的学问外,还指定了所有三种《圣经》语言的作品(希伯来语、迦勒底语[阿拉姆语]和古叙利亚语),目的是更为精细地贯彻美国这所"先知学校"的职能,强化清教徒们有关"神圣知识"的素养。

理解美国大学的起源,我们必须再次强调其独有的宗教背景,这种带有强烈革新派清教徒色彩的精神取向,决定了美国文明未来的发展方向。在新大陆去落实他们的理想,本就是一幅充满诱惑且激情振奋的事业。对新教徒来说,无论是价值体系、生活哲学,还是认识和改造世界的视角,以及对教义的天职意义上的理解,都贯穿于他们最初的践行之中。即便是在哈佛学院早期的课程体系中,我们都会看到那种疏离主流教会传统、促进世俗化进程的独特宗教观,勤劳与节俭、虔诚与审慎的生活态度,亦通过教育渗透在现代的职业活动之中。同样,美国大学的传统,虽表面上看似以私立的形式存在,但若进一步考察,便会发现从一开始它们与国家的联系就是极其紧密的。自 1650 年起,殖民地议会便发布了一系列特许状,对中世纪以来大学的特权传统给予保护,在免税、兵役、设施、薪金等方面都赋予大学的最惠待遇。

在接下来的百年时间里,随着世界各地的移民纷纷涌入,在北部各殖民地，新的学院，特别是像耶鲁学院、新泽西学院（后为普林斯顿大学）、罗德岛学院（后为布朗大学）、王后学院（后为罗格斯大学）这样的机构也按照私人—公共联合式的模式建立起来，以适应新来的人口、城市化以及各类的社会需求。18世纪中叶的教派大觉醒，进一步强化了美国在种族、政治和宗教方面的多元特征，各个学院也应时代所需，"要想吸引所有类别的新教徒并生存下去，就要超越自己的宗派渊源和倾向"。于是乎，新建学院从资金、教员和学生的来源上也扩展到更大的范围，甚至很多农民、商人和工匠的子弟也有了求学深造的机会。

相比于欧洲，美国新教徒始终致力于的"本土化"工作，在各学院中持续推展。18世纪，各学院相继中止了拉丁语在教学研究中的统治地位，以及中世纪思维的那种三段论逻辑，转而用日常化的英语来关注法律和公共生活中的各类问题，记诵和论辩的教学形式让位给了主题演说，更贴近于联邦制、奴隶制、税收制以及国家政策等经世的学问和话题。与此同时，启蒙运动带来的新科学也全面落实到课程体系之中，数学被确立起更高的地位，随之天文学、物理学、光学等自然科学，以及相应的实验课程，将学生们引入对自然之神的认知之中。这些改变，为北美建国做了具有根本意义的铺垫。

## 五

从独立战争到南北战争，是美国政治文化得以孕育和构型的关键历史阶段。在国父们所创立的共和主义的意识形态下，政治、宗教与社会之间形成了一种全新的连带关系。

托克维尔曾指出:"在美国,联邦所统治的不是各州,而只是各州的公民。……以前的联邦政府直接治理的是加盟政府,而美国的联邦政府则直接治理公民个人。它的力量不是借用来的,而是自己创造的。"[4]美国北部形成的尚金、勤劳以及个人主义的价值观,消除了旧世界所存留的那种贵族气质,立法机构废止了长子遗产继承权和其他遗产继承的限制,便使土地的所有权分配更为广泛,社会身份的流动性得到了强化。同样,托克维尔也说过:"宗教,在他们所赞扬的共和制度下,比在他们所攻击的君主制度下更为需要,而在民主共和制度下,比在其他制度下都尤为需要。当政治纽带松弛而道德纽带并未加强时,社会怎么能免于崩溃呢?如果一个自己做主的民族不服从上帝,它能做出什么呢?"[5]

有趣的是,马克思在《论犹太人问题》中也曾提到过托克维尔的上述发现。他说:"不管怎样,正像波蒙、托克维尔和英国人汉密尔顿异口同声认定的那样,北美主要还是一个宗教盛行的国家。……问题在于:完成了的政治解放是怎样对待宗教的?既然我们看到,就在政治解放完成了的国家,宗教不仅存在,而且表现了生命力和力量,这就证明,宗教的存在和国家的完备并不矛盾。"[6]

的确,在一片充满机遇和自由流动的土地,将人们的宗教信仰与世俗欲望巧妙地结合起来,并突出地表现在美国式的教育形态上。从18世纪到19世纪的大多数时间内,美国高等教

---

[4] 托克维尔:《论美国的民主》,北京:商务印书馆,第149页。
[5] 同上书,第341页。
[6] 马克思:《论犹太人问题》,《马克思恩格斯全集》第一卷,北京:人民出版社,第425页。

育的主要机构仍然是专门学校（academy），到了鼎盛时期，约有6100所学校，263000名学生。这种类型的学校，将传统的语法科目与各类实业培训结合起来，古典学问上并不高深，实用知识上则常以"客户"为导向。但从根本上讲，则是韦伯所认为的那样，美国的学院教育以培养公民为目标，"服务于美国政治和社会基础的世界观的培养"。[7]

与此相应，更根本的事情，是类似于马克斯·韦伯所关注的现象[8]，即美国教派林立，其作用渗透在教育、社会和实业各领域之中。早先的教派来自东北部和中大西洋地区，如公理会、长老会、德国和荷兰改革宗以及新教圣公会，他们依然还很在意神职人员应在神学院接受正规教育，但19世纪30年代起拥入西部和南方的新福音派教士，尤其是浸礼会和卫理公会，则更强调精神体验的内涵；而那些来自爱尔兰、德国和南欧的移民群体的罗马天主教神职人员，却更关心初等和中等教育的方面，期待自己的信徒在纯正的天主教环境中受训。韦伯在美国教派的研究中，特别强调了新教教派对于社会伦理化的重要作用，作为道德人格的遴选组织，教派也同样促进了商业和实业经济的发展。事实上，正如作者所说的那样，无论从道义上还是经济上，美国极其发达的宗教社会化进程都发挥了巨大优势，各学院最为关键的支持都来自各宗教教派和会众。"一个社区一旦建起了教堂，就通常会办一所专门学校或一座有预科系的小型学院，供那些没有掌握足够拉丁语或英语语法

---

[7] 韦伯："美国的大学与德国的大学"，《韦伯论大学》，孙传钊译，南京：江苏人民出版社，第37—38页。
[8] 韦伯：《新教教派与资本主义精神》，苏国勋等译，北京：社会科学文献出版社。

的人注册入学。""耶鲁团"也曾强调:"福音派的宗教和教育必须齐头并进","教会和学校跟上移民潮的步伐……否则即将到来的数百万人,将落入贪婪无度的罗马那迷信或无神的异端恐怖之手"。

于是乎,在这个被称为"学院之邦"的时代里,无数捐款纷纷而来,教学楼、礼拜堂、图书馆和宿舍楼,都依照华丽、复古和复合功能的标准建设起来。今天我们能够看到的美国著名大学的样貌,大多是在那个时代形成的。比如耶鲁大学,就提供了两种建筑范例:转砌的康涅狄格堂有三层,两个入口;"老砖排"(Old Brick Row),则是一组壮观的宿舍、小教堂和讲学所,沿着学院街排成一行,面向体量庞大的"纽黑文绿地"(New Haven Green)……

这个时代,也是一个酝酿着改革的时代。起先,各个学院还以类似于严格教规的办法来管理学生,学校成了父母般的"全控"机构;课程体系也同样按照老规矩来操作,教师念啊念,学生背啊背,没有什么有组织的体育活动,上的课单调乏味。当然,学校管得越严,学生也就越皮,常常胡作非为,酗酒赌博,寻衅滋事,让人不免想起早年北大的学生在京城里做的糗事。

但到了19世纪中叶,这种情形在新的几项改革中发生了根本转变。第一项改革是学术生涯的专业化,那些历史久、规模大的学院开始系统改革人事和教学系统,导师被专业化的教授取代,教授的课程也不再依照规定的教材,而采用完整的科目;学院形成了完整清晰的职业阶梯,教师不再是教士,而成为终身的专门职业,职级明确,工资提高,成果依照明确的学术标准评鉴,职业流动性也随之上升。第二项改革,是将广义的科目细化为专业学科，如自然科学分成物理学和天文学，自然史分成化学、植物学、动物学、地质学和矿物学，如此等等。每个科目，都有自己的学术组织、研究工具、学术期刊和标准教材。新人文主义的思潮也最终占领了这片新大陆，语文学、古物学、历史学等学科终于登上了学术舞台的中心，努力实现"从文字转向世界"的现代学术变迁。

从此刻起，美国的学院（大学）走入了鲜活的世界，学者们尤其受到德国历史主义思潮的强烈影响，开始形成由今及古、由古通今的知识上强烈的生命感："不仅要阅读令人钦佩的希腊人，还要在思想和精神上成为希腊人"；"不再把希腊人的幽灵召唤到我们面前，而是把我们自己搬回希腊人生活的时代"。而这一切，并不是靠着教条地守持传统法则，而是通过从学科思维的专业角度出发，来努力落实德国人的那种"自我教化"之理想的。由此，美国人开始迈出了探索自己的大学理念的关键一步，就像1851年密歇根大学校长亨利·塔潘说的那样：

> 做好准备充分研究各个知识分支，进行全面的科学探索；学术研究永无止境。

## 六

当美国人埋下了这颗理想的种子，朝圣之旅便开启了。

虽然美国的各大学院始终在寻求突破，但直到19世纪中叶，仍然没有一所可与欧洲媲美的像样的大学。但改革者的心愿和努力，却转化成为一种淳朴的热情，特别是那些拥有远大抱负的学者,向着内心的学术圣地而期盼。19世纪70年代,哈佛的希腊语教授查尔斯·史密斯,一位莱比锡大学的博士,曾说:"若想成为学者,德国非去不可。"这句话,可以说是一批批的美国学生前赴后继地奔向欧洲,尤其是德国的留学大潮的形象写照。这情形,颇类似于20世纪八九十年代中国的留美大军吧。那时候,美国的学院没有研究生院的设置,若要走上学术生涯,留学便是唯一的出路。据作者统计,到第一次世界大战之前,美国学院的毕业生赴德留学的人数已有9000人的规模。

美国人对德国大学有这样的执念(fetich),就像是德国人有什么学术研究的独门秘籍似的,美国人常常被那些教授的鼎鼎大名所震慑。不过,从现代科学的意义上,德国人确实走在了前面,这个相比于西欧后知后觉的民族,在洪堡和费希特等学者的鼓舞下,将普遍意义上的科学(Wissenschaft)与充满历史价值的民族精神(Volkgeist)结合起来,将理性与激情融汇一处,使学术成为现代事业中"最高的召唤"。德国式的"狂飙突进",与美国人探索一种全新文明的追求是契合的,他们有着一种不可遏制的冲动,去实现在世俗化的自由世界之上的那种精神的自由。

德国的研究型大学,有三件东西让美国人着迷:即讲座、研究班和实验室。德国大学为高级研究工作提供了最好的制度和条件,无论是学生还是教授,都享有充分的自由(Freiheit)。学生可以自行决定学什么、在哪里学、跟谁学,课程多以选修课为主,若找不到称心如意的教授或课程,可自由转到全德20多所大学中的任何一所。而教授们在研究和教学上也获得了最大限度的自由,他们可以不受外界干预,教授自己认为最具学术、最有心得、最为前沿的内容,并有着稳定的职业流动预期和津贴的保障。相比而言，当时的美国学院里的课程，还多为一般知识的重复教育，课程固定不变，学生只有记忆和复述的义务。因此，在德国大学里，基于精深研究和特殊训练的高端讲座，不仅带来了发现的乐趣，也展现出了探求真理的极致精神，其中蕴含的艰辛和快乐、慎思与灵感、沉着与痛快，都充满着无穷的魅力，承载着自由的真谛。

研究班，也就是我们熟知的 seminar，显然是一项以发现新知识、培训研究者为宗旨来设计的制度。在美国的留学生看来，这里"能最深入地学到德国治学方法的长处，领略伟大的德国教师的精神"。原创性学术，是以新材料、新方法和新视野来带动的，而且，参与讨论的学术也享有充分的自由度，可以大胆提出假想的方案，自由地批评与争论，在人数不多的密集空间内，形成一种小的学术共同体，其间的各种想法和发现，最后交由教授来品评。美国人从 1870 年开始效仿这样的制度，研究班最早出现在密歇根大学和哈佛大学，仅仅十几年的时间，便在各个大学流行起来。

同样，实验室作为科学探究的必备条件，在德国大学中普及得较早。1825 年，尤斯图斯·李比希就创建了德国第一家化学研究实验室。后来，也正是他的美国学生埃本·霍斯福德，1848 年在哈佛大学建立了第一个教学实验室。约翰·霍普金斯大学的艾拉·雷姆森教授，这位曾经在哥廷根大学留学的化学家，也毕生致力于建设实验室的工作。而且，在美国主导各实验室工作的学者们，绝大多数都有着留德的经历。

那时候，在一部分学术领导者的眼里，只有德国的大学才是"纯粹的大学"。塔潘就曾说，大学就是能够将人类知识的所有分支及其最杰出的学者聚合在一起的地方，而图书馆、实验室以及各类促进知识增长的制度，即是实现上述目的的最佳保证。因此，大学的使命，就是采取一切手段，推动知识的进步，探讨高深学问，通过专业课程、博士学位以及职称晋升等来确保这一目的得到有效达成。此外，学术期刊、协会、出版社等建制，亦为提升研究和教学专业化的重要要件。对此，美国主要学院的改革者们也都是亦步亦趋，希望迎头赶上，颇类似于这十几年来中国大学致力于"美国化"改造的盛况。

不过，正如作者所说，尽管那些具有德国留学经验的美国教授更羡慕他们导师的教学自由，即以任何方式讲授自己偏爱的知识的无限自由，但是，"在德国，这种自由是由国家的教育部长、教员的公务员身份以及大学自治和教员流动的既定传统加以保障的"。的确，德国研究型大学的兴起，不唯是知识领域的事情。在普鲁士民族发动的现代进步中，学术专业化与国家官僚化，以及历史遗留的封建精神是密切相关的。韦伯就举过例子说："无可否认的是，单独设立商学院的另一个主要原因是，在商业和工业领域的新一代生意人中，存在一种愿望，即佩戴同窗会的徽章、留下决斗的伤疤，最重要的是有人提出决斗时爽快地答应决斗，由此就能取得'预备役军官的资格'……取得资格的目的是出于追求封建性的威望"。[9] 这种贵族化的欲求，是德国自身文明带有的独特气质，与德意志国家之绝对精神的结构不可分割，也同样得到了君主制国家的整体体制的庇护。

因此，对美国而言，首先，"无论学院改革者和大学创建者在意图上如何接近于条顿人，他们都不得不裁剪其学术模式

---

[9] 韦伯："商学院"，《韦伯论大学》，第62页。

以适应美国国情"。比如,美国人对德国博士学位的改进,就是设立德国大学所没有的研究生院。其次,美国人把获取学位作为学院或大学教学的唯一条件,而德国人若要步入大学里的教学生涯,则必须撰写第二篇博士论文,才能成为编外讲师。再次,在美国,研究生院与职业学院截然不同且互不相关,而且,美国大学拥有很多与学科相对应的系,而德国大学只保留4—5个较大的院(faculties),其主管享有很大的独立裁决权。最后,在学术培养中,美国研究生院制定了多种有关测试、论文、成绩和语言的标准化要求,而德国大学则相对自由得多。

与那些德国的铁粉相比,美国倒是有些学者并不赞同全面复制德国大学的制度。其原因,还不是仅仅限于水土方面的考虑。早在1928年,耶鲁校长就反对将德国大学的每个特征都复制到美国学院之中。也有人认为,"我们宁愿利用在本土找到的现成资源,再从德国人那里嫁接上一根幼枝"。但更重要的判断则是:"大学和学院一样,都应该是美国式的,满足美国文明的需要,并打下美国的民族性格的印记。"这不免让我们回想起,当初亨利·詹姆斯满怀希望,笃信去欧洲才能完成美国人的文化朝圣之旅,却在晚年的作品中,又重新回归到美国人的"纯真"中。

事实上,条顿人所信奉的科学,并非只是表面上的那些学科体系、选课制度和专业水准,而是浸润了其独特的民族认同、历史精神以及价值传统,其内涵要比早期美国效仿者的理解丰富深刻得多。若美国人仅在制度层面上加以教条化的移植,必然会产生南橘北枳的效果,使单纯的形式脱离了美国人的心智,拔苗助长,适得其反。而且从现实来看,当大学单纯以学术作为职业,以研究替代教育,本科生的学院培养就会被严重弱化，民主社会的基本民情也无法得到涵育，清教徒所奠定的美国文明之根基便随之动摇了。

## 七

> 如果说，内战前的美国是一个魁梧的青年，寻求着自制、目标和可行的未来，内战后的美国则学会了驾驭自身的力量并安然进入了抱负远大的成熟期。

作者的此番话，也恰恰说明，在马克·吐温称之为"镀金时代"的新时期里，美国的大学也同样探寻着自身在美国文明中的位置，如何用更为成熟的方式去引领美国的未来。的确，基础性学院和研究型大学之间的关系，即在改革中试图超越自身传统的这种努力，呈现出正与反的辩证关系。一方面，改革是持续推进美国人创建学术化、专业化的新型大学的动力；另一方面，将学术创新的动力重新注入并激活基础教育的传统，将"人"的培育与"才"的培训结合起来，才是美国大学从自身文明传统中尝试走出的一条独特道路。

回顾历史，我们都知道，19、20世纪之交的前后三四十年里，美国社会经由内战后的新秩序而形成了前所未有的突进，不仅迎来了新的世界移民浪潮，人口大量增长，城市化程度迅速提高，而且，工业革命引领技术、交通、企业组织发生巨大变迁，中产阶级群体扩充得很快，有闲阶级也像凡勃伦说的那样，成为美国极其独特的新社会形态。当然，美国的高等教育在这个时期实现了重大飞跃，四年制学院和大学的数量大幅增加，学校规模增大，学生入学规模在1880年至1940年增长了

13 倍，获得学位的数量是此前的近 15 倍。其中，州立大学急速发展，私立大学则向着更高的水平演化。

不过，一个非常有趣的现象值得关注。与近年来中国大学在经济发展期普遍追求的"美国化"的冲动不同，美国在一百年前的发展高峰里，反而延缓了大学"德国化"的潮流，并未急不可耐地将所有学院改造、扩充和提升为研究型大学，反而在那些顶尖大学的内部，展开了一系列有关大学教育之基础和目标的重大争论。这场以哥伦比亚大学、芝加哥大学的学界领袖为代表的反思，旨在强调，研究型大学的专业研究和职业训练之优势，虽然对于推进科学发现、知识积累和国家建设具有极其重要的意义，但这些领域的发展并不能涵括美国文明的全部内容。一个人的道德人格、社会角色和公民责任，以及对于文明之精神内核的传承和延续，是美国大学必须担负的义务。因此，大学自中世纪以来从未断绝的博雅教育传统，以及美国学院融合美国自身情境所确立的文明认同，都应该与学术进步融合起来，以"全人"的培育来统领本科教育的基础，以"专才"的培训来指导研究生教育的方向。

早期学院的留存，以及在大学之内学院的"复苏"和"重生"，同样与美国特有的政治结构和宗教文化密切相关。正如作者所说："逐渐成形的高等教育体系适合自由放任的经济和民主政体，它不是联邦甚至各州立法的产物，而是经由自愿协议、模仿、内部竞争和泛化的行为准则产生的。其力量寓于'院校的多样性和彼此竞争以服务公众的方式'，及其特定的拥护者。"这就是美国大学所独有的"连贯的异质性"。基础性学院、研究型大学以及顶尖大学内部的学院系统，相互竞争并补充，如多元种族和多元宗教那样，呈现一种多形态并存的局面。

也因此，美国的大学体系既有一致性的目标，也是等级性的。1890年后的二十年里，美国大学运动的"绽放"，"其标志是两个平行的趋势，即通过赋予高等教育体系足够的统一性来平衡其明显的多样性"。这其中，位于最高等级的大学，即是1900年以来由美国大学协会所确立的所谓"标准美国大学"（Standard American University，SAU）的协定。或者说，这种标准，既是一种衡量大学教育目的的普遍标准，也是确立大学地位的最高标准。由此，美国大学建设基本有了共识：基础性的文理学院应在本科前两年提供"完成或补充高中学习的通识教育和文科教育"，并在后两年提供"专门的、高等的或大学的指导"，培养学生的科学发现精神。高中教师应有四年制的文科学士学位或文科硕士学位，学院教员应有博士学位或同等学力。也就是说，"传授知识"和"塑造品格"，依然是美国学院和大学本科学院的传统职责，但学院教师则必须通过"研究和发表"来锻造自己的学术水准和教学技巧，来激发学生的学习和研究热情。

事实上，19世纪20世纪之交的美国大学改革和提升，花了约二十年的时间，确立了基于自身文明并面向科学世界的成型模式，高等教育的目标也最终得以明确：1）精神纪律、虔诚和品格塑造，文明传统中的价值取向再次得到了确认；2）现实生活的"务实"准备，为"实用"所做的职业训练；3）以德国模式为典范的学术研究之专业化；4）借助人文学科，塑造"全面发展的"人而培养"自由文化"。正像加州大学校长本杰明·惠勒所说的那样："现代大学……把所有学院、所有课程、所有生活目标以及实现它们的所有慷慨方式合而为一。"通识教育与专业教育相结合,研究与教学相结合,让所有学术上的新进展,融入文明文本的经典解读之中,让所有科学专业的新发现,受到青年生活之现实感受的检验,这是美国建国以来的政治准则及其特有的宗教文明的独特取向。公民政治和宗教信仰的社会化和自由化,最终通过学院教育,而转化为一种新的人格的精神塑造:既具有完备的知识基础,并葆有实用化的真理观和文明化的世界观。

从这个意义上讲,美国大学也同样是美国社会之伦理化的必要保障,甚至可以说,它们担负起了原初政治和宗教的职能。美国的大学,是广大的社会捐助者、政治支持者、教师、学生、校友等共同聚合的产物。美国社会中的各类教派、协会、委员会、基金会和校友会等组织都是为大学提供各类资源的平台和通道。比如,小约翰·洛克菲勒、弗雷德里克·盖茨牧师和托马斯·W.古德斯皮德,就曾说服老洛克菲勒创建了美国第一所伟大的浸礼会大学,即芝加哥大学,并在大学成立最初的25年里长期担任理事。各个大学的校友会亦是学校持续发展的推动力量,他们常为大学年度基金和周年庆典筹集款项,也将大学认同作为平生最引以为豪的事业。

只有从这个角度出发,我们才能理解,为什么与欧洲的大学相比,唯有美国的大学有真正意义上的校园(campus)。美国大学校园的布局,既有广场的公共空间,也有专属的教堂;既有相当规模的绿地,也保留了传统上的学院方院,共享部门,如图书馆、体育场馆、博物馆都处于最核心的区域,而办公场所、实验室、教学楼、师生宿舍也都依照特定的次序规划布置,俨然是借由知识的体系和人生的成长来呈现世界之构造。校园的公共性,知识和生活的共享空间,哪怕是各类大型的体育比赛，都是年轻人生命交融的写照。

作者指出，大学校园，既是高级学问所在之处，又是一种特别却同源的"地域精神"，为学生、校友、邻居和全国各地心怀仰慕的公众赋予生气。"没有什么符咒比'校园'这个词能让人更强烈地回忆起大学的时光。"的确，校园生活，是一个人一生都值得无限回忆的亮色，他（她）的青春、友谊和爱情，连同知识上和精神上的成长，都是人生中的高光时刻。

## 八

对于美国大学当代变革和发展的影响，"二战"和"冷战"是最为关键的两个环节。

"二战"前的经济大萧条，以及"二战"期间的紧迫状态，一方面对于大学的经营产生了短缺效应，进而间接强化了各大学之间的竞争性；另一方面则将各大学融入一项全国性的"研究生态系统"之中，越来越依赖于基础研究部门所获得的联邦支持和应用项目的民间支持，依赖于基础研究的技术发展所获得的工业支持以及军事支持。战争期间，因美国几无本土战场，大学没有遭受物质性损坏，但美国的学院和大学也倾注了几乎全部的力量贡献给国家的事业，特别是大量的学生流向军队，基础研究的重心亦向战争的需求转移。

与之相应，1944年6月，战争尚未结束之时，国会通过了一项重要法案，即《退伍军人重新安置法案》。此后，退伍老兵开始大量涌入学院和大学，十年间，总数达到223万余人。芝加哥的罗伯特·哈钦斯曾说，大学校园成了"教育流浪汉的丛林"，虽然后来的事实表明，退伍军人们在教育中的表现并不算差，甚至给校园带来了新的气息，但却客观上代表了一种国家化的趋势。从"二战"后美国作为西方世界领导者之地位的确立，到冷战时期两个超级大国之间的全面战略竞争，都使得大学成为国家战略的核心支撑点之一。

"二战"期间，美国便将最杰出的科学家和工程师，以及海外流亡而来的大师们部署在大学和国家的研究所和实验室内，并将"心灵与思想"的软实力同样作为战略发展的重点。1940年，美国创立了国防研究委员会（National Defense Research Committee，NDRC）和医学研究委员会（Committee on Medical Research，CMR），一年后，再成立战略研究和开发办公室（Office of Strategic Research and Development，OSRD），将两个机构统合起来。办公室主任万尼瓦尔·布什宣布，"通过与大学、研究机构和工业实验室签订简短的合同来防止行政上僵化和危险的拖延，从而创作一个资源充足、问责程度最低、创造能力最强的软性金字塔"，他的副手全部来自军方之外的大学，如哈佛校长詹姆斯·科南特、麻省理工校长卡尔·康普顿、加州理工研究生院院长理查德·托尔曼，以及贝尔电话实验室主任兼美国科学院院长弗兰克·朱厄特等。这一年度，国防研究委员会便与32所大学和19家工业企业签订了132份合同，总价值超过3亿美元（相当于2015年的39亿美元）。当然，在这些项目中，最有名的就要数"曼哈顿计划"，以及为各类军事战略服务的专项实验室了。

这样的项目计划不仅主要涉及理、工、医领域，对于文科，特别是社会科学的研究来说，也表现出明显的特征。战争期间，由国家重大项目实施的军队调查，便是社会学名著《美国士兵》的统计来源。特别是冷战期间，美国从国际政治战略出发而形成的区域研究体系,以及各类跨学科研究机构,更是凸显了重大项目在大学中的影响。据作者引证的材料,"二战"期间与政府签订大量合同的那些大学,依然依赖于联邦的规模化资助协议。加州理工从"山姆大叔"那里获得了84%的资金支持,麻省理工为78%,而文理综合的大学,如芝加哥和普林斯顿,也占到55%和54%。即便是到了21世纪,上述情况依然存在,斯坦福大学就在军方和企业的双重支持下,形成了硅谷创业带,一举成名。此前,斯坦福大学名不见经传,但正由于实施了关键性的发展战略,才异军突起。斯坦福的做法是:与联邦政府,尤其是武装部门建立联系,获得研究合同;千万不要仿效哈佛对所有机密工作加以拒绝,相反,此类项目的获得,既有助于获得研究资源,也有助于提升声望;通过渗透墙来培育产业,吸引无约束的补贴而非分包合同,保持研究的独立;在产业区域附近扩充空间,以便推进技术开发和发明。事后说明,这些秘籍确实成了大学获得竞争优势的制胜法宝。

不过,作者敏锐地指出:"山姆大叔的慷慨赠予并不是没有代价的。一个代价是,要部分失去,通常是严重失去学校和系科按自身的计划进行学术和知识研究的自主权。"大学治理的准则,已经不再是促进系科之间的平衡,而是每个系科从外部源头获得大部分资金来保证"自食其力"。这样一来,不仅是学科内部,而且是所有学科都只能通过量化的数据来进行评价,课题经费和研究生毕业人数成了评估每位教师"生产率"的指标。"不发表即出局"(publish or perish)成了大学教师们的命运指征。以研究所为准绳的科研体制,逐渐占据了大学的核心,那些与联邦或企业很难关联的学科,即非STEM学科

(science，technology，engineering，mathematics），便愈加地萎缩了。由此，先是经济学、管理学越发靠近理工科的思维，接下来社会科学也不断贴近"科学的方法"来寻求生存，到后来，人文科学也不得不顺从了大势，尽可能地将各色各类的思维方式转化为标准化、规范化的模式。

大学之中，研究生的地位提高，本科生的地位自然会下降。当"基础研究越来越降格为应用研究"的时候，本科生的学院教育便越来越失去了大学中的核心地位，文理学院也不免没了精气神。难怪克拉克·克尔说：每一所演变而来的研究型大学，都是"一整套社区和活动"，更像是"种类无限多"的"联邦共和国"或"城邦"，而不是实现了统一或具有统一功能的"王国"。当一个大学的知识体系往往来自"研究中心"和"研究所"的时候，其有关公民价值和文明价值的累积效应自然会严重弱化，教育的目标再次从本科生转向了更具学术生产力的研究生。"项目至上"成了生存和发展的越来越单一的途径。

这里，还是再引述些克尔的观察吧：

>教学负担和接触学生的时间都减少了。
>
>班级的平均人数一直在增加……教师更为频繁地休假或暂时离开校园……
>
>最优秀的研究生更愿意担任研究员和研究助理，而不是助教……
>
>一所巨型大学（multiversity）的本科教育更有可能是差强人意，而非出类拔萃……
>
>教师们，陷入越来越狭窄的专业化之中……

若从价值领域出发，1968年席卷西方社会的学生风潮，将人文教育中的经典传统连根拔起，而二十年后冷战的终结，则将世界卷入资本主义的洪流之中。面对这个越来越单极化的世界，当美国人再次构建自身的价值诉求时，则将绝对意义上的多元文化和平等政治当作终极的价值关怀来对待。所有这类文化政治的倾向，都对美国自建国以来所确立的以西方文明为底色、以新教价值为蓝本的文明体和世界观构成了挑战，无论是课程体系、研究项目还是校园文化，都发生了极大的变化。

事实上，学术研究项目化的趋势与文化多元化的诉求并不是矛盾的，反而配合得很好。学术生产率是推进意见合法性和文化影响力的重要保障，而多元价值的追求反过来也会为专业学术罩上明亮的光环。由此，大学课程的内容迅速扩张，几乎将全球所有地区、社会各个阶层以及文化多面表达等，都学术化了，并纳入课程系统之中。事实上，无限度的专业化，并非是学术本来的要求，反而是受意识形态影响的表现。多元文化和平等政治的"正确性"，突破了文明传统为研究和教学设定的各种界限，具有强大的解构能力，使学术朝去中心化、去传统化的方向发展，同时也变得愈加琐碎。

虽然上述趋势并未从根本上改变美国顶尖大学的既有体系，但仍然产生了动摇的作用。这是晚近以来发生的根本性变化。特别是，当美国大学也像早先的德国大学那样，成为全球大学竞相效仿的模板，上述学术、教育乃至文化政治的影响，亦像经济全球化的浪潮那样持续扩展开去……这对于人类文明来说，特别是对于有着悠久传统的各大文明来说，究竟是祸是福，就见仁见智吧。

## 九

从西方的历史经验看,大学自产生以来,文明的构造便是以宗教—政治—学术的三重结构来确立的,这也是现代社会得以成立的基本秩序。这三者,虽皆自成体系,却无法存于真空中,而是彼此之间始终存在着极其复杂微妙的关联。理解任何一方,都失不掉其他两方;理解大学,也同样要从其制度和精神内核,以及信仰和政治的外部条件来看。

美国有着自身的文明系统,以及独特的宗教形态和政治构造,其大学的兴起也恰是应和了这样的条件,并始终努力与两者保持着互补的平衡。也唯有大学,才能将人与公民、知识与价值、经典传统与现实经验结合起来,注入年轻人的身心之中,来承担文明在一个特定的历史时代里得到传承和创新的使命。也因此,大学在现代世界中扮演着越来越重要的角色。

不过,倘若大学越来越屈就于外部的条件,仅为没有得到学术检验的信仰服务,或丧失独立而成为政治的用具,整体的现代秩序就会失去三角支架的一端而坍塌。反之,倘若大学无视文明在其他两个领域中呈现的样态,仅仅满足于营造自己的幻象,也会像泡沫那样最终破灭。

美国大学的历史,懵懂过,纯真过,迷失过,也向着自己的本来回归过,更因觉得自己拥有了整个世界而沉于幻想之中……但无论怎样,美国大学的发展历程,就是这一文明的成长轨迹。读懂别人的人生,是为了映照出自己的真相,中国的大学建设,路还很长。

# 前　言

> 凡尘俗世间，鲜有比大学更为华美的东西。
>
> ——约翰·梅斯菲尔德

有些书迫切盼望着有人来写，少数书则不是，它们看起来甚至会挑选作者。作为一段漫长历史的叙述，拙作《缔造普林斯顿大学：从伍德罗·威尔逊至今》(*The Making of Princeton University: From Woodrow Wilson to the Present*, 2006) 两样都占到了。此书召唤作者的恳切请求（即使在耶鲁人听来也很明显），在1996年该校250周年校庆之际，显然没能入普林斯顿人之耳，或者说无人留心。在他们看来，这本书不过是在那些同类作品中又添了一本而已。我也没有意识到这份恳求，直到经我现在的编辑兼友人，也是出版社社长彼得·多尔蒂的提醒，那是在我就另一个主题探听他的口风之后。我欣然放弃了后一个主题，所以说那个想法并**没有**迫切盼望着我去写。这个想法则不然。

至于它为什么选中我作为执笔者，现在想来，原因也没有那么神秘。在耶鲁，我发表学术成果是从教育史研究开始的，高等教育尤其是我的兴趣所在。在那里，我就这个主题教了两年导论性的研究班。我最早出版的两本书，一本论述的是曾在牛津担任指导教师（don）的约翰·洛克的教育生涯和著作（1968），另一本的主题是殖民地时期新英格兰地区的教育全景，包括哈佛和耶鲁（1974）。随后，在翁迪德尼屠杀事件100周年之后\*，在哥伦布发现新大陆500周年纪念活动漫长的筹备阶段，我的注意力被吸引到殖民地时期美洲印第安人和欧洲人关系的种族史上，最终写出了八本书。在对一系列过程、事件和问题说出见解之后，我意识到是时候回归初心，即回到美国高等教育的历史和现状上来了。

过去十二年，我一直在威廉与玛丽学院任教，为大一新生开设美国高等教育史研究班（seminar）。和这本书一样，研究班也是从中世纪的欧洲开始讲起。但是与此同时，我也需要把这一历史写出来，这样才能看清自己真正的想法，把碎片完整地拼接起来。在这部普林斯顿史之前，我写了一篇文章，即《美国高等教育的错与对》("What's Wrong—and Right—with American Higher Education")，出版了一部由个人文章结集成的作品，主题是我早就意识到的学术生活的乐趣，以及对该领域的一些叙述[《学园的愉悦》(The Pleasures of Academe，1998)]。2008年退休后，有一个学期，我为普林斯顿大一新生讲授他们的学院\*\*和大学的历史（还为研究生们讲授殖民地

---

\*　1890年，美国军队在翁迪德尼屠杀了数百名印第安人。此次事件标志着北美大陆上土著人口与欧洲移民及其后代之间长达四个世纪的冲突的结束。——译者（凡以此符号标记的均为译者注，全书同。——编者）

\*\*　原文college，是本书的核心关键词，既可指"学院"，也可指"大学"。在本书中，当与"大学"相对时，译为"学院"，作泛指时，则译为"大学"。

时期的人种史），这段经历使我与彼得·多尔蒂有了更为密切的接触，他也成为这本书生动的代言人。2009 年，我在普林斯顿组织了一次会议，并将会议成果汇编成论文集《伍德罗·威尔逊的教育遗产》（The Educational Legacy of Woodrow Wilson，2012）。此事一完成，我便着手去响应诸位手上现在拿着的（或者在某种电子屏幕上翻阅的）这本书一直以来的召唤。

关于美国高等教育近年的历史，我发现最引人注意的一点是，在 2003 年第一次全球排名以及此后的其他各种排名中，美国大学都名列前茅。在 2014—2015 年五份主要的全球大学排名中，美国大学在前 10 名中占据了 7 席（或者 8 席，依排名方式不同），在前 20 名中占据了 11—16 席，在前 50 名中占据了 28—32 席（有一所排名第 17 的英国大学数值异常）。此外，聚集在这些榜单中的美国主要的研究型大学，也在美国国内的排名中位于前列，无论这一排名是《美国新闻与世界报道》"最佳大学"团队还是美国国家研究委员会发布的。我从来不相信什么"昭昭天命"，说美国大学注定会在全球排名中位居前列，因此这本书顺理成章地便要寻求理解，发现原因。

本书还努力回顾历史，追溯美国那些研究型精英大学独特而明显的崛起过程，它们后来都成为全球大学排名中的佼佼者。之所以这样做，我倒是愿意认为，并非因为我亲历了这些大学，在其中学习并对它们怀着毕生的兴趣，而是因为它们代表着主流模式，凡是心怀抱负的国家和竞争对手基本上都想效仿。作为全世界的标杆和领跑者，美国的精英大学不该被视为独一无二、自成一格的创造物，而是在一系列彼此相近却从不完全同一的机构那漫长的流变过程中，由特定的时间、地点和条件所造就的产物，姿态纷繁又受限于具体的情形。

更明确地说，我们有必要把研究型精英大学，与缺乏中心的美国（不成）体系下其余数量众多的高等教育机构*区别开来，在卡内基教学促进基金会2010年所做的分类中，后者总数达到了4634所。数量最为众多的院校，即其中的1920所，提供两年课程的肄业证书，学科（主要是职业性和应用性的）范围广泛，分成多个班级。它们主要是公立院校（1054所）和以营利为目的的私立院校（752所），占总数的41%，学生入学人数超过美国学生总数的三分之一，每年毕业生超过100万人。数量更少的授予学士学位的学院为808所，仅占成分多样的各类院校总数的17%。同时授予学士学位和硕士学位的院校为728所（占15.7%），附属着883所（占19.1%）"专注于独特领域"的学院，比如神学院、医学和护理学院、其他职业学院以及民族学院。

数量最少的一类占总数的6.4%，包括295所研究型院校。89所是博士学位型和研究型大学的结合，其余206所（占4.4%）则被归类为研究型大学，研究活动"活跃"或"极为活跃"[1]。由108所构成的最具创造性的一组院校是本书的结尾部分，即最后两章和后记关注的主要对象。由于研究型大学要到19世纪的最后二十几年才作为一种类型出现，我们的谱系必须从它们的欧洲先驱开始追踪，一直推进到美国前身，后者比它们的直系祖先距离更为遥远，或者说是乡野远亲。如果从17世纪早期的牛津和剑桥越过大西洋，直接跳到20世纪下半叶的美

---

[1] *Chronicle of Higher Education Almanac 2014-15*（Aug. 22, 2014), 7, 73.

\* "机构"原文institution，本书核心关键词，在全书中依语境分别译为"机构"或"院校"。

国，必定会遗失重要的历史认知和历史意识。毕业演讲中或许会试着这样做，但不要指望负责任的历史学家——哪怕是曾经玩过跳远的——会冒这个险。

所以，我们的谱系故事从12世纪的欧洲讲起，被我们同样视为大学的那些机构就是从这里慢慢生长，最终成型的。不过，L.P. 哈特利有句名言，"过去属于异邦，那里行事迥异"，因此我们必须按其自身的条件来看待大学及其演变，即从它们自己的制度、社会、思想以及文化背景出发，而不是径直假定，现代的伯克利或耶鲁是中世纪巴黎大学或博洛尼亚大学一模一样的翻版。在彼时彼处，它们**的确**以不同的方式行事，我想揭示出它们与我们有多么不同，又有多么相似。

但是，我们必须同时遵循美国精英大学**独特**的谱系路径，不是从**所有**的欧洲母校出发，而是主要从都铎王朝以及斯图亚特王朝早期的牛津-剑桥（Oxbridge）出发，带有一些在18世纪下半叶添加进来的**少许**苏格兰特征和职能。原因在于，牛津和剑桥校友们一旦在新英格兰地区的殖民地安顿下来，便迫不及待地想要创立教育机构，不是他们自学生时代起便熟知的完善、成熟的大学，而是创立作为大学的一部分，他们曾在其中居住、学习和祷告的规模更小的**学院**（colleges）。与牛津和剑桥两所**大学**相比，哈佛**学院**（1636）和耶鲁**学院**（1701）并不比前者那典型的寄宿式学院规模更大——往往还更小——即便它们把授予学位这一核心的大学权利硬是抓在了手中。

除了位于弗吉尼亚的威廉与玛丽皇家学院（1693）这唯一的例外，在法律上，其余九所殖民地学院都遵照只有殖民地总督或议会才能颁发的特许状来运行。在各殖民地于18世纪80年代赢得独立后，经由州的特许，这些学院在法律上毫不费力地便成为美国的学院。随着新成立的国家在北美大陆上开疆拓土，一大批本土成长起来的院校也加入进来。其中大多数是小型学院，有许多控制在教派手上，还有一些装扮成具有多重目标的"专门学校"（academies）。不过，它们都很像殖民地时期的那些表亲，以及时间更早的牛津和剑桥的前辈们。从欧洲的眼光来看，此时的美国极少有真正的大学，甚至一所也没有。但是美国还很年轻，满怀豪情，有勇气从旧世界取经，来创立能与它们平起平坐甚至更胜一筹的大学。

于是，主要是在19世纪下半叶，我们发现了一系列影响的踪迹，它们并不直接来自欧洲，来自移民的文化包袱。作为教育剪报和学术纪念品，它们是由美国的研究生和教授们归拢收集的，这些人在德国求索着美国所急需的东西，即研究生院、哲学博士学位以及研究方面的要务（类似于我们的"不发表就出局"，只是没那么残酷）。他们并不总是能找到具体的德国式解决方法，在回国后，他们会加以优选和改造。他们将唯一的德国学位，即哲学博士，改造成高级研究型学位，并基于极为不同的美国式本科教育经验创建了研究生院，这种经验相应地又以中学教育所做的准备为基础，相比于经典的德国预科学校（*Gymnasium*）所提供的东西，这种教育时间更短，而且不那么彻底。

为本科生设立的独立的文科（liberal-arts）学院继续大量增加，同时也为本科生以及具有研究意识的教师和研究生新创立了一些真正的大学，多所传统的精英学院也扩大、升级为大学。这两类大学很快便能与欧洲那些更有声望（或许已不再充满活力）、渊源久远的大学相媲美了，就连在建筑风格上它们也不逊于后者那些哥特式的、乔治王朝时期或新古典主义的建筑。

到了20世纪最初一二十年,美国的大学已经志存高远、竞争激烈,而且基本上实现了标准化。它们的数量变多了,在教员人数以及设施和招生规模方面都有所增长,但它们也都知道,自己的关键职能是生产和应用新知识,传播已有的知识,并提供各种形式的公共服务。第二次世界大战爆发后,它们将自己在知识、技术和教学方面提供的服务纳入战时需求,在大量联邦资金的支持下,积极主动,革故鼎新,努力提供更有雄心的服务,整个冷战时期都是如此,并一直延续至21世纪。正是这些资金充足、独立自主且要求甚严的战后研究型大学,在全国和全球排名中都跃升至榜单前列,目前看来,还没有衰退的迹象。在后记中,我综合了自己和其他学者就美国大学为何能取得这种明显成功所做的合理推想。

这段历史沿革丝毫不能表明,美国的高等教育没有缺陷。远远谈不上。它过于庞大,过于混杂,拨款悬殊,太依赖于有缺陷的中学教育体系,并且效力于数量过多的各路神仙。但美国的那些**精英**大学,无论是公立的还是私立的,都属于世界上为数不多的最好一级的大学,为国内外那些排名在它们后面的大学树立了有力的榜样。我想追溯的,正是这些精英大学(往往令人惊讶)的世系,无论它们通向的是田纳西州条件艰苦的临河城镇,积极进取的中西部城市,还是光华四射的硅谷。

我也没有讨论精英大学和其他大学在生存延续与宁静治学方面面临的所有困扰。新闻媒体以及其他的学者和作家关注了如下这些问题:学生、教员和受邀演讲者的学术自由,学生抗议(从20世纪60年代末开始),学术欺诈和剽窃,分数贬值,少数族裔、第一代移民、低收入者以及来自国外的入学者人数增加造成的复杂状况，性侵，酗酒，缺乏友爱的教养和约束，欺凌，分散的职业教育，过多的"到时就毕业的"（time-to-graduate）学位，新的哲学博士的黯淡市场，急剧上升的费用（特别是在国家资金因经济衰退或政治因素而削减的公立大学），学生债务，私有化和法人化，"行政臃肿"，以及将高等教育视为私人物品而非公共利益的功利主义（或保守主义）思想的兴起等，不胜枚举。

我不打算把此书写成又一部关于美国高等教育的"警示"之书或批评之作，因此对于那些想通过激烈竞争进入这个国家的哈佛、普林斯顿、斯坦福这类大学的高中生们，我也避免给出建议，哪怕是间接的建议。作为一名历史学家，我认为自己能扮演的最好角色，是揭示研究型精英大学诞生的一些方式，揭示为它们在当今的世界舞台上展开的高风险"智力竞赛"提供能量和支撑的那些因素。

# 致　谢

xix　　在长期征询他人意见的过程中,我发现没有哪一种专家会介意应他人请求给出建议和帮助,他们甚至乐意这样做。我还发现,当这些专家一如往常那样欣然接受请求时,对于他们所付出的时间、耐心和他们的天才,很难充分表达谢意。但是,撰写眼下这样的一本书,作为放在最后来写的几个令人愉快的部分之一,致谢不仅是想充分地表达感激之情,也是要完全公正地说出所受的帮助。如果书中有任何出彩的地方,那要归功于所有专家的慷慨,他们帮助我查询文献、完善论点、优化语句、驯服电脑,把手稿变成抄本,并雪中送炭地提供灵感和鼓励。

首先,诸位图书馆员的专业、高效和愉快的情绪让我全心沉浸于地方和全国的文献中,他们包括:辛西娅·麦克和馆际互借部她那些锲而不舍的员工们、戴夫·莫拉莱斯以及他在威廉与玛丽学院斯韦姆图书馆流通部的那些慷慨随和的工作人员。特别是馆藏部主任杰伊·盖德莫尔把书中所有插图做成电子版,他的工作不可或缺。作为有求必应的合作伙伴,安尼娅·贝克尔(现随夫姓沃纳)分享了她以19世纪德国大学中的美国学生为主题的博士论文,这篇论文后来出版成书。同样的,弗雷德·M.纽曼把他在阿默斯特学院所写的一篇论文的私藏副本给了我,主题是美国学院从德国受到的影响。吉姆·麦克拉克伦慷慨地把自己珍藏的关于殖民地时期美国大学的未公开资料借给我,还对本书关于殖民地时期的章节给出了睿智的建议。比尔·鲍文把他那么多影响广泛的作品不断地提供给我,其中甚至包括一部少有人知的普林斯顿专著。他树立的榜样更为宝贵。

各章写完后,应我请求进行批评性阅读的诸位朋友、威廉与玛丽学院的前同事以及其他机构,欣然做出了有益回应。保罗·尼达姆、托尼·格拉夫顿和菲尔·戴里德承担了关于中世纪的那一章。戴尔·霍克、鲍勃·费伦巴赫和莫蒂·法因戈尔德改进了第二章牛津－剑桥部分。克里斯·格拉索和卡罗尔·谢里夫接下了关于内战前时期的那一章。托尼·格拉夫顿、史蒂夫·特纳、吉姆·特纳(两人并非亲属),以及纳丁·齐默利在辗转各地途中对关于德国的那一章大有帮助。

有三个人在本书写作过程中给予的帮助最大。吉姆·特纳的《语文学》在普林斯顿大学出版社曾开风气之先,他一直是拙作的朋友、榜样和提出改进意见最多的人。布鲁斯·莱斯利是和我相交时间更长的朋友,他在书稿刚打印出来时阅读并改进了每一章,此后又和吉姆一起,以如炬的目光为普林斯顿大学出版社细读了完整的手稿,无论大小问题都极为细致。即使不再阅读具体的某一章节,莱斯利和其他两位研究高等教育的老友,即约翰·特林和斯坦·卡茨,在整个过程中也频繁地提供阅读建议,给出同僚的鼓励,并发表明智的、往往带着诙谐的评论。

第三个人是我的妻子苏珊。作为英语专业毕业生和一个痴迷于读书的人,自我们相识以来我发表的作品中的每一个词她几乎都读过。我常鼓励学生，要为自己的作品找到理想的读者，她就属于这样的读者：一个极为聪明的非专业人士，对你要说的内容感兴趣，同时要求又足够高并很能说服人，使你必须写得清晰明了又带有某种风格。对于此项工作——以及无数其他的容忍和照顾——她都甘于奉献。

至于我那位明智又苛求的编辑兼出版者，即彼得·多尔蒂发挥的作用，可以从前言中窥见一斑。他所扮演的角色又远不止按部就班地处理手稿。他确信这本书和我本人是彼此成就的，还甘愿拉上我共进午餐，东拉西扯大学篮球的那些破事儿。这些都是我们长久的交往中难以忘却的精彩片断。

理所当然却又有必要说明的是，我感谢普林斯顿大学出版社其他往往处于幕后的专业人员，他们以自身的技术，编辑、设计、制作了《生产智慧》。我知道其中的四位，在此想点名致谢：戴比·泰加登，制作编辑；盖尔·施密特，普林斯顿大学出版社前制作编辑，现为自由撰稿人。两位完美主义者以普林斯顿大学出版社众所周知的高标准要求我，把出版行业的许多新窍门教给了我这个老古董\*，对此我心存感激。季米特里·卡列特尼科夫要求书中的插图达到最大的清晰度，并以信息量最大的角度来呈现。克里斯·费兰特在文字、装订和封面设计方面呈现的技巧和艺术让人赏心悦目。

汤姆·布劳顿－威利特所做的索引，价值非言语能表达，那些词条就是雄辩的证明。这一点我放在最后说，却并不意味着最不重要。

---

\* 套用了一句英文谚语，即 An old dog cannot learn new tricks（老狗学不会新把戏）。

# 第一章 创 始

> 中世纪留给我们的院校,甚至比那时的教堂更有价值,更为恒久。
>
> ——黑斯廷斯·拉什达尔

与教堂和议会一样,大学是西欧和中世纪的独创。[1]在顺

---

[1] 其中创设的一些课程与伊斯兰教学校有共同特征,并且在知识方面深深受惠于伊斯兰教的学术研究,但是"作为一种组织形式,大学并不归功于伊斯兰教"。它是"一种新产物……完全外在于伊斯兰教的经验"。George Makdisi, *The Rise of Colleges: Institutions of Learning in Islam and the West* (Edinburgh: Edinburgh University Press, 1981), ch. 4, at 224, 225. 关于主流的学界共识,参见 Toby E. Huff, *The Rise of Early Modern Science: Islam, China, and the West*, 2nd ed. (New York: Cambridge University Press, 2003 [1993]), 149-59, 179-89。达琳·普吕茨提出,伊斯兰学校与欧洲**南部**大学,比如由王室创立的那不勒斯大学和伊比利亚半岛的其他大学有一些共同的主要特征和功能,这些大学与博洛尼亚、巴黎和牛津的那些北方大学差别很大。不过,她并没有表明南方对北方或者北方对南方的影响,也没有表明双方之间有因果关联。"*Studia as Royal Office: Mediterranean Universities of Medieval Europe,*" in William J. Courtenay and Jürgen Miethke, eds., *Universities and Schooling in Medieval Society* (Leiden: Brill, 2000), 83-99, at 95-98.

应时势的变迁中,它们于12世纪兴起。来自北方、南方和东方的"野蛮人"和"异教徒"的入侵最终被挫败,几次十字军东征甚至开始将欧洲的军事力量导向外部。由此带来的政治上的稳定局面、农业生产力的提升以及道路的新建和完善,促进了人口、城镇、贸易和罗马天主教会的发展。

随着教皇扩大其权力范围,很显然,只关注自身事务的修道院,甚至是成立时间更短的教会学校,都无法胜任教会中人数不断增加的牧师、传教士和管理人员所需的高级培养这一任务。城镇里的初级学校也无法培养迅速发展的民事官僚机构,尤其是皇室和帝国官僚机构所需的人员,这些机构想要做的是维持脆弱的和平并促进社会的福祉。那些学校只教授古代和中世纪早期的"文科七艺"*,而不教授"新"汇入的古希腊—罗马语和阿拉伯语形式的知识,即哲学、数学、科学、医学和法律,这些知识在公元1100年后经由意大利和西西里传入,但主要是通过西班牙的阿拉伯学者和译者之手。[2]这些状况激发了大学的出现,而大学是极少数在历史发展过程中保留了基本

---

[2] Olaf Pedersen, *The First Universities*: Studium generale *and the Origins of University Education in Europe,* trans. Richard North (Cambridge: Cambridge University Press, 1997), ch. 4; A. B. Cobban, *The Medieval Universities: Their Development and Organization* (London: Methuen, 1975), ch. 1; Gordon Leff, *Paris and Oxford Universities in the Thirteenth and Fourteenth Centuries: An Institutional and Intellectual History* (New York: John Wiley & Sons, 1968), 127-37; Charles Homer Haskins, *The Renaissance of the Twelfth Century* (Cambridge, Mass.: Harvard University Press, 1927); Robert L. Benson and Giles Constable, eds., *Renaissance and Renewal in the Twelfth Century* (Cambridge, Mass.: Harvard University Press, 1982); R. N. Swanson, *The Twelfth Century Renaissance* (Manchester: Manchester University Press, 1999).

\* 原文 the Seven Liberal Arts,一译"自由七艺"。鉴于本书叙述以大学为背景,译为"文科七艺"似更为妥当。

形式以及基本的社会角色和职能的欧洲机构之一。[3]

最早一批大学,甚至是时间稍晚的几所大学,都没有明确的建校日期。老校友们想要庆祝重大里程碑时,这一点带来了无尽的麻烦。剑桥比较好办,校庆日期是每个新世纪的第九年:1209年,在与牛津镇和国王就该大学成员机构的纪律进行法律和文字斗争而逃离学校后,牛津的教授和学者们创立了剑桥,并且有翔实的记录。[4]但是,最早一批真正的大学在选择纪念日期时不得不更为随意。在关于欧洲大学最新、最全面的历史叙述中,博洛尼亚大学创立于"12世纪末"的某个时期,巴黎大学、牛津大学和蒙彼利埃大学\*获得法人身份则是在"13世纪初"。[5]

最早一批大学的建校日期之所以难以确定,是因为这些院

---

[3] 1982年,加州大学前校长克拉克·克尔指出:"在西方世界,截至1520年创立的公共机构中,大约有85个现在仍然能看出原来的面貌,具有类似的功能和连续的历史,包括天主教会,马恩岛、冰岛和英国的议会,瑞士的几个州,以及70所大学。" *The Uses of the University*, 3rd ed. (Cambridge, Mass.: Harvard University Press, 1982 [1963]), 152. 在为 *Universities in the Middle Ages*, Hilde de Ridder-Symoens, ed., vol. 1 of *A History of the University in Europe* [*HUE*], gen. ed. Walter Rüegg, 4 vols.(Cambridge: Cambridge University Press, 1992) 所写的前言(xix)中,瓦尔特·吕埃格夸大了大学的独特性。

[4] Damian Riehl Leader, *The University to 1546*, vol. 1 of *A History of the University of Cambridge* [*HUC*], gen. ed. Christopher Brooke (Cambridge: Cambridge University Press, 1988), 16-19; Alan B. Cobban, *The Medieval English Universities: Oxford and Cambridge to c. 1500* (Berkeley: University of California Press, 1988), 44-45, 53-54.

[5] Jacques Verger, "Patterns," *HUE* 1:62-65. 维基百科 "中世纪大学" 词条在为最早的一批大学指定(多数是虚构的)建校日期时要自信得多。En.wikipedia.org/wiki/Medieval_university.

\* 此处出现的几所大学,在原文的表述中仅用所在城/镇的名称来指代,即博洛尼亚、巴黎、牛津和蒙彼利埃。译文中,首次出现时译为大学全名,此后则多依原文,仅译出简称形式(所在城/镇名)。

校不是根据皇家、教皇或帝国的法令创立，而是缓慢、渐进地成长起来的，留下的纸质或羊皮纸痕迹很少。和12、13世纪的大多数大学一样，它们一开始是隶属于修道院、城镇或大教堂分会的学校。一些学校的典型特征是只有一位魅力非凡的教师，比如彼得·阿伯拉尔，他吸引着神职人员，偶尔还会吸引一些教育兴趣无法从地方上得到满足的世俗人士。但是，核心人员的聚集很快便引发了物理空间扩展、教员专业化和创立新组织的必要性。[6]这些新生的大学要到后来才从一些似是而非的权力那儿获得法律上的认可，并且往往是零碎的认可，而后来的那些院校，基本上从一开始就获得了完全的认可。

许多学问所（studia），或者说高级学校，在从教皇那里获得特权或充分承认之前，甚至在起草自治章程之前，事实上便发挥着大学的功能。最迟在1215年，博洛尼亚、巴黎和牛津就作为真正的一般学问所（studia generalia）运行着。也就是说，它们那由师傅（masters）和学生构成的行会式组织，行使

---

[6] Pedersen, *First Universities*, ch. 4; Helene Wieruszowski, *The Medieval University: Masters, Students, Learning* (Princeton, N.J.: D. Van Nostrand, 1966), 15-26, 119-28; John W. Baldwin, Paris, 1200 (Stanford, Calif.: Stanford University Press, 2010), ch. 5; C. Stephen Jaeger, *The Envy of Angels: Cathedral Schools and Social Ideals in Medieval Europe, 950-1200* (Philadelphia: University of Pennsylvania Press, 1994), chs. 5, 8-11; Stephan C. Ferruolo, *The Origins of the University: The Schools of Paris and Their Critics, 1100-1215* (Stanford, Calif.: Stanford University Press, 1985); Astrik L. Gabriel, "The Cathedral Schools of Notre-Dame and the Beginning of the University of Paris," in Gabriel, *Garlandia: Studies in the History of the Medieval University* (Notre Dame, Ind.: The Mediaeval Institute, University of Notre Dame, 1969), ch. 2; R. W. Southern, "From Schools to University," in *The Early Oxford Schools*, ed. J. I. Catto, vol. 1 of *The History of the University of Oxford* [*HUO*], gen. ed. T. H. Aston, 8 vols. (Oxford: Clarendon Press, 1984), ch. 1.

着高度的法律自治权。它们选举自己的官员，控制着自身的财务，吸引着来自广泛领域（generale）的学生，除了基础性的文科七艺，还在一个或多个法律、医学或神学高等院系进行教学，授予学位和教师资格证书，至少在理论上，这些学位和证书是受其他大学认可的。[7]博洛尼亚大学直到1252年才开始制定第一批章程，作为一般学问所的身份也直到1291年才得到确认，那一年，教皇为其毕业生授予了"随处教学的权利"（ius ubique docendi）。第二年，巴黎大学获得了同样的特权，尽管它在1215年和1231年便有了成文的章程。由于未知的原因，英吉利海峡另一边的牛津大学从未被教皇认可为一般学问所，尽管有两位国王发出过请求。剑桥大学和爱德华二世则于1318年为剑桥成功获得认可。[8]

除了身处城市环境之外，大学的特征还在于拥有各项正式特权，它们把大学与其他社会机构区别开来。这些源于罗马先例的授权、权利和豁免，保护了从事文科，尤其是文法和修辞教学的教师和学者。中世纪的教会扩展了此类保护的范围，因为这些文科是阅读和解释《圣经》所必需的。即使是没有接受削发仪式的世俗学者，也享有神职人员的地位，受到教会法的约束，并且不受封建和地方民事法庭的管辖。1155年，神圣罗马帝国皇帝弗雷德里克一世（弗雷德里克·巴尔巴罗萨）发布了《真理令》（Authentic Habita），以保证所有教师和学生往来于整个帝国的学府时能获得保护，安全通行。[9]

---

[7] Cobban, *Medieval Universities*, 32-33.
[8] Verger, "Patterns," *HUE* 1:36, 45; Cobban, *Medieval Universities*, 29, 59, 61.
[9] Pearl Kibre, "Scholarly Privileges: Their Roman Origins and Medieval Expansion," *American Historical Review* 59:3 (April 1954), 543-67;（转下页）

教师和学生出于学术效率和自我保护，开始组织各自的行会和团体后，那些手握大权的人随即便赋予了他们更多的成文特权。他们把这些特权书卷起来小心保管，在地方、教会或皇室官员想要忽视或否认的时候便拿出来。[10]领取圣俸或者说"生活费"的教士，在离职攻读大学学位或获取教职时，可以领取薪酬。[11]所有学生、教员，甚至是在大学里卖书的都能延期服兵役和履行市政义务，例如守夜、看护、修路。学者们的人身不会受到袭击，居所也不会遭到入侵。如果被捕，他们可以自选审判的法官。合格的文科硕士和博士学位候选人将获得教学许可（*licentia docendi*），不需交费，也不用许诺、不作条件限定。[12]对于学者出版的著作不得征收关税，那些卷册也不得由于本人欠债而遭到没收。租金要公平，房屋要整洁，邻居做活计时不得发出干扰研究工作的噪声和恶臭的气味。食品、饮料、书籍和书写用的羊皮纸的质量和价格都受到了监管。至

---

（接上页）Pearl Kibre, *Scholarly Privileges in the Middle Ages: The Rights, Privileges, and Immunities of Scholars and Universities at Bologna, Padua, Paris, and Oxford* (Cambridge, Mass.: Mediaeval Academy of America, 1962); Paolo Nardi, "Relations with Authority," *HUE* 1:78.

[10] 1262年，教皇乌尔班四世任命了两位来自巴黎以外的高级教士，作为"使徒特权保护者"来维护巴黎大学被授予的特权不受侵害。Kibre, *Scholarly Privileges*, 119 and 119n150.

[11] Walter Rüegg, "Themes," *HUE* 1:17, 18; Aleksander Gieysztor, "Management and Resources," *HUE* 1:109; Jacques Verger, "Teachers," *HUE* 1:151; Kibre, *Scholarly Privileges*, 33, 63, 93n27, 96n40; Lynn Thorndike, *University Records and Life in the Middle Ages,* Columbia University Records of Civilization (New York: Columbia University Press, 1944), 250-53; Cobban, *Medieval Universities*, 26-27.

[12] Gaines Post, "Alexander III, the Licentia docendi, and the Rise of the Universities," in *Anniversary Essays in Mediaeval History, by Students of Charles Homer Haskins, Presented on His Completion of Forty Years of Teaching*, ed. Charles H. Taylor (Boston: Houghton Mifflin, 1929), 255-77.

少在巴黎，学者们的房屋是不用交税的。不消说，对学者们显示的偏袒经常会加剧城镇居民与大学师生之间的紧张关系，并频繁升级为暴力事件。[13]

最核心的特权有两项。第一项是学问所有权组织成法律实体来管理自己的事务，与工匠行会很像。第二项是，一俟如此组织完毕，便有权在审查后根据教员的独立判断来授予学位和教学许可。规模更大的学者团体（大学教师与学者团体，*universitas magistrorum et scholarium*）则创建了自己的分支单元，制定并执行章程，设计徽章，选举主事人员并掌管数额不大的资金。教授，或者说"师傅"（*magistri*），被纳入按学科划分的院系（或者是文科院系，或者是三种博学职业中某一种的院系），每个院系都有自己的院长/系主任（dean）、一位管理整个大学的轮换校长（rector），通常还有一位同时代表着大学利益以及皇家或教皇利益的名誉校长（chancellor）。尤其是在南部那些大学中，一开始还是来自欧洲许多地区的弱势异乡人的学生们，自行结合成"同乡会"（nations），即大致基于

---

[13] Thorndike, *University Records*, 19-20, 38, 123-24, 215, 391; Wieruszowski, *Medieval University*, 136-37, 157-58, 168-69, 181, 183; *The Medieval Student*, ed. Dana Carleton Munro, vol. 2, no. 3 of *Translations and Reprints from the Original Sources of European History* (Philadelphia: Dept. of History, University of Pennsylvania, 1899), 2-10; Cobban, *Medieval English Universities*, 257-74; Hastings Rashdall, *The Universities of Europe in the Middle Ages*, rev. and ed. F. M. Powicke and A. B. Emden, 3 vols. (Oxford: Oxford University Press, 1936 [1895], 3:427-35; Joan B. Williamson, "Unrest in Medieval Universities," in Douglas Radcliff-Umstead, ed., *The University World: A Synoptic View of Higher Education in the Middle Ages and Renaissance*, vol. 2 of Medieval and Renaissance Studies Committee (Pittsburgh: University of Pittsburgh, 1973), 56-83; Rowland Parker, *Town and Gown: The 700 Years' War in Cambridge* (Cambridge: P. Stephens, 1983).

出生地点、以选举产生的学监（proctor）为首的群体。作为博洛尼亚的主要院系，法学院一度拥有多达 16 个同乡会。为了方便起见，他们很快就根据学生是来自阿尔卑斯山南部还是北部，联合成两个更大的团体，即山这边的（cismontane）和山那边的（ultramontane）。

巴黎大学只有文科院系的师傅\*和高年级学生\*\*组成了同乡会，包括四个主要群体：法国人、诺曼人、皮卡尔人和英国人。后者吸收了来自不列颠群岛、佛兰德、荷兰、德国、斯堪的纳维亚、匈牙利和斯拉夫诸地的学生。[14] 牛津大学不那么国际化，和巴黎大学一样是一座由院系主导的学问所，文科"摄政"（regent）教师构成的群体分化为北部（boreales）和南部（australes）岛民。承担大学治理工作的是一位名誉校长、两位学监（每个同乡会一位）以及六名具有类似于英王代表（bailiff）权力的仪仗官（bedel）。[15]

首批诞生的四所主要大学，即位于欧洲南部的博洛尼亚大学和蒙彼利埃大学、位于欧洲北部的巴黎大学和牛津大学，很

---

[14] Gray Cowan Boyce, *The English-German Nation in the University of Paris in the Middle Ages* (Bruges: Saint Catherine Press, 1927); Astrik L. Gabriel, "The EnglishGerman Nation at the University of Paris: 1425-1483," in Gabriel, *Garlandia*, ch. 8.

[15] Pearl Kibre, *The Nations in the Mediaeval Universities* (Cambridge, Mass.: Mediaeval Academy of America, 1948), ch. 1, 160-66; Cobban, Medieval English Universities, 90-92, 103-106; A. B. Emden, "Northerners and Southerners in the Organization of the University to 1509," in *Oxford Studies Presented to Daniel Callus*, Oxford Historical Society, n.s., 16 (Oxford: Clarendon Press, 1964 [for 1959-1960], 1-30.

\* 原文 master，为多义词，可指"师傅""教师""硕士"等，在本书中频繁出现，显然指向多个不同的意思。译文中依语境区别处理。

\*\* 原文 scholar，既可指"学生"，也可指"学者"。译文中依语境区别处理。

快就在大的城镇中有了效仿者,这些效仿者寻求的是知识上的声望、训练有素的人员,尤其是来自学生群体的收入。[16]12世纪开始筹建的大学,有18所一直延续至今天。到1400年,能自我维持下去的大学数量几乎翻了一番,其部分原因在于,1378年开始的教会大分裂之后中欧创立了几所大学。到1500年,大学总数增加到至少63所,覆盖了欧洲大陆从西西里岛的卡塔尼亚(1444年)到瑞典东部的乌普萨拉(1477年),从葡萄牙沿海的里斯本(1290年)到波兰南部的克拉科夫(1364年)的区域。[17]

\* \* \*

学问所创办的顺序大致相同,但其过程经常受到压缩,速度也有所加快。举例来说,海德堡于1386年获得完全的大学地位,此前三位巴伐利亚公爵向教皇乌尔班六世发出请求,要他准许该市创立一所大学,"其中所有院系都以巴黎大学的学问所为范例,并拥有随后赋予该学问所的所有特权"。八个月后,在向发布诏书的教皇献上酬金后,公爵们及其委员会完成了大学的创建,承诺"赋予大学特权并以特权相护卫"。信守诺言的他们随即从科隆的一所教会聘请了一位新校长,另外两位巴黎大学的师傅也立即拿到"大笔津贴"去聘请文科和神学领域的教员。不到一年,这所大学在合法的基础上牢固地确立

---

[16] 关于从学生和教员迁移中获得的经济收益,见 Thorndike, *University Records*, 310, 334。

[17] Verger, "Patterns," *HUE* 1:62-65, 69-74.

起来，逻辑学、《圣经》和亚里士多德的《物理学》方面的讲座也开设起来。[18]

尽管在法理上已经存在，最早的一批大学却并不容易辨别出来或确认地点。几十年来，由于在外面租住的区域运行，并且引人注目地缺乏标牌，它们"不具形体"，只为一些近邻所知。[19] 一名即将入学的学生来到城里，寻找"那所大学"时，不会找到现代美国学生所能发现的东西：公路出口的标志、中央行政大楼、招生办公室、大型图书馆，或者标志性的时钟或钟楼，更不用说雄伟的运动场或体育馆。在拥挤的城市环境中，他根本找不到"校园"。运气好一点的话，他会找到一位大名鼎鼎、从服饰上能够认出来的教员或师傅，后者不仅有可能解释该机构如何运行（甚至是为何如此运行），还可能会盘问一下小伙子是否适合做学问：他是不是生而自由的男性？是不是受过洗礼的基督徒？是否已满十四岁，能够阅读和理解拉丁文口语，要是还会写的话就更好了？如果能过关，师傅可能会让他签一份羊皮纸花名册，把他作为学术大家庭的成员纳入自己的羽翼下，入住他租来的有多个房间的住所，受他的监管。[20] 在校长面前宣誓将遵守大学章程并缴纳根据其社会地位确定的学费，该学生的入学手续便完成了，他也获得了教士的

---

[18] Wieruszowski, *Medieval University*, 186-87.
[19] W. A. Pantin, "The Halls and Schools of Medieval Oxford: An Attempt at Reconstruction," in *Oxford Studies Presented to Daniel Callus*, 31-100, at 31-32.
[20] 遗憾的是，迄今没有发现某位师傅个人的花名册。现存时间最早的院长注册登记表是布拉格大学法学院的，始于1372年。Rainer Christoph Schwinges, "Admission," *HUE* 1:177-80, at 180. 在一些大学，即将入学的学生有最长15天的时间来选择师傅。Thorndike, *University Records*, 274 (Bologna, 1404); Alan Cobban, *English University Life in the Middle Ages* (Columbus: Ohio State University Press, 1999), 8 (Cambridge).

身份及其法律保护。不过，他可能不得不向新认的师傅和三两好友孝敬一些食物和酒水，作为几项花费不菲的学业过关仪式中的第一项。[21]

大约一个世纪之后，新生们就会发现一幅明显可见的学界景象开启了。许多住宿楼、校外学生宿舍和学院突然涌现出来，成为学生住宿、进餐的场所以及接受庇护和管理的地方，最初它们只针对少数年龄较大、享有特权的研究生，后来也包括年轻的文科学生，甚至是预科学生。[22] 从 14 世纪初开始，牛津的住宿楼和剑桥的校外学生宿舍都是租来的房子，每所房子由一位成熟的宿舍教工（faculty *domus*）或者叫主管（principal）负责监管。主管不仅承担着摄政师傅的管束责任，包括没收武器、确保学生出勤讲座和缴纳学费、把女性拒于门外，还肩负着大学的一些教学职能。[23] 到 15 世纪初，牛津和剑桥的所有学生都被要求居住在大学中经过批准的住处。其中一个主要原因，是要根除荒淫的"卧室牛犊"，这些人从当地房东那里租来便宜的房间，"白天睡觉，晚上则在小酒馆和妓院游荡，意图抢劫和杀人"。[24]

---

[21] 后来的大学，尤其是中欧大学录取的新生还要向提供赞助的亲王、国王或王国宣誓。Schwinges, "Admission," *HUE* 1:180-87; Robert Francis Seybolt, ed. and trans., *The Manuale Scholarium: An Original Account of Life in the Mediaeval University* (Cambridge, Mass.: Harvard University Press, 1921), ch. 1, at 20n4.

[22] 牛津、剑桥和巴黎大学早期的部分学院录取了一些家境不好的学文法的学生或唱诗班成员。Cobban, *Medieval English Universities*, 182-83, 368-69; Astrik L. Gabriel, "Preparatory Teaching in the Parisian Colleges during the Fourteenth Century," in Gabriel, *Garlandia*, ch. 4.

[23] Rainer Christoph Schwinges, "Student Education, Student Life," *HUE* 1:213-22; Cobban, *Medieval English Universities*, ch. 4, 174-80.

[24] W. A. Pantin, *Oxford Life in Oxford Archives* (Oxford: Clarendon Press, 1972), 10（来自 1410 年的一项章程）。13 世纪的巴黎大学面临着来自学生（转下页）

英国和法国的主要大学对于秩序的探索始于 13 世纪末期，当时建造和资助了一些寄宿学院，主要针对职业院系中的高年级学生。[25] 这些设施通常是封闭的方院，入口处装有能提供防御的门禁，以保护学生和教员不受愤愤不平的城镇居民侵扰。另有一个特色是，除了生活区，还设有小教堂、图书馆、餐厅和教室等设施。[26] 它们虽然分散，但数量众多，为大学提供了更多可以识别的形态和面孔，直到大学在下个世纪出于公用目的，开始建起各种独特的建筑。1320 年，牛津大学用石头建成了教职员大会堂（Congregation House），以容纳学校初创的图书馆并举办教员会议。[27] 后来，两层楼的神学院和其他院系

---

（接上页）犯罪的类似挑战。大学官员们试图剥夺一些人的法律保护，不仅包括"不学无术的……赌棍，或者妓女身边和小酒馆周围的游荡者"，还包括那些"强奸妇女、闯入旅馆、压迫少女"以及抢劫、"伤害或杀害……许多人，不分昼夜"地四处游荡的武装学生团伙。Thorndike, *University Records*, 77, 79（1269 年和 1280 年章程）。

[25] 在法国外省以及西班牙和意大利的大学中，学院仍然很少，就连北方大学中的学院也只容纳了学生总数的 10%—20%。巴黎大学的第一所学院，即"十八人学院"（the Collège des Dix-huit，1180），只有 18 名神学专业的贫困学生；更为著名的学院是索邦（La Sorbonne，1257），一开始有 16 人，后来增加到 36 人。Cobban, *Medieval Universities*, 150; Verger, "Patterns," *HUE* 1:62; Gieysztor, "Management," *HUE* 1:116, 118; Schwinges, "Student Education," *HUE* 1:218 and 218n17.

[26] Cobban, *Medieval Universities*, ch. 6; Pedersen, *First Universities*, 226-28; Verger, "Patterns," *HUE* 1:60-62; Gieysztor, "Management," *HUE* 1:116-19; Schwinges, "Student Education," *HUE* 1:213-22; Astrik L. Gabriel, "The College System in the Fourteenth-Century Universities," in Francis Lee Utley, ed., *The Forward Movement of the Fourteenth Century* (Columbus: Ohio State University Press, 1961), 79-124; Astrik L. Gabriel, *Student Life in Ave Maria College, Mediaeval Paris: History and Chartulary of the College*, Publications in Mediaeval Studies 14 (Notre Dame, Ind.: University of Notre Dame Press, 1955).

[27] 奥尔良大学 15 世纪早期的"论文大厅"（Salles des Thèses）发挥着同样的功能。

的邻接区域建造了起来，最终变身为博德利图书馆（Bodleian Library）。在博洛尼亚大学，西班牙学院（Collegio di Spagna, 1365—1367）环绕着一个拱形庭院，为其他意大利大学的大型宫殿建筑确立了范例。[28] 到1500年，多数大学都可以凭它们专业化的建筑物和独特的建筑风格得到辨认。[29] 然而，由于变得如此"为形体所累"，它们便失去了早期讨价还价的能力，彼时学生和教员都能径直以迁往竞争对手所在的城市相威胁，比如牛津有学者就曾迁往剑桥，博洛尼亚大学的许多法学家也曾移居维琴察和帕多瓦。尽管有那么多的优势，在学院中为教员们提供的由捐资设立的讲师职位（endowed lectureships），后来也产生了同样的结果。[30]

\* \* \*

前来求取高等教育的学生并非总是想拿学位，其社会成分混杂，在大学形成的那三个世纪中人员结构是变化的。最初，许多人是资深或新任的祭司、托钵会修士和修道士，上级派遣他们来提升技能，以期对教会更有用处。和大多数中世纪学生一样，他们有明确的职业目标，甚至目标更为明确。[31] 他们的

---

[28] 关于该学院的庭院和拱廊的照片，见 Berthe M. Marti, ed. and trans., *The Spanish College at Bologna in the Fourteenth Century* (Philadelphia: University of Pennsylvania Press, 1966), opp. p. 128。
[29] Gieysztor, "Management," *HUE* 1:136-39.
[30] Ibid., 1:139; Cobban, *Medieval Universities*, 155-56.
[31] Cobban, *Medieval Universities*, 8, 12, 18-19, 218-19, 237; F. M. Powicke, *Ways of Medieval Life and Thought: Essays and Addresses* (Boston: Beacon Press, 1951), ch. 10.

职业生涯始于教会，也希望终于教会，当然，是在升迁之梯的更高梯级上终止。然而，大多数学生来自城市的中产阶级，拥有学术背景能够从大学课程中获益，并且有家庭提供或他人赞助的资源供留居于校园并支付相对昂贵的课程费用：食宿费，注册入学、听课、辩论和毕业的费用，加入学生同乡会的会员费，切合社会身份和学术身份的服装的费用，书籍、羊皮纸以及娱乐的费用。[32] 早些时候，除了在意大利，贵族和上层士绅的子弟在其他地方明显偏少，但逐渐地他们被吸引到了大学。究其原因，至少是为了接受文化熏陶和拓展社会关系，至于年幼的子弟，则着眼于为教会生涯或法律生涯作职业上的训练。[33]

来自贫困阶层的被录取学生，即通常没有姓氏或社会关系的贫民，在那些记录最为翔实的大学中占学生总数的15%到25%，这些大学多数位于北欧，尤其是德国。整个社会并没有付出共同努力来改善贫困学生的际遇，多数大学也只是为他们免去了注册入学费，为听课费用打了折扣，往往还"到他们境况稍好时"就终止，那时他们便要偿还债务了。[34] 在巴黎大学

---

[32] 随着数量的激增，大学倾向于从当地而不是整个欧洲大陆招生，这样一来，学生便不再那么需要保护性和社交性的同乡会了。关于大学教育的费用，见 Schwinges, "Student Education," *HUE* 1:235-41; Cobban, *Medieval English Universities*, 311-13; Cobban, *English University Life*, 36-42。国际信贷工具（贷款、信用票据和货币兑换）的增加使学生能够到欧洲各地学习。C. H. Lawrence, *The Medieval Idea of a University: An Inaugural Lecture* (London: Bedford College, University of London, June 1972), 3.

[33] Schwinges, "Student Education," *HUE* 1:202-211; Cobban, *Medieval Universities*, 196-202; Cobban, Medieval English Universities, 300-303, 313-18.

[34] Schwinges, "Admission," *HUE* 1:187; Schwinges, "Student Education," *HUE* 1:209; Jacques Paquet, "L'universitaire 'pauvre' au Moyen Age: problèmes, documentation, questions de méthode," in Josef Ijsewijn and Jacques Paquet, eds., *The Universities in the Late Middle Ages* (Louvain: Leuven University Press, 1978), 399-425.

的多个学院以及牛津和剑桥的一些学院，有捐助给贫困学生的物资补贴，尤其是对文科和神学专业的学生。赤贫者则能获准进行乞讨（本着托钵会修士的精神）。许多学生——不仅是贫困生，则通过服务于教员和富有的同学、在餐厅和厨房打杂、在当地教堂唱诗班唱诗、辅导低年级学生、做园艺、在学院建筑工地上打工，以及为文具店老板抄写手稿，来完成大学学业。[35]

　　高等教育在整个欧洲的日益普及使得大学数量激增，但由于流行病、战事、旱灾、粮食价格和竞争对手的影响，学生入学人数的增长并不稳定。巴黎大学一开始规模最大，可能有5000名学生，但是到了1464年，其全校总人数，包括师傅、学生和工作人员，数量只剩下一半。在鼎盛时期，博洛尼亚、图卢兹、阿维尼翁和奥尔良几所大学每年至少有400—500名学生入学。牛津的学生总数很少超过2000人，但同样也很少下降到1500人以下。在1500年之前，剑桥的学生数量稳定在几百人，从未超过1300人。类似的，德国大学的入学人数也只有几百人。[36]

＊　＊　＊

　　无论以现代的标准衡量其规模有多小，由于学生群体成分驳杂、行事粗暴，中世纪的大学都面临着纪律方面的挑战。针

---

[35] *HUE* 1:209-11; Cobban, *Medieval Universities*, 148-50, 196-201; Cobban, *Medieval English Universities*, 303-10.
[36] Schwinges, "Admission," *HUE* 1:189-93; Cobban, *Medieval English Universities*, 121-22; J. I. Catto, "Citizens, Scholars and Masters," *HUO* 1:156; Leader, *University to 1546*, *HUC* 1:35-36.

对学生，主要是本科生骚乱的第一道防线是大学章程，这些章程早期便已制定，适用得相当频繁。1209 年，身为巴黎大学校友的教皇英诺森三世，敦促这所诞生不久的大学将其"得体的惯例"落实为"成文的章程"。[37] 章程是至关重要的堡垒，毕竟每个录取的新生都曾宣誓服从，即便他们并不知道章程中包含哪些禁令、总共有多少条。狂暴的学生们越轨有多快，章程数量的增加就有多快。最早的一批章程一直将监督学生行为的责任交付给他们在院系中的师傅。例如，在巴黎大学，1215 年来自教皇使节的命令明确表示，"若没有选定师傅，任何人都不应成为巴黎大学的学生"，"每个师傅都有权管辖他的学生"。16 年后，教皇格列高利九世不仅禁止巴黎大学学生"携武器入城"，还重申"那些假装学生但不去课堂或没有师傅的人，绝不该享受学生的特权"。[38]

凭借来之不易的经验，各院系联合起来制定了进一步的章程来应对各类违规行为。1314 年，图卢兹大学担心"服饰的奢侈"不仅有悖于与神职人员（所有大学生都被视为神职人员）身份相称的"受到认可的平凡"，也与许多辍学者在经济上的追求不符。因此，院系对"衣服和服装"设定了价格上限，规定了不同学位级别的学生可以穿什么样的服装。[39] 14 世纪末

[37]　Wieruszowski, *Medieval University*, 137-38.
[38]　Thorndike, *University Records*, 29, 30, 38, 118.
[39]　Thorndike, *University Records*, 150-54. 15 世纪末，海德堡大学的学生若穿着舞会服装会被罚款，比如丝绸袖子、尖头鞋子、三角胸衣以及截短的束腰外衣。Seybolt, *Manuale Scholarium*, 78, 117-18. 大多数情形下，中世纪学生的穿着与他们那些世俗的年长同胞差别不大。牛津、剑桥和巴黎大学一些学院的研究员们穿上了彩色制服，统一的黑色罩袍则是 16 世纪才发明的。着装的规定主要针对的是师傅们，他们的服装是从在俗教士（secular clergy）那里借来的，偶尔也会有一些时尚气息。Cobban, *English University*（转下页）

15世纪初,海德堡大学校长在百忙中警告学生们,不要去抓市民的鸽子、练习击剑或踏足青楼、戴着面具招摇过市、掷骰子耍乐、攀登城墙、攻击城门或桥梁,或者对着神圣家庭\*或圣徒的"头部、头发、内脏、血液"起誓或以"任何其他牵强附会……或反常的方式"来亵渎他们。神奇的是,校长竟然有时间提醒他们"每周至少听几次讲座"。昂热大学校长则感到有义务做出规定,不许学生"将女性带入或留在图书馆",原因在于那里是(他巧妙地称之为)"罪恶场所"。[40]

在执行两项与学生内部行为相关的章程时,大学也经历过困难时期。其中一项章程是一条普遍的劝勉,要求学生说作为教学语言的拉丁语,哪怕是在大学驻地的课堂之外。不过,那些坚持说"粗俗"白话的人,只有偶然听到他们说话的同学才有机会加以告发。虽然校方如此期待,大多数学生还是不愿意告发同学的这种轻微过失。于是,校方便设立了罚款和付酬的密探制度,尤其是在德国的大学中。"根据古老的惯例",校长和学监(校长意志的执行者)秘密任命了本科生中的"狼"(*lupi*)来监视违规的话语粗俗的人(*vulgarisantes*),后者的名字会被上报、登记,每周五当众宣读。[41]

1481年,海德堡大学首次公布了学生之间进行的一段拉

---

(接上页)*Life*, 48-49; Gieysztor, "Management," *HUE* 1:139-41; Rashdall, *Universities of Europe*, 3:385-93; W. N. Hargreaves-Mawdsley, *A History of Academic Dress in Europe until the End of the Eighteenth Century* (Oxford: Clarendon Press, 1963).

[40] Thorndike, *University Records*, 150-54, 260-61, 320, 332; Wieruszowski, *Medieval University*, 195-96.

[41] Rashdall, *Universities of Europe*, 3: ch. 13; Thorndike, *University Records*, 78 (Paris college statute, 1280).

\* 指圣婴耶稣、圣母玛利亚和圣约瑟。

丁语口语对话，一名受害者（曾被告发过十几次）发誓要报复匿名指控自己的人，但对话者告诉他，他本有可能被告发**一百次**："说实话，我整整一个星期都没有听到你用拉丁语说过一句话。"如果不讲拉丁语，他的朋友继续说道，"我们所说的话就会贫乏、荒谬、极为糟糕"，就像出自世俗之人或大一男生（*beani*）之口。[42]

第二项章程实际上无法执行，它试图阻止入学第一年的学生（用学生的俚语来称呼即 *beani* 或 *bejauni*，是从 *bec-jaune*，即"黄喙"来的）被学长们过度欺凌、伤害或"敲诈"（被罚钱或摊派费用）。此类费用的收取属于古老的入会仪式，是清一色男性的学生群体发明出来，欢迎新来者加入他们那享有特权、厌恶女性、经过驯化的群体的。这种强化男性情谊的操练，大多数采取的形式是消除或"净化"新来者身上令人不快的、山羊般的特征：恶臭的气味，以及丑陋的獠牙、触角和胡须。新人偶尔会被比作驴子、无足轻重的蟾蜍、笨牛或野猪，不过最受欢迎的类比是野山羊，因为在中世纪，野山羊会让人联想起污秽的身体、好色的性欲、失控的本能、农民的乡野气息以及如恶魔般头上长角的犹太人。[43]要使这种"动物"贴合

---

[42] Seybolt, *Manuale Scholarium*, 66n4, ch. 11, esp. 72-73. 见 Ruth Mazo Karras, "Separating the Men from the Beasts: Medieval Universities and Masculine Formation," in *From Boys to Men: Formations of Masculinity in Late Medieval Europe* (Philadelphia: University of Pennsylvania Press, 2003), 66-108, 181-94 at 78 and 185n49, for a close Leipzig predecessor, *Conversational Latin for New Students*, by Paul Schneevogel (Paulus Niavis)。

[43] 如我们所知，美国当代的兄弟会仪式仍将新入会的人扮成山羊，"地球上最愚蠢的物种"。Ruth Mazo Karras, "Separating the Men from the Goats: Masculinity, Civilization and Identity Formation in the Medieval University," in Jacqueline Murray, ed., *Conflicted Identities and Multiple Masculinities:*（转下页）

温文尔雅的学术界,"措施"是在象征意义上锯掉他的角、拔掉他的牙(用钳子),并真的刮掉他的胡子(在污水中),涂抹药膏、喂服药片(用马或山羊的粪便做成)。除此之外,他可能还不得不"承认"一系列罪行,包括盗窃和强奸、思想异端和作伪证,不得不花钱来"赎罪"(有时是从一位着装的"修道院院长"那里),再用一顿丰盛的大餐和好酒款待新结识的弟兄们。[44]

正如现代大学的管理者们不断发现的,这种秘密的社会习俗所具有的悠久力量,来自他们的中世纪同行所付出的多次努力:想要根除它们,哪怕只是缓和它们,却几乎徒劳无功。1340年,巴黎大学的官员禁止"出于阶层或其他任何原因,从新生那里收取任何钱财……除非是在室友之间,或者是作为自愿礼物"。任何房东或学生,如果知晓对某个新生进行了"任何体罚或威胁",都应该迅速告发施害者。奥尔良大学和昂热大学规定,不得强夺学生的书籍来支付入会费用(*bejaunium*)。15世纪,瓦朗斯大学试图禁止对新生,尤其是贫困生的敲诈,原因在于,许多人由于要求参加的宴会的费用或"由于付不起这些费用而遭受的……不得体和侮辱性的言语和行为"而退学了。在阿维尼翁大学,抗议的学生组建了一个新的慈善联谊会,以根除"每个新生到来时那些邪恶不堪和不可思议的行为,或者更粗俗的说法是,为新生通便"。他们认为,这些习俗与上帝降下的大学流行病有关,而此类流行病"在过往的许

---

(接上页)*Men in the Medieval West* (New York: Garland Publishing, 1999), 189-213, at 212n67, citing Larry Colton, *Goat Brothers* (New York: Doubleday, 1993).

[44] Rashdall, *Universities of Europe*, 3:376-85; Schwinges, "Student Education," *HUE* 1:230-31; Karras, "Separating the Men from the Beasts."

多时期"都遍布于学生群体。[45]

学生中的习俗和少年做派相当顽固，但大学官员并不缺少应对这两者的纪律工具。学监和仪仗官行事粗暴，随时做好了拘押违规者的准备，如果必要，还会揪住他们的后颈。许多本科生都是年轻人，实际对他们却很少诉诸体罚，直至15世纪寄宿学院招收了数量更多、年龄更小的世俗人士和上流社会子弟，这些人不那么在意职业生涯、获得学位，也不愿就着烛光读书来度过夜晚。在此之前，不良行为是通过以下途径有效应对的：罚款（对贫困生最有杀伤力）、取消大学"日常用品"（食物和饮料）、对烛蜡或葡萄酒处以罚金、关入大学监狱、推迟授予学位、从学院或大学暂时除名或永久开除、逐出城镇，或者用上最后的手段，逐出教会。[46]

\* \* \*

大多数学生敏锐地发现，大学纪律的严肃性忠实反映着学校的智识目标和课程的严肃性。就连最无忧无虑（或粗心大意）的新生也很快就意识到，大学教育所具有的长期、昂贵、严格和竞争等特征，要求他们集中精力并付出努力和财力，如果他们想维持学生身份（*statu pupillari*）并享受这种身份带来的大量特权和机会的话。总结自己在早期巴黎大学的学生时代时，成果

---

[45] Karras, "Separating the Men from the Beasts," 101; Thorndike, *University Records*, 192-93, 322, 353, 365-66.

[46] Rashdall, *Universities of Europe*, 3:358-75; *HUE* 1:227, 229; Pedersen, *The First Universities*, 236-41; Cobban, *English University Life*, 43-47; Thorndike, *University Records*, 261, 349 (mulcts of wax).

丰硕的传道者、参加了十字军东征的主教，同时也是枢机主教的雅克·德·维特里，点出了投考者为中世纪大学注入的一系列动机。"几乎所有的学生……无论是外来者还是当地人，除了学习或聆听新东西之外绝无旁骛。有些人来学习仅仅是为了获取知识……其他人是想获得名声……还有其他一些人则是为了获利。"让他失望的是，"极少有人是为了自己的［宗教］教化，或者其他人的教化而学习的"。该事实更多表明的是这位高级教士对皈依者，而不是对进入大学的成千上万年轻人那形形色色、主要是世俗层面的动机怀有热情。[47]毕竟，大学虽然与教会有关，却并不像男修道院或大教堂学校那样，直接属于教会。[48]

这些大学的主要目标，也是创立它们的原因，不在于培养受过教化的基督徒或充满热忱的教士，而是为了让职业人员维持并引领既定的社会秩序，既包括世俗的也包括宗教的。它们追求这一目标，借助的是教员教学、学生学习以及对已被接受和能够接受的知识的集体探索。与现代大学不同，中世纪的大学无意于从事"研究"，也无意于为其自身的缘故来追求新知和创新。首字母大写的"真理"（Truth）基本上已经为人所知，无疑，它来自《圣经》和母教（Mother Church）\*的教义，也

---

［47］　Munro, *Medieval Student*, 18-19, at 18. 维特里可能借用了圣伯纳德对其修道院兄弟们的控诉，来谴责新一代的大学生。Lawrence, *Medieval Idea of a University*, 11.
［48］　图卢兹大学是教会直接创立的第一所大学，也是一个罕见的例子，不过它很快就在学校自治和教员主导方面与其他大学相类似。该校由教皇格列高利九世于1229年创立，专门用来对抗法国米迪的阿尔比派异教徒。创校时的教员，是从巴黎大学因城镇居民与大学师生之间的一次反目而驱散的人员中招募而来。有不长的一段时间，作为反异端运动突击部队的多米尼加人控制了所有四个院系，尤其是神学院。Rashdall, *Universities of Europe*, 2:160-73.
\*　产生出各个教派的原始宗教。

来自数量不多的一些权威作者和文本，其中一些需要从古典时代重新发现，但所有这些都需要正确的解释、理解，可能的话还要加以调和。这是大学课程力求完成的任务（所有这些课程都是从同一块布上剪下来的），它们的学生深知这一点，并且在很大程度上愿意（即便不是一直渴望）合作。

与今天并无不同的是，高等职业性院系（法学、医学和神学）依赖于在文科和理科，以及一定程度上在三种哲学（自然哲学、道德哲学和形而上学）领域为本科生打下初步基础。这个过程基本上用时 6 年到 7 年，在文科院系获得低一级的文学学士学位，或高一级的文学硕士学位。大多数学生拿到文学学士就心满意足，或者由于环境所迫而止步于此。[49] 只有那些想在高中或大学教书，或者想在其他博学的职业领域攻读学位的人，才会再读两三年获得文学硕士学位，医学和法律专业要再读 6 年到 8 年，神学要再读长达 15 年，拿到神学博士学位时最少也有 35 岁了。[50]

高等院系的学位序列与文科学位相似。在每个院系中，博士学位与其说是独立的学位，不如说是显示精通程度的头衔，先由几位资深教师进行严格的私人考试，再完成难度较低的公开就职辩论后才授予，大学的校长会发给教学通用

---

[49] 辍学率估计在 50% 至 80%；在 15 世纪的德国大学中，10 名学生中只有 3 名至 4 名能拿到文学学士学位，1 名能拿到文学硕士学位。Verger, "Teachers," *HUE* 1:147; Schwinges, "Student Education," *HUE* 1:196; Peter Moraw, "Careers of Graduates," *HUE* 1:254; Karras, "Separating the Men from the Beasts," 69; Cobban, *Medieval English Universities*, 354-57. 我使用了人们熟悉的文学学士和硕士在现代美国的首字母缩写（B.A., M.A.），而不是根据拉丁语 *Baccalarius and Magister in Artibu*s（学士和硕士）新造的当代缩写（A.B., A.M.）。

[50] Schwinges, "Student Education," *HUE* 1:235.

资格证书（*licentia docendi*），这位博士候选人也会被纳入（*inceptio*）教师行会。前者使候选人有权"教书、升上教师席位［*cathedra*］、发表评论、给出解释、［在争论中］进行辩护，并且在所有国家和地区、在此处和一切地方从事博士能从事的一切活动"。[51]后一种仪式往往在教会中举行，候选人的新同僚会发表演说，候选人本人则会被授予一只法冠或方帽（为他获得的成就加冕）、一枚戒指（暗示他与知识订了婚）、一本打开的书（标志着他投身于教学），也许还会行接吻礼。现在，他已经准备好在大学里承担完全的教授职责。在巴黎、牛津和剑桥，他实际上在道义上还有义务教完一个"必要的摄政期"，时长一年至两年。[52]

大多数教师都经历过的文科课程集中于前三艺（*trivium*），即语法、修辞和逻辑（或辩证法）这三门语言学科，以及后四艺，即算术、几何、音乐和天文这四门数学科目。从古典时代和中世纪早期的先例中所形成的这一套严格的课程体系，显然缺少现代科目，如历史、诗歌（被视为异教或渎神）、社会

---

［51］ Wieruszowski, *Medieval University*, 172 (a fourteenth-century Bologna citation); 参见 Thorndike, *University Records*, 309. 教皇或皇家在"所有"其他一般学问所中许可教学的特权并未得到认可，哪怕是在最为古老和规模最大的大学中。除非组织了本校的考试、发放了本校的许可证书，牛津和巴黎都拒绝承认对方的博士。地方大学无疑不会有平等地位。在创立萨拉曼卡时，教皇亚历山大四世明确豁免了巴黎和博洛尼亚。Rashdall, *Universities of Europe*, 1:13-14; Cobban, *Medieval Universities*, 30-31. 关于巴黎的抱怨，即"英格兰"（牛津和剑桥）和蒙彼利埃不会自动接受她的"领有执业证书的人"（师傅），"无论［他们］多有名气"，见 Thorndike, *University Records*, 123。

［52］ Schwinges, "Student Education," *HUE* 1:234-35; Gordon Leff, "The Trivium and the Three Philosophies," *HUE* 1:325; Rashdall, *Universities of Europe*, 1:224-31; Pedersen, *First Universities*, 262-70; Leff, *Paris and Oxford*, 147-60; Cobban, *Medieval English Universities*, 171-72.

科学以及应用（或者不那么好听的"机械"）科学。[53]自然科学进入视野（在书本中而不是实验室里），是通过对亚里士多德自然哲学的广泛研究，以及牛津大学的罗杰·培根、罗伯特·格罗斯泰特和巴黎大学的让·比里当等教授的注释和更新。更多的哲学训练来自与亚里士多德的其他作品，波伊提乌（逝于公元525年）、邓斯·斯科特斯、奥卡姆的威廉以及阿拉伯评论家阿威罗伊斯和阿维琴纳的著作的接触。[54]

几大文科被认为是有高下的，但随着大学在13世纪初的兴起，这种秩序发生了变化。一个世纪之前，前三艺在排序上已经超过了后四艺，文法和修辞超越了逻辑。但是到了1200年，亚里士多德主要作品的拉丁语译本的出现，使大学调整了教学大纲。在意大利那些由法学主导的院系中，修辞仍然占据着主导地位，但在北方的那些大学中，后四艺变得更有吸引

---

[53] 吟游书生传统中的歌曲，是学生对连古典诗歌都不纳入课程的回应。见 John Addington Symonds, ed. and trans., *Wine, Women, and Song: Students' Songs of the Middle Ages* (London: Chatto & Windus [1884] 1907)。

[54] Verger, "Patterns," *HUE* 1:41-42, ch. 10; Huff, *Rise of Early Modern Science*, 180-89; Edward Grant, "Science and the Medieval University," in James M. Kittelson and Pamela J. Transue, eds., *Rebirth, Reform, and Resilience: Universities in Transition, 1300-1700* (Columbus: Ohio State University Press, 1984), 68-102; David L. Wagner, ed., *The Seven Liberal Arts in the Middle Ages* (Bloomington: Indiana University Press, 1984; Leff, *Paris and Oxford*, 138-46; J. M. Fletcher, "The Faculty of Arts," *HUO* 1: ch. 9; P. Osmond Lewry, "Grammar, Logic and Rhetoric, 1220-1320," *HUO* 1:ch. 10; J. A. Weisheipl, "Science in the Thirteenth Century," *HUO* 1: ch. 11; Leader, University to 1546, *HUC* 1:chs. 4-6. 关于中世纪哲学的发展，及其在大学课程中的地位，见 John Marenbon, *Medieval Philosophy: An Historical and Philosophical Introduction* (London: Routledge, 2007); Marenbon, *Medieval Philosophy*, Routledge History of Philosophy, vol. 3 (London: Routledge, 1998); David Knowles, *The Evolution of Medieval Thought* (Baltimore: Helicon Press, 1962)。

力，逻辑在整体上获得了最高地位，仅仅位于神学，即"科学界女皇"之下。[55]到了13世纪的第三个25年，巴黎大学的转变让亨利·达安德利深感震惊，于是他写了一首讽刺诗《七艺之战》。就在奥尔良大学的校园之外，他表演着这首诗，这所大学的文法与巴黎大学的逻辑学展开着生死之战。文法这一方招募了荷马以及教科书文法学家多纳图斯和普里西安，却仍然不是巴黎大学骑兵队的对手，在巴黎大学"文科学生……除了阅读［亚里士多德］关于自然的作品外便无所用心"，15岁的"孩子们"学习的是"空谈"逻辑，而不是用优雅的拉丁语对话。高等院系"毫不关心他们的争端"：神学回到了巴黎大学，"让七艺混战去吧"。奥尔良大学胆怯的医学教员则"会全然转向挣钱／如果他们看不到危险的话"。[56]

\* \* \*

亚里士多德文集以及巴黎、牛津和博洛尼亚等主要大学的同时出现，也带来了一种标志性的探索精神和一种教学风格。尤其是在受到文艺复兴人文主义者的攻击之后，这种精神和风格逐渐被称为"经院哲学"（scholasticism），即"经院派"

---

［55］ Leff,"*Trivium,*" *HUE* 1:307-8. 如罗贝尔·德·索邦提醒他麾下巴黎那所学院研究员们的，"上帝的话语之剑是用文法来锻造、用逻辑来磨快、用修辞来擦亮的，但只有神学才能运用它"。Charles Homer Haskins, *Studies in Mediaeval Culture* (Oxford: Clarendon Press, 1929), 46.
［56］ Louis John Paetow, ed. and trans., *Two Medieval Satires on the University of Paris: La Bataille des VII Ars of Henri D'Andeli and the Morale Scholarium of John of Garland* (Berkeley: University of California Press, 1927), 39, 43, 44, 47, 58, 59.

（scholastici）的作品和方法。亚里士多德不仅赋予大学"以共同词汇为基础的共同理论框架"，还"为每个公认的知识分支"赋予了"与该理论框架相伴随的实质性知识"。各大学采用了一种教学法，这种教学法精确适用于新的侧重于逻辑的课程，同时又以伟大教师和在他们之前的大教堂学校的一些技巧为基础。[57]

教学的主要工具（总是用经院特征明显、极为缩略的拉丁语）是演讲（lectio）和辩论（disputatio）。演讲分为两种：一种是"普通演讲"，仅由摄政师傅在"博士时间"发表（开始的时间早至上午5点、晚至下午7点，视季节而定）；另一种是"特别演讲"，也称为"粗略演讲"，一般在下午时间由年轻师傅发表，但更常见的是由二十岁刚出头的新"学士"（baccalarii）发表，后者正在攻读与现代美国的研究生助教（graduate teaching assistants，T.A.）相近的文学硕士。每周至少一次，或者在下午或者在晚上，在教学大楼或学院中，多数是在师傅所指导的全体学生中间，同一群教学者会就师傅的系列演讲提供一个评论时段（repetitio），以确保要点都已熟记，疏漏也得到了弥补。普通演讲把重点放在系统宣读上，但主要是解释和评论指定的经典文本中的问题。这就为教员提供了极好的机会来讲述原创和最新的内容，只要这些内容不会被视为异端。[58]然而，正如奥卡姆的威廉、约翰·威克利夫和扬·胡

---

[57] Verger, "Patterns," *HUE* 1:43-44; Leff, "Trivium," *HUE* 1:319（引文）; John W. Baldwin, *The Scholastic Culture of the Middle Ages, 1000-1300* (Lexington, Mass.: D. C. Heath, 1971); William Turner, "Scholasticism," in *The Catholic Encyclopedia*, 16 vols. (New York: Robert Appleton Co., 1907-14), 13:548-52 (also http://www.newadvent.org/cathen/13548a.htm)。

[58] Schwinges, "Student Education," *HUE* 1:232; Cobban, *English University*（转下页）

斯等大师以及曾经的大师们有时发现的，他们那些随心所欲的论辩和结论**可能会**为自己也为母校的间接声誉，带来与外部权威之间的龃龉。在此方面，大学和它们的教授仍然一如既往。

一般认为，出于费用原因，文科学生不会自购书籍，他们主要依靠听觉记忆，或者更罕见的是，借助膝盖在蜡板或便宜的羊皮纸片上记缩略笔记。蜡板会导致产生一种独特的文字，由直线和向下运笔的笔画构成，以免铁笔在蜡中犁出一道上坡的沟纹。[59] 人们都知道，那些不够专心或记性不好的学生会弄出骚动或扔出石子，想让演讲者降低语速，这些演讲者在大学的同意下，"吐词极为迅速，以使听者脑子能够吸收，手却无法跟上"，就像在高等院系典型的布道和演讲中那样。[60] 高等院系的学生们则不用那么吃力，因为他们不得不自购教材带到课堂上，通过在行与行之间加注释或在页面边缘做笔记（包括给演讲者画卡通肖像）来追随演讲。他们还受到优待，能用上

---

（接上页）*Life*, 170-74; Pedersen, *First Universities*, 250-54; Mary Martin McLaughlin, *Intellectual Freedom and Its Limitations in the University of Paris in the Thirteenth and Fourteenth Centuries* (New York: Arno Press, 1977 [1952]); J.M.M.H. Thijssen, *Censure and Heresy at the University of Paris*, 1200-1400 (Philadelphia: University of Pennsylvania Press, 1998).

[59] Richard H. Rouse and Mary A. Rouse, "Wax Tablets," *Language and Communication* 9:2-3 (1989), 175-91. 参见 Charles Burnett, "Give him the White Cow: Notes and Note-Taking in the Universities in the Twelfth and Thirteenth Centuries," *History of Universities* 14 (1995-96), 1-30, at 17。

[60] Thorndike, *University Records*, 237; Jan Zolkowski, "Latin Learning and Latin Literature," in Nigel Morgan and Rodney M. Thomson, eds., 1100-1400, vol. 2 of *The Cambridge History of the Book in Britain* [*CHBB*] (Cambridge: Cambridge University Press, 2008), 238; Charles Burnett, "The Introduction of Scientific Texts into Britain, c. 1100-1250," *CHBB* 2:453; M. B. Parkes, "The Provision of Books," in J. I. Catto and R. Evans, eds., *Late Medieval Oxford*, vol. 2 of *HUO* (1992), 470.

图 1　劳伦丘斯·德·沃尔托利纳画下了博洛尼亚教授亨里克斯·德·阿勒马尼亚于 14 世纪 50 年代（从他那高高在上的椅子里）以权威姿态讲话的场景。阿勒马尼亚的 23 名男学生中既有年轻的本科生，又有灰胡子老翁。至少有一个学生在记笔记，十个人在自己的教材上追随讲课内容（也许是加注释），其他人则在聊天或打瞌睡

倾斜的桌子，而年轻的文科学生只有长椅可坐，有时为了灭灭后者的傲气还强迫其坐在铺着稻草的地面上。[61]

中世纪大学的显著创新之一是将考试与教学紧密联系起来，作为评估学生对所授内容的理解和应用能力的一种方式。

---

[61] Thorndike, *University Records*, 246; Gieysztor, "Management," *HUE* 1:138; Parkes, "Provision of Books," *HUO* 2:407. 在所有院系中，贵族和高级教士子弟都坐在前排，但资产阶级出身的富裕学生有时能获准在"贵族长椅"上自行购得荣誉座位。Schwinges, "Student Education," *HUE* 1:206.

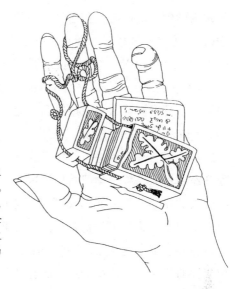

图 2 中世纪学生经常用尖头铁笔在蜡板上做课堂笔记。这组复原的蜡板共有八小片，保存在皮革袋中，用绳子拴在皮带上，代替小片的羊皮纸而使用于 14 世纪英格兰的约克

做到这一点的主要途径是口头辩论，通常是根据亚里士多德明确定义的三段论交锋规则在两位学生之间进行。[62] 辩论的展开反映的是师傅的"普通"演讲，这些演讲确立了一位文本权威的论点和论据，给出了来自其他权威的反对论点和辩驳，提出了他本人的评论来努力澄清或解决问题，随后又往往将他得出的结果应用于那个时代的宗教、政治和法律问题。这种辩证方法的流行模式是彼得·阿伯拉尔的"是和否"（*Sic et Non*），他试图调和来自《圣经》和来自早期基督教教父的文献之间的矛盾之处。但是，在 12 世纪中期，随着植根于亚里士多德的"新知识"的到来，这种方法得到了充分发展，并于

---

[62] 构成亚里士多德"新逻辑学"（*logica nova*）的六本书，尤其是《论题篇》（*The Topics*），是设定辩证/辩论议程的基础。关于 1344 年为索邦学院制定的一系列辩论规则，见 Thorndike, *University Records*, 198-201.

新式大学创立的同时，传播到法国的大教堂学校和意大利的法学院。教会法的基础，即格拉蒂安的《教令集》（*Decretum*，约1140年），以及占主导地位的神学文本，即彼得·隆巴德的《四部语录》（*Book of Sentences*，约1160年），为辩证程序设定了标准。与大多数讲座和辩论一样，两者都围绕着问题（*quaestiones*）展开。[63]

辩论以三种形式进行。年轻的文科学生在师傅的教室或住处开设的私人课程中学习并操练这门艺术。但是，通过观察年龄较大的学生，尤其是学士或硕士之间定期举行的公开辩论，他们学到了口头防卫的精要，其中逻辑比修辞更为重要。在这些辩论中，负责主持的师傅（*praeses*）会提出一个与主题密切相关的问题，一位指定的"回答者"努力回应并答复师傅和其他同学中的"反对者"提出的驳斥。第二天，主持的师傅将"结束"辩论，也就是对辩论加以总结，不一定会解决所有支持和反对观点之间的分歧。[64]

辩论的第三种形式是"纯理论辩论"（*quodlibeta*），公开

---

[63] Monika Asztalos, "The Faculty of Theology," *HUE* 1:410-11; Leff, *Paris and Oxford*, 120-21.

[64] Nancy Siraisi, "The Faculty of Medicine," *HUE* 1:326-28; Leff, *Paris and Oxford*, 167-73; Pedersen, *First Universities*, 258-64, 267; Ku-ming (Kevin) Chang, "From Oral Disputation to Written Text: The Transformation of the Dissertation in Early Modern Europe," *History of Universities* 19:2 (2004), 129-87, esp. 131-45; *The Cambridge History of Later Medieval Philosophy from the Rediscovery of Aristotle to the Disintegration of Scholasticism, 1100-1600*, ed. Norman Kretzmann, Anthony Kenny, and Jan Pinborg (Cambridge: Cambridge University Press, 1982), ch. 1, esp. 21-29; Alex J. Novikoff, "Toward a Cultural History of Scholastic Disputation," *American Historical Review* 117:2 (April 2012), 330-64; Alex J. Novikoff, *The Medieval Culture of Disputation: Pedagogy, Practice, and Performance* (Philadelphia: University of Pennsylvania Press, 2013).

听众中的任何人都能以"关于任何内容"的书面或口头问题来开启并接续，构成这些听众的包括各年龄段的学生、师傅、高级教士以及其他城市名流。[65]这些辩论主要于基督降临节和大斋节期间出现在教堂或大教堂中，配合学士学位（baccalaureate）考试进行。在13世纪的巴黎大学，这些辩论可能有多达四个回答者，每个同乡会一个。由于形式较为自由，它们也可能成为候选人"扎堆"的场合，如果回答者是领有证书的人或师傅，则可能成为清算知识旧账或个人宿怨的场合。主题的选择无法预测，这就使得从时事中引入和传播"热门"主题成为可能。

事实证明，有些主题，即性和宗教，对官方趣味来说显得过于激烈。到16世纪初，也许时间还要早得多，便有必要提醒德国的硕士和学士，不要在纯理论辩论中提出"无足轻重的问题，这些问题通常也被称为'色情妙语'（*facetiae*）或'风趣机智'，可耻、淫荡、无礼，其诱惑力可能在那些对性事懵懂无知的虔诚或无邪的青年，或者任何其他人身上引起或激起不得体或不正当的欲望"。更早以前，13世纪巴黎大学文科中激烈的主题包括任何"纯粹的神学问题"，例如"三位一体和道成肉身"。任何提出与"信仰和哲学"相关的问题的师傅，都应该在最后的"结论"中"以有利于信仰的方式解决问题"。[66]

---

[65] 关于1429年抛向一位意大利神学学士的十几个主题，见Thorndike, *University Records*, 307-8。

[66] Cobban, *English University Life*, 174-76; Thorndike, *University Records*, 104 (Paris, c. 1240), 372 (Heidelberg, 1518). 关于学术自由这个一般性问题，见William J. Courtenay, "Inquiry and Inquisition: Academic Freedom in Medieval Universities," *Church History* 58:2 (June 1989), 168-81。

在课程之外，辩论还着眼于许多目的。在古登堡之前的时代，辩论充当着师傅们的口头著作，结束部分是"脚注"，表现为对权威文本的引用。那些听到师傅们的就职辩论和纯理论辩论的数量众多又举足轻重的受众，以及参加师傅们每周碰头会的规模略小的人群，很容易随着时间推移看出他们思想上的轨迹和要旨，正如我们可能按时间顺序阅读某位学者的作品所能做到的。反对一方对自身立场的渲染——有时是撕扯——为他们提供了批判的视角。此外，辩论的口头呈现影响了许多中世纪书籍的文本形式。与隆巴德的《四部语录》以及其他许多经院文本一样，托马斯·阿奎那的各种"大全"都奠基于问题上，并且满是基于辩论的辩证程序得出的结论。书面对话、讨论性的诗文、记录在案的辩论、讨论时的视觉形象，甚至是轮唱的音乐，这些内容的泛滥表明，到 13 世纪，"一种辩论文化"已经在欧洲扎根，尤其是在北方。[67]

中世纪的学生，包括研究生和本科生，发现了辩论的其他重要用途。在他们充满男子气概的微观世界中，结婚成家和为人父母被推迟，贵族的马上长矛打斗和剑术格斗被禁止，集体运动又尚未到来，于是辩论这种仪式性的战斗便成为战争的一种替代，且不会置人于死地，同时也是一个公平的场地，能塑造人的男子气概、确立人的社会地位。[68]虽然乃父是布雷顿

---

[67] Chang, "From Oral Disputation to Written Text," 133-34, 143-45; Novikoff, "Toward a Cultural History," 332, 364; Jody Enders, "The Theatres of Scholastic Erudition," *Comparative Drama* 27:3 (Fall 1993), 341-63.

[68] William J. Courtenay, *Schools & Scholars in Fourteenth-Century England* (Princeton, N.J.: Princeton University Press, 1987), 29-30; Karras, "Separating the Men from the Beasts," 67-68, 88-95; Walter J. Ong, "Agonistic Structures in Academia: Past to Present," *Daedalus* 103:4 (Fall 1974), 229-38. 翁（转下页）

的战将骑士，阿伯拉尔还是承认，自己作为长子，远在遇见埃洛伊兹*之前，便"完全放弃了战神的宫廷，投入密涅瓦的怀抱"。他写道："由于更喜爱对所有哲学文献进行辩证论辩的宏伟阵势，我用这些武器交换了其他武器，并且把辩论中的冲突看得重于战争的纪念章。"[69] 在良好的调节下进行的口头防卫，其锋利的逻辑要旨和灵巧的退避躲闪，频繁地提供着公开展示技巧、风格和耐力，以及展示从决定性胜利和出色的表现中累积的适度骄傲的时机。

随着早期以师傅为另一方的竞技式训练让位于与同伴之间更注重结果的比赛，便出现了种种诱惑，诸如更依赖修辞技巧而不是逻辑准确、失去沉着镇定以及让自负展现其无耻面孔等，引起了一些权威导师的警告。在《元逻辑》(*Metalogicon*，1149年) 中，毕业于巴黎大学的索尔兹伯里的约翰对前三艺进行了激烈的辩护。他首先提醒说："我们不应该随时随地辩论所有类别的主题。"辩论这种口头战斗应该限定在学术界，在那里两个势均力敌的对手只诉诸"适当的武器"，并遵循既定的游戏规则。在辩论中，与归纳性的论证相反，以说服为目的的修辞应该让位于力图使人信服的逻辑。脾气暴躁、说话啰唆、对定义含糊其辞、无视三段论形式、炫耀卖弄以及佯装慌乱，这些都是"反常"的标志，也表明此人不配成为对手。一个世纪之后，不那么在意公平竞争的加兰的约翰教导辩论者，

---

（接上页）(Ong) 认为，在清一色男性并且身体受到约束的学校学习拉丁语，并在大学环境中以特殊方式运用该语言，就相当于部落男性的"成年礼"(231-32)。

[69] Thorndike, *University Records*, 3.

\* 阿伯拉尔的女弟子，与阿伯拉尔相恋私婚，并育有一子。

尤其是即将"下结论"（determine）的学士，"专心倾听，简洁地回答反对意见，掩盖你自己的无知，同时通过训斥对手来显示他的无知，就像在戏弄一个黄口新生"。[70]激发了学术角逐的竞争的甚至是好斗的精神，对大学生们大有帮助，不仅确立了他们对女性和未受过教育的人的优越地位，而且协助他们在一个越来越与其价值相协调并急切地需要他们为教会和国家效力的拉丁语西方，将自己定义为男性和知识分子。

\* \* \*

从 12 世纪到当今的时代，大学一直以文献为中心，尽管书籍的角色已经随着时间的推移发生了变化。最早的大学印章和徽章上都有一本显眼的书，通常还有一只手，做出捐赠的动作，或者是凭《圣经》或一卷关于大学特权或章程的册子宣誓的样子。[71]正如中世纪的教和学依赖于口和耳，早期的学生大大依赖于书本和眼睛来接受教育。[72]在为了获得教职而

---

[70] *The Metalogicon of John of Salisbury: A Twelfth-Century Defense of the Verbal and Logical Arts of the Trivium*, ed. and trans. Daniel D. McGarry (Berkeley: University of California Press, 1955), 189-202; John of Garland, *Morale Scholarium*, 160.

[71] Astrik L. Gabriel, "The Significance of the Book in Mediaeval University Coats of Arms," in Gabriel, *Garlandia*, ch. 3.

[72] 13 世纪后期，意大利人使用一部 11 世纪阿拉伯语光学作品的 12 世纪译本来发明镜片，通过促进凸透镜的矫正性，大大帮助了近视的学者，尤其是那些四十多岁的学者。到了 14 世纪，用手持式眼镜阅读书籍的圣徒和学者经常出现在肖像画中。Edward Rosen, "The Invention of Eyeglasses," *Journal of the History of Medicine and Allied Sciences* 11:1-2 (Jan. and April 1956), 13-46, 183-218; Vincent Ilardi, *Renaissance Vision from Spectacles to Telescopes* (Philadelphia: American Philosophical Society, 2007), 13-18.

研究——实际上是精通——书本之后，教授们会在教学大纲中诵读并评论许多权威著作。学生们会就在公开场合听到的内容和在私下读到的内容展开争论，会把自己记的笔记整理成小书自用，甚至会拿来出售。有好奇心、创造力又有抱负的教员会撰写新的作品和小册子，来解决旧作中的问题，为一代代新人更好地解释教材中的课程，并将这些课程应用于当前的紧迫问题。[73] 为了向所有成员提供帮助，住宿楼、学院和大学慢慢开始收集书籍以供参考、学习和借阅。为了提供充足的关键性阅读材料，大学鼓励大量的图书制作者（包括抄写员、做羊皮纸的、装订工、画图案花饰的）和经销商在校园中落脚，再对他们勤加监管，以确保产品的学术质量。

搜寻书籍的学者主要来自但并不仅限于高等院系，他们可以通过四种方式来获得（不包括盗窃，由于书籍的珍贵，偷书在那时和在当今一样并非前所未闻）。如果能负担得起价格较高的手写（*manus-scriptus*）羊皮纸古抄本，他们可以**购买**。在最初的 250 年中，所有的大学书籍都是这种形式，直到纸张变得普及，使用机械的活字印刷术随后也发明出来。他们可以从乐意出借的朋友、师傅或图书馆那里**借用**。他们可以自己费力地**誊抄**所需的卷册或雇用他人，比如需要现金的学生和专业抄写员来抄书。或者，他们实际上还可以通过添加自己的注释、评论和大纲，根据讲座、布道、阅读和辩论的内容来**写出自己的口袋书**。[74]

---

[73] Daniel Hobbins, "The Schoolman as Public Intellectual: Jean Gerson and the Late Medieval Tract," *American Historical Review* 108:5 (Dec. 2003), 1308-37.

[74] Kristian Jensen, "Textbooks in the University: The Evidence from the Books," in L. Hellinga and J. B. Trapp, eds., *1400-1557*, vol. 3 of *CHBB* (2002),（转下页）

在职业院系中，学生通常需要将师傅讲课所依据的教材带到课堂上。特别是在入学的最初一两年，神学学生需要有自己的《圣经》和隆巴德的《四部语录》抄本，并被提醒要带到课堂上，以便在字行之间和页面边缘添加注释。出于同样的原因，未来的律师们也不得不带上《查士丁尼法典》和《教会法汇要》。即使是海德堡大学的文科院系，也要求每个学生都有自己的亚里士多德教材，"并且应该在上面添加注释，如果他知道如何 [ 在大学章程中写上一个惊人条款的话 ]。如果不知道怎么写，他应该小心在意……以免由于吵闹或傲慢而惹恼或妨碍师傅" 或其他学者。[75]

为了购买这些卷册，学生们会向文具商（stationarii）或书商（librarii）求助，这些人中有许多都要接受大学的监管。1323 年，巴黎大学的拉丁语区由 28 名书商提供服务，此外还有塞纳河左岸的众多露天书店老板。13 世纪末，博洛尼亚大学

---

（接上页）ch. 16, at 355, 357; Parkes, "Provision of Books," *HUO* 2:424-26. 师傅们还制作了十足尺寸的书籍，其中的内容是他们的 "普通" 讲座和学术评论，通常由学生记录并经师傅本人校订。这些关于经典文本的**注释**极受欢迎，也很有用，以至于手稿会正儿八经地展示出来，并经常直写成行以便于添加文本和评论。文本用大一些的字母在纸张中间手写成一两列；注释用小字母手写在文本的行间和所有四个边缘，从而产生一种超文本。Mary A. Rouse and Richard H. Rouse, *Authentic Witnesses: Approaches to Medieval Texts and Manuscripts* (Notre Dame, Ind.: University of Notre Dame Press, 1991), ch. 7; M. B. Parkes, "Layout and Presentation of the Text," *CHBB* 2:60-62; Rodney M. Thompson, "Parchment and Paper, Ruling and Ink," *CHBB* 2:154; Jeremy Catto, "Biblical Exegesis, Theology, and Philosophy," *CHBB* 2:219-21, 223-24; Zolkowski, "Latin Learning," *CHBB* 2:236; Nigel Ramsay, "Law," *CHBB* 2:253; Peter Murray Jones, "University Books and the Sciences, c. 1250-1400," *CHBB* 2:453-55.

[75] Thorndike, *University Records*, 194 (Paris, canon law, 1340), 244-45 (Paris, theology, 1366), 353 (Heidelberg, arts, 1466).

试图将许可的文具商限制在五家以内，不过另外还有多家经销商是归市政当局管辖的。1346年，牛津大学批准的名单上只有四家书商。[76] 如果文具商想与大学中那些书生气的人做生意，就必须立誓并保证会遵守大学的规定和价格的限制。新书的价格往往随行就市，规模庞大的二手书买卖在涨价、出售和品相方面则受到大学的控制。

得到认可的教材，必须是对作为范本的原版所做的"优质、易读和忠实"的翻版。原版是手抄的而非由机器复制，因此总是难以验证。[77] 在规模较大的大学中，大学指定的师傅和书商委员会有责任确保范本尽可能准确，并且未经事先批准绝不出售给大学校区以外的人。在博洛尼亚大学，该委员会每周的任务极为繁重，入选的教员可以免除当年所有其他行政事务和服务职责。为了防止人为缺货推高需求和价格，文具商有义务将任何二手书立即出售，并在封面内部写上卖书人的名字和买入时的价格。在巴黎大学，书商的佣金上限为1.5%。如果想收取更多费用，他可能会在所有大学业务中被列入黑名单。[78]

---

[76] Rashdall, *Universities of Europe*, 1:423; Gieysztor, "Management," *HUE* 1:128; Elisabeth Leedham-Green, "University Libraries and Book-Sellers," *CHBB* 3:329.

[77] Alfonso X el Sabio, *Siete Partidas* (1256-65), 引用于 George D. Greenia, "University Book Production and Courtly Patronage in Thirteenth-Century France and Spain," in Donald J. Kagay and Joseph T. Snow, eds., *Medieval Iberia: Essays in the Literature and History of Medieval Spain* (New York: Peter Lang, 1997), 103-28, at 110。

[78] Rashdall, *Universities of Europe*, 1:189-90 (Bologna), 421-23 (Paris); Thorndike, *University Records*, 100-102 (Paris), 166-68 (Bologna); Gieysztor, "Management," *HUE* 1:128; Pedersen, *The First Universities*, 232-35. 参见 Richard H. Rouse and Mary A. Rouse, "The Book Trade at the University of Paris, ca. 1250-ca. 1350," in Louis J. Bataillon, Bertrand J. Guyot, and Richard H. Rouse, eds., *La Production du livre universitaires au moyen âge: exemplar et pecia. Actes du symposium*（转下页）

文具商的经营范围不仅涵盖古抄本全本，还涉及构成全本的各种长度的书折（peciae）。沿用古罗马和修道院的技术，一些权威的大学教材乃是出自"众人"之手，即由一组一组的代笔人或抄写员一折一折听写出来。接下来，这些未作装订的书折会发送给文具商或书商，后者可以把它们装订起来（用牛皮纸、皮革或纸板），或者将单独的书折出借给学生，或雇用抄写员来进一步誊写。（如此一来，便需要不停地检查所有文字，以确保它们忠实于能获得的最好的范本。）**受到监管的**书折制度，以及配套的大学价格清单，似乎起源于13世纪早期的博洛尼亚以及其他意大利大学。这种做法扩展到至少11所大学，主要是在南欧，此外还扩展到牛津、巴黎和图卢兹。在出租人不受管制的一次次重复中，它无疑找到路径，进入许多其他的大学城，直至15世纪中期由于印刷使文本更为便宜、更易获得才逐渐消失。[79]

文具商还出售那个年代的"纸张"，即羊皮纸（membrana），由幼羊、小牛或山羊的皮制成。与书籍一样，这种学术研究的必需品在价格和质量方面受到主要大学的严格监管。巴黎大学1291年的规定强调了羊皮纸对于做书和记笔记的重要性。大多数文科学生都记课堂笔记，他们会用尖头铁笔将第一遍的草

---

（接上页）tenu au Collegio San Bonaventura de Grottaferrata en mais 1983 (Paris: Éditions du Centre Nationale de la Recherche Scientifique, 1988), 41-114; 另见 Rouse and Rouse, *Authentic Witnesses*, ch. 8。

[79] Pedersen, *First Universities*, 234-35; Graham Pollard, "The *Pecia* System in the Medieval Universities," in M. B. Parkes and Andrew G. Watson, eds., *Medieval Scribes, Manuscripts & Libraries: Essays Presented to N. R. Ker* (London: Scolar Press, 1978), 145-61; Thorndike, *University Records*, 112-17 (Paris price list, 1286), 166-68 (Bologna, 14th c.), 259 (Montpellier law faculty, 1396).

稿刻写在蜡片上，但修改后的作品最终会用芦苇笔或羽毛笔和墨水，以更加流畅的草书誊写到更加昂贵的羊皮纸上。[80]为了压低羊皮纸的价格，巴黎大学的官员试图限制这种纸张在圣马蒂兰教会庭院中的销售，该教会是由大学仪仗官和四家宣过誓的羊皮纸经销商负责巡视的。在外来的和其他的经销商获准售卖之前，大学中的经销商可以提前24小时开卖。尽管立过誓，在这样一个竞争激烈且利润丰厚的市场中，欺诈仍然不可避免。于是，大学便规定，卖家"如果手里有优质羊皮纸"，不得"雪藏"以抬价。身为学者的主顾们"不得在掌灯时分暗地里购买任何东西"，也不得购买后再转售。卖家的利润不得超过2.5%。对于学术活动来说，羊皮纸至关重要，以至于大学的相关规定每年都要在"布道时和课堂上"宣读。[81]

\* \* \*

最后，如果某个学生无法通过乞讨、购买或创作的方式获得自己的书籍，假如年级足够高，他就可以从学院的学生宿舍或大学图书馆借阅。但是，如果以英国为参照，其大学的住宿楼和校外学生宿舍中的书籍却寥寥无几，图书馆数量则更少，尽管住在其中的主要是那些最需要它们的研究生。[82]此外，在15世纪之前，大学几乎没有理由付出高昂成本来设立图书馆供

---

[80] Rouse and Rouse, "Wax Tablets," 175, 177, 183; Burnett, "Give him the White Cow," 9, 12-15.
[81] Thorndike, *University Records*, 119-23.
[82] 在牛津为数众多的住宿楼和剑桥的校外学生宿舍中，只有四座（每所大学两座）为住宿者提供小型图书馆。Cobban, *Medieval English Universities*, 153, 381-82.

集体使用。牛津之所以早在 1320 年就这样做，只是因为从一位主教那里获得了大笔捐款，但图书馆直到 1412 年才开放供一般性使用。格洛斯特公爵汉弗莱从 1435 年开始陆续捐出大笔款项，学校用这些钱于 1478 年在新创立的神学院二楼建造了一座规模更大的图书馆。剑桥花了 15 世纪前四分之三的时间建好了其学院方院（Schools Quad），三个院系有独立的图书馆，但神学院的图书馆在 1416 年便开始运行。不久以后，萨拉曼卡和克拉科夫也开始为本校的高年级学生建造图书馆。[83]

直到 16 世纪，很少有本科生能获准从大学或学院的图书馆借书，甚至不能在其中学习。牛津的教职员大会堂图书馆在解释不许他们进入时给出的官方理由是，"大量纠缠不休的学生会以各种方式损坏大学的书籍"，并且"多人聚集产生的过度喧哗"会给认真学习的学生带来不便。[84]牛津的学监（don）似乎并不像昂热大学的学监们那样，担心本科学习阶段会成为"罪恶的时机"，尽管这个念头或许曾在他们脑海中一闪而过。不许本科生进入的一个更实际的原因是，大学图书馆很少收藏文科学院教学大纲中指定的书目。学术图书馆中的书籍主要是笨重的对开本，集中于法律、神学和哲学（偶尔也包括医学）领域的经典作品，都用链子锁在书架上以防盗窃或搬动。在图书馆提供的小型架子或桌子上打开时，它们会侵占两三个读者

---

[83] Parkes, "Provision of Books," *HUO* 2:470-83; Cobban, *Medieval English Universities*, 86, 381; Leedham-Green, "University Libraries and Book-sellers," *CHBB* 3:316-18; Gieysztor, "Management," *HUE* 1:138.

[84] 到 1453 年，牛津的担忧变成了现实："一大群纠缠不休的［研究生］学生……"在少得可怜的几张小桌子边"你挤我我挤你"，"相互妨碍"。Parkes, "Provision of Books," *HUO* 2:477-78.

图3　中世纪大学图书馆中最值钱的书通常是大型对开本，往往用链子锁住，只能在下面狭窄的桌子上阅读。牛津默顿学院图书馆中的这半个书柜保留了许多卷上锁的图书，一直到20世纪

的通道。[85]

从 13 世纪开始，如果有幸成为会员，研究生和师傅们便有更多的机会在自己的学院里找到需要或想要的书籍了。"索邦"（1257 年建立）和司库学院（1268 年建立）都允许初始会员"从普通书库取书"，但禁止他们"在任何条件下从库房里带出或出借"，供"抄写甚至是研习，因为如此一来书籍可能会被弄丢、毁坏或弄脏"。[86]和中世纪的大多数学院一样，于 1370 年创立的博洛尼亚大学西班牙语学院为会员们把书保存在两个地方：一个是书柜，另一个是更大一些的图书馆，书都用链子上了锁。任何一本书都不得"以任何借口借给任何人，无论是院内还是院外的人"。如果哪本书弄丢了，丢书的"歹徒"将"赔上食物和衣服以及学院应发给他的所有薪水"，直到他用自己的钱再买一本补上。如果哪个会员从图书馆偷走"一整张"羊皮纸这么多的东西，他就会"从馆里被赶出去，再没有回来的可能"。[87]

牛津最早一批学院的运作方式大致相同。默顿学院（1264 年建立）是第一个在建筑结构中加入实体图书馆的（1373—1378），新学院（1379 年建立）则是最早在原始设计中纳入图书馆的。遵循附近的男修道院和一般修道院的先例，它们的藏书以及牛津的其他馆藏被分成上锁的或者说参考的部分（约占 20%）与数量更多的出借或者说流通的部分。会员们通常有图

---

[85] 牛津于 1439 年新设了一门文科课程，适于课程使用的图书被单独存放在教职员大会堂的一个新箱子中，由牧师担任的图书管理员看管。摄政师傅和教学大楼主管可以从中借书，但要先登记一个丢失赔偿的价格，此价格高于重新购买的费用。Parkes, "Provision of Books," *HUO* 2:478, 479-80.
[86] Thorndike, *University Records*, 77, 90.
[87] Marti, *Spanish College at Bologna*, 283-87.

书馆的钥匙,但不能搬走图书,即便没有上锁。根据资历,会员们每年都会从出借部分(存放在学院库房中锁了一道又一道的箱子里)收到图书配额(*electiones*)用于准备和举行讲座。健忘的教授经常把这些体积不大的卷册借给同事,或者在还书截止日期之前把书弄丢。在16世纪初,这种状况加速了该制度的消亡,能够买到负担得起的印刷书籍也起到了加速作用。[88]

之所以管制如此之严,部分原因在于大多数学院的馆藏规模较小且是比较稀缺的珍本。所有的图书都是羊皮纸手稿,很难制作,获得和更换成本高昂。与现代大学图书馆数量庞大、品种丰富的藏书不同,大多数中世纪的馆藏(主要是创始人以及其他富有或虔诚的捐赠者无偿提供的)对于集中授课的学术课程来说是不可或缺的。1500年之前,牛津各学院图书馆的藏书,数量最多的在400到800册。剑桥的学院图书馆藏书,则很少超过200册。[89]无论数量是多是少,一旦入馆,这些书籍

---

[88] Cobban, *Medieval English Universities*, 382, 385-86; Parkes, "Provision of Books," *HUO* 2:431-32, 455-61, 481; Neil R. Ker, "Oxford College Libraries before 1500," in Ijsewijn and Paquet, *Universities in the Late Middle Ages*, 293-311, at 294-95; H. W. Garrod, "The Library Regulations of a Medieval College," *The Library* n.s. 8:3 (Sept. 1927), 312-35; Roger Lovatt, "College and University Book Collections and Libraries," in Elisabeth Leedham-Green and Teresa Webber, eds., *To 1640*, vol. 1 of *The Cambridge History of Libraries in Britain and Ireland* (Cambridge: Cambridge University Press, 2006); Leedham-Green, "University Libraries and Book-sellers," *CHBB* 3: ch. 15.

[89] N. R. Ker, "Oxford College Libraries before 1500," in Ijsewijn and Paquet, *Universities in the Late Middle Ages*, 293-311. 相比之下,索邦1338年的目录中列出了1722本书,其中330本(19%)上了锁。Cobban, *Medieval English Universities*, 383-84, 385n151; Richard H. Rouse, "The Early Library of the Sorbonne," *Scriptorium* 21 (1967), 42-71, 227-51; 参见 Rouse and Rouse, *Authentic Witnesses*, ch. 9.

就不好使用。即使是无法弯曲的抄本目录、书夹朝外一面上的书目，以及写在图书切口上的简短书名和书架标记（切口向外探出以对接锁扣）也造成了困难，因为图书可能是按主题、获得日期或尺寸大小来排列的。找到书只不过成功了一半，寻找能够阅读的地方是另一半。在早期的图书馆中，光顾的读者在高书架下方或矮书架上方的架子或桌子上打开书本，站着阅读。后来，应众人的需求，增加了狭窄的座位。再后来，有了细致打磨、做工精细的书夹，现在在牛津和剑桥的许多图书馆中仍能看到。这些图书馆大多数只在白天开放几个小时，朝向为东西向，书架和书夹垂直于窗户之间的墙壁，以充分利用光线。[90]

* * *

和今天一样，中世纪欧洲的大学在各自的社会中扮演着许多角色。不过，相比于当代大学，它们花在为教员、课程和毕业生的效率和效用进行辩护上的时间和精力要少得多。原因在于，作为整体的学问所，它们与帝国（*Imperium*）或王国（*Regnum*）以及教会（*Sacerdotium*）一起，迅速成为维持和主导社会的核心机构。它们成为知识，包括古代和现代知识的智库，成为评判和意见的摇篮，以及皇帝和国王、亲王、教皇以及议会"可以将各种金属送去加工的知识匠人"。"几乎任何事项都有可能参考师傅们的意见"，他们那博学的见解往往能解

---

[90] Burnett Hillman Streeter, *The Chained Library: A Survey of Four Centuries in the Evolution of the English Library* (London: Macmillan, 1931), frontispiece, 57-58, 62, ch. 3.

决当时的敏感问题。[91]不可否认，与期待中的现代研究型大学不同，它们不会孕育出惊人的新发现或实用的发明。它们与沙漏或机械钟表（两者在校准开学日期方面都颇受欢迎）的诞生无关，与三块地作物轮种或高炉、大炮或水力造纸厂、马刺或眼镜都无关，更不用说与捕鼠器或活字印刷无关。作为经济引擎，它们马力不大，触及的范围也有限。这些大学所在的地点和区域得到的好处充其量不过是，它们从房东、小酒馆老板、杂货店主、羊皮纸制作者、书籍制造商和文具店主、裁缝、建筑商、玻璃工、妓女，以及其他许多日常用品和娱乐的供应者那里长期购买无数商品。

对于越来越依赖于书面文件和致力于法治的社会来说，它们最大的贡献是为管理教会和国家输送训练有素的人员。对于欧洲文化而言，它们的贡献在于大幅提高了识字率，以及在许多学科中提升了理论、改进了思想方法，从而相应地提高了多门实用文科的效率，涵盖范围从外科手术延伸至入门性拉丁语语法的教学。我们对大多数大学校友，尤其是那些没拿学位的校友知之甚少，但是可以肯定的是，在天主教主导的整个欧洲，各级教会是毕业生的主要雇主。在最低层级，离职两年至三年去学习文科、教会法或神学大学课程的教区牧师，至少学

---

[91] Powicke, *Ways of Medieval Life*, 185. 例如，在说服教皇英诺森三世（巴黎大学校友洛塔里奥·迪塞格尼）和1215年拉特兰议会把一些习惯做法（用火、水、挨冻和格斗来进行折磨考验）从教会法中宣布为非法的过程中，巴黎大学研究神学的师傅在思想和个人方面发挥了关键作用。这个例子最终使得那些做法从世俗法中消失。师傅们对《圣经》、早期基督教教父的法令和教会法所做的学术注解，逐渐削弱了一些存在已久的论点和假设，正是这些论点和假设支持着折磨考验的做法。John W. Baldwin, "The Intellectual Preparation for the Canon of 1215 against Ordeals," *Speculum* 36:4 (Oct. 1961), 613-36; Baldwin, *Paris*, 1200, 204-10.

会了更高层级的拉丁语来履行事奉工作,同时还聆听了大学讲道者的许多堪为范例的布道,其中一些讲道者还撰写了关于讲道技巧的手册。在英国,剑桥那些职业生涯有迹可循的校友,有三分之一被派往教区工作,牛津的人则总是能在教会的高层中获得职位。13世纪,牛津校友在英格兰和威尔士掌管着三分之一的主教辖区,剑桥校友仅掌管2%。两个世纪之后,剑桥校友经过努力使这个比例达到了21%,但牛津校友占据了该职位的70%;担任该职位的人,46%曾在牛津任教。大教堂的教长职务(deanship)以及男修道院和一般修道院中的主事职位,也遵循着同样的由牛津校友主导的格局。

到1320年,巴黎大学三分之一以上的神学师傅已经成为法国序列中的主教、修道院院长或枢机主教。另外三分之一以上在大教堂的全体教士大会中任职,许多学生也循着师傅的足迹进入教会工作。在德国那些新创建的、规模较小、财力不足的大学(1506年之前成立了15所),文科院系招收了75%—80%的学生,从而导致到1480年时学生供过于求。由于只有3%的学生获得了更高的学位,意料之中的是,德国大学的大多数校友,无论有没有拿到学位,都被吸引到教区层面那些狭隘的教会职业生涯中。[92]

---

[92] C. H. Lawrence, "The University in State and Church," *HUO* 1: ch. 3; Jean Dunbabin, "Careers and Vocations," *HUO* 1:568; T.A.R. Evans, "The Numbers, Origins and Careers of Scholars," *HUO* 2:521-28; Leader, *University to 1546*, *HUC* 1:44; Verger, "Teachers," *HUE* 1:150; Moraw, "Careers," *HUE* 1:261, 270-73, 275; Stephen C. Ferruolo, "'*Quid dant artes nisi luctum*?' Learning, Ambition, and Careers in the Medieval University," *History of Education Quarterly* 28:1 (Spring 1988), 2-22; John W. Baldwin, "Masters at Paris from 1179 to 1215: A Social Perspective," in Benson and Constable, *Renaissance and Renewal*, 158; John W. Baldwin, "*Studium* and *Regnum*: The Penetration(转下页)

随着成分日益复杂、越来越好争讼的欧洲城市人口不断增长,教会大分裂(1378—1417)在罗马和阿维尼翁导致了决斗裁决法院和中世纪法庭的创立。作为个体的国家和皇帝想要在"普世教会"(Universal Church)衰落所造成的空白中扩大自己的权威。理所当然的,有事业心的大学生从神学转向法律研究,毕业时除了做教会管理,也希望能效力于帝国、皇室以及贵族,这些方面需要的是彼此相似的一系列能力。虽然教会试图拿到属于自己的教会法律师的名额,大多数区域性的主教辖区和教区还是更喜欢要那些受过民法训练的人,正如新兴的城市和国家官僚机构也是如此。13世纪即将结束时,曾在牛津大学和巴黎大学担任师傅的哲学家兼科学家罗杰·培根哀叹道:"让高级教士和王公贵族们神魂颠倒的民事律师,几乎拿到了所有的回报和好处;因此,所有一流人才,即使是那些在神学和哲学方面最有天赋的人,也急匆匆地去学习民法,毕竟他们看到法学家们变得有钱了。"14世纪和15世纪,来自贵族的投考者人数增加,且变得更为认真,这也使法律专业的入学人数陡然增加。[93]

大学在法律、逻辑、修辞和辩论方面提供的训练,为进入

---

(接上页) of University Personnel in French and English Administration at the Turn of the Twelfth and Thirteenth Centuries," *Revue des études Islamiques* 46 (1976), 199-215; Jacques Verger, *Men of Learning in Europe at the End of the Middle Ages*, trans. Lisa Neal and Steven Rendall (Notre Dame, Ind.: University of Notre Dame Press, 2000 [1997], chs. 4-5. 1216年至1499年,英格兰57%的主教曾就读于牛津,只有10%是剑桥校友。Cobban, *Medieval English Universities*, 394-96.

[93] Dunbabin, "Careers," *HUO* 1:574(引文); Cobban, *Medieval English Universities*, 394-96; Courtenay, *Schools & Scholars*, 365-66。

教会或世俗领域从事管理工作的校友做了很好的准备。[94]英国国王爱德华三世1337年在剑桥捐资创建国王学堂（King's Hall）时，无疑也是这么想的。他说，自己的意图是"让青年才俊能够得到教导，使他们更适合担任公共法律顾问……能够通过给出富有远见的建议来充实天主教的宗教信仰，强化王室权力并巩固英联邦"。[95]在一些社会中，"权利和特权相互竞争，两者由分等级的权威部门赋予并受到小心翼翼的维护"，在大学里磨炼出的技能在这些社会中有了广阔的运用空间。[96]外交、宣传、登记、法院、会计、地产管理和议会，都是可以投身的行业。从辩论中获得的能力，即"看到问题的两面，灵活地应用权威来解决问题，并以清晰的表达为［他们的］行动辩护"，使得许多大学毕业生在出身、财富、庇护和资历等不相上下时，获得了竞争优势。[97]

除了对政府、宗教、经济以及师傅和校友个人事业的贡

---

[94] 在本科修辞课上，教给学生的是公函写作技巧，在南方教的则是当公证人的技巧。法律与商业文件的写作和处理方面的训练，对于从事管理工作来说极为宝贵。Cobban, *Medieval Universities*, 221-23; Charles Homer Haskins, *Studies in Mediaeval Culture* (Oxford: Clarendon Press, 1929), chs. 1, 6, 9.

[95] Alan B. Cobban, *The King's Hall within the University of Cambridge in the Later Middle Ages* (Cambridge: Cambridge University Press, 1969), 13n4.

[96] Cobban, *Medieval Universities*, ch. 9, at 219.

[97] Dunbabin, "Careers," *HUO* 1:573（引文）, 576, 583-93; Moraw, "Careers," *HUE* 1:246, 277; Verger, *Men of Learning in Europe*, 30-33; Courtenay, *Schools & Scholars*, 146:

> 多彩的大学生涯并不能确保教会生涯也会杰出，但没有人认为那会起到妨碍作用……对王室最有用的效力者（也是最有可能获得教会的重要任命并拿到可观收入的）是出身和气质良好、精通账目、擅长谈判和外交，并且愿意始终遵守王室命令的人；这样的人，也许热爱国王和国家……胜过爱好书籍和观念。

献，大学还通过强烈、稳定地专注于精神生活来提升欧洲文化。在大学的支持和培养下，追求知识，无论是世俗知识还是宗教知识，本身就成了目的，但在校园区域内进行的"对人类理性的持续运用"大大地提醒欧洲人，文化不止意味着种植和收获食物来喂养身体。通过促进精神层面的严肃和卓越，大学也改变了构成智力成就的本质，并从学术的角度重新定义了它。大学通过早期形式的学科专业化、集体的努力和灵感以及新的具有挑战性的观念的传播，使知识完成了制度化，并通过严格的训练、学术上的学位、教学许可和自我施加的行会约束，使学者实现了职业化。[98]

为了确保给予学生的学术教育的严格，各大学还巧妙地、持续地反复灌输（借助范例多于戒律）所有严肃的精神作品中俯拾即是的许多美德，赋予其终极的价值和意义。[99]大学在充满挑战的时期和艰难的环境中做到了这一切，同时设法维持了自身的"根本形式及其在历史进程中基本的社会角色和功能"，正是这一点为它们赢得了认可和称颂，即便我们不太容易确定准确的时期。[100]

---

[98] Rashdall, *Universities of Europe*, 3:442; Powicke, *Ways of Medieval Life*, 191, 211; Vern L. Bullough, "Achievement, Professionalization, and the University," in Ijsewijn and Paquet, *Universities in the Late Middle Ages*, 497-510; Verger, *Men of Learning in Europe*, 165-66; Cobban, *Medieval Universities*, ch. 9.
[99] 知识美德的清单很长，至少包括对真理的热情、追随真理的勇气、准确、诚实、耐心、坚持、无私、容忍复杂和不确定、尊重不同意见，以及面对一切未知事物时的谦卑。见 Barry Schwartz, "Intellectual Virtues," *Chronicle of Higher Education* (June 26, 2015), B6-B9.
[100] 见前文，第 2 页（均指原书页码，即本书边码。——译者）和注释［3］。

## 第二章　牛津 – 剑桥

王国的太阳、眼睛与心灵。

——约翰·科克爵士

美国那些伟大的现代大学，源头并不在于所有欧洲大学的大陆经验，而在于英国的牛津大学和剑桥大学这两个地方上的前身。两者都是典型的中世纪大学，与博洛尼亚大学、巴黎大学和萨拉曼卡大学并无不同。由于16世纪和17世纪初期，英国在治理和宗教方面经历了剧变，两所大学的演变方式不同于欧洲的同伴，但彼此之间是相似的。在敏锐的观察者看来，它们似乎是"一个秩序井然的联邦，只不过被地点上的距离分隔开了，并且不是经由友好协调和命令隔开的"。[1] 当时，大多数欧洲国家面临着新教改革、国家形成、民族主义和社会经济变革的挑战，英国的反应却推动其文化和主要学术机构向着欧洲

---

[1] William Harrison, *The Description of England* [London, 1587], ed. George Edelen (Ithaca, N.Y.: Cornell University Press for the Folger Shakespeare Library, 1968), 70.

探险家所谓的新世界最充分、最直接地进行移植。为了看清美国高等教育近400年的发展历程，我们必须首先了解在此之前都铎王朝和早期斯图亚特王朝的牛津－剑桥（Oxbridge）发生的事。[2]

所有大学都受到环境条件和时代生活的影响，还必须应对这些影响，否则就会衰落消亡。中世纪欧洲的大约80所大学也不例外。其中相当一部分，即大约20%，缺乏资源、学生或政治支持。[3]尽管位于规模不大的城镇，牛津和剑桥却与伦敦足够接近，本身也足够灵活，不仅能够维持自己的存在和与对方的共存，而且垄断了英国高等教育数百年。[4]两所大学能做到这些，是通过适应，或者说被迫适应一系列不断变化的环境，这些环境不仅威胁到它们的活力、它们与国家的关联，

---

[2] 合成词"牛津－剑桥"（Oxbridge）于1849年由威廉·梅克皮斯·萨克雷在小说《潘登尼斯》（*Pendennis*）中发明，是为牛津或剑桥中的某一个设计的虚构替身，而非表示两座学府的集体术语。在同一本小说中，他还提到了作为"牛津－剑桥"竞争对手的大学"卡姆福德"（Camford），后者并没有流行起来。我倾向于把"牛津－剑桥"作为集体名词来用，毕竟这两所大学在都铎王朝和斯图亚特王朝早期极为相似。William Ham Bevan, "Oxbridge (and Camford): An Etymological History," *CAM: Cambridge Alumni Magazine*, no. 68 (Lent Term 2013), 18-21.

[3] Hilde Ridder-Symoens, ed. *Universities in the Middle Ages*, vol. 1 of *A History of the University in Europe* [HUE], gen. ed. Walter Rüegg, 4 vols. (Cambridge: Cambridge University Press, 1992), 62-65. 那些消失的大学，后来有一部分又重新创立，还有一些迁移了校址并改了校名。至少还有15所大学，是只在纸张或羊皮纸上创立的。Hastings Rashdall, *The Universities of Europe in the Middle Ages*, rev. and ed. F. M. Powicke and A. B. Emden (Oxford: Oxford University Press, 1936), 2:325-31.

[4] 在边境北部，苏格兰的三所小型的位于城市中的大学，即圣安德鲁斯（约1410年）、格拉斯哥（1451年）和阿伯丁（1495年），要到15世纪才创立起来，并且直到18世纪下半叶才在学生数量、在欧洲的声望，或者（甚至在1583年增加了爱丁堡大学之后）在质量上与牛津－剑桥相比肩。

而且至少曾一度威胁到它们的生存。

在一个迅速变迁的世纪,英国的大学面临着六项改变游戏规则的挑战。其中最为重要的,是国王亨利八世治下寡头政府的扩张和遗产。在试图与阿拉贡的凯瑟琳离婚时,亨利八世还将自己的国家从罗马天主教会的精神和政治轨道中拖离出来,置于一条很快便向着新教飘移的道路上。经由立法和政治上的操纵,这些行动共同确保了他既成为国家又成为教会中最有权力的人。那些操纵往往很是巧妙,却总是强制实施的。

在学术上,大学更容易应对另外四项挑战。其中之一是用体积更小、成本更低的书籍取代手稿文本,这是由活字印刷实现的。另一项挑战是文艺复兴时期的人文主义传到了英国,与之相伴的是对希腊语和拉丁语古典文学和修辞,对其中新发现的实例,即希腊语《圣经》甚至是希伯来语《圣经》的迷恋。第三项挑战来自新的自然科学的缓慢兴起,它依靠观察和实验,试图取代亚里士多德、天文学家托勒密和地理学家斯特拉博那些不倚重数学、准确性不高、预言性较低的文本。最后,大学的社会成分发生了变化,修士被士绅和贵族子弟取代,后者寻求的是为领导国家和民族作更为正式的准备。这些力场汇合起来把英国大学推向了新的方向,同时并没有消解其基本结构,也没有扑灭其作为教授和学习知识的高级中心所具有的核心驱动精神。

在整个中世纪,英国的两所大学都依赖于国家,原因主要在于,它们作为一般学问所最初受到的认可并非来自教皇,而是来自王权。皇家法令赋予它们法律地位,保障了它们的法人权利和特权,并继续保护它们免受各自所在城镇的威胁和侵蚀。但是,在亨利八世(1509—1547年在位)治下,由于面对市政当局的独断和贵族的贪婪想寻求更多的保护，以及为了硬件和学术上的改进寻求更多的经济支持，两所大学对国家更为依赖了。那位没有上过大学但思想开明的国王，认识到了在人才培养之外它们对民族、国家和教会的价值，于是尽力保护它们免受敌人的侵害并提高它们的福祉。作为回报，亨利八世和他的继任者们坚定地提醒大学，它们受惠于王权，有义务对国家政策，尤其是那些基于皇室愿望的国家政策给予积极的、无条件的支持。[5] 他拥抱大学时的"熊抱"姿势，让大学很难弄清那是钟爱还是强迫。

1525 年之后，亨利的拥抱开始收紧，那一年他想方设法结束与凯瑟琳的漫长婚姻（凯瑟琳只给他生了一个在政治上地位飘摇的女继承人），以便迎娶年轻的新欢安妮·博林。为了做到这一点，他不得不说服教会，按照教会法的标准判断，凯瑟琳此前与他的哥哥亚瑟五个月的婚姻是有效的，毕竟他们已经同房完婚（这一点凯瑟琳至死都坚决否认）。由于那时罗马由凯瑟琳的侄子查理五世的部队驻守，前后两任教皇都对亨利的论断置若罔闻，并申明反对他们离婚。意识到自己永远不会在罗马取胜，亨利便决定，必须在国内处理自己的案子。那里的一座由教皇使节主持的教会法庭未能传回想要的裁定，于是亨利在教皇克莱门特七世将诉讼程序移交罗马之后，便求助于自己麾下那两所大学和其他几所欧洲大学博学的教员们。1530 年，学者们被要求判定，"神授法和自然法是否禁止迎娶自家兄弟

---

[5] Claire Cross, "Oxford and the Tudor State from the Accession of Henry VIII to the Death of Mary," in James McConica, ed., *The Collegiate University*, vol. 3 of *The History of the University of Oxford* [*HUO*], gen. ed. T. H. Aston, 8 vols. (Oxford: Clarendon Press, 1986), 117.

未曾生育的遗孀"。[6]经过适当的历史研究，在不甚含蓄的压力之下，牛津和剑桥基于集体智慧至少裁定：如此禁止过去不合法度——因此一直以来都不合法。

这一判定为亨利与罗马本身分道扬镳*壮了胆。他接连不断地说服议会，停止所有向罗马教廷支付的款项和提出的上诉（1532年、1533年），宣布国王为"英国教会和神职人员的最高领袖"（1534年），并最终没收所有天主教修道院的财产和收入以及总数约800座的其他教会房屋（1536年、1539年）。1536年，英国政府正式否认了教皇在所有事务上的权威，对于这一立场的合理性，牛津和剑桥在两年前已进行了确认——虽然并非全心全意。[7]一如在国王离婚这件"大事"上所做的，剑桥校长约翰·费希尔（John Fisher）对此公开表示反对，于是遭到斩首，成为16世纪都铎王朝死于断头台上的四位大学校长中的第一人。[8]从那以后，几乎没有大学的学者或学生敢于质疑国王在政治上的至高地位，或者敢于拒绝进行意思大致相同、很快便成为入学和毕业必要流程的宣誓。

英国在亨利治下离弃天主教会，这一做法在他未成年的继

---

[6] Damian Riehl Leader, *The University to 1546*, vol. 1 of *A History of the University of Cambridge* [*HUC*], gen. ed. Christopher Brooke, 4 vols. (Cambridge: Cambridge University Press, 1988), 327-28. 除牛津－剑桥外，还征询了160名欧洲学者和23所西欧大学的意见。Diarmaid MacCulloch, *Thomas Cranmer: A Life* (New Haven, Conn.: Yale University Press, 1996), 41.

[7] G. R. Elton, ed., *The Tudor Constitution: Documents and Commentary*, 2nd ed. (Cambridge: Cambridge University Press), 350-58, 364-67, 383-89; Leader, *University to 1546*, *HUC* 1:329.

[8] Leader, *University to 1546*, *HUC* 1:324-31. 剑桥的另一位校长斯蒂芬·加德纳保住了脑袋，却拜爱德华六世所赐，在伦敦塔中受囚五年，直到1553年被玛丽释放并重新任命为校长。

\* 原文 divorce，与"离婚"双关。

承人爱德华六世（1547—1553年在位）统治期间得到确认并加快了进程。这位少年国王由剑桥毕业的导师们，尤其是希腊语钦定讲座教授约翰·奇克爵士（Sir John Cheke）以开明思想教授宗教改革人文主义，并由乃父的坎特伯雷大主教托马斯·克兰麦（Thomas Cranmer）在宗教方面加以指引，与幕僚一起使英国国教完全转向了新教。神职人员的独身禁欲和弥撒仪式遭到废除，强制性的主日礼拜改用英语而不是拉丁语进行，圣徒的所有"迷信"形像和遗迹都从教堂中撤除，有时是由乌合之众以暴力行动撤除的。会众受到的教导是，"拣选"是预定的，"仅凭信心"便可获得救恩，并且善行与救恩没有关联。基督在圣餐的面包和葡萄酒中的"真实存在"被否定，神职人员和世俗人士都可以分享面包和葡萄酒了。《公祷书》(The Book of Common Prayer)规定了各项服侍，在《教会统一条例》(the Act of Uniformity)于1549年通过后，"四十二条［后来是三十九条］信纲"则列出了教义。[9]

爱德华时代的另一次早期改革本有可能使大学不仅紧张战栗，而且遭到重创。当支持神父唱弥撒（通常是为创建者的灵魂）的捐建场地，即弥撒小教堂（chantry）于1547年废除后，它们来自土地的收入被皇家没收了。如果不是得到议会的特别豁免，许多中小学校、学院、教学大楼和校外大学宿舍都会处于危险境地。这一行为反映了亨利对贪婪的贵族"掠夺

---

［9］ Jennifer Loach, *Edward VI*, ed. George Bernard and Penry Williams (New Haven, Conn.: Yale University Press, 1999); Diarmaid MacCulloch, *Tudor Church Militant: King Edward VI and the Protestant Reformation* (London: Allen Lane, 1999); Dale Hoak, "Edward VI (1537-1553)," *Oxford Dictionary of National Biography* (2004; rev. ed., 2008, www.oxforddnb.com).

者"(dingthrifts,他是如此称呼后者的)的坚定回应,这些贵族早先已经获取了修道院土地的最大份额,现在又盯上了大学的地产:"我们只想通过让修道院蒙羞来推倒罪恶,而你们还想通过颠覆大学来瓦解所有的良善……据我判断,在英国拨给大学的是最好的土地,因为在它们的维护之下,直到我们生命结束、化作尘土之时,我们的王国也将受到良好的治理。"议会明智地保留了从追思弥撒捐款中获得的收入,用来创建或维持文法学校、救济穷人,以及"促进大学的进一步发展"。[10]

爱德华同父异母的姐姐玛丽一世("血腥玛丽")信奉天主教,她的五年统治(1553—1558年)使英国陷入了新的动荡:她推倒了父亲和弟弟的新教改革,重新使英国国教向着罗马转变。对于她发起的运动,大学至关重要,因为事实已经证明,大学作为塑造舆论以及教会和国家年轻精英的场所极为重要。信奉新教的校长和学院院长为虔诚的天主教徒所取代。包括大主教克兰麦在内的三位著名的新教改革者,不得不在牛津大学就圣餐的意义与八位保守的剑桥导师辩论。经判定辩论失败后,他们被宣布为异教徒,并在贝利奥尔学院附近的火刑柱上当众烧死。他们令人毛骨悚然的死亡充分清晰地表明,牛津和剑桥对于承认信仰的新教徒来说不再是安全场所。[11]

接下来的几年里,137名研究生和导师,包括多位被吸引到爱德华时期大学的欧洲学者,变成了欧洲大陆的所谓"玛

---

[10] Harrison, *Description of England*, 80-81; Elton, *Tudor Constitution*, 391-94; D. W. Sylvester, ed., *Educational Documents*, 800-1816 (London: Methuen, 1970), 83-85.

[11] Cross, "Oxford and the Tudor State," *HUO* 3:140-49, at 142-44.

丽流亡者"。其中大部分是剑桥人，60个是牛津人。1556年，出生于英国的教皇使节、新任牛津兼剑桥两校校长的雷金纳德·波尔（Reginald Pole），向大学及其下属的学院派出督导（Visitors，多数是保守的主教），以恢复古老的章程、揪出"异端"书籍，确保学术研究没有不端行为。所有科目的授课者都接到命令，不得教授任何与天主教信仰相悖的内容，辩论也要得出类似的结论。这些行动表明，大学极易受到国家强制力的影响，从此"受君主和历届皇室政府摆布"。[12]

然而，甚至在伊丽莎白一世（1558—1603年在位）继位之前，便已有约340名牛津－剑桥学者改宗或再次改宗了某种形式的新教，希望看到亨利和爱德华的改革得到恢复。他们没有失望，也没有等待很久。1559年，议会恢复了国王"对国家的宗教和精神事务的古老管辖权"；大学也在管辖范围之内，在那里，"任何在大学接受神职或学位的人"都要宣誓拥护王权至高无上的地位。[13]随着那位智慧过人、政治干练的童贞女王重新安顿好英国国教，看顾着大学从爱德华时代的低谷中生机勃勃地成长，过去三十年中由拉锯式的变化带来的巨大不确定

---

[12] Cross, "Oxford and the Tudor State," *HUO* 3: at 148, 149. 关于剑桥流亡人员的名单，见 H. C. Porter, *Reformation and Reaction in Tudor Cambridge* (Cambridge: Cambridge University Press, 1958), ch. 4, at 91-98. 就好处而言，玛丽在1554年赠送给牛津的礼物，即三个教区，每年带来的收益价值132英镑，使该大学收到的微不足道的捐赠增至原来的三倍，从而得以进行一系列改善，包括修复和重新启用文学院大楼。在遗嘱中，她还向牛津和剑桥各捐赠500英镑，用于帮助贫困学者，以及作为建立剑桥三一学院的资金。I. G. Philip, "Queen Mary Tudor's Benefaction to the University," *Bodleian Library Record* 5:1 (April 1954), 217-37. Elisabeth Leedham-Green, *A Concise History of the University of Cambridge* (Cambridge: Cambridge University Press, 1996), 56.

[13] Elton, *Tudor Constitution*, 372-77.

性逐渐消退了。[14]

"玛丽流亡者"从欧洲大陆和这个国家的隐秘之处返回了。为了给他们腾出空间，两个院系中不参加英国国教礼拜仪式的人和秘密的天主教徒都被清除出去。不到两年，牛津便只剩下一名玛丽时期的学院院长，另外还有一名在剑桥。被重新定义为"异端"的书籍遭到收缴。伊丽莎白本人成为牛津基督教会学院（前身是枢机主教学院——大法官托马斯·沃尔西的宏大抱负和部分善举）的官方督导。不过，大多数学院督导仍然是主教或大主教，尽管他们属于一种新的信仰并愿意毕恭毕敬地取悦皇室。1571年，议会将两所大学都确立为自治的法人，取代了存在了十年之久的皇家法令，同时并没有大幅减少皇室的干涉。皇家委员会向每所大学及其下属学院下发了新的章程（1565年向牛津下发，1570年向剑桥下发），并不声不响地以牺牲研究员的权威为代价，提升了学院院长的权威。大学校长都是任职已久的贵族或接近女王的高级官员，并且在副校长（总是经验丰富的学院院长出身）的（短期）任命中有更多的发言权——这一点反映了大学治理严格遵循着寡头国家的模式。[15]

---

[14] 1542年至1548年，牛津仅培养了173名文学士，剑桥培养了191名。在16世纪余下的时间里，剑桥的培养规模继续超过牛津。1583年，剑桥培养了277名文学士，牛津只培养了157名。到1600年，剑桥的在校学生人数接近2000人，牛津则要少得多。Cross, "Oxford and the Tudor State," *HUO* 3:140; Craig R. Thompson, "Universities in Tudor England," in *Life and Letters in Tudor and Stuart England*, ed. Louis B. Wright and Virginia A. LaMar (Ithaca, N.Y.: Cornell University Press for the Folger Shakespeare Library, 1962), 337-82, at 363-64.

[15] Penry Williams, "Elizabethan Oxford: State, Church and University," *HUO* 3: ch. 6; Victor Morgan, *1546-1750*, *HUC* 2:71, 75, 77, 90-91, 93, 107.

伊丽莎白所实现的国家政策、宗教以及大学的紧密融合，遗留给了她斯图亚特王朝的继承人詹姆斯一世（1603—1625年在位）和查理一世（1625—1649年在位）。到1642年内战爆发时，天主教作为国教的复归或许令人担忧，但作为一种现实可能性基本上已经被排除了。不过，新教的各个派别仍在争夺对已获国家认可的教会、议会和大学的控制权。此类竞逐使大学成为国家政治活动上演的显见舞台，而这种局面此后还将维持许多个世纪。1604年，议会授予每所大学两个议席，一个原因是让两所大学能够直接解释和捍卫自己的利益，这标志着它们在高风险的权力和庇护游戏中扮演着显著的角色。大学被公认为"我们的教会和国家的摇篮和源泉"，不容忽视。[16]从政府的角度看，至关重要的是它们树立了宗教统一、意识形态控制、道德诚信和社会秩序的典范。正如伊丽莎白的前国务大臣罗伯特·塞西尔爵士提醒新获得选举权的剑桥大学时所说的，"对于所有良好的秩序来说，最大的敌人莫过于对所有年轻的绅士和学生在教育方面放任自流"。[17]怀着类似的情感，都铎王朝的"熊抱"在新君主治下不会放松对牛津和剑桥的控制。

\* \* \*

国家侵入大学的关键人物是它们的校长。最初，他们是林肯主教（牛津位于其教区中）和伊利主教（剑桥所属的教区）的教士代表，但是由各自的师傅行会选举产生。到了15世纪

---

［16］ Morgan, *1546-1750*, *HUC* 2:109.
［17］ 同上书，2:112。

中叶，师傅们确定的人选不再需要教会批准，校长们的任期则从两年延长为终生任职。他们越来越成为不居住在任所的要人，具有在皇室和学界的议程之间进行调停的政治影响力。多位校长是国王的大法官，还有许多位则是主教或大主教。到了16世纪，他们都由国王任命。但是，正如他们当中的四位得到的惨痛教训，如果偏离皇家的议程或法律太远，国王有可能切切实实地把他们的任期（和生命）斩断。[18]

在任期间，校长们对麾下的机构获得了相当大的权力。他们有自己的法院来执行纪律，有自己的监狱来约束违规者，并且有权管辖与学者发生冲突的市民、在大学中死亡的学者的遗嘱验证、中小学校教学资格证书，以及当地博览会和市场上的食品、饮料和贸易方面的法定价格。1604年之后，校长们会定期遴选大学在议会中的资深议员，和他们自己一样，这些议员是校友、不在任所居住者，以及有过下议院任职经验的律师或廷臣。虽然副校长、学监、仪仗官、教务主任和其他大学官员是由摄政（教学）师傅选出的，校长们却相当成功地推举出了他们自己和国王青睐的人选。[19]

在为大学的各个学院选择督导方面，校长们同样发挥着强有力的作用，而这些督导最终也是由国王任命的。他们经常亲自担任这一职务。自1630年起任牛津大学校长的威廉·劳德（William Laud），在七年之内担任了牛津九所学院的督导，他

---

[18] Alan B. Cobban, *The Medieval English Universities: Oxford and Cambridge to c. 1500* (Berkeley: University of California Press, 1990 [1988]), 64-76.
[19] Williams, "Elizabethan Oxford," *HUO* 3:401-402; Kenneth Fincham, "Oxford and the Early Stuart Polity," in Nicholas Tyacke, ed., *Seventeenth-Century Oxford*, vol. 4 of *HUO* (1997), 196-98; Morgan, *1546-1750*, *HUC* 2:93.

那些亲密的盟友们则除了其中一所学院以外，督导着其他所有学院。[20] 更多时候，这项职务落在副校长、高级教士、政治家以及伦敦的律师身上。鉴于教会和国家的融合，主教是最受欢迎的人选，尤其是曾经当过学院院长的主教，哪怕他们来自其他大学。[21] 在说服大学修订章程、任命可能服从皇家指令与主流教义的研究员、改革他们的学术活动，以及规训可能难以驾驭甚至政治倾向危险的学生团体方面，督导都发挥着重要作用。由于知晓督导的身后承载着国家之重，学院通常会尊重他们给出的建议，哪怕并不心甘情愿。[22]

象征力量更为强烈的是，皇家对大学的督导也在整段时期中偶尔发生。在伊丽莎白之前，督导主要是由皇室代表和专员进行的。伊丽莎白的父亲于1522年曾短暂督导过牛津，但在1535年，亨利的首席顾问托马斯·克伦威尔（Thomas Cromwell）向那里发布命令，同时派出两名世俗专员。14年后，新继位的国王爱德华六世依次派遣了两位主教。1556年，玛丽女王派遣教皇使节雷金纳德·波尔来推翻她的亲人们发起的全部新教改革。只是到了1564年（在剑桥）和1566年（在牛津），伊丽莎白才认为是时候用她本人的到场、技巧和决心来打动自己重新安顿下来的大学；1592年，她再次在牛津大学如此行事，以便使新教派别和残余的不参加英国国教礼拜仪式的

---

[20] 在1635年成为坎特伯雷大主教后，劳德同样热衷于改革剑桥，但他从未前往过都主教省（metropolitan）去修葺那里的房子。Leedham-Green, *Concise History of Cambridge*, 70-71.

[21] 1581年之后，主教或大主教督导了牛津除三所学院外的其余所有学院。Williams, "Elizabethan Oxford," *HUO* 3:404-405.

[22] Morgan, *1546-1750, HUC* 2:96-97; Williams, "Elizabethan Oxford," *HUO* 3:404-405; Fincham, "Oxford and the Early Stuart Polity," *HUO* 4:194, 205 (Laud).

人遵守官方教会的教义和实践。伊丽莎白的继任者詹姆斯一世,在两个重要场合将来自皇室的器重加在了他最青睐的牛津身上,查理一世也如是做了两次。到那时,毫无疑问,更为多样化和更喜欢争论的剑桥对于受到王权较为仁慈的忽视充满感激。[23]

君主的亲自督导伴随着大量的浮华、仪式和谄媚,但这些督导活动也使最高统治者能够观察和参与大学的日常运行,在他们看来大学若非国家的代言机构,也是国家的工具。1564年,伊丽莎白花了五天时间待在剑桥,1566年花了六天时间待在牛津,1592年则在牛津待了整整一周,那一年她第一次督导了各个学院。1605年,詹姆斯在牛津盘桓四天。每次督导的内容都包括来自学生、官员和大学演说者的演讲,演讲用的语言有英语、拉丁语和希腊语,往往时间还很长。学生们在学院的食堂里演出古典的和新创作的喜剧和戏剧,通常是用拉丁语,并不总是动人,有时甚至丢人。许多剧目之所以被选定,是为了向女王进言,有时并不隐晦:关于教会改革,关于(她)结婚的可取性,以及解决王位继承问题。[24]学生们还扯开嗓门用拉丁

---

[23] Cross, "Oxford and the Tudor State," *HUO* 3:125-28, 135-38, 145-48; Williams, "Elizabethan Oxford," 397-400; Fincham, "Oxford and the Early Stuart Polity," *HUO* 4:182n11; Morgan, *1546-1750, HUC* 2:451-53. 詹姆斯一世在1614年冬天督导了剑桥,不过在那里只看了四场戏。十年后,他短暂地出席了一个授予一些国内外显贵荣誉学位的仪式。然而,在1603年4月从苏格兰出发接受英国王位的途中,他为一个由学院院长构成的代表团"自愿地"确认了该大学的特许状和特权。Morgan, *1546-1750, HUC* 2:40, 322, 420; G. B. Harrison, ed., *Jacobean Journal* (London: George Routledge and Sons, 1941), 19.

[24] 在一部名为《阿尔巴》(*Alba*)的篇幅极长的田园喜剧中,五六名男子使自己看起来"几乎赤身裸体";一名男性旁白认为,这种装扮"受到了女王和女士们的错爱"。Harrison, *Jacobean Journal*, 225. 关于牛津和剑桥两校的演出节目单,见 Frederick S. Boas, *University Drama in the Tudor Age*(转下页)

语辩论那些可能比较尖锐的话题，例如"君主制是不是国家的最佳状况"，"经文的权威是否大于教会的权威"。在所有这三次督导中，伊丽莎白在多个院系专注地聆听了数小时的拉丁语辩论。作为新近引入英国的美洲"无用之物"（weed）的著名批评者，詹姆斯饶有兴趣地聆听了一场关于医疗的辩论，主题是"经常熏制烟草对健康是否有益"。在听了另一次哲学辩论之后，他阻止了院系主持人打断一位回应者，后来对他的贵族随从评论道："愿上帝让此人持守正道，他到头来会是一名危险的异教徒；他是我聆听过的最会辩论的人。"[25]

皇室的督导还使大学得以发现（如果事先不知道的话），君主有完全的真才实学来评判它们。无论是31岁还是59岁时，伊丽莎白都能理解听到的每一句话，不需要人工提示器以同样的方法来做出回应。1592年，她让那位希腊语演说者大为意外，因为她"用同一种语言"感谢演说者，并以一番优雅的拉丁语即兴答谢致辞向牛津大学、副校长和各位学院院长告别。1605年，牛津用拉丁语和希腊语欢迎詹姆斯，对他的王后和儿子则以英语俯就。大学赠送的一部美观的"对开本希腊语

---

（接上页）(Oxford: Oxford University Press, 1914; New York: Benjamin Blom, 1966), chs. 5, 11; Siobhan Keenan, "Spectator and Spectacle: Royal Entertainments in the Universities in the 1560s," in Jayne Elisebeth Archer, Elizabeth Goldring, and Sarah Knight, eds., *The Progresses, Pageants, and Entertainments of Queen Elizabeth I* (Oxford: Oxford University Press, 2007), ch. 5。

[25] Williams, "Elizabethan Oxford," *HUO* 3:397-400; G. B. Harrison, ed., *An Elizabethan Journal... 1591-1594* (London: Constable, 1928), 170-74; Harrison, *Jacobean Journal*, 222-30, at 227-28. 1564年，一名剑桥学者在伊丽莎白面前为天主教进行了出色辩护，并向在场的西班牙大使强调，自己"受到了那些主持的人攻击，这些人就是不想向他授奖"。Keenan, "Spectator and Spectacle," 92, 93.

《圣经》",对他而言比一副华丽的镶金手套有意义得多。[26]第二天,詹姆斯被授予博士学位,很快他就证明对这一荣誉受之无愧。在聆听神学、医学和法律方面的辩论时,他毫不犹豫地用拉丁语对论据和表现进行点评。在自然哲学方面,这位最具导师气质的国王亲自"弄清"了其中一个问题。在一整天漫长的唇枪舌剑结束后,他站起来,恭敬地摘下帽子,"用拉丁语亲切陈词,肯定他们所有的表现,并劝诫他们敬拜上帝、福音以及纯洁的教义,远离天主教的迷信、教会分裂以及奇异的观点"。[27]前一年,詹姆斯选定了18位牛津学者为《圣经》准备一个新的译本(传世的英王钦定本),这些学者对他的信任和厚爱无疑都倍感欣慰。[28]

第二天早上,詹姆斯用很长时间参观了新近受捐设立的大学图书馆,即博德利图书馆,进一步确立了他博学的声名。在那里,有人呈上图书馆数量庞大的藏书新制目录的印刷版,他细阅了几部宗教手稿和图书("给出了博学的批评"),并许给图书馆创建者托马斯·博德利从皇家藏书中挑选手稿的权利。詹姆斯临别时所说的话广为人知:"如果不当国王,我希望成为一个大学中人;如果有一天成为囚徒并能有个愿望,我希望

---

[26] 1566年,有人向伊丽莎白呈上了一本拉丁文原版诗集。诗集让伊丽莎白和接待她(并追求她)的莱斯特伯爵罗伯特·达德利校长都倍感荣幸,其中收入了牛津大学各个学院的图集,由埃克塞特学院一名研究员精巧绘制。Louise Durning, ed., *Queen Elizabeth's Book of Oxford*, trans. Sarah Knight and Helen Spurling (Oxford: Bodleian Library, 2006).
[27] Harrison, *Elizabethan Journal*, 170-74; Harrison, *Jacobean Journal*, 220-30.
[28] 还有15名学者被选中,在两个剑桥小组,或者叫"群体"中工作。牛津译者中有一人是剑桥校友,曾任学院院长。剩下的17人几乎全部是牛津-剑桥两校培养的。Adam Nicolson, *Power and Glory: Jacobean England and the Making of the King James Bible* (London: HarperCollins, 2003), 251-59.

就以这座图书馆为监狱,与那么多优秀的作家锁在一起,死时成为一名大师 [ et mortuis magister ]。"〔29〕

詹姆斯的首次督导以及此后与牛津的交往明确无误地表明,国家在这所大学身上打下的印记越来越深。在他于 1605 年到来之前,先遣人员监督着"重大的准备工作",发布了"关于学者正当行为的各种法令",一如为伊丽莎白的督导所做的。镇上和学院的"围栏、柱子和水泵"都重新粉刷了,"所有的盾形纹章都装饰一新"。更重要的是,学生们接到命令"在国王驻跸期间要勤勉地出勤普通的 [ 晨 ] 课",在无法获得观剧入场券时不要抗议"当前的监禁和其他惩罚的痛苦",并且为赞美皇室而准备公开张贴的任何诗句都要"由各学院学监们首先修改 [ 审查甚至进行文字加工 ]"。〔30〕尽管有这些预防措施,"小伙子"毕竟是小伙子:当国王在环绕全镇进行的学术巡视中完全没有注意或阅读那些诗句时,他们从大学的墙上粗暴地扯下了诗句。〔31〕甚至就在他抵达的前一天,还有 140 名在讲道中坐在副校长旁边的学生戴着帽子,*后来为了他们自己的荣誉考虑,这些学生被关进大学(也是镇上的)监狱,即

---

〔29〕 I. G. Philip and Paul Morgan, "Libraries, Books, and Printing," *HUO* 4: ch. 13, 661; Harrison, *Jacobean Journal*, 229; Sir Isaac Wake, *Rex Platonicus* (Oxford: Joseph Barnes, 1607), 116-23; William Dunn Macray, *Annals of the Bodleian Library, Oxford, A.D. 1598-A.D. 1867* (London: Rivingtons, 1868), 26-27.
〔30〕 在 1592 年伊丽莎白前来督导之前,牛津的学生也接到了类似的一套指示。1564 年,与此相反,剑桥的本科生接到的命令是,在女王到达时表示欢迎后,"安静有序地离开宿舍前往学院,绝不要前去打球、辩论或观剧"。Boas, *University Drama*, 92, 253.
〔31〕 1592 年,伊丽莎白礼貌地"把目光投向了圣母玛利亚教堂、万灵学院、大学学院以及莫德琳学院的墙壁,这些墙上大多数悬挂着诗句以及诗歌的象征性表达"。Boas, *University Drama*, 267.
   * 在讲道中不脱帽被视为对神的不敬。

博卡多（Bocardo）监狱。他们正要为自己的罪行私了时，国王就这场争端发了话；他们"用鼓掌和嗡嗡发声向他欢呼，虽然对他来说有些奇怪，但在问清噪声表达的意思"，即致敬后，"他心满意足"。[32]

让君主感到不快从来都不符合大学的最佳利益。王权对教会中升迁事项决定权的加强，是听从皇室命令一个极好的理由。在伊丽莎白统治期间任职的27位牛津副校长中，有9位后来成为主教，5位成为大教堂教长，其他善于通融的学院院长也是如此去向。到1640年，剑桥已经有14名学院院长直接被提升为主教，另有3名院长最终成为主教。[33]皇家慈善事业是另一项原因。国王、王后，甚至他们的母亲（如亨利七世的母亲）都会创立学院和小教堂（比如剑桥宽敞的三一学院和宏伟的国王学院小教堂，以及牛津的基督教会学院等），并会资助讲师职位和教授职位的设立，包括在牛津（1540年）和剑桥（1546年）的神学、希腊语、希伯来语、民法和医学五个科目设立的"钦定教授"席位。[34]甚至其他人的慷慨赠予，也想得到国王的恩准。1610年，寡妇多萝西·沃德姆（Dorothy Wadham）为一所学院的方院捐资7000英镑，另外还每年为16名研究员和40名学者捐资800英镑；詹姆斯

---

[32] Harrison, *Jacobean Journal*, 222-23, 229-30.
[33] Williams, "Elizabethan Oxford," *HUO* 3:430; Morgan, *1546-1750, HUC* 2:105. 当院长如此获得升迁时，国王有权指定替补者，从而削弱了研究员们传统的选举权力。
[34] Leader, *University to 1546, HUC* 1:344-48; 2:16; Cross, "Oxford and the Tudor State," *HUO* 3:132; G. D. Duncan, "Public Lectures and Professorial Chairs," *HUO* 3:344-45; John Newman, "The Physical Setting: New Building and Adaptation," *HUO* 3: ch. 9.

图 4 尽管学院创始人尼古拉斯和多萝西·沃德姆的捐赠极为慷慨,国王詹姆斯一世仍然要在"主院"(Main Quad)的雕像中宣示自己位于他们之上的皇室级别

赞同这项捐赠,但"希望将他的雕像竖在院子大门上方"。现在,这座雕像仍然以恰当的君王风范守着大门,位于沃德姆的雕像之上。[35]

此前一年,这位国王甚至更加粗暴地挥舞着皇权。当身兼苏格兰王(作为詹姆斯六世)的詹姆斯得知,牛津大多数的学院章程都禁止向"苏格兰人"授予研究员职位时,他便威胁要派遣剑桥校长(也是他自己的财政大臣)和坎特伯雷大主教前去督导两所大学,删除那些正在失去效力的"古老章程"。他让众人知晓,这些章程是"一种侮辱,他不会忍受,尤其是因为他是如此善良和仁慈的一位赞助人:如果死不悔改,他会让他们看到另一个不同于以往的自己"。[36]

学院的选举和章程持续不断地给国家带来烦恼和压力,偶尔还会引发改革。随着学院及其研究员在整个16世纪的大学教学中越来越重要,研究员的遴选对于法人自治和教员质量变得更加关键。大多数学院章程都严格规范了研究员和学者的选举。有些将任期限制在相对短暂的时间内,以鼓励新近获得资格的文科硕士和神学博士在教会中担任圣职和讲师,尤其是在英国那些"黑暗的[未蒙福音的]角落"。另一些章程则在来自筛选过的郡的男性之间分配研究员职位,往往偏袒创建者和贵族赞

---

[35] 一尊真人大小的雕像和创立者亨利八世的皇家纹章,同样在剑桥三一学院的大门处迎接着来访者。Douglas Ferguson, Nick Segal, and Dona Haycraft, *Cambridge*, 2nd rev. ed. (Cambridge: Covent Garden Press, 1995 [1987]), 46 (photo).

[36] G. B. Harrison, ed., *A Second Jacobean Journal... 1607-1610* (London: Routledge and Kegan Paul, 1958), 165, 191. 1620年,当剑桥圣约翰学院设立六个研究员职位时,本科生西蒙兹·德埃韦斯强调,由于皇室命令,一名苏格兰人得到了其中的一个。J. H. Marsden, *College Life in the Time of James the First, as Illustrated by an Unpublished Diary of Sir Symonds D'Ewes* (London: John W. Parker and Son, 1856), 94.

助人的家乡或与学院不动产邻近的地区。大型学院的章程要求它们在大学课程的大部分或全部主要科目中向研究员分配位置。而且，根据学术行会的悠久传统，每所学院都想自由地根据自身判断才学的标准来遴选成员，无论是"新生"还是研究员。都铎王朝时期和斯图亚特王朝早期国家对大学的加速同化，使所有这些章程和程序都面临着压力，不得不做出妥协。

为了清理大学的所谓堕落行为，亨利国王首先针对剑桥于1535年发出禁令，强调了学院治理方面的两项不足。通过代理人托马斯·克伦威尔，即他所任命的两所大学的督导，亨利下令，学院中的研究员职位不得由它们的现任者出售，以地理和学院划界的派系之争应该停止，以便使所有的人员遴选都完全取决于才学。[37]但是，王室的决心无法解决问题。随着都铎王朝的王室成员对国家和大学在宗教方面强制实现的迅速变化，宗教（因此也是政治）派系之争在各所学院中甚嚣尘上。另一个问题是贫困，正如在1544年盘点牛津－剑桥每个学院的收入和入学人数时，亨利的追思弥撒捐款行为专员们所发现的。几乎所有学院都报告了赤字，对来自土地的捐赠收入管理不善只是部分原因。国王立即打消了没收它们的追思弥撒捐款的念头，声称"在他的王国中尚无如此多的人靠如此微薄的土地和租金如此诚实地维持着生计"。他反过来创立并慷慨地捐资设立了两所学院：剑桥三一学院和牛津基督教会学院。[38]

---

[37] Leader, *University to 1546*, *HUC* 1:332-33.
[38] 同上书，1:344-45。在伊丽莎白稳定的统治期间，由于精英校友和好心者的捐献以及管理方式更为明智，许多学院的不动产迅速增长。G. E. Aylmer, "The Economics and Finances of the Colleges and University c. 1530-1640," *HUO* 3: ch. 8; Morgan, 1546-1750, *HUC* 2: ch. 6.

对遴选学院人员的批评并没有平息。1549年，在一次讲道中，未来的新教殉道者休·拉蒂默主教向爱德华国王抱怨大学仍处于腐败之中，原因主要在于，富有的毕业生正在拿走——买走——最初为贫困者和虔诚者设立的研究员职位。[39]人员遴选方面的胡作非为，在伊丽莎白治下反而加剧了。1577年，20年前想在牛津基督教会学院受赠设立的基金会中谋职而未果的威廉·哈里森（William Harrison），批评两所大学允许有钱人篡夺贫困者的位置，并谴责那些有朋友居高位或过去进行过捐赠的人"挤满"研究员的人选，而获胜者往往是"最不适合做学者的"。他感叹，一旦安坐其位，太多的研究员便"像雄蜂一般以学院的脂肪为生，不让更有才智的人获得自己占据的位置，同时又在自己的职业和行业中乏善可陈"。"在这些位置上长期不动，意味着要么缺乏［有权势的］朋友，要么缺乏学问，要么缺乏良善而正直的生活"，否则他们会被提拔到教会或政府中大有用武之地和报酬更高的职位上。[40]

更令人感到刺痛的是1592年发表的一本小册子，作者是牛津大学文科硕士罗伯特·帕森斯神父，他曾是贝利奥尔学院的研究员和杰出导师。帕森斯以前是加尔文宗信徒，后来改宗天主教，从伊丽莎白治下的英格兰逃往鲁汶，在那里加入了耶

---

[39] Leader, *University to 1546*, HUC 1:343. 事实上，在这个关口，更多的研究员职位正在由并且将继续由谦逊的教士子弟获得，而不是由士绅或贵族的幼子占据。Rosemary O'Day, *Education and Society, 1500-1800: The Social Foundations of Education in Early Modern Britain* (London: Longman, 1982), 86, 92, 100-105.

[40] Harrison, *Description of England*, 71, 74. 参见 Frederick S. Boas, ed., *The Diary of Thomas Crosfield, M.A., B.D., Fellow of Queen's College, Oxford* (London: Oxford University Press, 1935), 6. 1626年11月5日，克罗斯菲尔德觉得有必要"针对毕业班学生被斥懒惰，为他们长期逗留于大学作辩护"。

稣会。在他的各项控诉中，就包括指责牛津和剑桥的世俗校长已经"颠覆"了所有公序良俗，由此"把领导职务交到了轻浮和荒唐的同僚手中"，"创建者立下的章程遭到谴责和破坏"，而且"研究员和学者的位置被公开出售"。他还继续宣称，欧洲的耶稣会神学院与牛津和剑桥具有同等地位，这又为他那背叛式的攻击火上浇油。[41]

由于具有学术研究志向的毕业生人数总是比学院能够提供的研究员职位更多，候选人和他们的朋友采取了许多策略来清除职业生涯中的路障。对手则站在前进的路上，或者出于个人的利益或者出于党派的利益，决心挫败他们。获得学院院长的青睐是第一选择，但候选人往往会受到针对该研究员职位的激烈派系之争的掣肘。有时候激起的情绪极为强烈，以至于候选人——或者现任者——会被赶出房间，以捏造的指控逐出大学，身体遭到攻击（甚至是在小教堂里），在确定人选前夕被灌醉并收监，或者在程序上故意拖延来扣住他们不折不扣获得的学位。更令人沮丧的，或许要算对研究员职位候选人的**预**选，通常在职位尚未空出时便提前数月或数年进行。此外还有违心的"超编"研究员的遴选（毋宁说是由强势的外部力量强加的），这类研究员的薪酬不纳入学院预算，但也会造成同样的后果，即挫败志向并延迟机会。[42]

如果研究员职位的确保持开放，候选人通常会感到有必要在大学内外向有影响力的庇护者寻求帮助。学院中严重的派系

---

[41] Williams, "Elizabethan Oxford," *HUO* 3: 412; Harrison, *Elizabethan Journal*, 154-55.
[42] Morgan, *1546-1750, HUC* 2: 358-62, 393, 394-95.

斗争显然不是院长能够控制的，它们首先会由大学或学院的督导、校长或副校长来居间裁定。没有例外，斗争双方都会越过自己的上峰，从各自家乡的郡或者从在法院、政府有时还是在教会中担任要职的人员中延请"名流"（往往是校友）。[43] 1573 年，加布里埃尔·哈维不过想获得攻读文科硕士的"恩典"（许可）却未果，随后又想在剑桥的彭布罗克学院获得研究员职位。富有同情心的上司建议他向托马斯·史密斯爵士求助，爵士来自他的故乡埃塞克斯，是一位影响广泛的庇护人。这个办法奏效了，真是幸运，毕竟不名一文的哈维无意以花钱的方式来得到职位，无论数额多少，更不用说某个研究员最近为此拿出的 100 英镑了。[44]

如果某个候选人位居中流的庇护者无法帮助其获得理想的结果，需要靠近的最终的权力捐客便是国王了。候选人可能要向国王的秘书们付一些"小费"，还要多次跑上惩罚性的 50 英里路程前往伦敦，但如果候选人能够获得一份以皇家印章封缄的委任书（a letter of mandate），他的成功机会将会指数级地增长。当然，国王及其大臣和廷臣们支持某些而不是另一些候选人都有自己的理由，因此所有的求取者都必须小心谨慎地驶过庇护关系的浅滩和幽深之处。随着那些明目张胆地获得研究员职位（领导职位也是如此）的方法越来越不受欢迎，也日益面临着议会的否决，求取皇室委任书的人越来越多。16 世纪 80 年代至 90 年代，女王官邸每年至少会向牛津 - 剑桥的研究员

---

〔43〕 Boas, *Diary of Thomas Crosfield*, 6.
〔44〕 Edward John Long Scott, ed., *Letter-Book of Gabriel Harvey, A.D. 1573-1580*, n.s., vol. 33 (London: Publications of the Camden Society, 1884), 8, 32, 40-43, 162.

职位发出 5 个提名人选。在詹姆斯治下，每年的提名总人数攀升至 13 人至 17 人。詹姆斯的继任者查理在颁发研究员委任书方面更加踌躇，但他在 1632 年确实认为，命令剑桥向王宫附属教堂的牧师以及其他廷臣的朋友授予 60 个荣誉神学博士学位并无不妥。[45] 当有传言称学位获得者各自"为博士头衔"支付了"大笔费用"时，用钤印的信件来影响学术决策这种做法再次受到严肃质疑，但并没有完全消失。[46]

虽然面临着一些风险，学院和大学都反对针对其内部事务的这些入侵。它们给出了两项主要论据：历史悠久的大学章程的力量，以及以真才实学为标准的原则。在詹姆斯统治初期，委任书用得越来越多，剑桥的副校长和学院院长们于是在 1607 年向校长抱怨，"我们多个学院研究员和学者的自由遴选都受到了陛下委任书的妨碍"。这些强制的人选"违背了各基金会章程，也违背了誓言以及对理想人选的自由选择"。他们声称，国王提出的许多请求，"部分是不胜任的年轻人在父母恩惠之下的鲁莽之举；还有一部分，则是出自其导师的偏袒之情，当导师无法使学生像自己一样受到偏爱时，便会在学院中滋长出派别"。那些向皇室秘书以及其他中间人行贿而成功的人，也将平民排除在最初为他们专设的位置之外。[47] 十年后，来自剑桥西德尼·苏塞克斯学院的师傅塞缪尔·沃德仍在向一位高级官员——可能就是校长——抱怨，一个不太配得上的候选人拿到了委任书，却牺牲了"有史以来学院［备选对象中］最杰出的学士"。该行

---

[45] 16 世纪 60 年代，伊丽莎白为她的一些贵族要到的仅仅是文科硕士学位。Keenan, "Spectator and Spectacle," 94, 101.
[46] Morgan, *1546-1750*, HUC 2:159-64, 380, 413-15, 421, 423, 427.
[47] 同上书，2:416-17。

为违反了这位官员对沃德的最初指示,即"选择最杰出的学者"(Detur Dignissimo)。沃德认为,撤销委任书将"鼓励所有优秀学者并打消所有蠢材从我们这里得到偏爱的念头"。[48]

呼吁有影响力的朋友帮忙推翻委任的人选,只是阻止委任的一种方式。另一种方式是拖延,其中最好的形式是为研究员职位预先选出一个人,或按顺序选出几个人。剑桥圣约翰学院于1625年使用的是第三种策略,即告知国王"所有的位置都分配给了特定的郡",学院的研究员们"无法在不违背誓言的情况下,遵守任何有悖于章程的指令"。林肯的主教,也是圣约翰学院的拥护者(advocate)和前研究员,在"教士"中加入了一条说明,即他们也在努力削减"陛下及其大臣们"发出的委任书,以便进一步"鼓励更好的学者,从而促进两所大学的福祉"。[49]

具有讽刺意味的是,教会中的圣职买卖加剧了学院中受到操纵的人才遴选的不良影响。购买和出售圣职使得虔诚的学者,尤其是那些家境一般、可能已经花费500英镑获得必要学位(也许还为可转让的学院研究员职位花费了更多)的学者,极难负担得起从世俗的庇护者那里购买终身租契,获得每年仅有四五十英镑报酬的"可怜的堂区牧师薪俸或教区牧师职位"。1597年在伦敦保罗十字教堂举行的一场广为宣传的布道预言称,这种"罪恶"的做法会导致"大学遭到腐蚀","输送给教

---

[48] *Two Elizabethan Puritan Diaries by Richard Rogers and Samuel Ward*, ed. M. M. Knappen (Chicago: American Society of Church History, 1933), 131-32.
[49] Morgan, *1546-1750, HUC* 2:398, 421. 关于候选人资格缺乏既可靠又能获取的信息,这一点继续妨碍着该过程。德国学术界此时尚未发明档案,即个人履历。William Clark, *Academic Charisma and the Origins of the Research University* (Chicago: University of Chicago Press, 2006), ch. 7.

会的是无知的牧师"。[50] 此时此刻，学院研究员职位的买卖不过是整个国家公共职位交易的逻辑延伸。然而，国家没有付出任何努力来捍卫学术自治和唯才是举的原则，它所做的一切模糊了政府和大学之间的区别。

\* \* \*

都铎王朝的干涉主义政府不仅试图操纵牛津-剑桥教员的构成及其政治和宗教信仰，还试图改写两校的章程，这些章程至少在理论上规定着学院和大学治理、学术研究活动、学生纪律和课程等方面。大胆又年幼的爱德华六世告诉两所大学，"你们的章程过时了，有些野蛮，而且晦涩难懂，大部分内容由于年代的原因难以理解。因此，你们可以遵守在我们的支持下制定的皇室法律"，由此便定下了基调。[51] 接踵而来的君主和国家宗教的迅速更迭，推迟了对大学章程的任何重大修订，直到"伊丽莎白和解"（Elizabethan Settlement）带来了相对的稳定。到了16世纪60年代至70年代，大学和外界的一些变化使教员中的许多人相信，需要对章程进行一些变革，也说服他们去留意由君主任命的校长和督导、经选举产生的副校长以及影响广泛的学院院长们发出的改革呼吁。

在伊丽莎白的亲自督促下，长期担任牛津大学校长的莱斯特伯爵（1564—1588）罗伯特·达德利，以及任期甚至更长的

---

[50] G. B. Harrison, ed. *A Second Elizabethan Journal... 1595-1598* (London: Routledge & Kegan Paul, 1931), 240-41.
[51] Morgan, *1546-1750, HUC* 2:63, 76.

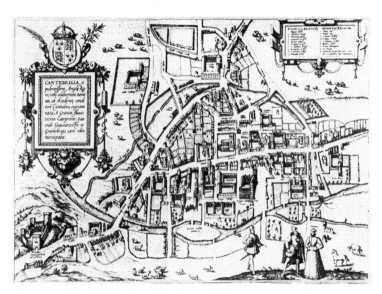

图5　1575年，在多卷本的《世界之国》（Civitas orbis terrarum，科隆）中，格奥尔格·布劳恩和弗兰斯·霍根伯格描绘了伊丽莎白治下剑桥以学院为主导的特征

剑桥大学校长、伯利勋爵（1559—1598）威廉·塞西尔，尽最大努力将各自麾下的机构置于更加"有序"的稳固地位上。既然大学处于整个国家的凝视之下，国王便想阻止这些人员众多的机构助长社会动荡，并鼓励它们履行身为舆论制造者、宗教典范以及教会和政府人才培养者的深层责任。人们认为，学院"失序"的解决之道是更好的治理和更严格的纪律。君主和改革者们都认定，如果遵循都铎王朝的寡头模式，把治理权集中到更少的人手上，那么两者都可以实现。

这一点既是通过章程改革，也是通过实践中的微妙变化来实现的。随着世俗的大学校长们对副校长和其他官员的任命有了更多控制，他们也将学院院长的权威，提升到各类教员、难以管束的摄政（教学）和非摄政师傅及其麾下学院研究员的传统权力之上。到了16世纪70年代，学院本身（自1500年以来，在已经属于每所大学的十所学院之外，又增加了六所）已经取代了大部分中世纪的教学大楼和校外学生宿舍，并承担了大学对学生教学、纪律、财务、道德和礼仪等所做的大部分监督工作。[52]

1565年，莱斯特启动对牛津的改革，为大学提供了一套《新章程》（Nova statuta），其中大部分内容是由本校的博士和学监提出的。为了更好地管理校园中难以约束的年轻人，大学受命保留所有16岁及16岁以上入学学生详细的注册登记信息，根据社会等级来收取费用（贵族子弟收取12先令，平民只收取4便士）。这一法令并未严格执行，并且不得不多次进行强化。[53] 1579年以及一年之后，所有与城镇居民一起生活的学生〔其中一些是贫穷的爱尔兰学生，以及更为富裕、不依靠任何学院基金的"自费生"（commoners）〕被要求搬进有人监督的学院或教学大楼。此外，所有想攻读学位或想要从不同学位的要求中得到恩典（免除）的人，都必须进行入学注册，由此成为某个学院或教学大楼的成员，该学院或教学大楼的教员和负责人有可能亲自担保他们获得成绩。1581年，一部用英文发布的章程（以防任何人以语言为由声称不了解内容）要求每个注册入学者，都既要服膺皇室的至高无上，又要赞同英国

---

[52] Thompson, "Universities in Tudor England," 338-39; *HUO* 3:esp. chs. 1 and 10 (James McConica, "The Rise of the Undergraduate College" and "Elizabethan Oxford: The Collegiate Society"); Morgan, *1546-1750, HUC* 2:chs. 2-4, 6.

[53] 剑桥已于1544年开始注册入学登记，但在获取大学人数方面也只取得零星的成功，直到16世纪60年代伯利校长开始着手解决这个问题。Morgan, *1546-1750, HUC* 2:119.

圣公会信仰中的《三十九条信纲》。从此以后,只有两个主要的学生群体避开了新的注册入学制度:富裕的自费生,他们只想偶尔留意官方课程;以及死心塌地的天主教徒或清教徒,他们希望避免赞同既定的教会条文。[54]

莱斯特新章程的其余部分,解决了许多暴露出来的学术短板。它们鼓励更频繁地举行辩论、在每个学期开始时和此后的每个星期天做一场英语布道,以及废除一些与天主教弥撒有关的过时章程。它们强调了学术训练对于知识的重要性,并建议按书名来研读一些书籍(其中大多数已经进入指定书目)。不过,甚至在六次督导大学中的第一次督导之前,莱斯特就注意到了牛津学生们不得体的着装,后来也一直关注着。在国王和议会试图阻止不同社会阶层之间的界限变得模糊之际,大学被寄望于在教室、方院和街道中充当缝合等级制度的典范。[55]

1576年,牛津大学改革后的立法机构,即校务评议会(Convocation)的一项法案清楚地反映出,莱斯特对于禁止奢侈的纪律兴趣浓厚。该法令以严厉的分级罚款相威胁,强制要求在所有仪式上穿戴黑色礼服、头巾和方帽(现代学位帽的前身,只是比较松软)。法令禁止穿着花哨的彩色天鹅绒或丝绸

---

[54] McConica, "Rise of the Undergraduate College," *HUO* 3:49-51; J. A. Venn, *Oxford and Cambridge Matriculations, 1544-1906* (Cambridge: W. Heffer & Sons, 1908). 1560年至1640年,牛津-剑桥有20%至30%的学生没有进行入学注册。Lawrence Stone, "The Educational Revolution in England, 1560-1640," *Past and Present*, no. 28 (July 1964), 41-80, at 47-51. 许多坚定的天主教徒转而去往欧洲大陆的英语学院或者法国的耶稣会学院,长老会教友则去往苏格兰的大学。

[55] James McConica, "Studies and Faculties, Introduction," *HUO* 3:152; J. M. Fletcher, "The Faculty of Arts," *HUO* 3:159; Williams, "Elizabethan Oxford," *HUO* 3:424-25.

褶边，禁止穿马裤或从法国和意大利进口的男性紧身裤，以及任何"紧身上衣或无袖短上衣，无论是蓝色的、绿色的、红色的、白色的还是其他淡色的，或者是有系带的、贴边的、剪裁的或挤压的，除非罩了一件带袖的外套"。身在大学外面时，每个研究生或学院学生，无论多么时髦好看，都必须戴一顶黑帽子。免于所有这些限制的，是"尚未毕业的勋爵和骑士子弟以及绅士\*继承人"。[56]上流社会学生的增加，部分就来自这些年轻的子弟，父辈在角色转变和期望攀升的时代想把他们培养成领导者。[57]尽管上层阶级越来越认为，能获得一定程度的学识并能轻易地与社会同伴建立持久联系是上大学的充分理由（哪怕不进一步去获得学位），大学却并没有做出什么来削弱英国的阶级体系，也没有抹去支撑着这种体系的缝合标志。

---

[56] Strickland Gibson, ed., *Statuta Antiqua Universitatis Oxoniensis* (Oxford: Clarendon Press, 1931), 403-405; 参见 Sylvester, *Educational Documents*, 150-51。两年后，一份显示为校长伯利笔迹的剑桥法令抱怨学院院长们允许"各式各样的……绅士孩子和有钱人士……穿戴极为昂贵和乔装[即非学术]风格……对于学习任何人类知识的学生来说都不得体的服装"；这为其他所受资助不足、资格不够的学生树立了糟糕的典型。然而在那里，与此同时，年轻的贵族获准穿得更时尚、更鲜艳，"所以同样的装束就不算过分了"。1602 年，剑桥新任校长（伯利的儿子罗伯特）抱怨学生们仍然钟爱"丝绸和丝绒，那是廷臣而不该是学生们喜欢的东西"。无疑，这是失序的标志，"易于导致知识的腐败和其他放荡行为"。Charles Henry Cooper, *Annals of Cambridge*, 4 vols. (Cambridge: Warwick, 1842-53), 2: 360-61, 616.

[57] O'Day, *Education and Society*, 88-97; Felicity Heal and Clive Holmes, *The Gentry in England and Wales, 1500-1700* (Stanford, Calif.: Stanford University Press, 1994), 261-70; Patrick Wallis and Cliff Webb, "The Education and Training of Gentry Sons in Early Modern England," *Social History* 36:1 (Feb. 2011), 36-53; Mark H. Curtis, *Oxford and Cambridge in Transition*, 1558-1642 (Oxford: Clarendon Press, 1959), chs. 3-4. 关于这种趋势的史学著作，见 McConica, "Elizabethan Oxford," *HUO* 3: 666n1。

\* 原文 Esquire，爵士头衔的候选人。

伊丽莎白时期的校长们在各自的大学里发现了其他"混乱"的迹象。1584 年，莱斯特发起了一项章程来补救一系列罪行，既有主动犯下的也有疏忽造成的，"因为最近受到了女王陛下的抱怨"。最严重的错误是过度使用豁免来缩短获取学位的路径，例如高级学位的候选人越过某些强制性的讲座课程和"粗略的"（下午）讲座。一如往常，法律的字面意义不适用于国王、伯爵、骑士和上议院议员的子弟。但是，即使是大臣和执事，也不能违反禁止"踢足球"、争吵或炫耀武器的规定。[58] 冒犯神职人员的将遭到驱逐，18 岁以上的学生还会被罚款并监禁于博卡多监狱。18 岁以下的运动员或拳击手则有可能在圣母玛利亚教堂受到"公开处罚"（鞭打）。也不鼓励在镇上演出舞台剧，以减少瘟疫期间人群聚集的危险、不必要的支出，以及"其中会上演的许多淫荡和邪恶的娱乐"。不过，莱斯特附加了个人说明，批准"有文化地"研究和表演喜剧和悲剧，作为本科课程的一部分。[59]

另一种形式的学生"运动项目"在牛津和剑桥都受到了谴责。在对学术活动的一场滑稽模仿中，新生们在学院的教学大楼里受到那些设下各种"考试"的学长们戏弄。一段糟糕的

---

[58] 足球在剑桥也同样受欢迎。1620 年的春天，在"三一格林"公园（现为三一学院的内维尔球场）与三一学院进行的一场艰苦比赛中，圣约翰学院的学生西蒙兹·德埃韦斯摔断了胫骨。在王后学院后面的一个场地上，他看到 "一些激烈的足球踢法"，尽管这种踢法由于容易受伤和不适合绅士学生而遭到当局禁止。Marsden, *College Life*, 94-95.

[59] Gibson, *Statuta Antiqua Universitatis Oxoniensis*, 431-34; 参见 Sylvester, *Educational Documents*, 151-53。关于学院中的纪律，见 Lawrence Stone, "Social Control and Intellectual Excellence: Oxbridge and Edinburgh, 1560-1983," in Nicholas Phillipson, ed., *Universities, Society, and the Future: A Conference Held on the 400th Anniversary of the University of Edinburgh, 1983* (Edinburgh: University of Edinburgh Press, 1983), 3-30, at 6-13。

表演会让新来者得到一口放盐的啤酒，也许还能得到一点"食物"，即从下巴到上唇的极小的一块切口或擦伤。在仪式庄严地结束时，可能会让新来者宣誓效忠于一只旧鞋，再亲吻它。1618 年，为了获得"加盐"这一可疑的特权，或者是为了不必加盐，剑桥圣约翰学院的一名上流社会新生西蒙兹·德埃韦斯支付了 3 先令 4 便士。[60]

最重要的改革题写在 1570 年的剑桥章程中，并于次年由议会实施于两所大学。章程的主要目的，是要将权力和责任集中在"一小撮能够确认的人"手中，对于这些人，伊丽莎白组织严密的政府"能够加以问责"。[61]实践中的情形是逐步变化的，在此局面的支持下，新的规则提升了学院院长在大学中的权威以及院长在各自学院内部的权威。直到 19 世纪中叶的治理改革之前，牛津和剑桥继续由学院院长以及总是由学院院长推举出来的副校长构成的小圈子来管理。这个小圈子掌握着大学和学院多数职位的提名权，主导着司法程序，并为弱化的教员评议会设定了议程，现在这些评议会被要求以公开而非秘密的方式投票。鉴于学院院长在批准高级学位、有利可图的职位以及未来的晋升方面权力变得更大，年轻的大学教师发出抗议在情理之中（虽然徒劳无功），认为"公开声音这一做法强制人们违背誓言和思想，根据师傅的要求和命令来发言，以免引起他的极度愤慨"。在受国王启发开展的削弱"放纵青年统治地位"的运动中，更老练的学院院长明显是赢家。[62]

---

[60] Marsden, *College Life*, 14-15; Rashdall, *Universities of Europe*, 3:385n1.
[61] Morgan, *1546-1750*, *HUC* 2:76, 78.
[62] 同上书，*HUC* 2: ch. 3, at 66, 82-83. 牛津的学院院长分别被称为 master, provost, president, principal, rector, warden 或 dean, 剑桥的绝大多数院长都（转下页）

被剥夺权利的是那些摄政和非摄政的研究员，即伴随着新设立的、规模更大的学院的出现以及本科入学人数的显著增长而人数激增的教师。这些新任教授中的大多数是获得学位不久的文科硕士，学位使他们有义务在规定的时期内担任学院导师：在牛津是一年到两年，在剑桥是五年，后者在1600年之前获得了更为扎实的成长。[63] 学院及其导师在本科生的纪律方面承担的责任越来越大：要确保讲座和训练的出勤率，要维持宗教统一，还要约束个人行为。

每个学院都有自己的导师，他们以"语言"以及"文科[诸艺和]科学"方面的院内讲座来补充（有时则取代）大学讲师的课程。导师会根据每个学生的社会阶层及其未来可能从事的职业来调整法定的课程，纳入最新的科目和个性化的阅读书目。他们在学院教学大楼或小教堂上课及开展学术活动，并在自己的房间里对课间学习内容进行复习和实践。曾任剑桥基督圣体学院院长的大主教马修·帕克宣称，这两种形式都"在私下训练青年"，以便在大学的"学校"（教室和操练礼堂）举行的辩论中应对公开较量。此外，导师往往每天与学生一起祷告，一起前往礼拜日小教堂。导师还会确保学生们付清学院和大学的学费以及商店老板的账单，娱乐支出也保持着适度的比

---

（接上页）被称为 master；一名 president 和一名 provost 组成了在册人员。没有人曾经令人满意地解释过，为什么牛津在头衔方面如此泛滥。

[63] 剑桥在1569年统计出1630名学院学生，在1597年则统计出近2000名。1583年，剑桥培养了277名文学士，牛津则培养157名。1564年至1573年，剑桥的学院研究员增长了三分之一，达到320人。Thompson, "Universities in Tudor England," 341, 361, 363-64. 关于最近的数字，参见 Lawrence Stone, "The Size and Composition of the Oxford Student Body, 1580-1909," in Stone, ed., *Oxford and Cambridge from the 14th to the Early 19th Century*, vol. 1 of *The University in Society*, ed. Stone, 2 vols. (Princeton, N.J.: Princeton University Press, 1974), 91 (table 1A).

例，由此来控制他们的经济支出，那是节俭的父母交到他们手中的定量花费。有些极为认真的导师会陪同学生回家、返校，在严厉或不明就里的家长面前为学生提出的理由陈述情况。此外，他们会通过执行学院的宵禁和严格的规则来阻止"夜行"、醉酒、淫乱，尤其是让年轻女性留在学院，从而尽可能地守住自己照管之下的这些年轻人的德行。[64]

\* \* \*

牛津-剑桥学生结构的变化增加了学院研究员的责任，但也在很大程度上巩固了大学在英国社会中的地位。缺乏统一的入学注册登记（在1580年后仅处于半完整状态）使得难以对学生群体，尤其是他们的社会来源进行归纳。但是，登记册确实存在，再结合对两所大学精选的学院登记册的详细研究，已经确立了几种趋势。总的来说，在1560年之后，两所大学几乎步调一致地明显扩大，然后在16世纪后期放缓，并在17世纪的前30年再次加速。[65]之前的各种研究过分强调绅士和贵族子弟以牺牲"平民"阶层为**代价**的拥入，与之相反，大学的社会构成随着人数的增长基本上保持不变，反映了这个国家坚固的阶级等级以及预科学校教育的模式。都铎王朝和早期的斯图亚特王朝对学术"秩序"的强调，更多地维持了熟悉的社会

---

[64] Kenneth Charlton, *Education in Renaissance England* (London: Routledge & Kegan Paul, 1965), ch. 5; O'Day, *Education and Society*, ch. 6; Morgan, *1546-1750, HUC* 2: ch. 9; Curtis, *Oxford and Cambridge in Transition*, chs. 4-5, at 104.

[65] Stone, "Educational Revolution in England," 51 (table 2); Stone, "Oxford Student Body," 6, 16-17, 91 (table 1A), 92 (table 1B).

等级，而不是促进了社会流动，尽管两个王朝都重视知识的增加。伊丽莎白女王允许神职人员结婚之后，为了自己意愿中的优越的教会职业生涯，他们的男性后代中的许多人都想获得大学学位。与此同时，在罗杰·阿谢姆和理查德·马卡斯特等人文主义教育者的影响下，绅士和贵族越来越相信，大学中的某种书本知识能更好地为自己的子弟做好准备，无论是在伦敦的律师学院（Inns of Court）从事普通法研究，还是在各自家乡的郡担任郡尉、副郡尉、治安官和议会议员等领导职位。[66]

教士和精英子弟数量虽然有所增加，占学生总数的比例却基本保持不变，并且低于平民学生不断增加的数量和稳定的占比，后者来自不太富裕的家庭，需要依靠学院奖学金或富裕赞助人的赞助才能上学。1560年至1640年，牛津和剑桥的各个学院受捐为值得帮助的贫困生新设了500项奖学金。[67]这些奖学金使得平民学生得以继续占本科生群体的一半左右，在阶级上即使没有超过，也与精英子弟旗鼓相当。[68]事实上，精英子弟，尤其是那些被称为"研究员级自费生"（fellow-commoners）*的子弟的增加，也使平民学生入学的机会增加，因为他们和学院中的研究员一样，会雇用贫困学生在学期中提

---

[66] Curtis, *Oxford and Cambridge in Transition*, ch. 3; O'Day, *Education and Society*, 88-97; Charlton, *Education in Renaissance England*, ch. 3; Joan Simon, *Education and Society in Tudor England* (Cambridge: Cambridge University Press, 1966), ch. 14; Wallis and Webb, "Education and Training of Gentry Sons."

[67] W. K. Jordan, *Philanthropy in England, 1480-1660: A Study of the Changing Pattern of English Social Aspirations* (New York: Russell Sage Foundation, 1959), 294.

[68] Stone, "Oxford Student Body," 93 (table 2); James McConica, "Scholars and Commoners in Renaissance Oxford," in Stone, *University in Society*, 1: ch. 3, at 168 (table 8) and 170 (table 10).

\* 牛津和剑桥中能与研究员同桌吃饭的自费生。

供个人服务。

自14世纪开始，牛津和剑桥的一些学院开始录取研究员级自费生，数量虽然一直都不太多，却在整个都铎王朝和斯图亚特王朝早期稳步增加。在早期，研究员级自费生是有学位的神学家或法学家，在攻读更高学位的同时付钱获得学院的房间和饮食上的特权。他们不是寄身于基金会的研究员，也不授课；而是付钱的来客，帮助学院弥补了预算的不足。然而，到了16世纪，他们基本上都是贵族子弟，到学校是为了进行一年至两年的本科学习。他们因在"高桌"边吃饭并结交学院师傅和资深研究员而得名，这些"高桌"的特色是有高背椅子，位于餐厅的头部，升高一两个台阶以便俯视本科生们的长桌和长凳。来自最高阶层的子弟或者住在师傅的小屋，或者住在第一座方院中最好的（即最干燥的）上层房间里，让身份不那么高贵、依靠基金会的学者搬进此前顶楼空间中蹩脚的附属建筑或新近变成宿舍的阁楼。离开大学时，研究员级自费生一般会给学院工作人员不菲的小费，并向学院的藏品中捐上一只昂贵的银盘或银杯，其中大部分现在仍在使用。[69]

从进入大学的那一刻起，研究员级自费生就与社会地位更低的阶层分道扬镳了。他们身穿价格高昂、装饰华丽的礼服，去用餐、上课，去从事学术活动。他们所付的注册入学费、学费、房间费、膳食费以及（如果读到毕业，不过他们很少会这样做）毕业费都属于最高的标准。如果没有从家里随身带来贴身仆人，他们很快就会从急需经济援助的同学那里获取服务，

---

[69] Morgan, *1546-1750, HUC* 2:27, 120, 214, 309-10, 316-20; Aylmer, "Economics and Finances," *HUO* 3:548-49, 630, 632.

这些同学有时是打听到的来自他们自己教区或老家附近的年轻小伙子。[70]剑桥的"减费生"和牛津的"食宿费欠费生"会为自费生提供许多私人服务。作为西蒙兹·德埃韦斯在剑桥圣约翰学院的"补贴对象",托马斯·曼宁至少会承担喊他去小教堂、确保他准时上课以及其他一些职责,并在各学院之间传信、往城里送信。这位教士的儿子并不比今天任何一个勤工俭学的学生更为堕落,但他显然没有被当成朋友,尽管某个清晨德埃韦斯在为学院敲钟头部受伤后,曼宁的快速反应可能救了他一命。正如德埃韦斯提醒他身在镇上另一边的圣凯瑟琳学院的弟弟时所说的,"你身处所属的最好阶层中,不要不得体地与其他学院的自费生 [ pensioner,不那么富裕的付费学生 ] 交往来自降身价"。[71]

随着 16 世纪的展开,尤其是在斯图亚特王朝早期,学院和导师对研究员级自费生的需求迅速增加。由于提供指导和监督,导师获得了丰厚的报酬,从而增加了研究员职位的微薄薪俸。他们还力图招收社会地位高的学生,仅仅因为这样会带来声望;一些教师——以及学院院长——出了名地喜欢招收此类学生。约翰·普雷斯顿(John Preston)是牛津王后学院的研究员,后来成为剑桥伊曼纽尔学院的师傅,由于积极招收研究员

---

[70] 1602 年,剑桥颁布法令规定,减费生(sizar)必须是注册入学的学生,不得来自本校。Morgan, *1546-1750, HUC* 2:141, 229-30, 329-30.

[71] O'Day, *Education and Society*, 90-91; Marsden, *College Life*, 56-58. 德埃韦斯的法律顾问赞同亨利·皮奇给上大学的"完全绅士"的建议:"在玩伴方面,结交与你自己相同等级和人品的绅士……与下层过于随意和亲昵说明精神卑下,会招致蔑视。" Henry Peachem, *The Complete Gentleman* [1622], ed. Virgil B. Heltzel (Ithaca, N.Y.: Cornell University Press for the Folger Shakespeare Library, 1962), 51.

级自费生而被称为"英格兰最大的学生贩子"。仅在一年之内,他就在自己的精英"马厩"和高桌边增加了 16 人。[72] 后来,在 1627 年和 1631 年,王后学院自豪地把王室掌玺大臣的次子亨利·考文垂抢到了手,而基督教会学院和三一学院分别只招到了一位骑士和一名法官的幼子。1612 年,王后学院已经有了 184 名来自不同阶层的自费生。[73]

也许,导师招募出身高贵的学生,最大的原因是想从他们的父辈那里得到关照,希望这些人能够将他们从刻板严格的学院教学中托举出来,在教会、法院或政府中轻松升迁。监督贵族青年并非易事。由于通常只来一两年,他们往往不会办理入学注册,读不到毕业更是常见现象。于是便有必要调整法定课程,以适应他们不那么爱好学术的兴趣和短暂的学习时期。这些人大都"出生于庄园",意气风发,比平民出身的同学平均年轻两岁,过去常常吩咐仆人,而父辈最近又向他们的教师支付很多报酬,如此一来,纪律便经常成为问题。作为整体的自费生,尤其是研究员级自费生,给大学官员和评论者留下的印象包括,"扰乱秩序又作威作福",太多的进口服饰,长发不羁(有时被比作美洲"野人"和"野蛮的爱尔兰人"),在小酒馆和其他"下流"场所不断地"聚众喧闹"。1577 年,威廉·哈里森喋喋不休地说,"他们中的大多数人除了历史 [ 传说、浪漫故事 ]、牌桌、骰子和琐事之外,一无所学"。十年后,剑桥校长伯利抱怨称,那些富有的继承人"被放肆和怠慢所腐蚀",

---

[72] Morgan, 1546-1750, *HUC* 2:261n15, 325, 329, 331; O'Day, *Education and Society*, 91-94, at 92.

[73] Boas, *Diary of Thomas Crosfield*, 13, 52-53; Charlton, *Education in Renaissance England*, 136.

受到的管教很少，毕竟导师作为大笔薪俸的受益者，"更担心由于想使学生学有所成而让他们不快……学生则不那么担心不学无术会让导师不快"。贵族出身的不良分子由于出身阶层的原因而不用接受体罚，也不会被剥夺"一般物品"（食物和饮料），对于罚款，他们同样无动于衷。上锁的大门和高高的围墙无法挡住顽固的寻欢作乐者，尤其是脑子里想着女伴的。对于那些与下层城镇女孩订婚或秘密结婚的精英学生，官员们尤其感到震惊。[74]

\* \* \*

所有这些年轻的精英和平民学生所追求的学习内容，仍然是中世纪晚期的学术遗产，后者又是已经消失的罗马帝国的文科七艺，即前三艺和后四艺的衍生物。但是在16世纪，这两所大学在时序安排和重点方面进行了许多调整，步调基本上一致。第一个调整是使大学成为以本科生为主的文理院校。自1535年教会法被废除以及大龄修士学生群体的流失开始，在伊丽莎白统治时期，随着本科生数量攀升，高等（即我们所称的研究生）学习便萎缩了。

医学和民法学位授予数量一直不多，现在也明显下降了。16世纪40年代每所大学都增加了一个医学钦定教席，但由于

---

[74] Harrison, *Description of England*, 71; Boas, *Diary of Thomas Crosfield*, 52, 61, 64 (long hair); Morgan, 1546-1750, *HUC* 2:318-20. 现金拮据的牛津圣约翰学院（1557）大大依赖从自费生那里获得的收入和捐赠，16世纪80年代却惊愕地发现他们不会"忍受惩罚"。不幸的是，学院至少有30名这样的学生，10年前则是57名。McConica, "Rise of the Undergr-aduate College," *HUO* 3:47; McConica, "Elizabethan Oxford," *HUO* 3:663-65.

医学课程极为保守和过时，很多学生还是主动选择或听从建议到帕多瓦、莱顿、博洛尼亚、巴黎以及之后的蒙彼利埃大学学习。未来的律师们同样想在欧洲大陆接受培养，或者更常见的是前往伦敦的律师学院，普通法是那里的专长。民法钦定教席设立后，每年只培养出不多的几名毕业生。继文科硕士之后，神学学士一直是最受欢迎的高级学位，部分原因在于，绝大多数学院的研究员职位都保留给了神学学生。神学也通过将重点从学术思考和神学"争论"转向新教对《圣经》、讲道和实际虔诚的关注来守住自己的阵地。[75]

随着牛津和剑桥越来越重视本科生，不着眼于职业的文学士学位本身变成了大多数学生的目标。为了适应学生在认真程度上的广泛差异和未来的职业生涯，更多地依靠教学实践而不是章程性的法令，两所大学在课程上做了一些调整。大学的章程很少强制指定作者或书籍，尽管人们假定，偶尔还明确主张，亚里士多德仍然是学术大厦的基础。在都铎王朝时期的牛津，学院导师、讲师和传道员在阅读和教学风格的选择方面扮演了更重要的角色。学生们仍然要听法定的大学讲座，但随着更熟悉的学院讲师开始在离家更近的地方讲授相同的领域，即便是这些讲座，出勤率也下降了。那些最终只有极少数听课者或一个听课者也没有的

---

[75] Curtis, *Oxford and Cambridge in Transition*, chs. 6-7, esp. 150; Gilliam Lewis, "The Faculty of Medicine," *HUO* 3: ch. 4.2; John Barton, "The Faculty of Law," *HUO* 3: ch. 4.3; S. L. Greenslade, "The Faculty of Theology," *HUO* 3: ch. 4.4; Robert G. Frank, Jr., "Medicine," *HUO* 4: ch. 8, esp. 514 (table 8.1); Brian P. Levack, "Law," *HUO* 4: ch. 9; Simon, *Education and Society in Tudor England*, chs. 7, 10, at 206, 245, 250-51 (monks), 207n3 (foreign study). 1546 年的《追思弥撒捐款法案》还使许多学院研究员不必再为创始人和捐赠者的灵魂祈祷，现在他们可以把这些时间用在世俗化的本科教学上了。

"面壁讲师",对于支付几个先令来卸下这些职责求之不得。[76]

随着文学士成为关注的焦点,各大学力求确保学校课程继续提供文科七艺的梗概,并把课程对教学方法的关注导向本科生。这些强调特别重要,因为在都铎王朝早期,通过在夏季和复活节的学期给予半走读生"豁免",为期四年的文学士课程很容易被缩短到三年多一点。出于同样的原因,在大学从事教学所需的文科硕士学位,很大程度上成为在本科阶段引入的学科中进行高阶自学的产物。无论如何划分,文学士(在伊丽莎白治下恢复为四年制学位)和文科硕士总共需要七年时间,并且需要完全浸淫于传统的文理学科中。[77]

对文科课程,尤其是最重要的前三艺(语法、逻辑和修辞)的各种人文主义观点占据着主导地位,导致了学生感受的几个关键转变。这些观点,是北方地区对14世纪和15世纪所追求的文艺复兴时期的目标和技能(主要在意大利的中小学校、大学以及公爵和教皇的主教法官法庭)的改造。第一个目标是找到并专注于古典作家存世的最佳文本,包括拉丁文和希腊文的,而非专注于中世纪的评论家和注释:战斗的口号是回到"源头"(*ad fontes*)。第二个目标是,通过确立文本的文化和历史背景来拓宽经典研究,从而更好地探索其全部意义和道德含义。第三个目标是寻找最好的,即最清晰、最雄辩的经典文体家,加以细致的研究和仿效。这些作者的作品将以评述版

---

[76] Curtis, *Oxford and Cambridge in Transition*, 92n30 (wall lectures); Damien Riehl Leader, "Teaching in Tudor Cambridge," *History of Education* 13:2 (June 1984), 105-19, at 112-19; Leader, *University to 1546*, HUC 1:242-63; Morgan, *1546-1750*, HUC 2: ch. 9, 185-96.

[77] Curtis, *Oxford and Cambridge in Transition*, 124-25; Fletcher, "Faculty of Arts," *HUO* 3:165; Mordechai Feingold, "The Humanities," *HUO* 4:258.

的形式呈现，用新的罗马字体和斜体字印刷，模仿最好的主教法官法庭文字那种信手写来的简洁和流畅。[78]

在 16 世纪的第二个十年，人文主义者们努力想将希腊语研究纳入牛津和剑桥的课程。伊拉斯谟从剑桥的王后学院带头冲锋，在那里教授希腊语和神学，并在 1511 年至 1514 年写了许多畅销的教学指南。[79] 人文主义者为希腊语所做的主要辩护是，《新约》以及雅典古典作品（包括亚里士多德）中那些最可靠的、往往是新近发现的文本，都是用希腊语写成的。他们声称，为了调和大学课程的"异教"和基督教特征，掌握希腊语是必要的。早在 16 世纪 40 年代这个科目的钦定教席设立之前很久，许多学院便设置了讲师和导师职位。[80] 第一个讲师职位可能是 1517 年在牛津基督圣体学院首创的。但是，由于伊拉斯谟和几位接班人的积极奋进，剑桥在推动这门语言及其文学的研究方面声名更响。1529 年，伦敦主教卡斯伯特·滕斯托尔（Cuthbert Tunstall）向母校献上了一批重要的古典和新古典

---

［78］ Paul O. Kristeller, "Humanism and Scholasticism in Renaissance Italy," in *Studies in Renaissance Thought and Letters* (Rome: Edizioni di Storia e Letteratura, 1956), 553-83; Anthony Grafton, Glenn W. Most, and Salvatore Settis, eds., *The Classical Tradition* (Cambridge, Mass.: Belknap Press of Harvard University Press, 2010), 462-67; Antonia McLean, *Humanism and the Rise of Science in Tudor England* (New York: Neale Watson Academic Publishers, 1972), ch. 2; James Kelsey McConica, *English Humanists and Reformation Politics under Henry VIII and Edward VI* (Oxford: Clarendon Press, 1965), esp. ch. 4; Simon, *Education and Society in Tudor England*, 60, 70 (*ad fontes*).

［79］ Erika Rummel, "Erasmus and the Greek Classics," in Elaine Fantham and Erika Rummel, eds., *Literary and Educational Writings*, vol. 29 of *Collected Works of Erasmus* (Toronto: University of Toronto Press, 1989), xxi-xxxiii.

［80］ 亨利 1535 年的禁令要求牛津和剑桥的所有学院开设日常讲座，一个用拉丁语，另一个用希腊语。Leedham-Green, *Concise History of Cambridge*, 37.

希腊语文本，母校在回复中说，"感觉他把雅典本身运到了剑桥"。在都铎王朝中期的剑桥，学生书架上第二常见的书籍是希腊语语法书，经常和希腊语词典放在一起。[81]

牛津拥护希腊语的人并不比剑桥少，但牛津的"特洛伊人"却因诋毁本校以及剑桥的"希腊人"，而与学校的首席法律顾问托马斯·莫尔以及亨利国王陷入纷争之中。1518年，在他位于欧洲大陆的新的前哨基地，伊拉斯谟向一位朋友描述说，希腊文学在这两所英国大学都教得很好，但在剑桥却是"平静地"讲授的，因为在牛津，"在一次公开的［四旬斋］布道中，一位野蛮的传教士开始对希腊语的［甚至是所有文科的］知识报以极大的愤怒和狂暴。但是，身在附近的国王"从莫尔那里听说了这件事，"下令要求那些期望和赞同它的人接受希腊字母"。莫尔紧随国王之后，向牛津的学者们发出一封谴责的长信，特别针对一小撮教学人员，他们用希腊名字"嘲笑那些致力于希腊研究的人"。至于和那位思想守旧的传道者一样，认为只应该研究神学的那些人，他引用早期教父、大多数罗马哲学家，以及《新约》的作者和最优秀的研究者的著述，反驳说人文学科和古代语言是通向神性以及"在美德中试炼灵魂"的最佳路径。把希腊语的学生和教师称为"异教徒"

---

[81] *Erasmus and Cambridge*, ed. H. C. Porter, trans. D.F.S. Thomson (Toronto: University of Toronto Press, 1963), 200-201; Leader, *University to 1546, HUC* 1:291-301, at 300（引文）; J.C.T. Oates, *Cambridge University Library: A History, From the Beginnings to the Copyright Act of Queen Anne* (Cambridge: Cambridge University Press, 1986), 60-67 (Tunstall's benefactions); Lisa Jardine, "Humanism and the Sixteenth Century Cambridge Arts Course," *History of Education* 4:1 (1975), 17; Jefferson Looney, "Undergraduate Education at Early Stuart Cambridge," *History of Education* 10:1 (March 1981), 9-19, at 12 (table 1), 14 (table 3)。

和"魔鬼",只会证实伊拉斯谟笔下那位"愚人"学者的著名控诉。"对希腊语的研究是经过验证和真实的。"莫尔以明白无误的措辞为他的谴责作结。[82]

人文主义也以其他方式渗透到牛津和剑桥课程中。许多人文主义教育家认为中世纪经院哲学枯燥乏味、不切实际、偏于技术并强词夺理地吹毛求疵,作为回应,他们力促英国的大学使主导着中世纪课程的形式三段论逻辑,或者说"辩证法"的研究,从属于语法,特别是修辞学这些更为新颖的类别。人文主义的语法是思辨的,更能描述语言——包括方言——实际上如何在共同的(有读写能力的)思想和言语中发挥作用。[83]人文主义的修辞不是为了按要求培养大学辩论的口头战士,而是力图使用"自然的"语言、雄辩的演讲和各种说服艺术,来提升各种"话语"。但是,修辞无法与逻辑分离,因为命题的内容和合理性与其形式和风格同样重要。逻辑也不能没有修辞,因为逻辑缺乏自己的实体或内容。但是,要想获得接受,逻辑必须从规定性和演绎性的"科学",转变为一门在话语上更为友好的艺术。这一重大变化是在 16 世纪早期人文主义者,诸如鲁道夫·阿格里科拉(Rudolph Agricola,1515)、菲利普·梅兰克森(Philip Melanchthon,1527)、彼得·雷默斯(Peter

---

[82] Leader, *University to 1546, HUC* 1:299-300; *St. Thomas More: Selected Letters*, ed. Elizabeth Frances Rogers (New Haven, Conn.: Yale University Press, 1961), 94-103 (March 29, 1518). 莫尔提到了伊拉斯谟的《愚人颂》,在莫尔的聪明协助下 1509 年写于他的乡间庄园。拉丁语书名是 *Moriae encomium*,用友人的名字开了个玩笑。

[83] 语法(通常是拉丁语的)在 16 世纪 30 年代已经基本上从都铎王朝时期的大学课程中拿掉了,因为中学里教得越来越多,掌握语法知识实际上已经成为大学入学的基本要求。Jardine, "Sixteenth Century Cambridge Arts Course," 18-19; Feingold, "Humanities," *HUO* 4:243-44.

Ramus,1543）和剑桥教师约翰·西顿（John Seton, 1545）的辩证法手册中实现的。[84]

尽管朝着修辞做了有益的转变，化身为新形式的逻辑仍然牢牢占据着牛津和剑桥的课程。具有代表性的是，作为人文主义的大本营，剑桥三一学院（创建于1546年）最初的九个讲师职位中，有五个是讲辩证法的。没有任何一个是讲修辞本身的，因为辩证法在此时被认为包含了修辞。其余四个有两个讲的是希腊语和拉丁语文学，以人文主义者所推崇的西塞罗、奥维德、维吉尔和特伦斯等人的修辞特征为对象。在1535年至1590年（以及此后很久），在牛津和剑桥被"研究得最为透彻"的图书是各种辩证法手册，其中许多由当时的修辞手册作者撰写。学院的导师指定的总是巴塞洛缪·凯克曼（Bartholomew Keckermann）、佛朗哥·伯格斯迪克（Franco Burgersdijk）以及罗伯特·桑德森（Robert Sanderson）等人那些难读的拉丁语文本，再加上一些出自他们本人之手的更为人熟知的解释和插图。他们经常向弟子们提供自己的手稿摘要供抄写，以便于理解消化。[85] 无论手册变得多么简短或易于理解，逻辑仍然是学生们憎恨和讽刺的对象。17世纪早期，剑桥一位"快活的哲学家"力劝他的难兄难弟们

---

[84] 伊丽莎白时期的1570年章程，除了废除玛丽时期的章程并用爱德华的章程取而代之，还使剑桥得以用修辞取代数学成为大一的主要科目。其中提到的（并非批准的）唯一文本是西塞罗和昆体良，文本的选择权则保留在学院导师的手中。James Bass Mullinger, *The University of Cambridge: From the Royal Injunctions of 1535 to the Accession of Charles the First*, 2 vols. (Cambridge: Cambridge University Press, 1884), 2:403.

[85] Jardine, "The Place of Dialectic Teaching in Sixteenth-Century Cambridge," *Studies in the Renaissance* 21 (1974), 31-62, at 44-45, 46-49; Jardine, "Sixteenth Century Cambridge Arts Course"; Feingold, "Humanities," *HUO* 4:295-97.

> 用克拉肯索普斯的吊袜带，把布里雷伍德和卡特勒死，
> 让凯克曼也为我们哀叹，
> 我不会再为杰克·西顿的谄媚或
> 桑德索努斯的哄骗而感到挫败。[86]

牛津和剑桥那些表面相似的课程构成了一种"折中文化"，融合了旧与新、经院哲学和人文主义，但在抱负方面仍然是百科全书式的。[87] 亚里士多德仍然是基石，毕竟他既涉猎广泛又令人信服。他系统地研究了无数重要主题，因此才获得了身为"哲学家"的权威，在笛卡尔、牛顿及他们那些作为新科学化身的同伴之前，无人能与亚里士多德在文化上的主导地位相抗衡。人文主义学者攘除了欺骗性的亚里士多德式头衔，在整理了最古老、最可靠的文本后重新编辑并重新翻译了其余的文章，到了17世纪又把教学重点放在希腊文本上，并为新的时代添加了适当的评论。他们降低了对包括亚里士多德在内的形而上学研究的评价，托举了他的道德哲学和政治哲学，以寻求异教的美德和正义来补充基督教的价值观。他们还从课程中删除了亚里士多德的物理学和天文学，因为这些内容已被第谷·布拉赫（Tycho Brahe）、哥白尼、开普勒和伽利略的最新发现所取代。[88] 学院中由导师个别指导的班级还在阅读亚里士多德，大

---

[86] Thomas Randolph, *Aristippus, or the Jovial Philosopher* (London, 1631), 21, quoted in Curtis, *Oxford and Cambridge in Transition*, 100 and explained 284 (note F). See also Feingold, "Humanities," *HUO* 4:287-89.

[87] James McConica, "Humanism and Aristotle in Tudor Oxford," *English Historical Review* 94:371 (April 1979), 291-317, at 296, 310.

[88] 这并不妨碍他的总体框架在17世纪自然哲学领域的教科书中占支配地位。这些理论的、目的论的、非数学的、非实用性的文本，重视"理性"（转下页）

学讲座中也还在解读亚里士多德,但教师们已不再害怕表达对他的异议。学生们还根据最新的发现和理论在辩论中公开探讨他的命题,既有赞成也有反对,从而确保了与他的关联。尽管在某些领域存在缺陷,亚里士多德的体系在 17 世纪的大部分时间持续存在,挑战着所有后来者以及新的一代代学生。[89]

\* \* \*

如果说亚里士多德代表着课程上的传统主义,那么为了适应未毕业的精英学生的拥入以及新的学术领域中无数的教授职位和讲师职位的设立,在导师个别辅导的班级中对课程的塑造则体现了大学的变革能力。16 世纪 40 年代,亨利在两所大学各设立了一个钦定教席,希伯来语和希腊语的都有。牛津校长劳德于 1636 年设立了一个阿拉伯语教席,距剑桥设立此教席已过去四年。亨利·萨维尔爵士于 1619 年在牛津设立几何学和天文学教席。三年后,著名历史学家威廉·卡姆登在牛津为自己的研究领域设立了一个教席,侧重于古代民间史而非中世纪的教会史。1628 年在剑桥设立历史学教席时,布鲁克勋爵想物色一位不仅了解希腊语和拉丁语的宇宙学和年代学,而且

---

(接上页)而不是"经验",对于促进本世纪后期那些新的观察性和实验性科学几乎没有作用,这些科学回头来看是具有革命性的。Patricia Reif, "The Textbook Tradition in Natural Philosophy, 1600-1650," *Journal of the History of Ideas* 30:1 (Jan.-Mar. 1969), 17-32.

[89] Charles B. Schmitt, "Philosophy and Science in Sixteenth-Century Universities: Some Preliminary Comments," in *The Cultural Context of Medieval Learning*, ed. J. E. Murdoch and E. D. Sylla (Dordrecht and London: D. Reidel, 1975), 485-530, at 489-91; Mordechai Feingold, "The Mathematical Sciences and New Philosophies," *HUO* 4:389-404.

发表过相关著作,最好还通过出国旅行熟悉一些现代语言,并且在公共事务方面有一定经验的人选。[90] 不幸的是,在牛津校长劳德的支持下,剑桥那位不受欢迎的校长,即白金汉公爵设法压制了布鲁克的讲师职位,以免他从古典历史中引申出不利于政治现状的类比。虽然历史被广泛视为"从实例中教授的哲学",批评者还是努力将历史研究限定于年龄较大的学生,之所以如此,是考虑到不成熟的学生可能会从关于暴虐、抵抗和弑君的读物中得出"错误"的教训。[91]

不幸的是,这些教席中大多数的设立恰逢大学中大型讲座出勤人数减少,而这些讲座的听众份额已经向学院讲师和导师那里流失有一段时间,后者中的大多数都为不同学生专门制定了更好的课程和教学大纲。和 17 世纪一样,在 16 世纪,牛津-剑桥的学生,尤其是那些不以教士生涯为目标的学生,贪婪地热衷于古代和当代历史以及政治理论、国家事务、地理和旅行方面的书籍。除恺撒的《高卢战记》(*Commentaries*)和普鲁塔克的《希腊罗马名人传》(*Lives*)外,都铎王朝时期的学生还喜欢看圭恰迪尼的《意大利史》(*History of Italy*)、卡姆登的《大不列颠》(*Britannia*)、布丹的《共和六论》(*De republica*)、马基雅维利的《君主论》(*The Prince*)和莫尔的《乌托邦》(*Utopia*)等书。对于未来的农村乡绅和城市法官来说,《为官之鉴》(*A Mirror for Magistrates*)、英国法律条例以

---

[90] Mordechai Feingold, "Oriental Studies," *HUO* 4:488 and n122; Curtis, *Oxford and Cambridge in Transition*, 101-102; Mullinger, *University of Cambridge*, 2:420-21n5.

[91] Leedham-Green, *Concise History of Cambridge*, 70; Feingold, "Humanities," *HUO* 4:331, 334-35.

及治安法官手册也很受欢迎。1613 年至 1638 年间，剑桥基督学院非教士学生购买的近 1000 本书中，有 13% 属于历史类。另外 5% 是关于地理、宇宙学和旅行的书籍。[92] 与学生们的旅行愿望，也许还有受雇承担国王的外交使命的愿望相一致，本科生的书架上也能看到关于法语和意大利语（极少有西班牙语或德语）语法、词典和文学（包括本国语言和翻译版本）的书籍。私人导师比学院导师更为频繁地为年轻绅士授课，这些绅士也想获得击剑、跳舞和马术方面的指导。[93]

牛津和剑桥课程的最后一次转变，是两校共同努力想改进数学这门古老的学科，以提高学生们对物理学这个新兴世界的接受能力和学习意愿。令人惊讶的是，都铎王朝早期的人文主义者，比如伊拉斯谟和托马斯·莫尔，都是后四艺（算术、几何、天文和音乐）的坚定支持者，并想把它们从课程的隐蔽处托举出来，尤其是针对文科硕士。1500 年，在已经设立的人文学科、逻辑学和哲学方面的讲座之外，剑桥增加了一门数学大学讲座。为了减少强加在学士身上的过多的亚里士多德式内容，讲师被要求在硕士阶段的第一学年讲授算术和音乐（以数学为基础的和声），在第二学年讲授几何和透视，在第三学年讲授天文。讲师会收到学费，但 1524 年已故罗伯特·雷德爵士的一笔捐赠改善了教授的社会和经济地位。[94]

---

[92] Curtis, *Oxford and Cambridge in Transition*, 102-105; Jardine, "Sixteenth Century Cambridge Arts Course," 16-17; Mark H. Curtis, "Library Catalogues and Tudor Oxford and Cambridge," *Studies in the Renaissance* 5 (1958), 111-20, at 113-14; Looney, "Undergraduate Education," 12 (table 1).
[93] Feingold, "Humanities," *HUO* 4:269-76.
[94] Paul Lawrence Rose, "Erasmians and Mathematicians at Cambridge in the Early Sixteenth Century," *Sixteenth Century Journal* 8 Supplement (July 1977), 47-59.

爱德华时代的 1549 年章程，将整个后四艺移到了本科阶段的第一学年。文科硕士课程仍然以透视法和天文为特色。大多数文本仍然来自中世纪那些受到信赖的人，包括普林尼、斯特拉博、欧几里得、托勒密，但是卡斯伯特·滕斯托尔关于算术的新文本［英国印制的第一本算术书（1522 年）］以及其他文本，反映了那个世纪中期主要的人文主义者，如希腊语钦定讲席教授约翰·切克爵士、民法教授兼副校长托马斯·史密斯爵士等的影响。两所主要的人文主义学院，即圣约翰学院和王后学院，早期都支持在数学科目中设立多位讲师：王后学院有两位，圣约翰学院有四位。其他学院则抓住了这一波对数学的狂热。当爱德华时代的章程于 1549 年通过时，新生需要在入学的前六七个月把时间用在算术和几何的学习上。这项要求并不是多余的，毕竟语法学校就连算术也很少教授，即便教授，使用的数字也是笨拙的罗马数字。因此，学院中的算术教师面临的第一个挑战，便是把"新的"阿拉伯数字（具有必不可少的零）引入课堂，以便进行如加法和减法这般简单的计算。第二个挑战是把它们向前推得足够远，进入几何，越过欧几里得和约翰内斯·德·萨克罗博斯科，来欣赏和计算新近发现的椭圆形而不是球形轨道，那是行星环绕着固定的哥白尼的太阳周围运行所划出的。[95]

这些就是大学讲师最初的任务，他们选择教授数学，以此作为获得文科硕士后的摄政职责的一部分。在伊丽莎白统治期间，牛津的亨利·萨维尔和剑桥的亨利·布里格斯，都是把数

---

[95] Paul Lawrence Rose, "Erasmians and Mathematicians at Cambridge in the Early Sixteenth Century," *Sixteenth Century Journal* 8 Supplement (July 1977), 47-59.

学视为人文学科之一的杰出人文主义者，为众多学院讲师开辟了道路。当萨维尔于1619年资助设立几何教席时，正是布里格斯经劝说放弃在伦敦格雷沙姆学院的教授职位，回来接受了这一教席。[96]

在这两所大学，无论是针对本科生还是已经获得学士学位的学生，所讲授的数学课程基本上都是入门水平的，但的确是教授了。牛津1564年的新章程强制规定了三个学期的算术课，但没有具体说明何时开设。从1570年开始，剑桥要求申请入学者具有数学（以及逻辑学）天资，并且不做数学研究就无法在毕业时拿到文学士学位。数学以及各门科学中的新发现，是学院和公开学术活动中经常辩论的主题。作为传统人文学科的信奉者，劳德校长在牛津圣约翰学院创建了一座数学图书馆，以突出该学科的重要性。在其他学院，数学书籍和仪器被捐赠给学院图书馆。学生在无法以自己希望的速度取得进步或达到想要的程度时，可以向私人导师以及其他学院乐于助人的导师求助，他们都会热切地伸出援手。[97]

大学数学教师赢得学生，尤其是绅士子弟的爱戴的方式

---

[96] 格雷沙姆学院成立于1597年，着眼于用英语向水手、工人以及其他那些对大学用一门古老语言进行隐秘"诡辩"充满怀疑的人，教授实用的数学和科学。该学院还促进和推广研究活动。和布里格斯一样，格雷沙姆学院的教授经常接受大学教席和研究员职位的邀请。McLean, *Humanism and the Rise of Science*, 165-67; Robert Goulding, "Humanism and Science in the Elizabethan Universities," in *Reassessing Tudor Humanism*, ed. Jonathan Woolfson (Basingstoke, UK: Palgrave Macmillan, 2002), ch. 11 (223-42); Mordechai Feingold, *The Mathematicians' Apprenticeship: Science, Universities, and Society in England, 1560-1640* (Cambridge: Cambridge University Press, 1984), ch. 5.

[97] Feingold, *Mathematicians' Apprenticeship*, chs. 1-3; Feingold, "Mathematical Sciences," *HUO* 4: ch. 6, esp. 359-404.

之一，是强调该科目的实际应用。大学讲师经常把物理或比喻引入自己的课堂，从而把教室和教材中的课程应用于测量、导航、光学、天文和地理。教员和学生都购买了适当的仪器：刻度尺、指南针、表盘、计算尺、地图、象限仪和地球仪。极少有人拥有观察能力比伽利略更为强大的望远镜，不过17世纪的多所学院把它们架设在学院门楼的临时瞭望台或公共"学校"的最高房间里。[98]

\* \* \*

无论牛津和剑桥的课程经历了多少次增加、删除和重点的变化，两所大学一直依赖着书籍。它们所有的学术训练，包括口头的和书面的，都以书籍的内容和意义为基础并围绕着它们展开。然而，随着约翰·古登堡在15世纪50年代早期发明金属活字印刷术，书籍制作进入了革命性的新阶段。手抄本并没有遭到丢弃或遗忘，学者以及（偶尔的）学生直到16世纪还保存并使用它们。一些富有的收藏家甚至从印刷书籍的文本中复制了手稿。[99]许多早期的活字字体被做成类似于哥特式、加洛林式和罗马式的文字，这些文字是用来书写中世纪使用的手写书籍的。现在，既可以通过手工也可以在印刷机上添加颜色，以精心制作印刷的首字母、边框和木刻插图，模仿它们那些手绘的前身。

---

[98] Feingold, *Mathematicians' Apprenticeship*, 25, 108, 115-19; Feingold, "Mathematical Sciences," *HUO* 4:372-77.

[99] M. D. Reeve, "Manuscripts Copied from Printed Books," *Manuscripts in the Fifty Years after the Invention of Printing* (London: Warburg Institute, 1983), 12-20.

纸上印刷有三大优点。首先，最初在西班牙和意大利、随后在整个欧洲生产的纸张，比动物皮做的羊皮纸或牛皮纸便宜得多，以后者为材料，一部手写《圣经》可能要用掉一整群牛犊或绵羊的毛皮。[100] 其次，可以在较短的时间内制作数百本甚至几千本印刷书籍。这两项特征都大大增加了书籍的供应量并降低了价格。最后，印刷书籍的文本可以毫不走样地复制，而不是由抄写员依据有缺陷的样书单独地，并且往往是带有个人风格地誊写。毫不走样地复制能让人更清楚地理解跨越时间和空间的学术文本，从而展开更有实质内容的对话。此外，纸张可以轻易地切割成任何尺寸，所以印刷的页面——也就是图书——现在能以远小于手稿对开本（现代大型画册的大小）的尺寸来制作，后者实质上是由羊皮纸所用的毛皮的矩形尺寸决定的。[101] 在都铎王朝和斯图亚特王朝早期的牛津和剑桥，所有这些创新改变了学术教科书的面貌、使用、销售和存储。

---

[100] 现存最早的整本拉丁语《圣经》手稿用了 500 头小牛的皮，重达 90 磅。在 13 世纪的西班牙，纸张被称为"布料羊皮纸"。James J. O'Donnell, *Avatars of the Word: From Papyrus to Cyberspace* (Cambridge, Mass.: Harvard University Press, 1998), 202; Steven Roger Fischer, *A History of Writing* (London: Reaktion Books, 2001), 264; Lothar Müller, *White Magic: The Age of Paper* (Cambridge: Polity Press, 2015).

[101] Paul Needham and Michael Joseph, *Adventure and Art: The First One Hundred Years of Printing* (New Brunswick, N.J.: Rutgers University Libraries, 1999); S. H. Steinberg, *Five Hundred Years of Printing* (London: Faber and Faber, 1959 [1955]); Lotte Hellinga and J. B. Trapp, eds., 1400-1557, vol. 3 of *The Cambridge History of the Book in Britain* [*CHBB*] (Cambridge: Cambridge University Press, 1999). esp. ch. 3; Eugene F. Rice, Jr., and Anthony Grafton, *The Foundations of Early Modern Europe, 1460-1559*, 2nd ed. (New York: W. W. Norton, 1994 [1970]), 1-10; Richard Abel, *The Gutenberg Revolution: A History of Print Culture* (New Brunswick, N.J.: Transaction Publishers, 2011).

教员和高年级学生使用图书的第一个来源是自家学院的图书馆。到亨利八世加冕时,牛津和剑桥的所有学院都设有图书室或独立的图书馆建筑来存放书籍,这个世纪此后时段创立的众多学院也是如此。主图书室的书籍基本上被锁在配有双面立架或小型阅读桌的矮栏杆上,因为这些卷册都是笨重的手稿对开本,制作成本高昂,容易损坏,也容易失窃。拥有图书馆钥匙的研究员,也可以从上锁的箱子里借取体积更小、不那么贵重的卷册(electiones)来准备讲座,借阅时间可以长达一年。学院中的藏书规模并不大,通常不超过甚至远少于 500 本,在缺少目录也不遵循合理的上架原则的情况下,浏览起来很不容易。在该世纪初期,由于研究员或校友的捐献和遗赠,藏书规模缓慢增加,外购的情形则很少。在人文主义的"新知识"来到英格兰、亨利在 1535 年进行了视察,并且印刷图书开始遍布于整个欧洲之后,这种情况发生了变化。[102]

学院的购书预算大多数都很有限,补充、扩大或替换现有藏书的新书,不得不更多求诸校友以及贵族中有求学打算的人,向他们获取资助或具体的图书,而非求诸去世的人和年龄较大的捐赠者,后者手中的书籍内容或版式往往都很陈旧。额外的图书资金来自学生罚款、研究员收费、毕业费用以及变

---

[102] N. R. Ker, "The Provision of Books," *HUO* 3: ch. 7; [Ker], *Oxford College Libraries in 1556* (Oxford: Bodleian Library, 1956), 6-9; N. R. Ker, "Oxford College Libraries in the Sixteenth Century," in Ker, *Books, Collectors and Libraries: Studies in the Medieval Heritage*, ed. Andrew G. Watson (London: Hambledon Press, 1985 [1959], ch. 25; J.C.T. Oates, "Books at Cambridge in the Sixteenth Century and After," in Oates, *Studies in English Printing and Libraries* (London: Pindar Press, 1991 [1971]), 74-88; J.C.T. Oates, "The Libraries of Cambridge, 1570-1700," in Francis Wormald and C. E. Wright, eds., *The English Library before 1700* (London: University of London, Athlone Press, 1958), ch. 10.

卖学院贵重物品所得的收入。16世纪40年代,牛津的一些学院用变卖小教堂银盘所得增加了藏书,在一次公平买卖中,奥里尔学院用30英镑购得了大部分当时为人接受的神学图书。1570年,剑桥国王学院卖掉了"一大堆天主教的不义之财",包括长袍、外衣、弥撒书、烛台,那是从前的一位教务长储藏起来为天主教回归的那一天所预备的。研究员们购买了大量书籍,"尤其是神学的,既有老作者也有新作者写的",囤积在那座显赫小教堂三个侧面房间里的一座新图书馆中。从前那座位于老庭(Old Court)里的图书馆已经"完全被毁",此前35年发生的种种事件让其中的所有藏书消失殆尽。[103]

1535年至1557年各种新教和天主教委员会、偶像破坏者以及偷书贼,都在打许多学院的藏书以及两所大学图书馆的主意。亨利在牛津的一名专员报告称,"我们已经把邓斯[・斯科特斯]投入了博卡多监狱,永远地彻底逐出了牛津,带着他全部的[关于亚里士多德的]盲目注释"。[104]"第二次来到新学院……我们发现所有庞大的方院都遍布着邓斯的[羊皮纸]书页,风把它们吹进院子的各个角落。"一名乡下绅士正在捡

---

[103] [Ker], *Oxford College Libraries in 1556*, 6-7; W. D. J. Cargill Thompson, "Notes on King's College Library, 1500-1700, in Particular for the Period of the Reformation," *Transactions of the Cambridge Bibliographical Society 2* (1954), 38-54, at 38, 50.

[104] 邓斯据说于1535年被逐出官方课程,但他的书直到1590年在牛津和剑桥学者的图书馆中仍多次出现。E. S. Leedham-Green, *Books in Cambridge Inventories: Book-Lists from Vice-Chancellor's Court Probate Inventories in the Tudor and Stuart Periods*, 2 vols. (Cambridge: Cambridge University Press, 1986), 2:288-89; Robert J. Fehrenbach and Elisabeth S. Leedham-Green, *Private Libraries in Renaissance England: A Collection and Catalogue of Tudor and Early Stuart Book-Lists* (Binghamton, N.Y.: Medieval and Renaissance Texts and Studies, 1992-),在线版及扩充版见 http://PLRE.folger.edu。

拾它们,用来做稻草人,"以便把鹿围在树林里",这样更容易猎取。其他人甚至把斯科特斯及其注释派同行用在更低级的用途上:把他们作品的书页钉在桩上,"在所有常见的厕所中"当作卫生纸。无论何时何地,中世纪的手稿,甚至是珍贵的天主教之前的盎格鲁-撒克逊文档,一经发现便往往受到狂热或无知人等的粗暴对待。许多文档作为废物出售给杂货店、肥皂经销商、药剂师和书籍装订者。后者在新印刷的书籍中使用这些页面作为装订条、空白页或环衬页,今天还可以在这些地方找到它们。许多手稿出售给了低地国家甚至更远处的书商,只有少数还有机会回归。[105]

在爱德华于 1549 年至 1550 年巡察大学期间和之后,对中世纪书籍的破坏仍在继续。在牛津,那些担心被人发现缺少新教热情的专员和学院,处理了成车成车的图书馆藏书。那些"论及有争议的神学或论及学术上的神学"的书籍,"被从锁链中解开,送给或卖给商人[Mechanicks],作低下的用途"。人群把掠夺来的书籍放在棺木上游街,随后烧掉。资源耗尽、未得充分利用的大学图书馆藏书四散,其中的桌子和座位出售给了基督教会。在当地市场上,书籍变得"极为便宜"。在剑桥和牛津,中世纪抄本中的图案彩饰和装饰性的首字母被剪下,由此遭到劫掠或丑化。即使是"被视作属于天主教或恶魔,或者属于这两者的"天文图表和数学书籍,也成了遗忘的目标。如果不是牛津的一位希腊语教授偶然出现,"希腊语的

---

[105] C. E. Wright, "The Dispersal of the Libraries in the Sixteenth Century," in Wormald and Wright, *English Library before 1700*, ch. 8, at 153-54, 156, 165; James P. Carley, "Monastic Collections and Their Dispersal," in *1557-1695*, ed. John Barnard and D. F. McKenzie, vol. 4 of *CHBB* (2002), 340.

图 6 在动荡的 16 世纪,除了活人(或他们被掘出的遗体),"异端"书籍也在英国的大学城被公开焚烧,就像在剑桥的这一场景中。来自约翰·福克斯偏好新教的《基督教会的行为与丰碑》……俗称《福克斯的殉道者之书》(Foxe's Martyrs)(伦敦,1563 年)

91 《新约》也会作为魔法书被扔进火中"。[106] 到 1556 年,剑桥的藏书已经从 500—600 册减少到 175 册。幸运的是,这些损失

---

[106] Charles Edward Mallet, *The Sixteenth and Seventeenth Centuries*, vol. 2 f *A History of the University of Oxford*, 3 vols. (New York: Longmans, Green, 1924), 91; Ian Philip, *The Bodleian Library in the Seventeenth and Eighteenth Centuries* (Oxford: Clarendon Press, 1983), 6 ("Divinity"); Wright, "Dispersal of the Libraries," 168-70; Ker, "Provision of Books," *HUO* 3: 466 ("Christ Church"); Cargill Thompson, "King's College Library," 44-45. 随着图书馆在 1574 年之后逐渐得到恢复,第一批规定(1582 年)便要求,所有手稿,"所有其他彩色画像书"以及"所有其他数学书或历史书",都要锁起来保存。Oates, *Cambridge University Library*, 121-22.

的藏书并非全部永久遗失。许多书被藏书家，例如长期担任师傅的彼得豪斯·安德鲁·佩尔内拯救，以便日后回归原地。[107]

1553年玛丽即位，天主教的虔诚信徒和专员们得以向牛津-剑桥那些博学的珍品发起猛攻，同时也从中遭到回击。1557年初，枢机主教波尔派往剑桥的委员会在藏书萎缩的大学图书馆里挑不出什么毛病，学院及其所有的研究员却被要求出具一份有（新教）异端之嫌的书目。市场的广场上焚烧了一大堆被宣告有罪的书籍，以及被锁在一起的棺木，里面盛着两位于爱德华王朝时期在剑桥任教的瑞士神学家的遗体。在接下来的日子里，"装满书籍的篮子"在公共场合被焚祭，其中许多书属于国王学院、卡莱尔学院和三一学院。波尔校长的母校牛津大学也受到了类似的审查，虽然待遇稍微温和一点。[108]

两所大学的图书馆在16世纪中叶都不再使用，学院的藏书在各种改革者的手中都有所减少。然而，大多数学院添了许多新的印刷书籍，并对各自的图书馆进行整修以容纳它们。学院的教员和学生用书的购买在1530年至1570年加速，并在此后继续保持，以努力获得最为可靠的老一辈权威的印刷文本，这些文本仍然存在于法定课程中，而那些后起之秀的作品则正在努力进入更为灵活的导师教学大纲。[109]这些购入的图书中，

---

[107] J. C. T. Oates, "The Cambridge University Library: 1400-1600," in *Studies in English Printing*, ch. 15, at 68-70; Cargill Thompson, "King's College Library," 47-48.

[108] Cargill Thompson, "King's College Library," 46-47; Cross, "Oxford and the Tudor State," *HUO* 3:145-48.

[109] Kristian Jensen, "Universities and Colleges," in *To 1640*, ed. Elisabeth Leedham-Green and Teresa Webber, vol. 1 of *The Cambridge History of Libraries in Britain and Ireland* [*CHLBI*] (Cambridge: Cambridge University Press, 2006), 348-49; Ker, "Oxford College Libraries," 400-405.

大多数是价格更低的印刷书籍，版式也越来越小。[110] 此类新的版式使学者和学生能够积累自己的藏书，用于教学或学习。如果说乔叟的奥克森福德教士只有"24本书，裹成红色和黑色"，那么都铎王朝时期的学院研究员则更有可能拥有70本；有些人拥有的数量更是这个数字的两倍或三倍。"到16世纪70年代和80年代，低年级学生自己的私人藏书量，可以轻松地胜过本世纪上半叶的高年级学生。"[111]

个人藏书对于学生和教师双方的另一个好处是改进了教学和学习。学生拥有所需的文本使讲师省去了对课程材料耗时和乏味的口述，把更多的时间用在对它们的阐明、赏析和批评上，通常是通过与其他新老权威进行比较。对于在下午时段由初级教员教授的"粗略"讲座的需求同样减少了。这种变化也突出了学院导师的个人角色，他们可以引导学生经由仔细的阅读、日常的学习小组以及口语测验来最大限度地理解。[112]

学院购置的图书中，有许多是多卷本的重要人物文集，经过了专业的编辑处理。这就使学院得以丢弃老旧的，尤其是手

---

[110] 1456年至1465年，约45%的印刷书籍是对开本。到1551年至1560年，收藏在牛津大学博德利图书馆中的对开本所占的比例降至15%。Jensen, "Universities and Colleges," *CHLBI* 1:353-54. 1588年去世的一位牛津文科硕士，也是布雷齐诺斯学院研究员的遗嘱清单，也表明了书籍版式的变化。他留下了250本书，其中包括32个对开本、37个四开本、165个八开本和16本尺寸更小的书。Mark H. Curtis, "Library Catalogues and Tudor Oxford and Cambridge," *Studies in the Renaissance* 5 (1958), 111-20, at 116-20.

[111] Sears Jane, *Library Catalogues of the English Renaissance* (Berkeley: University of California Press, 1956); http://PLRE.folger.edu; Jensen, "Universities and Colleges," *CHLBI* 1:351-52 ( 引文 ); Ker, "Provision of Books," *HUO* 3:472-77。

[112] Morgan, *1546-1750*, *HUC* 2: ch. 9; McConica, "Elizabethan Oxford," *HUO* 3:693-701; Leedham-Green, *University of Cambridge*, 30; Curtis, *Oxford and Cambridge in Transition*, 78-81, 107-14.

稿版的个人作品,在书架上为数量明显增加的印刷品腾出空间。由于成本降低,体积较小的以皮革或牛皮纸为封面的卷册也不再需要锁到架子上。图书馆因此不得不建造带有更多搁板的更高的书架来容纳它们,提供更多的阅读桌椅,任命不再由小教堂牧师兼任的馆员,并改进找书的辅助手段。[113]

\* \* \*

"伊丽莎白和解"为大学带来了急需的发展和稳定,并消除了政治和宗教上的大多数不确定性,这些不确定性曾使潜在的捐赠者不愿把书籍和手稿交给学术型图书馆。1574 年,剑桥开始着手恢复其大学图书馆。到 1600 年,得益于几大捐赠者,包括坎特伯雷大主教马修·帕克的慷慨捐赠,老学院(Old Schools)方院二楼的两个宽敞房间精致又稳妥地吸纳了 950 多册图书。图书馆不再是大学的公共演说家一度所谓的"位于各学院中间的洞穴……没有桌子或书架,活像阴郁的监狱"。现在,图书馆有了非神职的(虽然还不是职业性的)图书管理员、常规的开放时间(每天至少四小时),以及一套规则,把入馆人数限定为一次最多 10 名研究生和高年级学生。到 1472 年,本科生已经耗尽信用,不再受欢迎(除非全程由一名穿着得体学术服装的研究生陪同),而在牛津的图书馆中他们早已受到这样的待遇。[114]

---

[113] Jensen, "Universities and Colleges," *CHLBI* 1:361-62; Ker, "Oxford College Libraries," 409-13.

[114] Oates, *Cambridge University Library*, 35-36, 171(引文)and chs. 4-5; M. B. Parkes, "The Provision of Books," in J. I. Catto and R. Evans, eds., *Late Medieval Oxford*, *HUO* 2:472, 477-78. 不幸的是,剑桥的进步在 1600 年之后由于缺乏新书的补充和新建筑而受到抑制。之所以这样,是由于学校那位不受欢迎(转下页)

剑桥虽然一开始领先，但很快就有理由羡慕牛津那奢华的新图书馆。该馆由托马斯·博德利爵士（1545—1613）规划和资助，他是牛津校友，曾任默顿学院研究员，也是伊丽莎白麾下的外交重臣。他之所以富有，主要是因为娶了一个有钱的寡妇，并且比她活得更久。从1598年开始，博德利和他那些由学者担任的图书馆员们，把神学院上方那个"荒凉的大房间"改造成了欧洲首屈一指的图书馆。这片空间曾经是人文主义图书馆所在地，此馆由格洛斯特公爵、亨利四世国王的幼子汉弗莱捐赠，藏书丰富。[115] 由于慷慨的赠送、及时的遗赠（包括博德利自己的）和有针对性的买入，博德利图书馆不得不在1612年和1640年分别新增大房间，以容纳印刷书籍和手稿的涌入。书籍是在当时一年两度的法兰克福书展上，从遍布于法国、意大利和荷兰的书商手里购买的。1610年，具有垄断地位的伦敦文具公司经说服将博德利作为一座全国性的存储图书馆，用于免费接收旗下成员出版物的副本。[116]

　　到1620年，牛津已经引以为傲地拥有16000本图书和手稿了。这样的藏书量极为丰富，吸引了来自欧洲各地的学者。他们要做的事变得更容易完成了，因为在1623年之前，图书馆发布了馆藏的完整目录（1605年发布了书架清单，1620年发布了按字母排序的作者名单），以及按院系分类（神学、医学、法律和艺术）的多个科目目录。来自本校的读者包括高年级的

---

　　　　（接上页）但财大气粗的校长，即白金汉公爵遭到了暗杀。Oates, *Cambridge University Library*, ch. 6.

[115] Stanley Gillam, *The Divinity School and Duke Humfrey's Library at Oxford* (Oxford: Clarendon Press and the Bodleian Library, 1988).

[116] 即使该公司从未完全履行义务，剑桥也未能获得平等的特权和待遇——直到1710年有了《版权法案》。Oates, *Cambridge University Library*, 489-90.

研究生，即"议会大人们的孩子"，和二年级以上的本科生。后者被要求穿戴帽子和长袍，在长凳或书架边要礼让学长，并且"避免阅读不适合自身学习内容的书籍"，或许是指一些从文具店流入的消遣性的英语读物。仅在开放第一年，就有 248 名读者到馆，包括 10 名外国人和牛津近 40% 的研究生。[117]

17 世纪，本科生逐渐获准进入牛津和剑桥的许多学院图书馆，但年轻学生对馆藏的内容一般没有需求。本科学习在前两年主要限于规定的课程。少数指定的文本可以购买廉价的印刷版——无论是新书还是二手书，也可以从导师或学长那里借用。由学院导师代为购买的图书，在选书时既会看品质也会考虑价格，因为导师通常控制着学生的零用钱，并要向他们的父母负责。1613 年至 1638 年在剑桥基督学院担任研究员期间，约瑟夫·梅德为自己带的 103 名学生购买了 3294 本书，包含约 1647 个不同的品种。由于本科生不得进入，更不用说从基督学院或学校的图书馆借书，他们的几乎所有阅读材料都是从梅德那里获得的。平均而言，每个学生在求学期间通过梅德购买了 16 本书。较为贫穷但胸怀抱负的减费生在校时间最长，不太富裕的自费生在校时间略短一些，研究员级自费生的在校时间则短得多；相应地，梅德为减费生的每本书平均只花了 1 先令 9 便士，为其余学生每本书却花了 2 先令 3 便士。[118] 本科学习一般不需要使用图书馆，但可能有一个例外情形，即撰

---

[117] J.N.L. Myres, *The Bodleian Library in the Seventeenth Century* (Oxford: Bodleian Library, 1951), 7-21; Philip, *Bodleian Library*, chs. 1-2; Philip and Morgan, "Libraries," *HUO* 4: ch. 13, at 659-72; Mary Clapinson, "The Bodleian Library and Its Readers, 1602-1652," *Bodleian Library Record* 19:1 (2006), 30-46.

[118] Looney, "Undergraduate Education," 17-18.

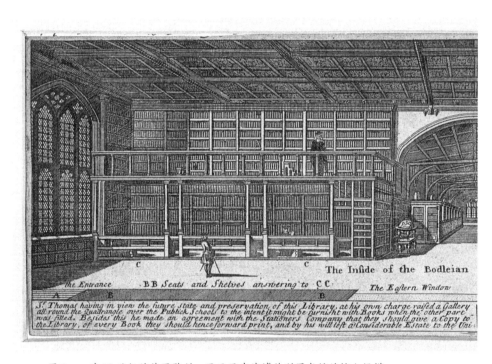

图7　一座18世纪的德国雕刻,显示了牛津博德利图书馆的惊人规模。
藏于伦敦威尔康图书馆

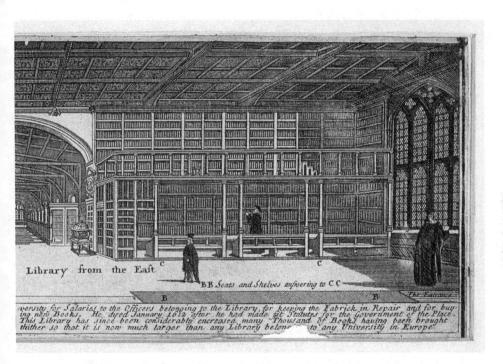

第二章 牛津－剑桥

写慷慨激昂的演说（无论是口头的还是书面的）以及正式的书信时。然而，即便是这些内容，其修辞原则和范例也几乎完全来自标准的修辞文本、已出版的古典拉丁语与希腊语引文和逸事，以及个人的普通书籍。[119]

研究生、教员以及导师不够尽责的那些本科生，大多从当地的书商，或者叫"文具商"那里买书，这些商人的业务受到大学的监督和约束。在收取40英镑的押金后，文具商承诺以"公道的价格""为所有学生"提供"各种书籍的充足备货"——煽动性的和非法的图书除外。1534年，剑桥有三家文具商，到1556年新增了一家。英国内战前夕，全城8000家文具商有15家经营印刷品业务。规模更大的牛津大学能够维持更多家文具商的业务。16世纪初期，一家临时文具商经营着自有的印刷厂，但由于缺乏足够的市场，他们的活动从未持续很长时间。直到16世纪80年代早期，城镇居民和大学师生人口增长，剑桥和牛津才有了自己的第一批真正的印刷厂，都由私人经营，但受到大学支持并得到了大学的批准。[120]

剑桥仅仅依据亨利国王于1534年授予三家"文具商和印刷厂"的许可，来出版图书并在当地和其他地方销售。由于缺乏这样的许可，牛津大学通过莱斯特校长向伊丽莎白女王发出请

---

[119] Fletcher, "Faculty of Arts," *HUO* 3:193-94; McConica, "Elizabethan Oxford," *HUO* 3:698, 709-10; Jardine, "Sixteenth Century Cambridge Arts Course," 18.

[120] David McKitterick, *Four Hundred Years of University Printing and Publishing in Cambridge, 1584-1984: Catalogue of the Exhibition in the University Library Cambridge* (Cambridge: Cambridge University Press, 1984), 4-7, 12（引文）; Thompson, "King's College Library," 45; McKitterick, *Cambridge University Press*, 18, 20, 228; Carl I. Hammer, Jr., "Oxford Town and Oxford University," *HUO* 3:77; Ker, "Provision of Books," *HUO* 3:443-44。

求，打着英格兰荣誉的旗号："鉴于德国和法国的所有大学，无论规模多小都有自己的出版社，外国人发现，在整个英格兰王国范围内竟然只在一个城市［伦敦］能见到出版社，并且没有大学的依托，只出版英语图书，这多少算是一个奇观了。"官员们声称，毫无疑问，"在所属学院的宏伟程度和年收入数额方面胜过欧洲所有大学的"牛津大学，应该有属于自己的出版社。[121]按照 1586 年星室法院的一道命令，伦敦文具公司允许带有一名学徒的单独一名印刷商在每个大学城开展业务，距离其成员单位的 23 家印刷厂和 53 家出版社都是 50 英里。到了 17 世纪 20 年代后期，该公司抱怨剑桥仅仅一所学校就拥有四五家出版社，借由出版年历、课本、偶尔出版的《圣经》以及其他常规销售物，侵蚀了成员单位的利润。1637 年，公司看起来解决了问题：同意向牛津的印刷商每年支付 200 英镑，后者不再在这些领域中竞争。[122]

他们的担心是多余的。大学出版社出的书极少畅销，无论是在国内还是国外。学术市场中的绝大多数书籍，包括作为课程主体的辩证法或逻辑学，都是通过法兰克福书展或英格兰不那么专业化的斯陶尔布里奇（Stourbridge）书市，从伦敦或者莱茵河流域以及低地国家引进的。即使各大学出版社在 17 世纪的第二个 25 年有了高质量的希腊语、希伯来语、阿拉伯语和东方语言字体，从外部引进依然是获取学术图书的主流途径。剑桥导师约瑟夫·梅德为学生所选的书籍中，基本上没有

---

[121] Harry Carter, *A History of the Oxford University Press, vol. 1: To the Year 1780* (Oxford: Clarendon Press, 1975), 19（引文）。关于学院财富更为细致的评估，见 Aylmer, "Economics and Finances," *HUO* 3: ch. 8。

[122] McKitterick, *Cambridge University Press*, ch. 11, at 217-29; David McKitterick, "University Printing at Oxford and Cambridge," *CHBB* 4: ch. 8, at 196, 204-205; Carter, *History of Oxford University Press*, 1: ch. 2, at 21-22.

自家大学出版社出版的。[123]

所有的学生和学者都受益于印刷字体风格的变化,这些字体首先被引入文艺复兴时期的意大利,随后很快被引入北欧。最为有益的变化是在阅读的容易程度方面。浓密的哥特式黑体字逐渐被更为干净、流畅、间距更大也更为简洁的罗马字体和斜体字所取代,就像威尼斯的阿尔杜斯·马努蒂斯和巴黎的罗贝尔·艾蒂安等人文主义学者兼印刷商所青睐的那些字体。对做学问有帮助的部件,如版本记录页、书名页、页眉、木刻和雕刻的插图、分页以及索引等,都加上了。这些变化以及技术上的许多变革,从改进的油墨到金属的螺丝板,都极大地提高了清晰程度,并促进了更快速、更高效的阅读。拉丁文和英文的拼写在印刷品中变得更为规范,取代了手写稿中不规则的语音拼写。学者出身的作者、修正者和校对员与印刷商合作,创建有可能实现的最准确的文本,即评述版(*editiones principes*),可以以或大或小的版式出版,既可以是单本也可以是合集。对新的知识媒体的审查(尤其是在"天主教禁书索引"中)以及一般性的书籍焚烧,对于刺激违规读物的销售功不可没。[124]

都铎王朝时期牛津和剑桥的另外两个迂腐的倾向,来自前印刷时代的遗留。第一个倾向是,绝大多数学术文本仍然来自

---

[123] McKitterick, *Cambridge University Press*, 15, 217, 221-22, 224; McKitterick, "University Printing," *CHBB* 4:198.

[124] McKitterick, Cambridge University Press, 12-13; Carter, *Oxford University Press*, 21; Lotte Hellinga, "Printing," *CHBB* 3: ch. 3, at 72-79; Steinberg, *Five Hundred Years of Printing*, 24-27, 34, 52, 57-60, 64-67, 92, 105-17, 127, 185-91; Anthony Grafton, *The Culture of Correction in Renaissance Europe* (London: British Library, 2011). 关于 15 世纪和 16 世纪的书法和印刷,图文并茂的描述见工匠大师 Warren Chappell's *A Short History of the Printed Word* (New York: Alfred A. Knopf, 1970), chs. 4-5。

欧洲。英国学者仍然只产出自己分内任务中的一小部分精神内容。大学书商的图书存货中，引进版多于国内出版物，因为大学和导师的教学大纲指定或推荐了它们，而且欧洲出版商会通过亲自造访或经由伦敦的英国代理商来推销自己的产品。创立不久的各家大学出版社也大量重印盛行于欧洲的文本。在试图跟上最新或最好的学术研究的步伐时，牛津和剑桥的教授和图书馆本能地把目光转向大陆的资源，转向具有拉丁化笔名或出版者名称的学术权威，例如安格里科拉、比格尔斯迪修斯、伊拉斯谟、利普修斯、隆巴尔杜斯、厄科兰帕迪乌斯、帕拉塞尔苏斯、雷默斯，尤其是斯科特斯。这种偏好的一个强有力体现是，今天的剑桥图书馆中有大量在欧洲印刷的16世纪书籍，远远超过30000本。显然，在各家图书馆中都有藏书的有些图书是重印本，而且1600年以后购买或接受捐赠的图书并不少。但是，有相当数量的书是在同一时期从西欧各地的印刷商和出版商那里获得的，尤其是由学院图书馆获得的。业务最为繁忙的供应商分别位于巴黎、威尼斯、罗马、安特卫普、巴塞尔和科隆。[125]

第二个延续的倾向是前一个倾向的一项职能。一直到16世纪结束很久，欧洲学术生活的通用语言仍然是拉丁语。迟至1636年，牛津大学致力于改革的校长威廉·劳德还想要求所有

---

[125] H. M. Adams, *Catalogue of Books Printed on the Continent of Europe, 1501-1600, in Cambridge Libraries*, 2 vols. (Cambridge: Cambridge University Press, 1967); McKitterick, *Cambridge University Press*, 1: ch. 11, at 217-21; Leedham-Green, *Books in Cambridge Inventories*, 1:xviii; 2:820-27. 研究员们的存货清单表明，即使在16世纪30年代，在学院的房间里与印刷书籍相伴的手稿也很少。不过，伴有各种地图、图片、乐器、游戏桌、放大镜、指南针和地球仪，偶尔还有头骨（有一个是金制的），显然是对为自己死前发表成果事宜感到忧心的学者的"死亡提醒"(*memento mori*)。

新获得学位的文学士充分运用拉丁语口语，要求所有文科硕士拉丁语达到流利的程度。[126] 为了向自身的语言国界以外的读者进行销售，整个欧洲的出版商不得不用拉丁语来开展业务，毕竟它仍然是欧洲学术阶层的共同语言。16 世纪离世的牛津大学学院研究员和学生的藏书中，近 90% 的书籍是拉丁语的，而 1551 年之前离世的研究员和学生的藏书中，95% 是拉丁语的。大约 13% 的拉丁语书籍中包含一些希腊文；只有少数图书，通常是语法书和词典，主要是希腊文的。大多数古典希腊语作者的作品，读者读的是拉丁语译本。只有少数一些书是希伯来语或法语的。其余大多数是英语的，有些是由书籍所有者出于消遣而选择的，有些是由学院导师选择的，后者认为这些书更适合他们的研究员级自费生以及其他优秀学生未来的职业生涯。大学文具商的存货也以拉丁语图书为主，不过，为了在一个不大的城镇里谋生，他们不得不为当地和地区的主顾准备一些英文书。剑桥的情况也是如此。[127]

\* \* \*

正如许多历史学家所揭示的，印刷的影响遍布于整个欧

---

[126] Leedham-Green, *University of Cambridge*, 71; Mallet, *History of Oxford University*, 2:328, 334, 341; Kevin Sharpe, "Archbishop Laud and the University of Oxford," in Hugh Lloyd-Jones, Valerie Pearl, and Blair Worden, eds., *History & Imagination: Essays in Honour of H. R. Trevor-Roper* (London: Duckworth, 1981), ch. 12, at 153, 158.

[127] 16 世纪，属于已故牛津学者的图书，有三分之二是在欧洲大陆出版的。http://PLRE.folger.edu; Leedham-Green, *Books in Cambridge Inventories*; McKitterick, *Cambridge University Press*, 1: ch. 11, at 224-25; Andrew Pettegree, *The Book in the Renaissance* (New Haven, Conn.: Yale University Press, 2010), 124-25, 326.

洲文化。[128]在学术文化那些特别迂腐的领域，尽管大学的口述传统持续久远，印刷的影响却感受得更为强烈，时间上也更早。读书从独自朗读或在群体面前朗读转变为默读和私人阅读。[129]作为视觉而非听觉的一种功能，阅读倾向于把权威或"真理"寓于文本和印制的页面上，而不是寓于说话者的声望、社会地位或口音中。这种转变使学生能够比平时更频繁地质疑他们的讲师，自行寻找解决知识难题的方法——此一过程在依然频繁进行的辩论中使交流更为锋利。拥有自己的藏书并能访问更大、更好的图书馆，这种状况也减轻了学者们沉重的记忆负担，让他们得以更有创造性地运用脑力。

  印刷品的扩大以及初级和中级"语法"学校数量的激增，在欧洲人口中提升了整体识字率，但也扩大了知识阶层的规模、范围和合作领域。如此一来，便产生了跨越整个欧洲的"文士共和国"（Republic of Letters），16世纪初，伊拉斯谟使

---

[128] Steinberg, *Five Hundred Years of Printing*; Marshall McLuhan, *The Gutenberg Galaxy: The Making of Typographic Man* (Toronto: University of Toronto Press, 1962); Walter J. Ong, *The Presence of the Word* (New Haven, Conn.: Yale University Press, 1967); Walter J. Ong, *Orality and Literacy: The Technologizing of the World* (London: Methuen, 1982); Lucian Febvre and Henri-Jean Martin, *The Coming of the Book: The Impact of Printing, 1458-1800* (London: Verso, 1976); Elizabeth L. Eisenstein, *The Printing Press as an Agent of Change: Communications and Cultural Transformations in Early-Modern Europe*, 2 vols. (New York: Cambridge University Press, 1979); Eisenstein, *The Printing Revolution in Early Modern Europe* (New York: Cambridge University Press, 1983), a revised and condensed version of her earlier book; O'Donnell, *Avatars of the Word*; Pettegree, *Book in the Renaissance*; Ian F. McNeely with Lisa Wolverton, *Reinventing Knowledge: From Alexandria to the Internet* (New York: W. W. Norton, 2008).

[129] Paul Saenger, "Silent Reading: Its Impact on Late Medieval Script and Society," Viator: *Medieval and Renaissance Studies* 13 (1982), 367-414, 修正了麦克卢汉（《古登堡星系》）等人关于默读的产生时期和背景的结论。

该共和国获得自我意识，在 17 世纪的科学革命期间变得引人注目，并且在 18 世纪的启蒙运动中由于其通用语从拉丁语过渡到法语而广为人知。大学内外的学者越过了各种条条框框，创造了"一种新型的虚拟共同体"，因为批量复制的文本所具有的完全一致性，会从专注于相同的文本或系列问题的其他读者那里引发反馈，往往还会激发推动力量。从这样的交流中，很快便得出了勘误表和修订版。它们还催生了国际通信网络、文学和科学社团（地方的和全国的），并且在一个充斥着战争、宗教迫害和王朝对抗的世界中，在竞争之外促进了"崇高的斯多葛主义"和友好合作的和平伦理。[130]

字词"转移到"印刷品上后，本科生们并不特别惊慌，毕竟他们的阅读作业长度保持着相对稳定，即使内容并不稳定。[131]但是，那些以学术生涯为志向的教师学者和研究生沮丧地发现，印刷革命带来了"太多需要了解的东西"。如果想要像那么多博学的前辈们做到的那样，熟悉自己时代的文明，他们就不得不设法应对出版物的泛滥，这种泛滥产生的既有有待于提炼成知识的新信息的洪流，也有数量更多的老旧的、往往是重新发现的知识。顽固保守派给出的一个回应是，全力以赴，更努力、更长久地阅读。为了协助完成这项任务，他们允许自己在文本中随意地添加下划线或标记关键段落（甚至使用不同颜色的墨水）、在页面边缘添加缩写和记号作为记忆辅助

---

[130] Anthony Grafton, *Worlds Made by Words: Scholarship and Community in the Modern West* (Cambridge, Mass.: Harvard University Press, 2009), 尤其是第一章（第 16 条和 23 条引文）。参见 Grafton, *Bring Out Your Dead: The Past as Revelation* (Cambridge, Mass.: Harvard University Press, 2001)。

[131] O'Donnell, *Avatars of the Word*, 148（引文）。

(*aide-mémoires*)。他们甚至会在字母索引中加上自己的引文，或者求助于参考书目来确保不会错过任何重要的内容。

顽固派无疑对他们那些不那么勤奋（或者说更为现实）的同僚所走的捷径皱起眉头，后者依赖于新的往往也是多语种的词典和语词索引、百科全书和其他参考书、书评杂志、关于特定主题的摘录和引文的现成选集（代替个人化的普通书籍）、简短的核心阅读书目，以及各种笔记记录（雇人完成，甚至是通过将书页剪下来贴到自己的笔记本中）。[132] 1650年之前，面对书籍的洪流，很少有学者会选择两种反应方式中的任何一种，而这些反应在未来会变得越来越熟悉。一种反应是专业化，即通过专注于更容易控制的领域或园地来做出的简单让步。另一种反应是浅尝辄止，这是一种更令人痛心的逃避行为，通常让人无法进入"文士共和国"，尽管不一定会妨碍担任长期的学院研究员和从事学术生涯。所有这些反应都为现代早期的学者提供了一种预想中的现代面貌。

\* \* \*

无论牛津和剑桥如何成功地回应了时代的变迁和挑战，它们总能在一种中世纪的神话中找到安慰，这种神话把它们牢牢地置于一个伟大的传统中。两所大学为自己塑造的血统，比严格遵循历史事实的血统更有抱负，这种血统将它们置于从雅典

---

[132] Ann Blair, "Reading Strategies for Coping with Information Overload ca. 1550-1700," *Journal of the History of Ideas* 64:1 (Jan. 2003), 11-28; Ann M. Blair, *Too Much to Know: Managing Scholarly Information before the Modern Age* (New Haven, Conn.: Yale University Press, 2010).

到罗马、从罗马到拜占庭，继而到达巴黎以及伊希斯的草坡和剑桥等主要的知识中心这条直线上。在基督教社会的三元结构中，它帮助两所大学和其他新兴的 12 世纪和 13 世纪的欧洲大学在老式的教会（Sacerdotium）和国家（Regnum）之外，成功地争取到了一个位置（作为学问所）。英国斯图亚特王朝早期的状况在大主教劳德的高教会派（High-Church）政策和查理一世的绝对主义倾向之下更加恶化，从而将许多清教徒改革者驱逐到了北美，"翻译研究"（translatio studii）的神话与他们一路相伴，成为一种教育罗盘。和哥白尼时代之前的太阳一样，基督教被视为走了一条从耶路撒冷到罗马，并取道坎特伯雷环绕全球的不可阻挡的西行路径。但是同样的，在被未受过教育的土著称为"马萨诸塞"的原始荒野中，高等知识也走在前往新剑桥的路上。[133] 正如剑桥文科硕士、三一学院研究员以及该校公共演说家乔治·赫伯特于 1633 年在《教会斗士》（"The Church Militant"）一诗中所写的，"宗教在我们的土地上踮脚站立 / 已准备好欣然转向**美洲海滨**"。赫伯特的大学同学查尔斯·昌西（Charles Chauncy）将成为未来哈佛学院的第二任院长，这一点赋予他的诗特别的先见之明。[134]

---

[133] A. B. Cobban, *The Medieval Universities: Their Development and Organization* (London: Methuen, 1975), 22; George Huntston Williams, "Translatio Studii: The Puritans' Conception of Their First University in New England, 1636," *Archiv fuer Reformationsgeschichte* 57 (1966), 152-81; Jurgen Herbst, "Translatio Studii: The Transfer of Learning from the Old World to the New," *History of Higher Education Annual* 12 (1992), 85-99.

[134] *The Works of George Herbert*, ed. F. E. Hutchinson (Oxford: Clarendon Press, 1941), xxv, 196.

# 第三章　通向国外的大学之路

> 若我们不滋养知识，教会和联邦都将衰落。
> 　　　　　　　　　　　——约翰·艾略特牧师

在亨利八世国王宣布英国独立于罗马和天主教会从而获得独立之后的那个狂热的世纪，新的英国国教会在同一面旗帜下寻求宗教统一。但是，天主教忠诚的遗绪和新教徒对更多改革的不懈呼吁，遮蔽了多变的社会—经济野心和政治紧张局势，并使王国一直处于混乱中。当改革派清教徒和不参加英国国教仪式的天主教徒在国内看不到自己的未来时，数千人便动身前往欧洲、加勒比海地区和北美洲更为友善的地方。

意料之中的，移民试图把他们之前生活方式中最好和最熟悉的部分复制过来。在**新英格兰**，仅在1630年至1642年，便有大约21000名有宗教和经济追求的人定居下来，英国的法律、家庭结构和社区模式成为他们文化包袱的一部分。[1]教育

---

〔1〕　Nicholas Canny, ed., *Europeans on the Move: Studies in European*（转下页）

机构也是如此，因为这些新教徒认为，那个"老骗子撒旦"试图"让人们远离《圣经》的知识"，作为他的敌手的牧人必须接受很好的教育，才能理解和传达福音书的微妙真理。[2]

与母国在精神和空间上的距离，很快给新英格兰人带来了另一个问题。到 1636 年，已经有 72 名受过大学教育的人（其中大多数是牧师）移民到了新英格兰，但殖民者担心胜任的牧师在数量上对于不断增长的人口来说仍供不应求，尤其是"在我们现在的牧师会争战至死的情形下"。[3] 因此，1636 年 10 月下旬，马萨诸塞普通法院，即殖民地在波士顿的立法会议，通过了一项法案，拨出 400 英镑在一个城镇中"建立一所学校或学院"，其形式将在下一届会议上确定。这项公开承诺令人赞叹：拨款数额是当年税收的近四分之一，超过去年税收的一半。一年后，在 11 月，该法院将新机构的选址确定在"新城"

---

（接上页）*Migration, 1500-1800* (Oxford: Clarendon Press, 1994), ch. 4; Bernard Bailyn, *The Peopling of North America: An Introduction* (New York: Alfred A. Knopf, 1986), ch. 1; David Grayson Allen, *In English Ways: The Movement of Societies and the Transferal of English Local Law and Custom to Massachusetts Bay in the Seventeenth Century* (Chapel Hill: University of North Carolina Press, 1981); Virginia DeJohn Anderson, *New England's Generation: The Great Migration and the Formation of Society and Culture in the Seventeenth Century* (Cambridge: Cambridge University Press, 1991).

[2] James Axtell, *The School upon a Hill: Education and Society in Colonial New England* (New Haven, Conn.: Yale University Press, 1974), ch. 1; John Morgan, *Godly Learning: Puritan Attitudes towards Reason, Learning, and Education, 1560-1640* (Cambridge: Cambridge University Press, 1986); Lawrence A. Cremin, *American Education: The Colonial Experience, 1607-1783* (New York: Harper & Row, 1970), chs. 1-3.

[3] *New Englands First Fruits* (London, 1643), 12, reprinted in Samuel Eliot Morison, *The Founding of Harvard College* (Cambridge, Mass.: Harvard University Press, 1935), 432. 这本篇幅长 26 页的小册子恳求英国清教徒支持殖民地对印第安人及其奋力求生中的学院的传教工作。

（Newtowne），随即又更名为剑桥，并确定那会是一所"学院"（colledg）而不只是学校。[4]

不到两周，一个 12 人的监督委员会，包括 6 位牧师和 6 位地方法官，便得到任命来指导这所新学院的建设和工事。这些人继而又任命年仅 27 岁的纳撒尼尔·伊顿（Nathaniel Eaton），一个上过大学但没有学位的移民，来担任领头人或者说教授，负责设计和建造一座合适的学院大楼，以创设一门课程并进一步寻求资金。他勉强做到了这一点，并在 1638 年夏末的某个时候开始上课，那时高为三层、状如"E"形的"大学之家"（University house，一名记者对它的称呼）甚至还没有完全"造好"。开课不到两周，年仅 30 岁的约翰·哈佛牧师去世，给"婴儿期的学院"留下了他一半的可观遗产（据称价值高达 1700 英镑），以及他全部的 400 册藏书。第二年春天，为了表达感激之情，普通法院把英属北美的第一所高等教育机构命名为"哈佛学院"。[5]

结果，师傅伊顿令人尴尬地失败了，并在一年内被免职。他对学生和导师犯下了严重罪行，以至于同时被托马斯·谢泼德牧师开除了剑桥教会的教籍，谢泼德牧师既是监督委员会成员，也是他住所的邻居。[6]有近一年时间，学院一直关闭，直到选中了同样年轻但资历更深也更有经验的教育者亨利·邓斯特于 1640 年来重启校门。为了让他在即将承担的任务中拥有稳定力量，监督委员会任命他为院长（President），这是英国大

---

[4] Morison, *Founding of Harvard*, 168, 169, 179.
[5] 同上书，193, 208, 220-21, 264。
[6] 同上书，228-40; Susan Drinker Moran, "Thomas Shepard and the Professor: Two Documents from the Early History of Harvard," *Early American Literature* 17:1 (Spring 1982), 24-42。

图 8　哈罗德·R. 舒特莱夫从学者的视角对哈佛第一座多功能建筑所做的复原

学中罕见的称号，但此后在美国学术界几乎普遍使用。[7] 让监督员们倍感欣慰的是，1642 年 9 月，邓斯特院长庆祝了他和哈佛的第一次毕业典礼，9 名"三年级毕业班学生"面对着庄严的人群展示了他们"［古代］语言和艺术的娴熟"，并"获得文学士学位"。[8] 新英格兰的"先知学校"终于开始运行了。

\* \* \*

创建哈佛的想法来自哪里？它是不是"北美独有的"（*sui*

---

[7] 邓斯特的母校，即剑桥的玛格达琳学院有一位院长，但他从属于师傅。Richard G. Durnin, "The Role of the Presidents in the American Colleges of the Colonial Period," *History of Education Quarterly* 1:2 (June 1961), 23-31, at 24.

[8] Morison, *Founding of Harvard*, 246, 257-62.

generis Americani）？主流的答案是，哈佛是严格以剑桥大学伊曼纽尔学院为范例创立的，后者于 1584 年由伊丽莎白女王的财政大臣沃尔特·迈尔德梅爵士创立，此后以培养清教徒传教士而闻名。1935 年，哈佛三百周年校庆时的官方历史学家塞缪尔·艾略特·莫里森，详细描述了哈佛学院在牛津、剑桥、都柏林、苏格兰和荷兰的各个先例。但他的结论是，当来自剑桥和东安格利亚其他地区的清教徒决定移民北美时，他们认为"新英格兰必须有一所新的伊曼纽尔学院"。四年后，宗教历史学家温思罗普·哈德森质疑"莫里森关于哈佛创立过程的杜撰"，不过他接受甚至放大了伊曼纽尔学院的重要性。他认为："哈佛是英国清教主义的温床，即剑桥伊曼纽尔学院的继子……创始人们想在马萨诸塞湾殖民地……原样复制的正是这个机构。"此后，大多数高等教育史学家都效仿哈德森——哈德森则声称是在效仿莫里森——把哈佛的渊源追溯到伊曼纽尔的修道院式方院。[9] 遗憾的是，几乎没有人愿意费心去弄清，

---

[9] Morison, *Founding of Harvard*, 107; Winthrop S. Hudson, "The Morison Myth Concerning the Founding of Harvard College," Church History 8:2 (June 1939), 148-59, at 150-51; John S. Brubacher and Willis Rudy, *Higher Education in Transition: A History of American Colleges and Universities* (New York: Harper & Row, 1958; New Brunswick, N.J.: Transaction Publishers, 1997), 3; Frederick Rudolph, *The American College and University: A History* (New York: Alfred A. Knopf, 1962), 24; Lawrence A. Cremin, *American Education: The Colonial Experience, 1607-1783* (New York: Harper & Row, 1970), 211, 216; Jurgen Herbst, "The First Three American Colleges: Schools of the Reformation," *Perspectives in American* History 8 (1974), 7-52; Christopher J. Lucas, *American Higher Education: A History* (New York: St. Martin's Griffin, 1994), 104. 随着 1986 年该校诞辰 350 周年的临近，哈佛大学的正统观点再次得到了肯定。见 Bernard Bailyn, "Foundations," in *Glimpses of the Harvard Past* (Cambridge, Mass.: Harvard University Press, 1986), 9, and Alan Heimert, "Let Us Now Praise Famous Men," *The Cambridge Review* 106:2289 (Nov. 1985), 177-82. 在很大程度上，由于倡导伊曼纽尔学院与（转下页）

学院实际的"创立者"是哪些人。[10]

**官方**创立者是普通法院的 43 名成员,他们授权建立一所学院并同意承担初始费用。法院的院长是亨利·范内,马萨诸塞湾殖民地的 23 岁总督,才来到这里不久(并很快离开)。他曾就读于牛津大学莫德琳学院,但由于宗教原因,没有办理入学注册。其他 42 名成员中只有 7 人上过大学:6 人来自剑桥的各个学院(2 人来自伊曼纽尔学院,**没拿**学位),1 人来自都柏林大学的新教三一学院。然而,他们关于一所"学院或学校"只有模糊的计划,并且没有参与规划,这表明他们的求学经历对哈佛的最终形态几乎没有影响。[11]

普通法院于 1637 年秋天任命的 12 名监督员无疑产生了更大的影响(尽管我们不知道具体细节)。其中 9 人读过大学,虽然不一定全部读到了毕业:其中 1 人读的是牛津,很久以后才拿到神学学士学位毕了业。其他 8 人读的是剑桥:4 人是三一学院培养的,国王学院和基督学院各培养 1 人,只有 2 人读的是伊曼纽尔学院(其中 1 人在转过来之前已经在三一学院获得了学士学位;另 1 人是托马斯·谢泼德,他每周都会为哈佛学生进行问答式教学并向他们传道,直到 1649 年去世)。最

---

(接上页)哈佛之间的关联,海默特在次年成为伊曼纽尔的研究员。1985 年《剑桥评论》的编辑是伊曼纽尔的研究员和前师傅(1977—1980)德里克·布鲁尔。1998 年,在"Emmanuel and Harvard," *Emmanuel College Magazine* 80 (1997-98), 54-69 中,他相应地基本上重述了海默特的传说。

[10] J. 戴维·赫费勒引用了参与创办哈佛的剑桥(和牛津)各个学院校友的说法,但没有将**实际**创始人与其他人区分开来。在一个罕见的失误中,他还将纳撒尼尔·伊顿的教育归于伊曼纽尔而不是三一学院,尽管他在之前一次提及时说法是准确的。*Creating the American Mind: Intellect and Politics in the Colonial Colleges* (Lanham, Md.: Rowman & Littlefield, 2002), chs. 1-2, at 7, 29.

[11] Morison, *Founding of Harvard*, 164-68.

早支持创建一所学院的人之一、后来长期任职于监督委员会的是附近罗克斯伯里的约翰·艾略特牧师,毕业于剑桥耶稣学院。西蒙兹·德埃韦斯爵士是一位富有的英格兰清教徒,我们在讲剑桥圣约翰学院时提到过他。1633 年,艾略特试图说服他捐资建立"一所知识的学校,一所属于我们自己的学院"。艾略特心里想的是先从一座小型宿舍建起,再到一座"小"图书馆,以及一个举行"辩论和讲座,不仅是关于神学的,也涉及其他文科和理科以及法学"的地方。"若我们不滋养知识,教会和联邦都将衰落。"这句话他只需要对德埃韦斯说一遍就够了。[12]

赞同将伊曼纽尔学院作为哈佛源头的历史学家,似乎最主要的依据是两项数字,而不是两者影响关系方面更直接的证据。其中一项数字是,1646 年之前接受过剑桥教育的 100 名新英格兰移民中,来自伊曼纽尔学院的人数最多:35 人,超过牛津全校派出的人数总和,32 人。在大主教劳德于 17 世纪 30 年代发起镇压之前充当清教徒避风港的三一学院(有 13 人)和圣约翰学院(有 10 人),人数紧随其后。但是,人员总数并没有准确反映出那些在创建学院方面拥有**最为**重要的经验、权威或说服力的人,其中最重要的是哈佛的历任院长。伊顿师傅是剑桥三一学院和荷兰弗拉讷克大学培养的,虽然没有读到毕业;所发挥的影响不可估量的亨利·邓斯特,就读的是**莫德琳**

---

[12] Morison, *Founding of Harvard*, 193-99, app. B; Franklin M. Wright, "A College First Proposed, 1633: Unpublished Letters of Apostle Eliot and William Hammond to Sir Simonds D'Ewes," *Harvard Library Bulletin* 8:3 (Autumn 1954), 255-82, at 273-74, 276, 摘录于 Richard Hofstadter and Wilson Smith, eds., *American Higher Education: A Documentary History*, 2 vols. (Chicago: University of Chicago Press, 1961), 1:5-6。

学院。[13]

另一项数字来自约翰·哈佛这个人,他于1632年从伊曼纽尔学院毕业,获文学士学位,三年后获文科硕士学位。但是,由于他是在哈佛学院获得批准后才移居过来的,不在剑桥居住,从未在监督委员会任职,并且在1638年9月英年早逝,他没有机会,或许也没有意愿去影响学院的设计;此时学院已经起步,并且不久就会在身后冠以他的名字。[14]事实上,看起来确定无疑的是,哈佛从位于剑桥的那所**大学**借鉴了大部分核心特征,但是没有效仿那几所明显倾向于培养清教信仰的牧师和地方法官的学院中任何单独的一所。

即使伊曼纽尔的那些主人公们碰巧是正确的,哈佛学院也有一些特点,使得它远不是一所为清教徒抗议者准备的纯粹的神学院。事实上,根据学院和宗教历史学家帕特里克·柯林森的说法,伊曼纽尔"尤其是在[形成期的几十年中],从来不单单是,甚至不主要是神学院,更不是清教徒的神学院"。[15]该学院确实竭力想培养一批致力于改革的牧师和世俗领袖精英,但它仍然必须在全国性的英国圣公会框架内运作,并由于建校时间不长且天生经费不足而受到社会和人员方面的种种限制。

首先,在派遣"敬虔和渊博"的传教士来发酵英国圣公会这块面包方面,伊曼纽尔并没有做得很彻底,因为其中纳入了太多渺茫的前景。在1645年之前的50年,也就是早期新英格

---

[13] Morison, *Founding of Harvard*, 359-63. 哈佛第二任院长查尔斯·昌西也是三一学院毕业生,之后在那里教授希腊语。同上书,371。
[14] 同上书,210-23。
[15] Sarah Bendall, Christopher Brooke, and Patrick Collinson, *A History of Emmanuel College, Cambridge* (Woodbridge, UK: Boydell Press, 1999), 48.

兰所有上过大学的人接受教育的时期,伊曼纽尔录取的贵族和绅士子弟——作为研究员级自费生(支付双倍学费)和不太富裕的自费生(全额支付学费)——人数,两倍于所录取的减费生,即出身卑微、需要补贴的男孩,因为后者主要是为了在未来走上教士或教学生涯。这所学院所招收的特权子弟,远多于耶稣学院、国王学院或圣约翰学院。在这些子弟中,72%没有毕业,27%甚至没有办理入学注册,14%继续(通常没有毕业)前往伦敦的律师学院接受法律训练。伊曼纽尔的学生,只有38%最终被授予圣职,比例比其他三所精英学院都要更低。[16]

第二个不典型的特征是伊曼纽尔的规模:到1621年,学院的人员数量在剑桥位列第四,大约260人。[17]然而,按章程规定它只有12名授课的研究员,如此一来,在整个17世纪20年代其学生与教师比例都是失调的15—22∶1。在这些困难之下,导师无法如学院章程和多数家长所期待的那样,密切地指导和监督学生的学习、行为、支出和信仰。这些数字还意味着,许多学生,尤其是热爱逍遥、寻欢作乐的研究员级自费生,不得不待在学院之外的城里,从而使得对他们的监督更加困难。那部厚重的《训诫书》(Admonition Book)显然表明,"真正的伊曼纽尔从来就不仅仅是传说中的虔诚温室"。[18]

---

[16] Bendall, Brooke, and Collinson, *Emmanuel College*, 47-48. 参见 Morgan, *Godly Learning*, 253-54。

[17] 17世纪20年代,全镇人口不到8000人;大学构成了其中的约2900人。Victor Morgan, *A History of the University of Cambridge* [*HUC*], vol. 2: *1546-1750* (Cambridge: Cambridge University Press, 2004), 120n107, 247, 464.

[18] Bendall, Brooke, and Collinson, *Emmanuel College*, 48-50, 53. 伊曼纽尔还以拥有许多"非清教徒风格"的设施而闻名,例如户外游泳池、网球场和自己的酿酒厂。Morison, *Founding of Harvard*, 98.

从精神上来说，伊曼纽尔也不是一座"内陆的加尔文宗神学院"。学院最初的三位师傅和大多数研究员都是资深的神学学者，作为加尔文宗**温和派**，他们选择在"简单地服从"英国国教教规和仪式与"完全不服从"之间灵活游走。他们做得相当出色，以至于内战前伊曼纽尔成为"学院院长"以及"从高教会派到清教……每一种宗教和政治态度的"教区牧师的"摇篮"。具有代表性的是，学院孕育了大多数和平的剑桥柏拉图主义者，他们不仅否认得救预定论（predestination），而且质疑是否真有任何人下了地狱。[19]因此，许多伊曼纽尔人，也许是大多数，在新英格兰日内瓦派的"山巅之城"是不会受到欢迎的，更不用说受邀参与哈佛的规划和监督了。

此外，与剑桥各学院的主体不同，哈佛所具有的独特特征极少是明确从伊曼纽尔引申出来的。例如，如果没有一个国家教会作为竞争对象，哈佛就没有必要像牛津和剑桥对所有想来攻读学位或担任教职的人所做的那样，要求学生接受正式的宗教测试或进行宣誓。[20]伊曼纽尔的章程（主要是从三一学院和相邻的基督学院借鉴的）与哈佛最早的"法律、自由和秩序"也几乎没有相似之处，后者是由邓斯特院长，那位忠诚的**莫德琳**人于1642年至1650年起草的。创始人迈尔德梅制定的章程，关注的重点是伊曼纽尔的研究员以及如何使他们在获得神学博士学位后尽快转向教区神职。[21]哈佛的规定主要是为了规

---

〔19〕 Morison, *Founding of Harvard*, 183, 204; *HUC* 2:471, 475-76, 526.
〔20〕 Bendall, Brooke, and Collinson, *Emmanuel College*, 238, 333.
〔21〕 同上书, 23-30; *HUC* 2:315n6; Stanford E. Lehmberg, *Sir Walter Mildmay and Tudor Government* (Austin: University of Texas Press, 1964), ch. 14, at 226-27。1585年章程和1588年的补充，拉丁语版和译文见 Frank Stubbings, *The Statutes of Sir Walter Mildmay Kt Chancellor of the Exchequer and*（转下页）

范**本科生**的生活和学习。哈佛没有效仿伊曼纽尔的行军步调，而是呼应了剑桥 1570 年的章程，邓斯特手上有一份副本。这些内容确立了一组非特定的大学课程，围绕着修辞、逻辑和哲学展开，同时让现在情绪高昂的学院及其导师为他们特定的、不断变化的学生群体自行设计更灵活的学习内容。[22]

*115*

\* \* \*

这种学院式的自由与哈佛尤其有关联，毕竟这个新建的机构只是一所独立的小型住宿学院，没有大学作为支撑。在威廉与玛丽学院于 1693 年在弗吉尼亚获得皇室特许之前，哈佛是英国各殖民地唯一能提供高等教育的地方。在 1701 年，即耶鲁步履不稳地亮相那一年之前，整个新英格兰都是哈佛的天下。这意味着，哈佛不能将自家的本科生限定于在未来担任牧师。刚刚起步的殖民地需要使所有类型的未来领袖获得高级教育：那些追随执业者担任学徒的律师、医生、公务员和教师，以及那些在一个崭新国家的流动社会等级中获取或巩固地位的种植园主、绅士和商人。换句话说，哈佛**学院**必须作为一种"微型大学"（mini-versity），效力于所有北美英国人，直到有

---

（接上页）*One of Her Majesty's Privy Councillors; Authorized by Him for the Government of Emmanuel College Founded by Him* (Cambridge: Cambridge University Press, 1983)。

[22] Harvard University, *Harvard College Records*, vol. 1, in vol. 15 of *Publications of the Colonial Society of Massachusetts* (Boston: Colonial Society of Massachusetts, 1925), 24-38; Bendall, Brooke, and Collinson, *Emmanuel College*, 238; Morison, 1337. 哈佛章程的第一条法典（约 1646 年），重印于 Morison, *Founding of Harvard*, 333-37, 以及 Hofstadter and Wilson, *American Higher Education*, 1:8-10。

其他大西洋殖民地的相似类型的本科院校加入进来。它几乎没有吸引到新英格兰以外的学生，这一事实既要归因于学院与其他殖民地的距离及费用，也要归因于其同质的宗教信念。

不过，哈佛确实为新英格兰及其他地区培养了大量的清教牧师，其中有一些人在清教徒控制局面的"王位中断时期"（Interregnum，1640—1660年）返回了英国。[23]莫里森发现，在17世纪，哈佛只有40%多一点的注册入学者和一半多一点的毕业生成为牧师。[24]然而，我们必须记住的是，新英格兰的改革派牧师，如同在英国一样，在文学士学位的基础上再拿到一个文科硕士之前，并不会被认为完全有资格领导一个教会。与牛津和剑桥不一样的是，哈佛在院长之外没有研究生课程或教员。因此，想要获得圣职的哈佛毕业生们不得不主要靠自学来应对文科硕士考试，这类考试至少要三年后才能进行。那些最认真的人会寻求一位博学的国内牧师或学院院长的指导，往往同时担任中小学校长或学院导师以维持生计。所引用的关于两个学位的那些说法，强调了这种职业准备。邓斯特院长（用

---

[23] William L. Sachse, "The Migration of New Englanders to England, 1640-1660," *American Historical Review* 53: 2 (Jan. 1948), 251-78; Harry S. Stout, "The Morphology of Remigration: New England University Men and Their Return to England, 1640-1660," *Journal of American Studies* 10:2 (Aug. 1976), 151-72.

[24] Morison, *Founding of Harvard*, 247n5; Samuel Eliot Morison, *Harvard College in the Seventeenth Century*, 2 vols. (Cambridge, Mass.: Harvard University Press, 1935), 2:562; Samuel Eliot Morison, *Three Centuries of Harvard College*, 1636-1936 (Cambridge, Mass.: Belknap Press of Harvard University Press, 1936), 241. 莫里森的数字得到了 Cremin, *American Education: Colonial Experience*, 221 的承认。根据时间较晚的一项估计，仅仅基于1660年之前未附说明的学生人数统计，这个总数高达80%。Michael Sletcher, "Historians and Anachronisms: Samuel E. Morison and Seventeenth-Century Harvard College," *History of Universities* 19:2 (2004), 188-220, at 189, 209.

拉丁文）对那些新晋学士说："我授予你们文科的第一级学位……以及当众［准备］阅读和在你们选择的职业中阅读的特权"，"在［学院］图书馆学习的自由"会使这些变得更容易。另外，成功的文科硕士获得了"在某项职业中从业的特权"，主要是教士或教育职业。[25]

因此，与剑桥各学院（包括伊曼纽尔）的大多数学习课程一样，本科课程的设计旨在培养多元化的、代表性的**未来**领导者和职业人士，而不是直接或立即把他们培养出来。这一点反映在邓斯特最初的（1642年）三年制课程学习计划中。[26]该计划的主要内容是拉丁语和希腊语，以及修辞、逻辑和哲学领域熟悉的学术经典的学习。古代历史、初等数学以及科学（第一年学物理，第二年学天文，每年夏天学植物学）都是指定的内容。上午，院长讲授当天的主题，通常是同时给所有三个班级讲（比如讲修辞、历史和植物学）。讲座之后的内容，包括为在下午背诵上午课程内容做准备的学习时间、分析或练习主题所做的慷慨演说，或者为了提出正式命题而与同学进行的辩论。就此方面来说，哈佛提供的学术训练机会与老剑桥提供的差别不大。

然而，一个不同之处是，哈佛指定了所有三种《圣经》语言的作品：希伯来语、迦勒底语（阿拉姆语）和古叙利亚语

---

［25］ Cotton Mather, *Magnalia Christi Americana*, 2 vols. (Hartford, Conn., 1820 [London, 1702]), 2:6-10, reprinted in Hofstadter and Wilson, *American Higher Education*, 1:18-19.

［26］ Morison, *Harvard College*, 2:301. 1652年，哈佛转向了当时英国大学标准的四年制课程，所有的美国后来者都采纳了这种课程，即便牛津和剑桥在18世纪之前逐渐把本科课程缩短到三年，并一直保持下去。两者的差异很小，因为英国的中学还有额外的一年，即十三年级，为就读大学做准备。

第三章 通向国外的大学之路

（用不同的字母表书写的基督教阿拉姆语）。[27] 这样做的目标，是想让美国"先知学校"的每一位毕业生，都能将《旧约》和《新约》的原文"翻译成"拉丁语，并**从逻辑上**解析它们"。虽然人们经常会说出来，但不言而喻的是，毕业生也需要"虔诚的生活和谈话"。为了确保这一结果，导师每天会就《圣经》和祷告事宜与学生见面两次。星期六上午安排的是由院长宣讲《圣经》、默记清教教理问答，到第三年则是听取"老生常谈"，即文科硕士候选人所做的短篇练习性布道。安息日切切实实地献给了托马斯·谢泼德的"第一教会"布道，这种布道会于中午在学院礼堂重复一次。[28]

这是一门"神圣知识"课程，不仅是为未来的牧师——虽然是为他们量身设计的，也是为任何受过良好教育的一般清教徒或清教徒领袖开设的。相比于为《圣经》世界（commonwealth）中的艰辛（男性）生活所做的精神准备，这一课程的职业性没有那么强。正如莫里森所说，对于同时代的本科生来说，它也是一门多功能文科课程。他这么说是有充分依据的。早在1642年，《新英格兰早期成果》（*New England's First Fruits*）就告诉潜在的英国支持者，邓斯特院长在"语言和文科"领域把"学生们"教得极好，让"他们极好地适应了神学和基督教的原则"，以至于他们每个月都用自己的学术技巧和表现给"治安法官、牧师和其他学者"等观众留下了深刻印象。学院牧师托马斯·谢泼德宣称，这所尚处于婴儿期的学

---

[27] 剑桥大学个别的学院导师会提供希伯来语作品，"迦勒底语"作品则比较罕见。Morgan, *Godly Learning*, 195, 226, 227, 254, 255, 282, 288.
[28] Morison, *Founding of Harvard*, 141, 267-68, 271-72, 434, 436.

院"是沙漠中的知识摇篮",以及"为后代储备[牧师]的地方"。在担任院长七年后,邓斯特向新英格兰邦联申请资金购买书籍,"尤其是法律、医学、哲学和数学方面的",供学生(最有可能的是研究生)使用,"这些学生对**所有**职业怀有的各种倾向,可能因此而受到鼓励和推动"。但最有说服力的,是学院于1650年获得的第一个特许状。哈佛没有一次提及神学或为神职所做的预备,却两次声称它的官方目标是"在各种优秀著述,包括文科和理科中提升和教育青年"。[29]

校友兼未来的美国总统约翰·亚当斯于1780年新州的宪法中纳入了"位于剑桥的大学"一章,在此之前,哈佛一直没有成为大学,连校名也不是。[30]但是,在马萨诸塞被移居为殖民地仅仅十几年之后,哈佛开始在行动上类似于一所完全成熟的英国大学,即使表面上看还不像。首先,与牛津和剑桥大致相同,它要求注册入学者会读、会说古典拉丁语,"包括诗歌和散文",并且能"完美地"对希腊语名词和动词进行词尾变化。这是必要的,毕竟整个学术活动计划,包括讲课、阅读和练习,都是用拉丁语进行的,并包括时长三年的希腊语语法、方言和风格的学习。[31]这些很高的期望反过来又要求开设拉丁语语法学校,就像在英国能够见到的那种。到1642年,剑桥

---

[29] Morison, *Founding of Harvard*, 247-49(强调为我所加), 433。该特许状重印于 Morison, *Harvard College*, 1:5-8, 以及 Hofstadter and Smith, *American Higher Education*, 1:10-12。

[30] Morison, *Three Centuries of Harvard*, 160.

[31] Morison, *Harvard College*, 1:84-85, 169; Arthur Orlo Norton, "Harvard TextBooks and Reference Books of the Seventeenth Century," in *Transactions*, 1930-1933, vol. 28 of *Publications of the Colonial Society of Massachusetts* (Boston: Colonial Society of Massachusetts, 1935), 361-438. 学校希望即使是课堂以外的对话也使用拉丁语,尽管实际很可能极少如此。Morison, *Founding of Harvard*, 336.

有了一所拉丁语语法学校（紧邻哈佛学院），波士顿和其他几个城镇也有了。1647 年，马萨诸塞湾殖民地通过了《老骗子撒旦法案》（"Old Deluder Satan Act"），要求住有 100 户家庭以上的城镇开设一所"语法学校……来教导青少年，因为他们可能适合上大学"。[32]

其次，在没有牛津和剑桥从皇家和教皇那里所获批准的情况下，也许最大的冒犯是，新贵哈佛径直**僭取**了向毕业生授予学位的习惯性——或许也是法定的——权利。[33] 即使是 1650 年的特许状，对这个微妙的主题也未置一词。甚至更为冒失的是，学院还希望自己的学位在英国得到认可，与牛津和剑桥的学位享受同等待遇。令人惊讶的是，1648 年之后，它们的确得到了这样的认可。院长吟诵学位赞词（degree citations）后，"根据英国大学的惯例"（*pro more Academiarum* in Angliâ），文学士和文科硕士两种学位的授予对象便被纳入博学者的行列，其中还包括以一本书作为传统的礼物（省去了中世纪的帽子、

---

[32] Morison, *Founding of Harvard*, 157-58; Morison, *Harvard College*, 1:333-34; Axtell, *School upon a Hill*, ch. 5, esp. 169-70, 176, 181.

[33] 直到 20 世纪，英国大学才颁发学位证书（diplomas）。耶鲁至少在 1738 年便开始提供学位证书；1701 年，这所在法律上小心翼翼的"学院式学校"满足于只授予"学位或许可"而不是法定的学位证书。哈佛直到 1813 年才把颁发学位证书作为一项常规。在此之前，要付费才会发给证书，且主要是针对那些出国人员。Brooks Mather Kelley, *Yale: A History* (New Haven, Conn.: Yale University Press, 1974), 10, 21; Richard Warch, *School of the Prophets: Yale College, 1701-1740* (New Haven, Conn.: Yale University Press, 1973), 31, 249; Franklin Bowditch Dexter, ed., *Documentary History of Yale University, 1701-1745* (New Haven, Conn.: Yale University Press, 1916; New York: Arno Press and the New York Times, 1969), 23; Morison, *Harvard College*, 1:299n1; Morison, "Harvard Degree Diplomas," *Harvard Alumni Bulletin* 35 (May 12, 1933): 804-13.

戒指和吻礼）。[34]

\* \* \*

如果创始人及其继任者没有找到办法让学校在经济上应付自如，这所羽翼未丰的学院永远也不会成长为世界上最著名，或许也是最伟大的（更不用说最富有的）大学。母国的政治态势——内战、清教徒的得势、君主制的复辟，以及对君王的"光荣"取代——也影响了哈佛的命运。例如，清教徒掌握局面的王位中断时期，把哈佛培养的许多第一代牧师及其世俗友人吸引回英国。另外，它还唤回了20%在北美出生的第二代新英格兰人，其中许多人后来在牛津、剑桥或律师学院完成了教育，并结婚成家，不再离开。[35]

哈佛在起源和治理方面既不是完全公立也不是完全私立，这一点使得它在努力获取资金时情形复杂。殖民地议会创造了它，并在1650年开始的一系列特许状中确认其合法存在，但该学院和英国的那些学院一样，是一个私有的法人团体。监督委员会中一半的成员是世俗的治安法官，另一半成员是牧师（根据殖民地法律，不得担任世俗公职），但学院需要更贴近日常运作的属于自己的法人领导集体。1650年的特许状对此进行了明确，其形式体现为自我存续的七个法人：院长、五位研究员（通常是导师），以及一位司库或财务主管。特许状在

---

[34] Morison, *Harvard College*, 1:70-71, 298-300; Hofstadter and Wilson, eds., *American Higher Education*, 1:18-19.

[35] Stout, "Morphology of Remigration," 164-67.

经济上具有重大影响，并且沿袭了一系列长久传承的中世纪特权，规定哈佛在财产和收入方面免于交税，哈佛的教员、学生以及事务人员免交关税、通行费，并不承担所有军事和民事义务。[36] 殖民地不愿把自己创造的这个机构推向新世界的寒冷中，于是为学院建筑和院长大楼支付了多笔费用，并负责两者的修缮工作。殖民地还承担了院长和研究员的大部分薪酬。在1712年之前，政府的支持总共占到了学院所受捐赠和遗赠的27%。没有长期的公共支持，"私立的"哈佛就不会幸存下来。[37]

公共支持采取了许多其他的形式。最早的形式之一是，政府把连接查尔斯顿和波士顿必不可少的渡轮的租赁费用捐赠出来。另一个形式是，在新英格兰四个联合殖民地的三个当中，向每个家庭直接征收一配克的玉米（或十二便士的铸币之类的）。这两项冒险的行动，以及学生以实物进行的大量支付，若无法在食堂消耗掉或用来修缮"老（木质）学院"，学院的司库便需要进行复杂细致的转售工作。同样，来自城镇和殖民地的土地赠予，需要向外出租并从承租人那里及时收租。[38] 在早期的美国，学院财务主管可不是什么开心的差事。

---

[36] Morison, *Harvard College*, 1: ch. 1, at 5-8. 见前文，ch. 1。
[37] Morison, *Founding of Harvard*, ch. 21; Morison, *Harvard College*, 2: ch. 18; Margery Somers Foster, "*Out of Smalle Beginings...*": *An Economic History of Harvard College in the Puritan Period* (Cambridge, Mass.: Belknap Press of Harvard University Press, 1962), ch. 5 and p. 122, fig. 2B.
[38] Morison, *Founding of Harvard*, 300-301, 322-24; Morison, *Harvard College*, 2:373-76; Foster, "*Out of Smalle Beginings*", 88-96, 101-103. 1669年至1677年，一些富有的皮斯卡塔河朋友每年从他们茂盛的树林中捐出价值60英镑的插枝，学院司库便成了大木材商。出于同样的原因，他不得不经常将从渡轮租赁中收取的够不上标准的印度贝壳念珠（早期用作货币）转售给毛皮商人。

图9　威廉·伯吉斯1726年为哈佛学院三所"学院"（Colledges）所绘的"景象"。左：第二学院大楼（1672—1682）；中：斯托顿学院（1697—1699）；右：马萨诸塞楼（1718—1720），取代了院长大楼（1680）

更容易花出去，但并不总是容易收上来的，是公共捐助（通常由政府发起）、个人赠送以及遗赠。1712年之前，哈佛从这些来源获得了大约10000英镑。有些早在1650年就采取了年金形式，为现代校友"逐年捐赠"的做法创造了历史先例。这些资金中，有31%的可观比例来自英国：诺福克郡和约克郡的农庄租金、清教徒亲属和善意者的遗赠，以及皮革书籍和银盘。与哈佛19世纪晚期的"姊妹"学院同名的安·拉德克利夫夫人（莫尔森），于1641年为了讨好哈佛的第一批筹款人而捐出100英镑设立了一份奖学金——当然，是为男性设立的。[39]

所有这些努力和财富都用于支持院长和两三名年轻导师，以及整个17世纪平均每年8名文学士毕业生的年度工作。[40]最大的班级有22人注册入学，但整个学院招收的学生不超过75人，比英国剑桥的一个学院还略少一些。由于缺乏一大批具有天资的研究员，哈佛不得不由博学的院长来设法应对（他要讲授全部的课程），并要依靠正在教会中求索更有前景的职业生涯的新晋文学士们提供不断变化的激励。学院的446名本科生在17世纪获得的教育和学位，不仅得到了牛津和剑桥的尊重，也让他们在新英格兰以及偶尔在其他地方能胜任领导工作和公共服务。至少有一半人做了牧师，67人成为地方以上的"治安官"和公职人员，38人做了商人、种植园主和乡绅，35人做了医生，17人做了专职教师，10人做了士兵和水手。此外还出了一个剧作家，一名印刷商，一位印第安人教师，一个混得不好的律师和一名炼金术士，使得校友名录变得更为多样。[41]哈佛无疑还不是大学，但它的毕业生和他们接受的教育，已经与它那些规模更大、更为杰出的英国前辈相差无几。

\* \* \*

哈佛不会一直都是新英格兰乃至英属北美唯一能够提供

---

[39] Morison, *Harvard College*, 2:378-87, 437-38, 485-86; Foster, "*Out of Smalle Beginings*", 107, 110, 115-16.
[40] 哈佛的注册入学者，有18%在毕业前死亡、辍学或遭到驱逐。Morison, *Harvard College*, 2:557.
[41] 同上书，2:562-63。

教育的地方。南大西洋和大西洋中部殖民地的移民人数不断膨胀,再加上富饶的新英格兰地区移民的进一步增加,使大西洋沿岸各处对高等教育产生了需求,也有了这样的必要。到1750年,各殖民地接纳了超过一百万的黑人和白人,还有更多的主要来自英国以外的移民:帕拉蒂诺山的德国人、法国的胡格诺派教徒、瑞士人、阿尔斯特省苏格兰-爱尔兰人、低地苏格兰人以及非洲奴隶。重要城镇,即纽约和费城,拥有必要的人口、财富、预科学校、研究生从事的职业和公民自豪感,由此成为学院选址的天然地点。但小城镇和村庄,比如威廉斯堡、普林斯顿、汉诺威也是选址对象,在热心支持者看来,地理上的紧凑、不高的花费、统一的宗教、"学院式的生活方式"以及远离城市疾病和道德败坏都会吸引学生。[42] 由于顺应了新教的种种宗教偏好,在1776年美国人反叛之前,有八所新的学院获得了特许状,一所直接来自皇室,其余的来自殖民地总督和议会。当1780届学生毕业时,美国各所学院的注册入学人数大约为6517人,5271名毕业生成为教会和州内领导职务的潜在人选。至少还有321人选择了出国留学,包括英国的圣公会信徒、欧洲大陆的天主教徒以及苏格兰的未来医生。[43]

---

[42] Beverly McAnear, "College Founding in the American Colonies, 1745-1775," *Mississippi Valley Historical Review* 42:1 (June 1955), 24-44; Beverly McAnear, "The Selection of an Alma Mater by Pre-Revolutionary Students," *Pennsylvania Magazine of History and Biography* 73:4 (Oct. 1949), 429-40.

[43] 来自詹姆斯·麦克拉克兰的电子邮件(2011年1月25日),他汇编了1780年前美国学院学生的完整记录。其中许多内容收入了 the Massachusetts Historical Society-New England Historical and Genealogical Society CD-ROM, *Colonial Collegians: Biographies of Those Who Attended American Colleges before the War for Independence* (2005); James McLachlan, "Education," in *Scotland and the Americas, 1600 to 1800* (Providence, R.I.: John Carter Brown Library, 1995), 65-72. 感谢吉姆一直慷慨地分享他的资料和见解。

124　　当哈佛（在英国的王位中断时期）获得由另一家特许公司，即马萨诸塞湾殖民公司颁发的法人特许状并凭此运行时，它是在孤注一掷，毕竟这违反了英国法律的基本原则。那些新建的学院则更为谨慎，或者直接从皇室获得特许状，比如威廉与玛丽学院的做法，或者从皇室任命的总督或所有人那里获取。[44] 在特许殖民地康涅狄格，10 位牧师（其中 9 人是哈佛毕业生）于 1701 年想要获得授权创办后来的耶鲁。他们是最为谨慎的，那时正值马萨诸塞于 1684 年被撤销原始的特许状、由皇家取而代之进行控制之后。"由于不敢组建法人"，他们想为"此教学机构取一个我们能想到的最卑微的名字"，称之为"学院式学校"（collegiate school），把负责人仅称为"教长"（Rector）。然而，从运行的第一年起，和效仿对象哈佛一样，它便承担并行使授予学位的权利。当这所"学校"最终于 1745 年组建法人、教长变成院长（president）时，其位于纽黑文的第一座大楼的名字，即耶鲁学院，转而成为整个机构的名称。[45] 无论是皇室还是贸易和种植园委员会，都没有人质疑过耶鲁或其他任何一所新建学院的特许状。[46] 事后看来，弗吉尼亚皇家总督弗朗西斯·尼科尔森爵士拒绝由他本人向威廉

---

[44] 普林斯顿、国王学院、达特茅斯以及后来的哈佛也想获得皇家特许状，但都失败了。Joseph Stancliffe Davis, *Essays in the Earlier History of American Corporations. Numbers I-III*, 2 vols. (Cambridge, Mass.: Harvard University Press, 1917), 1:105; David C. Humphrey, *From King's College to Columbia, 1746-1800* (New York: Columbia University Press, 1976), 146-47.

[45] 同上书，1:22; Warch, *School of the Prophets*, 6, 21, 31, 46, 88n41, 95。

[46] Davis, *Earlier American Corporations*, 1:10, 22, 25. 1691 年，贸易委员会允许新批准成立的马萨诸塞普通法院重新"把他们的学院组建成法人，成立一所大学，并赋予他们认为必要的充分特权"。普通法院却满足于保留哈佛的学院身份。同上书，1:18。

与玛丽学院颁发特许状,并派遣新获任命的圣公会代理人詹姆斯·布莱尔直接向国王获取,是太过小心了。[47] 对于1746年从代理总督约翰·汉密尔顿手里获得的特许状,普林斯顿的创始人们也感到过于不安。为了对冲赌注,两年后他们从新任皇家总督乔纳森·贝尔彻那里又获得了一份特许状。[48]

\* \* \*

与哈佛的情形一样,八所新建学院的资金以及衍生出的治理模式基本上是私人—公共联合式的。地方议会提供初始的拨款以建造学院楼房,偶尔也会补贴教职员工的工资和运行费用。各个地方用土地、木材、免税和现金捐助等竞相吸引与挽留各所学院及其提振经济的(即使有些淘气的)学生人口。国内外的教会和会众用信仰相近的理事、院长和教员为各个学院传递薪火。[49] 为了回报公众的支持,大多数理事会纳入了许

---

[47] Davis, *Earlier American Corporations*, 1:12; Thad W. Tate, "The Colonial College, 1693-1782," in Susan H. Godson et al., *The College of William & Mary: A History*, 2 vols. (Williamsburg, Va.: King and Queen Press, Society of the Alumni, College of William & Mary, 1993), vol. 1, pt. 1, 7-15.

[48] 幸运的是,1756年,贝尔彻谦虚地拒绝了他们的一个提议,即以自己的名字为这座漂亮的新学院大楼命名。大楼最终被称为"拿骚堂",至今仍是普林斯顿的标志性建筑。Thomas Jefferson Wertenbaker, *Princeton, 1746-1896* (Princeton, N.J.: Princeton University Press, 1946), 21, 26-27, 39.

[49] Beverly McAnear, "The Raising of Funds by the Colonial Colleges," *Mississippi Valley Historical Review* 38:4 (March 1952), 591-612. 威廉三世国王和玛丽二世女王在弗吉尼亚捐资创立了他们的学院,捐赠数额比大多数学院获得的都要可观。除了为一幢大楼出资1985英镑,他们还拿出了从殖民地勘测员那里收取的烟草出口税收和费用的一部分,以及20000英亩的土地。殖民地议会后来授予学院每年价值100英镑的皮毛税收,以及两倍价值的白酒进口税。作为回报,该学院仅象征性地在11月5日,即盖伊·福克斯(转下页)

多世俗成员（以平衡随处可见的牧师）和公职人员，至少是作为当然成员。[50] 这些由各类人员构成的理事会，使得原则上由牛津和剑桥的教员们享有的自治权无法扩展，并且成为其必要的替代，同时确保私立大学对公众的意愿和需求保持一定的响应。[51]

36 位殖民地时代的院长中，除一位外其余都是牧师，而且许多教员都已经是或打算成为牧师，但没有一所学院具有公开的教派倾向。就连由荷兰归正教会成员于 1766 年创立的王后学院（后来的罗格斯大学），也力图容纳在新泽西州占主导地位的长老会成员以及纽约的圣公会信徒。所有学院都有特许状，并向任何一种新教三位一体信仰的信徒敞开教室。[52] 美国

---

（接上页）日支付两份拉丁文经文的年度代役税，以纪念在一次政治轰炸中对议会大楼的挽救。Tate, "Colonial College," 1:12, 51, 63; Kristin A. Zech, "'So Well Endowed': Economic Support of the College of William and Mary during the Colonial Period" (senior honors thesis, Dept. of History, College of William & Mary, 2001); 学院档案和历史系图书馆中的副本。

[50] 耶鲁是一个突出的例外：10 名理事都是牧师。康涅狄格之前对该学院一直没有法律管辖权，直到 1792 年，包括州长和副州长在内的 8 名公职人员加入了理事会。同样，布朗学院的理事会中最初也没有民政官员。Warch, *School of the Prophets*, 30; Elliott and Chambers, Charters and Basic Laws, 589n3; Walter C. Bronson, *The History of Brown University, 1764-1914* (Providence, R.I.: Brown University, 1914), 32.

[51] Jurgen Herbst, *From Crisis to Crisis: American College Governance, 1636-1819* (Cambridge, Mass.: Harvard University Press, 1982), chs. 3-10; *Universities in Early Modern Europe (1500-1800)*, ed. Hilde de Ridder-Symoens, vol. 2 of *A History of the University in Europe [HUE]*, gen. ed. Walter Rüegg, 4 vols. (Cambridge: Cambridge University Press, 1996), ch. 6 at 261, 272; Sheldon Rothblatt and Martin Trow, "Government Policies and Higher Education: A Comparison of Britain and the United States, 1630-1860," in Colin Crouch and Anthony Heath, eds., *Social Research and Social Reform: Essays in Honour of A. H. Halsey* (Oxford: Clarendon Press, 1992), 174-79.

[52] 浸信会的罗德岛学院和圣公会的国王学院是允许犹太人入学的例外，尽管实际上极少有犹太人这样做。McAnear, "College Founding," 24, 27;（转下页）

的种族、政治和宗教所具有的多元特征，于18世纪中叶在宗教热情和宗派主义的大觉醒中得到加强，这种特征对各所学院提出的要求是，要想吸引所有类别的新教徒并生存下去，就要超越自己的宗派渊源和倾向。

规模的增长是必要的，毕竟所有的学院开始时都很小，并且大多数学院学生数量增长得极为缓慢。不少学院是从"专门学校"（academies）或语法学校起步，相当缓慢地一步步获得了完全的学院地位。1791年升级成立的宾夕法尼亚大学，最初是一所慈善学校，后来于1755年作为无宗派的费城学院暨专门学校（College and Academy of Philadelphia）获得特许状。[53] 在1693年获得皇家特许状后，威廉与玛丽仍然是一所语法学校，直到又过了36年按照章程规定补足了6名教授（大多数是牛津毕业的）。其他的所有学院，都自身设有或在附近就有语法学校为它们的学生做入学准备，但威廉与玛丽的学生数量通常比严格意义上的学院多，本科生最多时大约有60人。鉴于泰德沃特

---

（接上页）Durnin, "Role of Colonial College Presidents," 23, 24, 27; Jurgen Herbst, "The Eighteenth Century Origins of the Split Between Private and Public Higher Education in the United States," *History of Education Quarterly* 15:3 (Fall 1975), 273-80, at 274-75, 277; *HUE*, 2:273-74; Bronson, *History of Brown University*, 15-17, 22-23, 29; Humphrey, *From King's College to Columbia*, 98; William H. S. Demarest, *A History of Rutgers College, 1766-1924* (New Brunswick, N.J.: Rutgers College, 1924), 76, 82, 86.

[53] 尽管一开始没有宗派，费城学院很快就被强势的圣公会信徒和活跃的长老会教友主导。Hoeveler, *Creating the American Mind*, ch. 7; Edward C. Elliott and M. M. Chambers, eds., *Charters and Basic Laws of Selected American Universities and Colleges* (New York: Carnegie Foundation for the Advancement of Teaching, 1934; Westport, Conn.: Greenwood Press, 1970), 411, 415; Edward Potts Cheyney, *History of the University of Pennsylvania, 1740-1940* (Philadelphia: University of Pennsylvania Press, 1940), ch. 2.

各城镇资源的短缺，大多数学生是种植园主的子弟，在校时间只有两年到三年，包括在预备学校和学院的时间。截至 1780 年，只有 24 人获得了文学士学位，几乎全部奔着前往英国担任圣公会神职人员。[54] 在南方，在美国革命改变此地的政治经济和理想抱负之前，掌握一些肤浅的知识便已足够。

在北部各殖民地，学院成倍地增加以适应新来人口、定居形式、城市化和社会需求。耶鲁创立后，哈佛不再是学院创设依据的主要蓝图。新泽西学院（1746 年，后来的普林斯顿大学）和达特茅斯学院（1769 年）由耶鲁人创立，遵循耶鲁的模式。罗德岛学院（1764 年，后来的布朗大学）和王后学院（1766 年，第二所新泽西学院）是普林斯顿的分校。革命后，直到 19 世纪，对于在整个美国中西部和南方数量激增的那些学院，公理会的耶鲁和长老会的普林斯顿是主要的灵感来源、效仿对象，并为它们培养了院长。[55]

并非所有学院在接受了城镇为争取它们而开出的诱人条件

---

[54] Tate, "Colonial College," 1:19, 49, 77, 103, 110. Tate ("Colonial College," 1:113) and J. E. Morpurgo (*Their Majesties' Royall Colledge: William and Mary in the Seventeenth and Eighteenth Centuries* [Williamsburg, Va.: The Endowment Association of The College of William and Mary of Virginia, 1976], 149, 155) 说威廉与玛丽学院 1772 年授予第一批文学士学位是错误的。毕业生的正确数字见 James McLachlan, "MS Directory of Students at William and Mary through 1780"（我自有的副本）。

[55] McAnear, "College Founding," 25; Donald Robert Come, "The Influence of Princeton on Higher Education in the South before 1825," *William & Mary Quarterly* (3rd ser.) 2:4 (Oct. 1945), 359-96; Donald G. Tewksbury, *The Founding of Colleges and Universities before the Civil War* (New York: Teachers College, Columbia University, 1932), 91-103, at 100, 119-29, at 120; Frederick Rudolph, *The American College and University: A History* (New York: Alfred A. Knopf, 1962), 52-53, 54-55, 57-58.

后，都能立即获得永久的校址。由于每个创始院长都是牧师，学院的位置有时取决于与他的会众或教会的距离。婴儿期的院校初创时规模很小，有可能把校址设在牧师自己的家中并在那里教学。现实中这样的情形很多。如果院长去世或者无法继续任职，与中世纪早期的大学并无不同的是，学院（表现为学生、一些书籍，也许还有一名导师或"助理教员"）会径直迁往新址。在创立之初的 18 年中，耶鲁是名副其实的"车轮上的学院"。在最终于 1719 年在纽黑文找到永久校舍之前，学院在康涅狄格 5 个不同的城镇和村庄设立过课堂。在伊丽莎白镇和纽瓦克，新泽西学院也在各个院长的牧师住宅之间游荡了 10 年，直至普林斯顿给出优于新不伦瑞克的条件；当时，为了安顿那些居无定所的学者，英属北美规模最大的建筑、宽敞的拿骚堂于 1756 年建成。普林斯顿起自健康的源头，位于纽约和费城之间且与两者距离相当，同时又处在殖民地南北轴线的人口中心，这些因素使理事们做出了决定。[56]

各所新建学院的地理分布对学生的人口统计有明显影响。在耶鲁于 1703 年开门招生之前，哈佛已经有 69 名来自康涅狄格的年轻人毕业，大约每年一人。但在耶鲁办学的第一个 40 年里，只有十几个当地人长途跋涉到剑桥接受教育。相比之

---

[56] Warch, *School of the Prophets*, 95; Wertenbaker, Princeton, ch. 1, at 36, 40; James McLachlan, *Princetonians, 1748-1768: A Biographical Dictionary* (Princeton, N.J.: Princeton University Press, 1976), xx. For Nassau Hall, see Henry Lyttleton Savage, ed., *Nassau Hall, 1756-1956* (Princeton, N.J.: Princeton University Press, 1956); William K. Selden, *Nassau Hall: Princeton University's National Historic Landmark* (Princeton, N.J.: Office of Mailing and Printing, Princeton University, 1995); Karl Kusserow, ed., *Inner Sanctum: Memory and Meaning in Princeton's Faculty Room at Nassau Hall* (Princeton, N.J.: Princeton University Art Museum, 2010).

图10　普林斯顿的拿骚堂（建于1755—1757年）和院长楼（建于1756年），均由费城木匠兼建筑师罗伯特·史密斯设计和建造。在这幅创作于1764年的雕刻中，拿骚堂前面的精致围栏可能是艺术家想象出来的，围栏里面圈住的是后来在美国历史上第一次被称为"校园"的区域。院长可能需要这样一道围栏

下，有42名马萨诸塞的小伙子从耶鲁毕业，大部分来自西部腹地。[57]在普林斯顿办学的前20年，即使在居无定所时期，学院也设法从新泽西**以外**吸引了四分之三的学生，这一比例上的格局正好与其目光更为狭隘的先行者和后继者相反。普林斯顿学费低廉（殖民地中最低的），并愿意将起点较高的合格学生直接收入二年级和三年级（进一步降低求学费用），从而使该学院不仅对来自11个大陆殖民地，而且对加勒比海地区的注册入学者具有莫大的吸引力。作为竞争对手，马萨诸塞、康涅狄格、

---

[57] 1702年，在耶鲁的第一次小型毕业典礼上，四名哈佛毕业生获得了文科硕士学位，大概是在展示了他们在查尔斯河畔获得的知识能力之后。Warch, *School of the Prophets*, 8, 46, 251, 252-53.

纽约和宾夕法尼亚的那些学院,平均每年有两名学生流失到新泽西的这个新贵。一旦办理了注册,普林斯顿的学生便能享受完成课程和随班级一起毕业的额外优势。即使是极少数辍学者,往往也会在其他地方完成学业。作为两所城市学院,费城学院和国王学院(创建于1754年;后来成为哥伦比亚大学)留住学生的能力要差得多,每年有三分之一到二分之一的注册入学者流失,去从事不要求受过大学教育的付酬工作。[58]

\* \* \*

在1776年之前通过哈佛不太费力的招生程序并注册入学的近6000名未成年和成年男生,比前一个世纪进入该学院的那些学生在背景上甚至更为多样。他们"拉丁语不识几个,希腊语更是一窍不通"(本·琼森的说法),数学也学得很迟,学这些知识是在五花八门的一般学校和专门学校,并有更多的私人导师(主要在南方)和牧师。年仅十二三岁的早熟男孩和接近30岁的男人大幅减少,大多数新生都是十六七岁(就像都铎王朝和斯图亚特王朝早期的牛津和剑桥一样),只有国王学院和费城学院除外,那里的学生平均只有14岁。[59]很多学生

---

[58] 哈佛和耶鲁招收的大多数学生都读到了毕业,在这一点上不输给普林斯顿。McLachlan, *Princetonians, 1748-1768*, xx-xxi. 参见 Richard A. Harrison, *Princetonians, 1769-1775: A Biographical Dictionary* (Princeton, N.J.: Princeton University Press, 1980), xxi。

[59] Warch, *School of the Prophets*, 254; McLachlan, *Princetonians, 1748-1768*, xxi; Harrison, Princetonians, 1769-1775, xx; Humphrey, *From King's to Columbia*, 194; Ann D. Gordon, *The College of Philadelphia, 1749-1779: The Impact of an Institution* (New York: Garland Publishing, 1989), 111-12.

都是长子或独子，家人想让他们从事等级更高的职业。随着这个世纪慢慢流逝，更多学生有了上过大学的父辈，往往还是在同一所院校（由此创造出了第一批美国"遗产"）。城市学院，即国王学院和费城学院，主要服务于当地的商业阶级和中上阶层。乡土气息更浓的耶鲁和普林斯顿，甚至是处于郊区的哈佛，都招收了大量的农民、商人、牧师和工匠子弟。[60]

在大多数学院初创时，学生们在居住方面不得不受限于现状，与父母、亲戚、监护人、教师一起，或是住在当地的家庭旅馆。但是，英美关于大学生活方式的理想很快就获得了理事们的认可，他们寻求立法者和捐助人的帮助，来建造生活、学习和训导所用的宽敞的三层建筑。正如今天的美国大学正在进行体育方面的"军备竞赛"，看谁能建造最大的运动场和最好的体育馆，它们殖民地时期的同类们似乎正在竞相创建规模最大和最为壮观的"学院"或"讲堂"。[61]

1718年，在东印度公司商人伊莱休·耶鲁的一笔慷慨捐赠下，康涅狄格那所居无定所的学院得以在纽黑文安顿下来，落脚于未经粉刷的"木制学院"。学院面积为170英尺×22英

---

[60] Conrad Edick Wright, *Revolutionary Generation: Harvard Men and the Consequences of Independence* (Amherst: University of Massachusetts Press in association with Massachusetts Historical Society, 2005), 228 (table 3); *Sibley's Harvard Graduates: Biographical Sketches of Those Who Attended Harvard College*, 18 (1772-1774), xx, xxv; McLachlan, *Princetonians, 1748-1768*, xxii; Harrison, Princetonians, 1769-1775, xxv (table C); William Bailey, "A Statistical Study of the Yale Graduates, 1701-92," *Yale Review* 16 (1908): 400-426, at 406 (table 2); Gordon, *College of Philadelphia*, 116-27; Humphrey, *From King's to Columbia*, 97-98, 191, 199.

[61] 关于八所学院大楼的图解，见 Hoeveler, *Creating the American Mind*, 58, 97, 138, 174, 182, 210, 234, 308。

尺,包括分散在三个楼层上的"许多房间、书房以及一座礼堂和图书馆"。[62] 普林斯顿不想输给北方的竞争对手,于是从费城聘请了一位著名的工匠,用石头设计和建造一座宏伟的大厦,比耶鲁的至少还要长 7 英尺、宽 32 英尺,能够容纳 147 名学生及其导师。尽管有三个楼层,教员还是在纪律上受到了挑战。礼堂延伸得与整座建筑等长,为反叛的学生提供了太多的机会来策划阴谋,也为飞驰者提供了嘈杂的"保龄球道"。[63]

费城学院决定搬出一个改造过的礼堂,那里混杂着中学的男生和女生以及清一色男性的学院学生。理事们派了两位教授去考察拿骚堂,想从中获得灵感。他们在 1765 年建造的 100 英尺×70 英尺的学院礼堂,最终"不过是一座有人监督的家庭旅馆",住着大约 50 名专门学校和学院的男生,其中一些年仅 10 岁或 12 岁;其余的人住在城里。作为殖民地最富有的学院,国王学院 1760 年的做法要好得多:启用了一座宏伟的用灰色石头建造的"学院",长 180 英尺、宽 30 英尺,有 20 间学生公寓和一个大型礼堂,上面是一座图书馆。[64] 虽然在功能上沿袭了牛津和剑桥一脉,其设计却与耶鲁原来的那座木制学院更为相似。1718 年,国王学院的院长塞缪尔·约翰逊曾在耶

---

[62] 遗憾的是,它的 25 个"房间"很快就不敷使用了。1745 年之后,入学人数急剧增长,超过一半的学生得在小镇上自寻住处,耶鲁从哈佛的"马萨诸塞楼"获得灵感,用佐治亚的砖建造康涅狄格楼(1750 年),面积只有 100 英尺×40 英尺,但多了 7 个双人房间。Kelley, Yale, 40-41, 59-60; Warch, *School of the Prophets*, 71, 88; Louis Leonard Tucker, *Puritan Protagonist: President Thomas Clap of Yale College* (Chapel Hill: University of North Carolina Press, 1962), frontispiece, 74-75.

[63] Savage, *Nassau Hall*, 7, 13; Selden, *Nassau Hall*, 5.

[64] 与现代早期的牛津和剑桥一样,殖民地时期的图书馆总是位于二楼,远离屋顶和地基的潮湿。

鲁担任导师，这一点无疑影响了最终的设计。[65]

\* \* \*

一旦学生们办理了入学并在学院的简陋校舍安顿下来，教员便进入工作状态。如父母一般（in loco parentis）居高临下地面对着年轻、活跃的男性"学生"，学院当局试图确立一种"精心管制的男性等级制度"，不受母性权威的限制。[66] 规则严格而广泛。按照预期，学生应该服从并尊重作为长者的教员，所以低年级学生受到同龄人的教导，要尊重那些高年级的人。学院的小小世界是按照校园之外更大的社会秩序的（通常是理想化的）形象来塑造的。许多年中，在班级规模变得过于庞大之前，哈佛和耶鲁根据父母身份、个人成绩和未来利用价值进行筹算，在班级中为注册入学者分配位置。在那个指定的位置，学生将在课堂上背诵，在用餐时间坐下来自主进食，坐在小教堂里，在学术游行中往前行进，并出现在当时的社会登记簿，即印制的学院名录中。如果冒犯了当局，可能会被"往下降格"一个或多个位置，直到表现出改正和忏悔来。同样的，在纽约和费城，让不服管束的学院学生感到痛苦的是，他们那象征着身份的礼服，比如肩章，会在学生群体面前被"剥掉"。[67]

---

[65] Cheyney, *University of Pennsylvania*, 55-56; Humphrey, *From King's to Columbia*, 111-15.

[66] Gordon, *College of Philadelphia*, 184 ( 引文 ); Phyllis Vine, "The Social Function of Eighteenth-Century Higher Education," *History of Education Quarterly* 16:4 (Winter 1976), 409-24; Walter J. Ong, "Latin Language Study as a Renaissance Puberty Rite," *Studies in Philology* 56:2 (April 1959), 103-24。

[67] Axtell, *School upon a Hill*, ch. 6, esp. 219-34; Humphrey, *From King's to Columbia*, 129, 185, 187, 206; Gordon, *College of Philadelphia*, 193.

与现在一样,那时的学院教员并没有把训导学生视为工作的主要乐趣。无论从意愿出发还是出于实际的考虑,他们主要都是为了教学而受聘的。他们为完成这项任务所做的准备是不计成败的。研究生教育,主要表现为在自我指导的学习后获取的文科硕士学位,其中包括的实践教学内容很少,甚至完全没有,当然也没有教育学或青少年心理学的课程作业。一些师傅的学生一直留在母校接受院长的阅读建议,并使用院长或学院的图书馆。这些常驻毕业生中的大多数人,其目标是最终走上神职生涯,有时也会被聘为导师,帮助低年级学生走完各个学术阶段。他们经常住在低年级学生的宿舍里,类似于今天的舍监和教学助手的合体。[68]

充当这样的合体并不容易,导师的更替比率很高。[69] 被导师的讽刺话语、锐利目光或强硬措施惹怒的学生,经常用玩

---

[68] Wilson Smith, "The Teacher in Puritan Culture," *Harvard Educational Review* 36: 4 (Fall 1966), 394-411; Morison, *Three Centuries of Harvard*, 108-109, 179; Wright, *Revolutionary Generation*, 39-41, 50, 249n43; Warch, *School of the Prophets*, 245-46; Tucker, *Puritan Protagonist*, 71-72, 91-92; Wertenbaker, *Princeton*, 99-100.

[69] 18世纪,耶鲁导师任职的持续时间平均为2年半至3年;罗德岛和达特茅斯的导师也如走马灯般地来来去去。1685年之前,哈佛的41位导师任职持续时间大致相同,只有6位持续时间在3年以上。但是在1685年到1701年,他们的任职时间平均持续了6年半。在1745年至1771年,平均时间增加到9年,尽管合同期仍然是可以续约的3年。Warch, *School of the Prophets*, 245; Kathryn McDaniel Moore, "The War with the Tutors: Student Faculty Conflict at Harvard and Yale, 1745-1771," *History of Education Quarterly* 18:2 (Summer 1978), 115-27, at117; Wright, *Revolutionary Generation*, 40; Smith "Teacher in Puritan Culture," 400, 401; Martin Finkelstein, "From Tutor to Specialized Scholar: Academic Professionalization in Eighteenth and Nineteenth Century America," *History of Higher Education Annual* 3 (1983), 99-121, at 101; John D. Burton, "The Harvard Tutors: The Beginning of an Academic Profession, 1690-1825," *History of Higher Education Annual* 16 (1996), 5-20.

笑、嘲讽、毁谤、恶作剧、威胁、破坏甚至是拿起武器来还击。殖民地时期的那些"学生评估"形式，也会导致导师被解职或以其他方式受到说服，自行离职。在美国革命爆发前的那些年里，学生们的头脑中吸收了一种令人兴奋的"自由精神"，并以之抗议学院院长的"专断治理"和导师们的欺诈伎俩。在北方的所有学院中，甚至是在忠诚的国王学院，那种扩大了的"拒不服从精神"的确令人不安，哪怕只是偶尔闪现。[70]

不那么容易被学生的怨恨危及的是教授，他们级别更高，只需承担短暂的任期，以弥补很少与自身的社会地位相称的薪酬水平。1750 年，只有 10 位教授活跃在当时的 4 所学院中，其中绝大多数都在哈佛和威廉与玛丽。多数教学事务仍然由院长和两三名导师完成，前者管理高年级，后者组织背诵并照看年龄更小的孩子们。25 年后，9 所学院聘用了 33 名教授，其中大部分占有的是私人捐资设立的教席。不过，在学院任教当时还不是一项职业。导师们很少会晋升为教授，大多数教授也只用部分职业生涯来任职，许多人既教书也从事其他职业。大多数人在任教之前，还有许多在任教之后，担任牧师或医生。或许有 40% 是在 30 岁之前开始教学工作的。那些年纪较大的往往是成熟的、已有作品发表的神职人员，被另一种形式的神

---

[70] Sheldon S. Cohen, "Harvard College on the Eve of the American Revolution," in Frederick S. Allis, ed., *Sibley's Heir: A Volume in Memory of Clifford Kenyon Shipton*, vol. 59 of *Publications of the Colonial Society of Massachusetts* (Boston: Colonial Society of Massachusetts, 1982), 173-90, at 184, 188; Axtell, *School upon a Hill*, ch. 6, esp. 237-44; Moore, "War with the Tutors," 115-27; Louis Leonard Tucker, "Centers of Sedition: Colonial Colleges and the American Revolution," *Proceedings of the Massachusetts Historical Society* 91 (1979), 16-34; David W. Robson, *Educating Republicans: The College in the Era of the American Revolution, 1750-1800* (Westport, Conn.: Greenwood Press, 1985), ch. 3.

职，即学院院长的职位所吸引。属于圣公会的威廉与玛丽、国王和费城几个学院的教员，如果能够招到，更喜欢的是英格兰或苏格兰的毕业生；除此之外，几乎所有的教授都在自己的母校任教，与现代学者不同的是，他们从来不会转而前往其他学校。很少有人毕生在学院任教，但至少有一半人在告别人世前不久还站在讲台上。[71]

教授与导师的差别，不仅包括年龄、经验和对工作的满意程度，而且体现在特定科目的专业造诣上。直到18世纪60年代或更晚，在时长3年或4年的全套学士课程中，导师们教授单独一个班的大部分传统必修科目，主要是以背诵的形式。相比之下，教授则在为期一年的讲座课程中教授专业课，这些课程在学科细化之前范围通常相当广泛。[72]鉴于各个学院在渊源和管理上都有宗派特征，意料之中的是，第一批由捐资设立的教席往往是神学的。[73]但是，随着知识的地理分布在培

---

[71] William D. Carrell, "American College Professors: 1750-1800," *History of Education Quarterly* 8:3 (Fall 1968), 289-305; William D. Carrell, "Biographical List of American College Professors to 1800," ibid., 358-74; Finkelstein, "From Tutor to Specialized Scholar," 99-121.

[72] Joe W. Kraus, "The Development of a Curriculum in Early American Colleges," *History of Education Quarterly* 1:2 (June 1961), 64-76, at 69; Frederick Rudolph, *Curriculum: A History of the American Undergraduate Course of Study Since 1636* (San Francisco: Jossey-Bass, 1977), 25-53, esp. 42-44.

[73] 属于公理会的哈佛的第一个教席由富有的伦敦商人、浸信会教友托马斯·霍利斯，为促进世界基督教大联合于1721年捐资设立。威廉与玛丽于1729年让当地神职人员担任了两个筹划已久的神学教席（第二个据推定是用"东方语言"讲授的）。耶鲁不得不等到1746年才有了第一个教席，也是神学的，但几乎有近十年时间无人任职。Morison, *Three Centuries of Harvard*, 66-67; Tate, *William & Mary*, 1:69; Finkelstein, "From Tutor to Specialized Scholar," 102.

根、玻意耳、洛克和牛顿之后发生巨大变化，美国课程也有了缓慢的调整：疏远亚里士多德，以反映"新知识"（the New Learning），吸引学生及出钱的父母的其他偏好。在此过程中，各种老旧的科目和教学方法被丢弃，不过，随着政治革命和国家建设的到来，几乎听不到有人为此感到遗憾。

\* \* \*

传统课程的第一个显著变化是，拉丁语在课堂讨论和课外谈话中逐渐衰落。这种转变始于1692年的哈佛，当时新制定的学院法规定，男孩们在课后不必再像罗马参议员那样说话。英语课本和用英语进行的课堂讲座越来越多，从而加速了这一变化。耶鲁一直坚持到1774年才删除了相关规定，不过到那时早已不再执行。同样由于不再实用，希伯来语于1723年从哈佛的新生必修科目表中消失，1755年则不再是二、三、四年级的必修课，变成选修课。不到五年，学院中那位乏味得令人沮丧的希伯来语教师退休了。耶鲁对这门《旧约》语言的热爱要肤浅得多。虽然和希腊语一样，希伯来语是第一年学习课程的一部分，并且耶鲁的第三任院长蒂莫西·卡特勒（1719—1722年任职）被称为"伟大的希伯来学家"，处于毕业季的大四学生却早就忘记了他们所学到的那一点可怜的相关知识。第一任院长托马斯·克拉普（1745—1766年任职）只为有意从事神职的学生开设希伯来语课程。1751年，普林斯顿的新生同样不情不愿地被引入希伯来语语法课，20年后这门课程却已消失，一同消失的还有本体论。约翰·威瑟斯庞院长的所有讲座用的都是英语，由他那浓浓的苏格兰"r"音加了变调。[74]

强化第一个变化的第二个变化，是用以英语进行的更随心所欲、更容易理解的法庭辩论，来取代主要用于中世纪以及都铎王朝和斯图亚特王朝的拉丁语三段论式辩论。18世纪，越来越多的高年级学生选择以法律和公共生活而不是以神职为业，这些变化使他们做好了更充分的准备。[75]学术三段论的各种形式限制，其论题主要来自规定的课程，束缚了学生对风格的感受以及证据的范围。人们到头来还发现，它并不是发现新知识的有力工具。论辩不仅为逻辑证明，而且为道德和情感证明以及修辞的展示提供了更为自由的范围。[76]相比之下，拉丁语辩论无论最初多么令人赞叹，对于毕业典礼上的来宾来说都不是引人入胜的场面，在这样的场合，公共关系才是至关重要的。也是出于防止观众厌恶的考虑，学院从论辩完全转向了学生就

---

[74] Kraus, "Development of a Curriculum," 66-68, 71-72; Rudolph, *Curriculum*, 36-37, 38; Morison, *Three Centuries of Harvard*, 30-31, 57-58; Kenneth P. Minkema, "Reforming Harvard: Cotton Mather on Education at Cambridge," *New England Quarterly* 87:2 (June 2014), 319-40, at 322, 332, 335; Warch, *School of the Prophets*, 198-200; Tucker, *Puritan Protagonist*, 77-78, 79n. 55; Wertenbaker, *Princeton*, 98-99.

[75] 1744年以前，耶鲁的毕业生中有一半以上会成为牧师；1778年至1791年，这个比例只有不到四分之一。在同一时期，以法律为职业的人所占比例从9%增加到近三分之一。1721年之前，超过一半的哈佛校友会成为"稳定的"牧师。在接下来的80年中，这个比例只有27%。虽然普林斯顿仍在大量产生任神职的校友，其比例也从47%（1748—1768）下滑到40%（1769—1775）。Bailey, "Statistical Study of Yale Graduates," 407; Morison, *Three Centuries of Harvard*, 241; Harrison, *Princetonians, 1769-1775*, xxvii-xxviii.

[76] 到18世纪60年代，耶鲁和普林斯顿增加了修辞、演讲和纯文学的教学，全部用英语授课。在美国革命期间和之后，在私人课外辅导中备受学生青睐的法语，进入了国王学院、威廉与玛丽和哈佛的正式课程。Rudolph, *Curriculum*, 38-39, 51-52.

当代主题进行的演说。美国革命的临近、发生和余波揭示了许多主题——或许包括战争、爱国主义、联邦制、税收、奴隶制、对印第安人政策以及科学，也揭示了关于文学和女性的更为轻快的问题。正如克拉普院长所说的，这些不仅为演讲者赋予了"展示天才的更大的范围"，而且为他们提供了将学术成就应用于成人世界各种事务的一种方式。[77]

英格兰、法国和苏格兰启蒙运动的新知识，引发了18世纪课程的第三个也是最为显著的变化。到1740年，在美国的教室中"各种数学科学已经牢固地确立起来"，这个时间至少比在牛津和剑桥晚了一个世纪。实现这一点的主要载体，是靠捐资设立的数学和"自然哲学"（主要是物理学和天文学）教授职位；到1776年，9所学院中有6所都设有这些职位。[78]最早的一个于1711年在威廉与玛丽学院设立。遗憾的是，任职者只教语法学校的小伙子们，并且不到一年就因为"放纵"以及与一名从伦敦"随身带来的懒散荡妇"同居而遭到解雇。[79]哈佛不甘示弱，说服其大赞助人托马斯·霍利斯于1727年捐资设立了一个类似的教席。哈佛校友、以英语接受教育的艾萨

---

[77] Kraus, "Development of a Curriculum," 70-71; Rudolph, *Curriculum*, 45-47; David Potter, *Debating in the Colonial Chartered Colleges: An Historical Survey, 1642 to 1900* (New York: Bureau of Publications, Teachers College, Columbia University, 1944), chs. 1-2 and pp. 120-21.

[78] 耶鲁直到1770年才获得一个教席，但是1716年后有两位导师引入了这门新科学和数学，院长托马斯·克拉普（1739—1766年任职）使耶鲁成为第一所在招生时要求考查数学、减少逻辑学课程以为数学腾出空间，并任命了多位具有数学和科学素养的导师的学院。Rudolph, *Curriculum*, 34-35; Tucker, *Puritan Protagonist*, 80-91.

[79] Theodore Hornberger, *Scientific Thought in the American Colleges, 1638-1800* (Austin: University of Texas Press, 1946; New York, Octagon Press, 1968), 25, 26-27, 29, 47, 51.

克·格林伍德担任该教席十年，显然很是成功。他撰写了两本教材，促进了殖民地的数学教育，之后则由于酗酒而被去职。继任者约翰·温思罗普（哈佛 1732 级校友）很快便赢得了名副其实的声誉，被称为美国最杰出的数学家和科学家。他最大限度地介绍了流数研究并在美国推广牛顿物理学，再加上在地质学和天文学方面极有价值的观察，温思罗普得以当选伦敦皇家学会会员。作为时代的一个标志，当费城学院于 18 世纪 50 年代中期创立时，其 40% 的课程是科学和数学方面的。难怪早在 1744 年，一名热爱诗歌的哈佛学生便抱怨说：

> 现在代数、几何、
> 数学、天文、
> 光学、年表和统计，
> 都是属于数学的无聊内容，
> 还有二十个比这些更难的名头
> 使我的大脑不安，使我的平静纷乱。[80]

对于思想没有达到高等数学水平的学生来说，用于展示科学的运行和原理的科学仪器更有吸引力。1727 年，托马斯·霍利斯捐赠了伦敦的一些最为精密的设备，以使哈佛的课程更为生动。到 18 世纪 50 年代，大多数学院都在国内外竞相为最新的设备筹集资金或争取捐款。艾萨克·格林伍德之所以能受聘

---

[80] Hornberger, *Scientific Thought*, 68. 参见 Brooke Hindle, *The Pursuit of Science in Revolutionary America, 1735-1789* (Chapel Hill: University of North Carolina Press, Williamsburg, Va., 1956), ch. 5, and Raymond Phineas Stearns, *Science in the British Colonies of America* (Urbana: University of Illinois Press, 1970).

于哈佛，主要是凭借其广受欢迎的波士顿系列讲座，即"机械哲学实验课程"的实力，该课程采用"各种仪器和机器"来解释"自然的原理，以及无与伦比的艾萨克·牛顿爵士的精彩发现"。教科书中的插图能提供一些帮助，但相比于每天听到的那些令人厌烦的古老语言，望远镜、钟摆、气压计、象限仪和气泵等实物给学生们留下的印象更深。[81]

也许最奇妙的机器是太阳系仪（也被称为"哥白尼"），一种精细的太阳系机械模型。哈佛从霍利斯的捐赠中获得了一架，托马斯·克拉普在1743年为耶鲁做了一架简易的。不过，费城钟表匠大卫·里滕豪斯在1767年制作的那一架，被认为是"时代的奇迹"。1770年，从当地那所学院嫉妒的鼻子底下，普林斯顿设法夺走了这件奇物。制作者慷慨地为学院又做了一架，才让当地恢复了自豪感。[82]

通过这些设备和教学，18世纪的学院试图"引导[学生]从自然研究走向对他们自身，以及对自然之神的认识"。[83]这一系列新的目标标志着，美国新教的信念，即信仰的效力胜过作为救恩手段的事工，开始式微了；作为必然结果，也不再把《圣经》作为人类行为的唯一指引。于是，与科学的发展并行的18世纪50年代和60年代的课程，生发出新的科目来承认

---

[81] Morison, *Three Centuries of Harvard*, 79; Hornberger, *Scientific Thought*, 45-47, 57-67; Tucker, *Puritan Protagonist*, 57-67, 89-91; I. Bernard Cohen, *Some Early Tools of American Science: An Account of the Early Scientific Instruments and Mineralogical and Biological Collections in Harvard University* (Cambridge, Mass.: Harvard University Press, 1950), esp. chs. 2-3.

[82] Hornberger, *Scientific Thought*, 67; Howard C. Rice, Jr., *The Rittenhouse Orrery: Princeton's Eighteenth-Century Planetarium, 1767-1954* (Princeton, N.J.: Princeton University Library, 1954), chs. 1-3.

[83] 引用于 Hornberger, *Scientific Thought*, 30。

图 11　里滕豪斯第二架太阳系仪的逼真形象，位于新获特许的宾夕法尼亚大学徽章上（1782 年）

以牺牲冰冷逻辑和思辨形而上学为代价而兴起的道德。

这一点在大多数学院造成的主要结果是，在道德哲学方面为毕业班学生开设一门"顶点"课程。它是从神学的那些老课程中生长出来的，以神学的前提为出发点，但受到苏格兰启蒙运动思想家的影响。除了在《圣经》中寻求道德律法外，学生还经由引导穿越更为熟悉的景观，去探索人的路途和责任。从弗朗西斯·哈奇森和戴维·福代斯等苏格兰哲学家（兼温和派教士）的教科书中，美国的院长们教导他们的毕业班学生信任"常识现实主义"，这种现实主义既否定理想主义又否定唯物主义的纯粹形式，依赖于理性和人性（尤其是良心）来指导自身的行为。尤其是费城和普林斯顿的那些受过苏格兰式教育的领导者，不仅向学生们介绍苏格兰启蒙运动中的重要社会科学家，包括亚当·斯密、哈奇森、亚当·弗格森，还向他们介绍了胡果·格劳秀斯、塞缪尔·普芬道夫、阿尔杰农·西德尼、詹姆斯·哈林顿以及洛克的文本作为补充。与其他同行的讲座一样，约翰·威瑟斯庞在普林斯顿的讲座中包含了道德、政治、历史、经济和法学等内容，部分地以系统的方式融合在一起。[84] 在引导普林斯顿98%以上的校友于美国革命中站在"反叛者"一边

---

[84] Kraus, "Development of a Curriculum," 74-75; Rudolph, Curriculum, 39-42, 53; Gladys Bryson, *Man and Society: The Scottish Inquiry of the Eighteenth Century* (Princeton, N.J.: Princeton University Press, 1945); Gordon, *College of Philadelphia*, 165-68; Douglas Sloan, *The Scottish Enlightenment and the American College Ideal* (New York: Teachers College Press, Columbia University, 1971), esp. chs. 3-4; Nicholas Phillipson, "The Pursuit of Virtue in Scottish University Education: Dugald Stewart and Scottish Moral Philosophy in the Enlightenment," in Phillipson, ed., *Universities, Society and the Future* (Edinburgh: Edinburgh University Press, 1983), 82-101; Richard B. Sher, *Church and University in the Scottish Enlightenment: The Moderate Literati of Edinburgh* (Princeton, N.J.: Princeton University Press, 1985); Sher and Jeffrey R. Smitten, eds., *Scotland and America in the Age of Enlightenment* (Princeton, N.J.: Princeton University Press, 1990), esp. pts. 1, 3; Sher, "Professors of Virtue: The Social History of the Edinburgh Moral Philosophy Chair in the Eighteenth Century," in M. A. Stewart, ed., *Studies in the Philosophy of the Scottish Enlightenment* (Oxford: Oxford University Press, 1990), 87-126; Hoeveler, *Creating the American Mind*, 122-26; Francis L. Broderick, "Pulpit, Physics, and Politics: The Curriculum of the College of New Jersey, 1746-1794," *William & Mary Quarterly* (3rd ser.) 6:1 (Jan. 1949), 42-68, esp. 62-68; Robson, *Educating Republicans*, 64-70, 81-82 (table 3-2), 85-87.

上，他们也发挥了不小的作用。[85]

\* \* \*

在 18 世纪美国流动的社会中，各所学院为一小撮精英提供的不只是少量的书本知识和文化熏陶。在锻造一个受过教育的阶级时，无论规模多小，它们也同时使许多普通殖民者的子弟比父辈做得更好。在学院求学费用不菲，但学院的创始人和理事们使用招生录取、奖学金和"勤工俭学"的机会来赞助有前途的少年们，让他们从农场、商店和牧师住宅那里获得社会流动性。[86] 绝大多数精英子弟不需要学院教育来维持其社会或经济地位，但是在快速发展、不断扩张的美国，上层社会既不是世袭的也不是固定的，只要假以机遇，那些抱负远大、出身卑微的子弟随时准备好向上移动。对于其中的大多数人来说，横向移动到人口较少的边疆地区和土地便宜的区域，是改善自身境遇的门票。而对某些人来说，学院就是这样的机遇。通过与更为杰出的家庭的子弟融合并建立友谊，这些未来之星可以进入传统上专属于富裕阶层的利益联盟和职业生涯。[87]

跃迁的一种传统方式是经由婚姻。普林斯顿、国王学院和

---

[85] Harrison, *Princetonians, 1769-1775*, xxxi. 哈佛校友中或许有 16% 是亲英分子，国王学院贵族血统的校友中至少有一半也是。Morison, *Three Centuries of Harvard*, 147n.; Humphrey, *From King's to Columbia*, 140.

[86] Ralph Turner, "Sponsored and Contest Mobility in the School System," *American Sociological Review* 25:6 (Dec. 1960), 855-67; Axtell, *School upon a Hill*, 207-11.

[87] Rudolph, Curriculum, 25-29; Vine, "Social Function," 415-16; Jackson Turner Main, *The Social Structure of Revolutionary America* (Princeton, N.J.: Princeton University Press, 1965).

费城学院大约四分之一的学生娶了理事或院长的女儿，或者娶了同学的姐妹。另一条途径是经由与同窗父辈或学院理事的商业关系。在给朋友的一条听起来颇有现代意味的建议中，国王学院校友约翰·杰伊认为，"在学校和学院确立的关系影响深远……如果明智地缔结，它们将绵延下去并惠泽终生"。各所城市学院尤其喜欢吹捧这样的优势。费城学院教务长威廉·史密斯热衷于让学生"与绅士进行更广泛的对话"、获得"实用礼仪"方面的经验，并接触商业的需求和机会。他支持学生们经常前往"咖啡馆、交易所以及所有商业胜地，除了"——当然咯——"小酒馆"。[88]

但是，并非庄园大户出身的毕业生要想实现社会流动，主要途径就是利用学位和关系，在社会和经济方面从事超越父辈的职业。学院学位并非必需，但通过在学院中结交的联系更容易在法律和医学领域获得当学徒的机会。苏格兰那些高等医学院无疑欢迎普林斯顿和费城学院的毕业生，毕竟他们具有强大的科学上的以及长老派的背景。以神职和教学为业，无一例外都要求具有学位。[89] 培养出的学生流动性最小的学院是国王学院。它的生源以本地和上层社会居多，学生基本上都从事着与父辈相同或类似的职业，来获得地位、财产和公职。费城学院学生的背景更为多样，在社会阶梯上能推动他们有更多的跃升。该学院更多的毕业生在第一次择业时选择了法律而不是神职，随着美国革命的临近，这一趋势更为明显。就连商人子弟也更多地成为律师而不是投身贸易。城市职业人士的子弟，如国王学院的那些学生，追随

---

[88] Vine, "Social Function," 415; Gordon, *College of Philadelphia*, 200.
[89] Vine, "Social Function," 414-15; McLachlan, "Education," 68-69.

着父辈投身于法律和医学。多数具有浓厚的长老派背景的乡村职业从业者，则更多地让孩子们从事神职。农民子弟也选择了神职和教职，而不是返乡继承有时收益颇为可观的那些产业。[90]

最能推动社会流动的引擎是规模第三的学院普林斯顿，在这里，来自 11 个殖民地和西印度群岛的年轻人可以在美国惊人的多样性中打量自己，为美国提供的机会做好准备。与哈佛一样，普林斯顿的最大生源来自农场；只有三分之一的学生是牧师或其他职业人士的子弟。但是在普林斯顿，农民子弟总是能超越父辈，神职人员和其他职业人士的子弟则有四分之三成就大于父辈。似乎可以公平地说，在革命之前，普林斯顿在美国社会中的一项主要职能，就是"将朴素农民的子弟，变成未来的教士、律师和医生"。[91] 此外，还有变成教师的，至少是暂时任教。

经过在两位牧师手下的严格教育，新泽西州一位谷物农场主的儿子菲利普·维克斯·菲西安 23 岁进入普林斯顿，两

---

[90] Humphrey, *From King's to Columbia*, 224-28; Gordon, *College of Philadelphia*, ch. 8.

[91] McLachlan, *Princetonians, 1748-1768*, xxii（引文）; Harrison, *Princetonians, 1769-1775*, xxiv-xxv; Morison, *Three Centuries of Harvard,* 102-103; *Sibley's Harvard Graduates,* 18:xxvi (table 4) and 19 (1775-1777), ms. intro. by Conrad Edick Wright, tables 3 and 6（感谢康拉德·赖特提供预览副本）; Jason Sharples, "When Farmers Became Lawyers: Colonial Harvard and Princeton as Vehicles of Social Mobility" (research paper, History 150w: "Higher Education in America," College of William & Mary, Fall 1999); 我自有的副本。一些殖民地学院也试图"培养"——从文化和宗教上改宗的——北美印第安人青年，大部分是在预科学校，少数是在学院中。多数尝试都没有成功，或者没有给学生带来好的结果。James Axtell, "The Little Red School," in *The Invasion Within: The Contest of Cultures in Colonial North America* (New York: Oxford University Press, 1985), ch. 8; Axtell, "Poison Ivy: Indian Education at the Best Colonial Colleges," *Colonial Williamsburg* 30:1 (Winter 2008), 58-63.

年后毕业。大四那年成为孤儿后,他继续学习神学一年,随后在一个富裕的弗吉尼亚种植园主家庭当了一年导师。在写给被他提名为继任者的学院朋友的一封信中,菲西安描述了普林斯顿式教育的一个主要好处。他告诉朋友,与新泽西的社会和经济平等形成鲜明对比的是,"如果你想在此殖民地游历,并且带着一张受到充分确认的证书,表明你已经在拿骚堂完成学习课程、拿到了学分,你会被估值10000英镑,不会再问任何问题,无论是关于家庭、地产、生意还是意图的……如果给自己估的价低一丁点儿,你就会受到轻忽和怠慢"。显然,甚至更为明显的是,在不那么有野心的威廉与玛丽的后院,有学院背景的"声名和学识"在社会地位和信用方面极有价值,近于"手握一把随时可用的现金,满是先令"。[92]

\* \* \*

1770年10月,在参加完普林斯顿的毕业典礼以及三位苏格兰和两位美国牧师的荣誉博士学位授予仪式后,未来的耶鲁院长埃兹拉·斯泰尔斯牧师自豪地指出,"美国各学院授予的所有学位数量,现在可与欧洲的那些学院媲美"。[93]他的沙文主义或许可以原谅,如果无视一个尴尬的事实的话:或许除了国王学院和费城学院那些新建的医学院颁发的医学博士学位之

---

[92] Hunter Dickinson Farish, ed., *Journal & Letters of Philip Vickers Fithian, 1773-1774: A Plantation Tutor of the Old Dominion* (Williamsburg, Va.: Colonial Williamsburg, 1943), 211-12.

[93] Franklin Bowditch Dexter, ed., *The Literary Diary of Ezra Stiles, D.D., LL.D., President of Yale College*, 3 vols. (New York: Charles Scribner's Sons, 1901), 1:71-72.

外，美国那些高级学位没有哪个是实际获得的，因为还没有哪所殖民地学院是大学，连名字也不是，没有哪所学院能提供高级研究生课程作为常规课程的一部分；实际获得的最高学位是文科硕士。斯泰尔斯也无法不受诟病地把欧洲大学降级至学院的地位，仿佛毁掉梦寐以求的原作能提升未完工的仿制品。

从英国独立出来的宣言以及实现这种独立的革命战争，引发了许多类似的夸口或计划，想在教育方面与英国平起平坐甚至获得优势地位。但是，1770 年到 1776 年的时候，美国的学院规模太小，成果过于有限，无法被视为大学。无论以何种标准来衡量，它们的入学率都很低。大多数学院只招收 40—50 名学生；没有哪所学院招生人数达到 200 人，即 17 世纪 20 年代剑桥大学伊曼纽尔学院的招生规模。在 1775 年的高峰时期，哈佛和耶鲁两所规模最大的学院，分别只招收了 180 名和 170 名学生。[94] 与牛津、剑桥、格拉斯哥大学和爱丁堡大学不同，两校只教授本科生。它们的图书馆很小，馆藏中新书很少，或者很少对外开放，找书缺少有效的辅助工具，本科生用得也很少，这些学生的大部分时间都用在基本上属于必修课程的指定教科书上。没有一所学院（哈佛在 17 世纪是短暂的例外）设有大学出版社，来出版它们那些基本上没有原创能力且往往是兼职的教员的成果，这些人更多地专注于传递过去的智慧，而不是创造未来的知识。[95]

---

[94] McAnear, "College Founding," 32-33n26; *Harrison, Princetonians, 1769-1775*, xx (table A).

[95] Louis Shores, *Origins of the American College Library, 1638-1800* (New York: Barnes & Noble, 1935); Morison, *Harvard College*, 1:chs. 14, 17; W. H. Bond and Hugh Amory, ed., *The Printed Catalogues of the Harvard College Library, 1723-1790*, vol. 68 of *Publications of the Colonial Society of Massachusetts*（转下页）

146　　　最重要的是，美国的学院都独立存在，每所学院（新泽西有两所是例外）都身处自己的殖民地，不属于任何更大的体制结构或计划的一部分。它们在许多方面零零星星地借鉴了英格兰和苏格兰的那些大学，包括领导者的头衔（校长、教务长、院长）、（受苏格兰启发的）毕业典礼上的论辩主题列表、学位、学期名称、礼服、毕业仪式、公共立法机构中的非驻校校长和学院代表（威廉与玛丽）、学生和教员的豁免（免于兵役、公共工程和税收）、学术训练以及课程。但是，它们未能从本质和品格上复制出一所完整的大学。终有一天它们会做到，但要等到美国诞生，各个单独的州开始衡量各自不断增长的需求、资源和雄心之时。

---

（接上页）(Boston: Colonial Society of Massachusetts, 1996), xi-xxiv; Warch, *School of the Prophets*, 240-43; William S. Dix, *The Princeton University Library in the Eighteenth Century* (Princeton, N.J.: Princeton University Library, 1978); John M. Jennings, *The Library of the College of William and Mary in Virginia, 1693-1793* (Charlottesville: University Press of Virginia, 1968); Joe W. Kraus, "The Book Collections of Early American College Libraries," *Library Quarterly* 43:2 (April 1973), 142-59.

## 第四章　学院之邦

> 在我们肥沃的土壤中，学院如蘑菇般蓬勃而起。
> ——菲利普·林斯利，1827 年

147

在革命前的美洲，高等教育并不是绝大多数殖民者关注的重点，9 所小型学院便满足了他们的需求。但是，从大英帝国独立出来、建立宪政共和国，并在原有的 13 个殖民地以西开辟大片土地，为建国之初的美国人创造了新的机遇、挑战和责任。到 1783 年，远至密西西比河的一度属于大英帝国的领土，被纳入美国版图。20 年后，托马斯·杰斐逊总统以三美分一英亩的价格，从法国买下了位于英属加拿大以南、大陆中部三分之一的土地，使国土的宽度几乎翻了一番。美国的边界扩展到了落基山脉，未来的 15 个州获得了空间。比不温不火的移民数量更为可观的人口增殖，使美国人口在 1800 年后的 10 年内从 530 万增加到 720 万。

但是，从 19 世纪 30 年代开始，来自经济低迷并饱受革命蹂躏的欧洲的移民，为新开拓的西部土地强行带来了定居人口。1840年，联邦人口普查获得的数据为超过1700万人的白人和黑人居民，其中60万人是新近移民来的。在接下来的10年中，移民人数几乎增加了两倍。内战前夕，这个国家从大西洋延伸到太平洋，包括33个正式的州、几个大的"准州"（territories），以及超过3100万居民。不可避免的是，与前两个世纪中乘船而来、主要由英国殖民者构成的人相比，他们对教育的需求是不一样的。

与殖民地时期的北美并无不同的是，内战前的美国主要还是一幅由农场、村庄和小城镇构成的乡村景观，可用于定居的新的广阔土地的不断加入更强化了这一点。仅在交通干线和商业动脉的交会处，才成长起寥寥几座城市。经济主要依靠中小农户、商人和工匠，可能接受过或者要求接受一定程度的高等教育（不一定一律有学位）的职业人士，包括牧师、律师和医生，不过是零星的点缀。与英国和其他欧洲国家不同，无论是作为集体还是个体，美国各州都没有既定的宗教信仰。在广泛容忍其他新教徒（但不容忍天主教徒、犹太人或非信徒）的福音派虔诚气氛中，各个单独的教派，主要是新教各派，竞相争取信徒和资助。这些教派对会众文化程度与牧师学识水平的要求和对《圣经》的解释一样，差异很大。正如在殖民地时期所做的那样，教会和传教团冲锋在前，阻止"天主教会"（popery）和边疆"野蛮状态"的蔓延。这种"野蛮状态"指的是"白种野人"的屡教不改，他们居住得过于接近北美土著或者是刻意模仿他们，抛弃了基督教的"文明开化"。[1]

---

[1] James Axtell, *Natives and Newcomers: The Cultural Origins of North America* (New York: Oxford University Press, 2001), chs. 6, 8; Peter N. Carroll,（转下页）

此外，革命后的美国从国父们那里继承了共和主义的意识形态，看重的是见多识广、受过良好教育——至少是具有读写能力——的选民。选举权仅仅被赋予成年白人男性，但是通过为共和事业照看摇篮并哺养未来的良好公民，女性也发挥了关键的支持作用。然而，教育并非联邦层面所关切的。宪法中没有任何关于教育的条款，这项责任留给了州和地方。包括前六位总统在内的多位早期领导人，赞成创建一所国立大学。但是，对中央集权的普遍怀疑和对各州权利的精心守护，将这一想法扼杀在萌芽状态。[2] 联邦政府和各州都捐出公共土地用于教育，尤其是在中西部的北方地区以及后来的南方和西南部。但是，边境的土地供应极为充足，即使人口迅速增长，也超出了定居者的需求且售价低廉，因此未能为学校和学院提供充分的财政基础。

结果是，除了新英格兰、少数新兴城市以及19世纪50年代的老西北部地区，整个国家缺乏公立的小学或中学教育**体系**，更不用说高等教育。大众识字能力、计算能力、服从权威和恪守美德的习惯，以及为极少数学生上大学作预备的低等和

---

（接上页）*Puritanism and the Wilderness: The Intellectual Significance of the New England Frontier, 1629-1700* (New York: Columbia University Press, 1969); Francis Jennings, *The Invasion of America: Indians, Colonialism, and the Cant of Conquest* (Chapel Hill: University of North Carolina Press, 1975), Part 1.

[2] David W. Robson, *Educating Republicans: The College in the Era of the American Revolution, 1750-1800* (Westport, Conn.: Greenwood Press, 1985), ch. 7, esp. 227-36; Frederick Rudolph, ed., *Essays on Education in the Early Republic* (Cambridge, Mass.: Belknap Press of Harvard University Press, 1965); David Madsen, *The National University: Enduring Dream of the USA* (Detroit: Wayne State University Press, 1966).

高等**学校教育**，在很大程度上是由私人部门提供的。[3] 到 1800 年，在殖民时期原有的 9 所学院基础上，又增加了 16 所学院。其中 14 所设立在距离边境不远的地区，如马萨诸塞州西部（威廉姆斯学院）、缅因州南部的沿海地区（鲍登学院）、纽约州北部（联合学院）以及佐治亚州东北部（富兰克林学院）。[4] 但是，它们合起来招收的学生数量，还不到全国该年龄段人群的百分之一，毕业生人数更是少得多。[5] 在更多的民主需求亟须满足之时，大学教育从本质和意图来说都是一项精英事业。

然而，作为一片充满机遇、社会流动性和经济改善机会的土地，美国不仅在本国人眼里受到注意，也日益受到外国人的关注。在这样一个年轻、自由放任的社会经济中，有一点学问并**不是**特别危险的事情，而且让人不仅能获得有用的知识，还能获得足够的声望从既有的社会地位往上攀升。[6] 内战之前，美国人对教育有着令人动容的信念。这种信念带来的结果，不仅是初级阶段"普通学校"大量增加，还使各式各样的专门学校和小型教派学院，甚至还有一些被称为大学的机构呈星火燎原之势。

战前教育的不规则结构，立基于一个广泛的基础，即地方或区域的普通学校之上。到 1830 年，北方的大多数美国白

---

[3] Lawrence A. Cremin, *American Education: The National Experience, 1783-1876* (New York: Harper and Row, 1980), ch. 4.
[4] David W. Robson, "College Founding in the New Republic, 1776-1800," *History of Education Quarterly* [*HEQ*] 23:3 (Autumn 1983), 323-41.
[5] Roger Geiger, "The Reformation of the Colleges in the Early Republic, 1800-1820," *History of Universities* 16:2 (2000), 129-82, at 139.
[6] Theodore R. Sizer, ed., *The Age of the Academies*, Classics in Education, no. 22 (New York: Bureau of Publications, Teachers College, Columbia University, 1964), 104.

人都有机会接受小学教育,中西部的北方地区不久也实现了这一点。人口稀少的南方地区则落在后面,部分原因在于,那里的资金更多依靠学生的学费而不是公共资助。到1850年,尽管实施自愿原则并且州的资助不足,仍然有大约340万名学生注册入学。学生中有一些还不满5岁,有一些则超过了15岁,这种状况给没有做好充分准备的教师们带来了重大挑战,就全国来说,学生和教师的比例为36∶1。校舍很小(往往在一个房间里),而且冬天很冷,夏天很闷。大多数学生坐在长椅上,没有书桌。教材也少得可怜,往往还是家族成员传下来的旧书。教学结果参差不齐,毕竟上课时间不长且没有规律:为了照顾农村的种植和收获时间,冬季和夏季学期时长为6周至10周不等。到19世纪50年代,改革者在排除幼儿学生、提高出勤率以及设置分年级的班级、更长的学期和更专业的教学培训方面取得了进展。[7]

除了普通学校,战前的教育格局中还包括一个不协调的分类,即教会学校、夫人小学、语法学校和所谓的风险学校,都是殖民时期遗留下来的。许多教派的教会以问答的方式教授阅读(reading)、仪式(riting)和算术(rithmetic),即所谓3 R。其中有些是为贫穷白人甚至是黑人创办的,以慈善方式运行,周日不休。有些仅在周日运行,只针对教徒的孩子。女

---

[7] Lawrence A. Cremin, *The American Common School: An Historic Conception* (New York: Bureau of Publications, Teachers College, Columbia University, 1951); Albert Fishlow, "The American Common School Revival: Fact or Fancy?" in Henry Rosovsky, ed., *Industrialism in Two Systems: Essays in Honor of Alexander Gerschenkron*(New York: Wiley, 1966), 40-67; Carl F. Kaestle, *The Pillars of the Republic: Common Schools and American Society, 1780-1860* (New York: Hill and Wang, 1982).

性——"夫人"（dames）——在自己的家中教授少数付费的孩子阅读、算术、缝纫，有时也教写作。许多城镇，尤其是东北大西洋和中大西洋地区各州，继续支持中级语法学校：它们教多数学生英语，教那些准备上大学或想要提高社会声望的学生拉丁语。男性和女性企业家都在报纸上投放广告，就那些"有用的"或"装饰性的"科目，比如测量、航海、书法、音乐、绘画和法语，向城镇居民传授知识。有些是走读学校，另一些则在晚上聚会（从"掌灯时分到九点半钟"），以照顾那些需要上班的人。[8]许多是男女同校的，其中有些是寄宿生，所有学生都要交费。和许多小企业一样，它们会因为需求和竞争而起起落落。[9]

虽然如此多类型的学校为许多（即便不是大多数）美国白人提供了教育的开端，在内战之前，实际上是整个19世纪的大部分时间，实施高等教育的主要机构还是专门学校（academy）。专门学校的鼎盛时期是在1790年至1860年。根据1850年的一次细致计算，近6100所专门学校［有时也称为大专学校（institutes）或中等学校（seminaries）］在全国招收了约263000名学生（是全国239所学院入学人数的9.5倍，占全国相关年龄段人口总数的5%—6%）。纽约州走在前面，共有887所专门学校，其次是宾夕法尼亚州，共有524所。新

---

[8] Edgar W. Knight, ed., *A Documentary History of Education in the South Before 1860* [*DHES*], 5 vols. (Chapel Hill: University of North Carolina Press, 1949-53), 4:36（引自1829年弗吉尼亚州马丁斯堡一所夜校的广告）。

[9] Kim Tolley, "Mapping the Landscape of Higher Schooling, 1727-1850," in Nancy Beadie and Kim Tolley, eds., *Chartered Schools: Two Hundred Years of Independent Academies in the United States, 1727-1925* (New York: RoutledgeFalmer, 2002), 19-43.

英格兰以拥有近 1100 所专门学校为荣,其中包括美国最古老的一些语法学校。南方 11 个州在近 2000 所专门学校中满足 62000 多名学生的教育需求。历史悠久的弗吉尼亚州有 317 所专门学校,定居人口更少的佐治亚州只有 219 所,却招收了同样多的学生(约 9000 人)。仅在过去的 10 年里,居住着大量具有教育意识的新英格兰人和纽约人的中西部各州,专门学校的数量便从 184 所跃升至 550 所。诞生才 5 年的得克萨斯州急于赶上:这个辽阔的孤星之州只有 213000 白人人口,却开设了 97 所专门学校。学术野心要想获得回报,必须前往得克萨斯州的小镇马歇尔,1859 年时那里的人口只有 1411 人。除了一所纸上"大学"(1856 年经特许设立,但直到 1862 年才开放,提供中级教育)和一所精英的寄宿兼走读学校,小镇还吸引了一所"专门学校"、一所"共和党专门学校"、一所"共济会女性学校"和一所"学院学校",都冠以这座小镇的荣名。[10]

内战前专门学校的大量增加,是对社会迅速发展和变化的典型美国式回应。安德鲁·杰克逊总统任职期间(1829—1837 年),平等主义精神渗透到了这个国家的教育底色中。地方上热心支持家乡的人们,在追求拥有邮局、报纸和酒店的同时,也想拥有专门学校和学院来助推他们对地位的追求。商业革命从城市自上而下深入小镇,乃至深入乡村的十字路口,要求通过程度更高的学校教育中的书本学习,来更多地掌握单词、数字和实用知识。无论是儿子还是女儿,个人要想摆脱出身和习

---

[10] Henry Barnard, "Educational Statistics of the United States in 1850," *American Journal of Education* 1 (1855), 368; Tolley, "Mapping the Landscape," 23, 29; Colin B. Burke, *American Collegiate Populations: A Test of the Traditional View* (New York: New York University Press, 1982), 356.

俗的限定，追求生活、职业和社会机会，就需要更为灵活和更容易进入的路径。专门学校提供了他们需要和想要的途径。一旦初始资金和理事会就位，无论是否得到州的特许，专门学校便相对容易创建。它们提供灵活的课程，无论是新兴的小镇白领还是老派的乡村中间阶级，无论父母是积极进取的商人还是勤勉的有产农民，都能负担得起学费。[11]

为了使中间阶级家庭的学生能够承受学费，专门学校的理事们在自己的捐款或股份外，还寻求许多其他的收入来源。他们接受以实物支付，并压缩教师工资，这是一条由来已久的节约途径。他们讨好各个教派和兄弟会（共济会会员、秘密会员、禁酒会会员），努力获取各种遗赠或捐赠，留作捐款或立即派上用场。[12]他们也利用来自州的零星支持，包括土地、彩票、"著述基金"或者来自罚款和没收财产的收益。[13]由于提供了宝贵的公共服务（同时提高了地方的地产价值），学校建筑免征房产税，教师也免除了兵役和筑路义务。[14]

---

[11] Daniel J. Boorstin, *The Americans: The National Experience* (New York: Random House, 1965), 152-53; Nancy Beadie, "Academy Students in the Mid-Nineteenth Century: Social Geography, Demography, and the Culture of Academy Attendance," *HEQ* 41:2 (Summer 2001), 251-62, at 255-57.

[12] 一所印第安纳专门学校的年度账目："1天的劳作、1只马轭、1个铁夹子、5磅咖啡、6磅糖、50磅面粉和4蒲式耳小麦。"Sizer, *Age of the Academies*, 26.

[13] 1825年，纽约各专门学校20%的运行收入来自该州；到1850年，这个比例仍有15%。Bruce Leslie, "Where Have All the Academies Gone?" *HEQ* 41:2 (Summer 2001), 262-70, at 265.

[14] Buford C. Utley, "The Early Academies of West Tennessee," *West Tennessee Historical Society Papers*, 8 (1954), 5-38, at 11ff.; Tolley, "Mapping the Landscape," 27-28; Sizer, *Age of the Academies*, 22-28; Edgar W. Knight, *The Academy Movement in the South* [Chapel Hill?, 1919?], 49-50.

许多学生还在学校或当地家庭做事以维持生计。在南方，"体力劳动"学校一度受到节俭的父母和想要从事低薪神职的学生欢迎。为了使白人劳动在美国以奴隶为主的经济形式中受到尊重，学校向农民出身的学生娃和学徒支付的报酬很低，每小时只有 2—5 美分。他们设法以便宜的价格提供中学教育，但是很快就彻底失败了：学生们发起反抗，弄坏或"丢失"斧子和锄头，虐待牲畜，破坏农场的设备、围栏和弹簧；奴隶们在他们父辈的农场和种植园中抗议自己所处的更为艰难的状况时，可能就要过这些花招。[15]

专门学校的理事们虽然将教师工资和学生学费维持在较低水平，却也想在地方的法院、邮局，也许还包括讲学场所或图书馆旁边的"公共土地"（republican geography）上，修造壮观的建筑。[16] 最早的一批专门学校，通常是在租用或捐赠的场所中起家的。但是要不了多久，其中的大多数便筹集起资金，有时是在州的帮助下，盖起两层甚至三层的木制、砖块或石头建筑，通常在穹顶下有一座钟，使教学日的时间更为规范。[17]

---

[15] Knight, *Academy Movement in the South*, 40-48; Knight, *DHES* 4: ch. 2; Gerald W. Mullin, *Flight and Rebellion: Slave Resistance in Eighteenth-Century Virginia* (New York: Oxford University Press, 1972, 1981); Michael Mullin, *Africa in America: Slave Acculturation and Resistance in the American South and the British Caribbean, 1736-1831* (Urbana: University of Illinois Press, 1992).

[16] J. M. Opal, "Exciting Emulation: Academies and the Transformation of the Rural North, 1780s-1820s," *Journal of American History* 91:2 (Sept. 2004), 445-70, at 450（引文）。

[17] 1860 年，全国的专门学校和语法学校平均每所从所有政府资助中获得 120 美元。佐治亚州通常会为每座学院大楼的建造拨出 815 美元。1845 年，纽约州为在州内专门学校注册的每个学生支付了 3.50 美元。Burke, *American Collegiate Populations*, 37; E. Merton Coulter, "The Ante-Bellum Academy Movement in Georgia," *Georgia Historical Quarterly* 5:4（转下页）

学生们每个人都有自己的课桌和椅子，也下发了教材。除了南方，普遍都有黑板。许多专门学校拥有最新的地理和科学仪器，用来做教学演示。最初，图书馆数量很少并且规模不大，后来随着课程和捐赠的增长而成长起来。简而言之，内战前的那些专门学校，大多数在设计和设备上都比较充分，从而在战后能够摇身变成公立高中、学院预科或小型学院。正如历史学家布鲁斯·莱斯利指出的，如果说战后的专门学校基本上消失或"死亡"了，那它们也"捐出了器官"。[18]

\* \* \*

专门学校培养目标多样，能够极好地满足战前美国的需求。它招收的学生群体年龄跨度很大（8—25 岁以上），学业（尤其是入学）方面的要求灵活多变，课程则不拘一格、范围广泛。1845 年，阿默斯特学院（本身就是由专门学校演变来的）院长爱德华·希契科克牧师描述了专门学校的两个基本特征。希契科克说，首先，"它为来自全国各个阶层的男女青年提供了机会，让他们能在自己选择的理科或文科几乎所有基本分支

---

（接上页）(Dec. 1921), 11-42, at 20; Sizer, *Age of the Academies*, 23-26, 106, 110; Tolley, "Mapping the Landscape," 27.

[18] Leslie, "Where Have All the Academies Gone?" 269; Opal, "Exciting Emulation," 450; Sizer, *Age of the Academies*, 22, 27, 33; Knight, *Academy Movement in the South*, 53-54; Tolley, "Mapping the Landscape," 30; Sevan G. Terzian and Nancy Beadie, "'Let the People Remember It': Academies and the Rise of Public High Schools, 1865-1890," in Beadie and Tolley, *Chartered Schools*, 251-83; Nancy Beadie, "From Academy to University in New York State: The Genesee Institutions and the Importance of Capital to the Success of an Idea, 1848-1871," *History of Higher Education Annual* 14 (1994), 13-38.

科目中学习更高层级的教学课程，时间可长可短，全凭自身的意愿"。希契科克又补充说，与此同时，"它使那些有志于从事文科（liberal）职业（主要是男性）或文学生活（男性和女性都有）的青年，能够学习规定的经典研读课程，为进入高等学院作准备"。[19]

为了生存下去，多数专门学校实行男女同校（从而使有可能入学的人数增加了一倍），并且是结业性质的（授予文凭但不颁发统一的证书或承认的学位）。在整个19世纪，纽约90%的专门学校将男生和女生放在一起教学，尽管他们往往属于不同的"系"或者坐在教室相对的两边；在战前，亚拉巴马州75%的专门学校都是这么做的。[20]与极少数农业学校和机械学校不同，专门学校提供广泛的文科教育，而不是狭隘的职业培训。文科课程内部有多门"平行"课程，收取的学费也有差别。英语课程可能收取12美元，数学和科学收取15美元，古典学收取5美元以上。[21]然而，可以先在比较好的学校学习足够多的高级课程，以便未来在最好的那些学院获得一席之地。专门学校有许多学生能进入耶鲁、阿默斯特和普林斯顿等学院的二年级甚至三年级，从而省下一大笔钱。[22]简而言之，作为

---

[19] Edward Hitchcock, *The American Academic System Defended* (Amherst, Mass.: J. S. & C. Adams, 1845), in Sizer, *Age of the Academies*, 92-126, at 98; W. S. Tyler, *History of Amherst College... 1821-1871* (Springfield, Mass.: Clark W. Bryan, 1873), ch. 3.
[20] Beadie and Tolley, *Chartered Schools*, 332; Beadie, "Academy Students," 255.
[21] Knight, *DHES* 4: 34, 47, 55.
[22] 在普林斯顿1853年的班级中，89名注册入学者中只有19人得以进入大一第一学期（第二学期为7人），成为大二学生的为43人，成为大三学生的为19人。绝大多数人曾就读过专门学校或拉丁语语法学校。James Buchanan Henry and Christian Henry Scharff, *College as It Is, or, The Collegian's*（转下页）

个体的专门学校可能会提供贯穿学院前两年的课程，在今天看来也就是小学高年级和初中的水平。

这些范围极广的课程通常由一名到四名年轻的学院或女子中等学校毕业生担任教员，其中许多毕业生来自东北部，尤其是在南方和西部地区。[23]已经成家或身负神职往往会影响职级，但很多现任的或未来的牧师以及"学识渊博的女士"都在学校中待了很多年。一位历史学家把典型的专门学校教师称为"教育程度不高的流动人员"。[24]鉴于专门学校的薪酬水平，教师或许容易流动，但他们所受的教育程度并不亚于刚结束本科阶段学习的普通学院导师。

女教师也同样胜任。大多数女子专门学校和学院都努力提供与最好的男子教育机构相当水平的教育，它们当中许多都做到了。到1860年，女子专门学校和中等学校在数量上已经比男性学院多两三所，入学人数也不相上下。当时，学院平均入学人数为116人，而埃玛·威拉德位于纽约特洛伊的中等学校在19世纪上半世纪平均每年有240名女生入学。在内战之前，南方的许多"大专学校"（institutes）教授的学生数量为一两百人。大多数女子专门学校有三年制课程，但它们的姊妹中等学校和学院要四年才能读完。从19世纪20年代开始，越来越标准的女子学校课程——包括内容和方法——开始效仿男性学院的课程。在内战爆发之前，女子学校开设了更多的拉丁语课程

---

（接上页）*Manual in 1853*, ed. J. Jefferson Looney (Princeton, N.J.: Princeton University Libraries, 1996), 106n5.
[23] 全国的平均数仅为每个专门学校两名老师。Barnard, "Educational Statistics," 368.
[24] Sizer, *Age of the Academies*, 39.

(重视古典文化而不仅仅是语言),男子学院则提供了更多的科学课程,包括自然哲学、天文、化学和植物学,那是他们的女性同胞已经学过一段时间的课程。[25]

专门学校的课程总体上是将拉丁语语法学校的传统核心科目,与作为企业创立的学校(venture school)那些更为广泛的课程结合起来。一些专门学校在男生和女生各系中提供了 20 多个科目,涵盖范围从合称"3 R"的阅读、仪式和算术,以及地理、历史和语法,延伸到修辞、逻辑、道德哲学、代数、几何、天文、化学、基督教,当然还有拉丁语,有时还有希腊语的入门级大学课程。如果另外交费,有可能额外学到记账、航海、音乐、法语、女红、光学或心理学等。有很多课程可选,这些课程通常只持续六周。很难为每一门新设的科目物色到专业教师,又或者是请不起,所以教师们只能是杂而不精的多面手。由于全国范围内学生与教师的比例为 21:1,并且实施以"客户"为导向的选修原则,再加上不太稳定的出勤人数,专门学校的课程必然是不系统的,往往还很肤浅,尤其是在奉行折中主义的"英语系"。更为传统、旨在为学生进入学院作预备的古典学课程则限制更多、更加刻板。在这些科目中,作为学院预科的系和专门学校在形式和职能方面是可以互换的,两者中有许多都如此转变过。[26]

---

[25] Barnard, "Educational Statistics," 368; Mary Kelley, *Learning to Stand & Speak: Women, Education, and Public Life in America's Republic* (Chapel Hill: University of North Carolina Press, 2006), 83-92; Deborah Jean Warner, "Science Education for Women in Antebellum America," *Isis* 69 (March 1978), 58-67; Kim Tolley, *The Scientific Education of American Girls: An Historical Perspective* (New York: Routledge Falmer, 2003), ch. 2.

[26] Tolley, *Science Education of American Girls*, 44-49; Kim Tolley, "The(转下页)

在课堂上，专门学校中所有的系与大多数学院的一、二年级是无法区分的。默记一些课本以及对材料进行分年级的日常背诵（教师发问，学生回答）是教和学的主要形式。每周报告、定期考试、荣誉排名、奖品发放以及期末公共展览（与学院毕业典礼一样，有学生演讲、辩论和其他演示），这些做法试图在中间阶级的学生群体中确立一种新的"评价系统"、雄心壮志和精英情怀。纪律仍然严格，但体罚至少在北方式微了，取而代之的是"彼此赶超"。从财政方面来说，开除是一种糟糕的选择，因此专业学校的教师希望同窗之间的良性竞争能让学生继续完成学业，同时又不必施以棍棒。[27] 在南方，诉诸年轻绅士的荣誉（年轻女性被假定为更加温顺）是出于同样的考虑，但是从学校规则的长度、劣迹黑名单的无处不在以及小伙子们在学院里早期的有时甚至是长期的行为来判断，这种做法不太成功。[28]

专门学校的地理分布和普及为 19 世纪的美国带来了许多好处。首先，它们在全国构成了一个虽不协调却有效又灵活的

---

（接上页）Rise of the Academies: Continuity or Change?" *HEQ* 41:2 (Summer 2001), 225-39, at 234-36; Sizer, *Age of the Academies*, 28-33; Knight, *Academy Movement in the South*, 50-53.

[27] Opal, "Exciting Emulation," 456-58. 1834 年的广告，即提议在北卡罗来纳州罗利附近创办一所新教圣公会专门学校，是一个异数。学校校长宣称，不会授予"任何荣誉或物质"，"彼此争胜的精神只被视为一时的兴奋"。他答应会对自己麾下的专门学校"大家庭"施以"父母式监督"，既无"额外奖赏"，也不"严厉无情"。Knight, *DHES* 4:37-38.

[28] Robert F. Pace, *Halls of Honor: College Men in the Old South* (Baton Rouge: Louisiana State University Press, 2004); Christie Anne Farnham, *The Education of the Southern Belle: Higher Education and Student Socialization in the Antebellum South* (New York: New York University Press, 1994).

中等教育的上部结构。[29] 与学院一样，它们增强了社区的自豪感和进取心，通过激发一种基本上没有威胁的精英情怀来提升国家的知识能力。在为新的市场经济教育未来的公共领导者、职业人士和劳动者的同时，专门学校协助确立了对讲学场所、讲座、图书馆和书店的支持。通过男女同校的开放性和课程上的平等，它们拓展了数千名年轻女性在教育和职业方面的可能性，对于这些女性来说，无论是进入婚姻还是回归家庭都不是现实可行的选择。此类学校为全国的普通学校培养了以女性为主的绝大多数教师。在教室、餐厅、公寓和文学社团中，它们在中间阶级学生和未来校友中孕育了一种文化认同和社交网络。与我们的主题密切相关的是，专门学校为数百名学生在学院和大学、新兴的职业学校以及神学院中接受高等教育做好了准备。[30]

\* \* \*

内战前各所学院的创建者，像无数专门学校的资助者所做

---

[29] 1850年，美国的6085所专门学校平均每所招收43名学生，数量范围从阿肯色州的27名到俄亥俄州的170名。得克萨斯州和马萨诸塞州的专门学校平均招生数为35人。纽约州以盟校为首的887所专门学校，平均每所招收55名学生。Barnard, "Educational Statistics," 368.

[30] Beadie and Tolley, "Legacies of the Academy," in *Chartered Schools*, 331-51; David F. Allmendinger, Jr., "Mount Holyoke Students Encounter the Need for Life Planning, 1837-1850," *HEQ* 19:1 (Spring 1979), 27-46; Kim Tolley and Margaret A. Nash, "Leaving Home to Teach: The Diary of Susan Nye Hutchinson, 1815-1841," in *Chartered Schools*, 161-85; Keith E. Melder, "Woman's High Calling: The Teaching Profession in America, 1830-1860," *American Studies* 13:2 (Fall 1972), 19-32.

的那样，对同样一些全国性的发展、机会和条件做出了回应，只是学院的数量要少得多。对学院教育的需求也随着国家版图的扩大而增长，却并没有跟上由移民填充的人口及其在整个北美大陆广泛分散的步伐。专门学校可能已经培养出足够多的合格学生，从而证明有必要创建更多的学院，但大多数愿意费心完成学业的专门学校学生，却无须或不想进一步学习书本知识。此时，学院学位尚不具有一个世纪后那般的声望和影响。我们现在所认为的那些博学的职业，当时很少要求受过大学教育才能入职。律师、医生，甚至大多数牧师，基本上依赖于在执业者手下当学徒来得到训练。历史更久的东北和中大西洋的各个教派，包括公理会、长老会、德国和荷兰改革宗以及新教圣公会，仍然期望自己的神职人员在一般学院和神学院接受正规教育。但是，从19世纪30年代开始拥入西部和南方的新的福音派教士，尤其是浸信会和卫理公会的，把他们的信仰更多地寄予精神体验而非书籍和背诵。主要关注来自爱尔兰、德国和南欧的移民群体的罗马天主教神职人员，更关心小学和中学的学校教育，以及自己的信徒在正统的天主教环境中所受的训练。[31] 在内战之前，他们还为非信徒学生创立了许多学院，范

---

〔31〕 路德会在中西部创建了多所神学院和一般学院。Sydney E. Ahlstrom, *A Religious History of the American People* (New Haven, Conn.: Yale University Press, 1972), chs. 27-28, 32-33; Jon Butler, *Awash in a Sea of Faith: Christianizing the American People* (Cambridge, Mass.: Harvard University Press, 1990), ch. 9; Edwin Scott Gaustad and Philip L. Barlow, *New Historical Atlas of Religion in America* (New York: Oxford University Press, 2001), 90 (fig. 2.30), 101 (fig. 2.40), 108 (fig. 2.46), 132 (fig. 2.67), 158 (fig. 2.89), 220 (fig. 2.138), 225 (fig. 2.142), 347 (fig. 4.14); Kathleen Mahoney, *Catholic Higher Education in Protestant America: The Jesuits and Harvard in the Age of the University* (Baltimore: Johns Hopkins University Press, 2003), ch. 1.

围从马萨诸塞州延伸到加利福尼亚州。

关于内战前学院的数量，甚至是"学院"一词的意义，有许多不确定性。最合理的一些估计认为，数量最多在 200 所到 250 所。[32] 大多数真正的学院都教授文科和理科课程（正如那个时期在不断变化的重述和组合中所设想的），并且获得了州的特许来开展教务并授予学位。当诺厄·韦伯斯特在他的第一部美国英语词典（1828 年）中，将"学院"定义为"致力于文学追求的人的团体，包括官员和学生……成立法人并被赋予收入"时，就是这么想的。学院也可能被称为"神学院"（seminary），大学则不同。根据韦伯斯特的说法，**大学**"恰当地说是一所普遍学校，教授所有分支的知识，或者说包括神学、医学、法律以及文理四个学院"。依照那个（外来的）标志，大学在战前极为罕见。[33] 作为西方大学的主要支持者，西伦·鲍德温夸口称："美国学院的一个荣耀在于，它们没有合并成一所

---

[32] Barnard, in "Educational Statistics," 368, 统计出 239 所学院。Colin Burke, in *American Collegiate Populations*, 18 (table 1.3), 统计出在 19 世纪 50 年代的某个时期有 217 所学院处于运转中。1850 年，美国人口普查局只统计出 119 所学院，不过另外还统计出 96 所各类职业学校。Lawrence A. Cremin, *American Education: The National Experience, 1783-1876* (New York: Harper & Row, 1980), 44. 截至 1992 年 11 月，美国教育部的国家教育统计中心统计得出，1800 年至 1860 年共创立了 343 所常设学院和大学，这个数字看起来过于夸大了。*120 Years of American Education: A Statistical Portrait*, ed. Thomas D. Snyder (Washington, D.C., 1993), 81 (table 27). 相形之下，戴维·B. 波茨发现，在 1828 年秋季只有 50 所学院提供学院级别的课程；在 19 世纪 20 年代的某个时期，另有 17 所处于运转中，但不是在 1828 年；其中 12 所在此后继续存在。*Liberal Education for a Land of Colleges: Yale's Reports of 1828* (New York: Palgrave Macmillan, 2010), 75-81.

[33] Noah Webster, *An American Dictionary of the English Language*, 2 vols. (New York: S. Converse, 1828).

巨无霸大学，而是在人民中间广泛分布。"[34]纳什维尔大学校长菲利普·林斯利称，这些人民的大学"[比欧洲式大学]更适应我们广泛分散和相对贫困的人口的习惯、需求和环境"。[35]

相比于专门学校，学院以民主的方式扩散需要耗费更多的资金，承担更大的风险，很快就导致林斯利校长早在1829年就断定的"西方学院的过度繁殖和重要性下降"。在用不到20年的时间解决这个问题后，林斯利凭着艰难的经历说出了这个看法。1825年抵达纳什维尔时，林斯利告诉他的"大学"听众，田纳西州中西部或五个毗邻的南方和西南部州都没有学院。现在纳什维尔200英里半径范围内有30所，50英里范围内有9所。"它们都声称比我们更优越，至少与老哈佛和老耶鲁相比肩。"[36]

其他人则宣称，美国的学院还在头衔上有所夸张。1846年，一名傲慢的英国来访者认为，"无数小男孩就读的学校[也许是专门学校]处处分散在这个国家，在那里拖着鼻涕的顽童每周被鞭打一次，或者每周都该打一次。这些地方都被称为**学院**。因此，在美国，所谓的学院和大学比整个欧洲都多"。[37]

---

[34] Theron Baldwin, *Eleventh Report of the Society for the Promotion of Collegiate and Theological Education at the West* (New York, 1854), 43.

[35] *The Works of Philip Lindsley*, ed. Le Roy J. Halsey, 3 vols. (Philadelphia: J. B. Lippincott, 1866), 1:404-05 (1837).

[36] *Works of Philip Lindsley*, 1:254 (1829); John Pomfret, "Philip Lindsley," in *The Lives of Eighteen from Princeton*, ed. Willard Thorp (Princeton, N.J.: Princeton University Press, 1946), 158-77, at 170 (quotation, 1848).

[37] T. Horton James, *Rambles in the United States and Canada during the Year 1845* (London: J. Olivier, 1846), 66-67. 霍顿补充说，美国也缺乏当之无愧的教授，其中只有"极少数"人是"杰出的或有学问的人"，因为"对他们没有多少鼓励"，没有"博学的闲暇，除了在神学中"。他预计，这样的教授也不会增加，"虽然[美国]仍是民主国家"。

威斯康星一所学院的院长提出了一个更为宽厚的解释："我们把教学机构称为学院，与我们把基督徒称为圣徒依据的是相同的原则；原因不在于它们是什么，而在于我们期望它们成为什么。"因此，正如历史学家尤尔根·赫布斯特所说，许多内战前的学院是在纸上发起的，它们的特许状"最好被看作本票而不是品格的证书"。[38] 许多学院很快就彻底失败，或从未开门招生，或者未能提供学院水平的教学，又或者虽然提供了，预科各系招收的学生却多于学院课程所招收的：这些都表明许多本票和账单都没有得到兑付。[39]

\* \* \*

大多数学院的失败是由于生源不足（通常是由激烈或"过度"竞争造成的）和收入不足。这些原因并非互不相关。新建的小型学院无法建立起稳固的捐赠体系作为财政基础，因此在很大程度上要依赖于学生的学费，而学费一旦超过一定数额，就有可能使潜在的学生流向距离最近的竞争对手。为了补充学费和其他费用的收入缺口，各学院求助于许多其他来源。理事是防范财政失败的第一道防线，正如他们在今天往往也是

---

[38] Jurgen Herbst, "American Higher Education in the Age of the College," *History of Universities* 7 (1988), 37-59, at 48（都是引文）。

[39] 伯克认为 1800—1860 年的失败率为 17%，修正了都振华（Donald G.Tewksbury）那夸大的数字，即 81% 的失败率（*The Founding of American Colleges and Universities Before the Civil War* [New York: Teachers College, Columbia University, 1932; Hamden, Conn.: Archon Books, 1965], 28 [table 2]），Natalie A. Naylor, 在 "The Antebellum College Movement: A Reappraisal of Tewksbury's *Founding of American Colleges and Universities*," *HEQ* 13 (Fall 1973), 261-74 中也是如此认为。

如此。最初，理事们为获得州特许状所需的启动资金带头解囊。一个著名的创始人兼理事群体是所谓的"耶鲁团"（Yale Band），不是乐团，而是耶鲁神学系七名学生组成的团队。1829年，他们承诺自行提供神职和学术上的服务，并捐出10000美元，主要用以在伊利诺伊州杰克逊维尔这个仅有两年历史的草原小镇创立一所学院。此七人成为伊利诺伊学院的第一批理事，另外还有三名理事由地方上热心支持家乡的人选出，他们已经筹集了2000—3000美元。这些资金足以建造一座小型的两层砖房，并聘请第一批教员。[40]其他地方也发生着很多类似的事。

理事也受到号召去帮助那些学生太少、资金可怜的学院走出困境，不过，由于许多理事不过是当地热心支持家乡的中间阶级而不是有钱有势的富人，他们的财富也不过尔尔。于是，既是为了招生也是为了获得捐赠，学院可能会在地区的报纸上做广告，公开自己的需求。佐治亚大学处于起步阶段时，董事会的一个委员会"分别在萨凡纳、奥古斯塔和路易斯维尔的公共报纸上发出通知，自称为了**筹钱**将接收一系列捐款者，以便在大学的创建中'得到进一步援助'"。[41]捐赠现金、债券、土地和设备都受到欢迎。罗利和纽伯恩的女性为教堂山刚刚起步的北卡罗来纳大学提供了一对地球仪、一只指南针和一座象限仪，以供地理和科学教学之用。一群"慷慨绅士"不甘示弱，为学校的图书馆奉上了数千美元和数千英亩的土地（其中大部分是从印第安人部落蒙骗来的）以及许多"珍贵的书籍"。更

---

[40] "耶鲁团"也被称为"伊利诺伊团"，1842年，成立于安德沃神学院的"艾奥瓦团"加入其中。Julian M. Sturtevant, *An Autobiography*, ed. J. M. Sturtevant (New York: Fleming H. Revell, 1896), 135-39.

[41] Knight, *DHES* 3:41 (1800).

早一些时候，这所大学还把冠名权交给了六个人，这六个人为建造"图书馆公共礼堂和四所学院礼堂［学术礼堂］"捐赠的数额最多。[42] 遗憾的是，私立大学的机构名称只能出售一次，尽管特定的建筑一直是——现在依然如此——富有的捐赠者寻求冠名机会的目标。

另一种捐赠是设立长期或永久的奖学金。捐赠基金的大额捐款人有权在一段时期（时长由捐款数额限定）内，送一人到学院学习，不必交纳学费。其中的典型是北卡罗来纳州的戴维森学院，该学院在1851年试图出售一千项奖学金，每项价格100美元。在接下来的20年里，每位购买者都有权向学院送进"一个儿子或一个选中的人"。捐赠500美元的人可以随时向学院送一名学生，如果愿意也可以在遥远的未来行使这项权利。学院的费用可能会无法预测地增加，而资金的投入是（本应如此）为了产生利息以应对未来的通货膨胀，于是这些奖学金往往由于州内和全国的金融危机以及银行倒闭而变得令人失望。简而言之，"只有在大多数证书持有者将这种购买视为捐赠并拒绝利用这份特权时，奖学金计划才能实现自身的目标"。[43]

同样不确定的是，贫穷的学院请求州允许其经营彩票业务，这种请求殖民地时期的学院也提出过。州批准彩票业务时，总是会设置金额上限，以免抽干地区流动资产的池子，那些身为竞争对手的学院也想从此池子中抽取资金。附近或州内

---

[42] Knight, *DHES* 3:13 (1789), 17 (1791), 296-97 (1843).
[43] 同上书，4:375 (1851); George P. Schmidt, *The Old-Time College President* (New York: Columbia University Press, 1930), 68（最后一条引文）。迟至1907年，俄亥俄州丹尼森学院共有88项奖学金尚未兑现；1910年，学院开始回购，因为在此期间学费成本急剧上升。Frederick Rudolph, *The American College and University: A History* (New York: Alfred A. Knopf, 1962), 190-92.

的学院越多，达到这些金额上限的可能性就越小。即便是赌徒，也有自己的上限。[44]

各州还向州内学院提供额外援助，无论是私立还是公立的。土地是最容易提供的，虽然一次赠予太多会压低市场上的地价。和专门学校一样，学院被豁免了房地产税，其教员也被豁免了兵役和其他公共义务。一些州向公立大学拨款，以建造壮观的建筑物或图书馆；另一些州承担了教员和院长的工资、图书馆书籍和科学仪器的购置费用、一名或多名孤儿的年度学费。在整个19世纪50年代，南卡罗来纳州议会资助了南卡罗来纳学院大部分的此类需求，每年达7600美元之多，在内战之前是一个极大的数字。[45]

无论从道义还是经济上来说，对内战前各学院最为关键的支持都来自各宗教派别和会众。西部、西南部以及南方新增地区的开发，为各种新旧教派拓展了肥沃的土壤。定居者最早建造的社区建筑物之一是教堂，以期在尚未引导来自东部的地方移民时，能吸引一名牧师前来。宗教领域正处于发展之中，尤其是在这个世纪的中期。1850年的统计显示，当时共有38000多座教堂；10年之内，这个数字增长了16000，以卫理公会、浸信会和长老会增长最多。[46]一旦建起了教堂，社区接下来通常就想办一所专门学校或一座有预科系的小型学院，供那些没有掌握足够拉丁语或英语语法的人注册入学。正如"耶鲁团"和其他"本地布道团"（home mission）所认为

---

[44] Rudolph, *American College and University*, 185-87.
[45] Knight, *DHES* 3:346-51.
[46] Cremin, *American Education*, 379 (table 6).

的,"福音派的宗教和教育必须齐头并进"。他们有两方面的恐惧:除非"教会和学校跟上移民潮的步伐……否则即将到来的这数百万人,将落入贪婪无度的罗马那迷信或无神的异端恐怖之手"。[47] 1847年,即成立四年后,西部学院和神学教育促进会(可以恰当地解读为西部学院协会)确信,"当务之急是要把机构办起来,为强大的西部去做耶鲁、达特茅斯、威廉姆斯和阿默斯特为新英格兰所做的事;从西部教会的怀抱中召唤出博学又虔诚的牧师群体;通过整个大众教育体系来传递生气、健康和活力……在宗教自由和福音真理的持久基础上确立社会"。[48]

\* \* \*

新教福音派热情爆发的结果是,到1860年的时候创立了大约160所受教派控制的学院,占学院总数的80%以上。[49]其中大多数与一般学院一样,规模不大,但很顽强。26%的州立学院、30%的天主教学院以及63%的**非教派**院校在内战前没能获得成功,新教教派的学院失败的却少得多:卫理公会和长老会只占13%,浸信会占6%,公理会则一所也没有。有30

---

〔47〕 Sturtevant, *Autobiography*, 134, 138.
〔48〕 *Fourth Report of the SPCTEW* (New York, 1847), 引用于 Edwin Scott Gaustad, *A Religious History of America* (New York: Harper & Row, 1966), 168。
〔49〕 代表名单见 Gaustad, *Religious History of America*, 168-69, 内战前创立的教派学院, 仍然存在的详细地图见 Gaustad and Barlow, *New Historical Atlas*, 347 (fig. 4.14)。后一种资料使用时应带着几分谨慎(见前文注〔39〕),因为依据的是都振华的 *The Founding of American Colleges and Universities* (1932), 此书有的地方有瑕疵。

所学院在不同时期、出于不同原因而暂停运转，但许多后来得到复兴，其中有钱的很少，却极有生气地一直存续到 20 世纪。[50]

在大多数情况下，教派学院与宗教上的赞助者关联并不紧密。这些学院必然是跨教派和无派系的，毕竟它们不受一个核心的教会组织（大多数教派都没有）治理，从这样的组织获得的资金也只是最低限度的，就连它们的教员在信仰上也并不总是相同，地区的成员教会也很少能够提供足够的学生，使学院在财政上自给自足。学院院长和许多理事从教规上来说都是"安全的"，但在课堂和日常小教堂中教授的宗教和道德观念趋向于总体上能够为人接受的基督教新教派。若非如此，政治分裂和父母的反对会迅速减少入学人数，使预算陷入赤字。

学院的平均入学人数在 1840 年为 93 人，1850 年为 116 人，到内战前夕仍然只有 120 人，学院院长们处境艰难，勉力维持着摇摇欲坠的船儿不沉。[51] 与现代继任者惊人相似的是，他们永远在寻求资金、新设施和运营费用的捐赠。许多学院派遣院长或付费的代理人前往东部，时间有可能长达一年，去从教会成员和主要的本地布道团设在大城市的总部募集资金。作为耶鲁团成员之一以及小小的伊利诺伊学院的首任院长，爱德华·比彻牧师离开学院的时间太长，以至于终于搬回东部全职筹集资金，把院长职责交给了耶鲁团的另一位成员朱利安·斯

---

[50] Burke, *American Collegiate Populations*, ch. 1, esp. 22 (table 1.9), 25 (table 1.13), 26.

[51] Arthur M. Cohen and Carrie B. Kisker, *The Shaping of American Higher Education: Emergence and Growth of the Contemporary System*, 2nd ed. (San Francisco: Jossey-Bass, 2010 [1998]), 69.

图尔特万教授。没过多久，迫于反奴隶制的伊利诺伊州的相对贫困、1837年的金融恐慌，以及一位公开嘲笑"学院教育"的卫理公会牧师恼人的反对，斯图尔特万出于同样的原因至少进行了三次长途跋涉。和许多学院一样，伊利诺伊学院更容易为那些有志于从事神职的学生从美国教育协会（如斯图尔特万在耶鲁所做的）、美国本土宣教协会（创建于1826年），尤其是西部学院协会获得援助，这些机构多年来总共向学院的金库直接投入61178.17美元。[52]

在其30年的历史（1844—1874）中，西部学院协会向约26所文科学院和神学院提供了超过60万美元的直接拨款。1874年，它与成立更早的美国教育协会合并，后者从1815年开始向专门学校、一般学院和神学院的部分学生提供额度不大却至关重要的补助（每年75—100美元），这些都是表现出学术潜力并有志于从事神职的学生。总体而言，美国教育协会为约5000名学生提供了帮助，这个数字占19世纪三四十年代所有一般学院学生的10%，占所有神学院学生的四分之一。宗教复兴和西方扩张之后，对该协会的资金需求很大，于是它从拨款转向贷款（如果毕业生后来在贫穷的教会中担任传教士或牧师，通常会免于还款），随后又变成直接拨款给院校。美国教育协会和西部学院协会董事会的大多数成员，都是公理会或长老会信徒，但董事会是以非宗派的方式支持所有福音派基督教学院的。尤其是美国教育协会，推动产生了一个高学历的教士群体：在古典的文科学院学习四年，再在神学院就读三年。它也是公共教育的主要支持者，鼓励着其受益者于夏季在普通学

---

[52] Sturtevant, *Autobiography*, 160-62, 181, 209-13, 253, 262, 384.

校和专门学校任教；10% 的神职受益人员后来成为一般学院和神学院的院长或教员。[53]

无论是否属于某个教派，所有学院的院长都面临着预算方面的难题，只有通过不断寻求外部资金才能加以解决。无论何时都靠不住的一个来源是在校的学生，其中大多数人的出身就经济状况来说不是一般的中间阶级就是明显的贫困家庭。竞争日益激烈的学院市场，加上学院自身怀有公共职责意识和宗教慈善观念，使其收费保持在尽可能低的水平。但是，在足够多的人毕业并进入有报酬的职业生涯后，曾经的学生——用熟悉的拉丁语表述来说即校友（alumni）——便成了寻求收入的校长猎取的对象。

从 19 世纪 20 年代的东北部开始，校友会开始形成。[54]当他们在校园或附近的城市重聚时，主要的发言人总是学院院长。院长不会浪费一丝机会来提醒他们亏欠母校的恩情并请求

---

[53] David F. Allmendinger, *Paupers and Scholars: The Transformation of Student Life in Nineteenth-Century New England* (New York: St. Martin's Press, 1975), ch. 5; Natalie A. Naylor, "'Holding High the Standard': The Influence of the American Education Society in Ante-Bellum Education," *HEQ* 24:4 (Winter 1984), 479-97; James Findlay, "The SPCTEW and Western Colleges: Religion and Higher Education in Mid-19th Century America," *HEQ* 17:1 (Spring 1977), 31-62; Daniel T. Johnson, "Financing the Western Colleges, 1844-1862," *Journal of the Illinois State Historical Society* 65:1 (Spring 1972), 43-53. 参见 Merle Curti and Roderick Nash, *Philanthropy in the Shaping of American Higher Education* (New Brunswick, N.J.: Rutgers University Press, 1965) and Rupert Wilkinson, *Aiding Students, Buying Students: Financial Aid in America* (Nashville: Vanderbilt University Press, 2005).

[54] 威廉姆斯学院于 1821 年成立了校友组织，明德学院和布朗学院的校友组织成立于 1824 年，联合学院 1825 年，普林斯顿 1826 年，耶鲁 1827 年，佐治亚大学 1834 年，卫斯理学院 1836 年，阿默斯特和哈佛 1842 年，北卡罗来纳大学 1843 年，达特茅斯和鲍登 1855 年，哥伦比亚 1856 年。

捐款。在纳什维尔大学，林斯利校长于 1834 年告诉校友："我们不指望州的金库，也不依靠立法赔偿。我们不依靠教会的庇护或宗派的热情，也不依靠个人的慷慨；事实上，也不依靠任何常规的资金收入来源，在我们幸福的共和国的其他部分，这些来源养育和维持着如此众多欣欣向荣的院校。"他的听众不必猜测也能知道接下来会发生什么，毕竟，林斯利欣然自命为乞丐之王。在他 1850 年退休时，学校收到的捐赠数额比负债多 14 万美元，对于一所被一群数量不断增多且同样贫困的乡村教派竞争对手环伺的非教派城市院校来说，这是一个不小的壮举。[55]

与纳什维尔并无不同的是，更多的宗派学院发现，为特定的宗教目的筹集资金更为容易。在成为文科学院之前很久，作为亚拉巴马州马里恩的一所浸信会院校，霍华德学院一年内筹集了 2 万美元来设立一个神学教授职位。州浸信会大会同意理事们的观点，即"相比于为这个拟议中的院校的文学院系掏钱，人们更乐意为此目标把钱捐出来"。[56] 13 年后，南方的 9 位新教圣公会主教们确信，"众所周知的总体上属于我们教派的充足财富"能轻易地筹集到 50 万美元，创建一所真正的南方大学，比教区内的教派学院都要好，能媲美国外最好的大学和"北方那些州最高等级的院校"，比如"长老会的"普林斯顿、"一神论者的"哈佛以及"公理会的"耶鲁。到 1860 年，这笔资金已经全部有人认捐或已经入账，不久便可在田纳西州

---

[55] Pomfret, "Philip Lindsley," *Lives of Eighteen from Princeton*, 169-71, at 169（引文）。伊利诺伊学院院长朱利安·斯图尔特万自称为"乞丐之王"。

[56] Knight, *DHES* 4:395 (1843).

的山顶上为一所志存高远的大学奠基；这一事实表明，他们对捐助数额的估计是可靠的。[57] 内战前的学院中，鲜有如此幸运者。

\* \* \*

在白人定居点的各个边境创立学院，不仅需要不间断地筹款，还要建造大楼，这样才有地方上课、举行宗教仪式，寄宿学生和教员才有地方落脚，餐饮设施、书籍以及科学藏品和设备才有地方存放。类似地，成立更早的学院需要随着新生人数的增加而扩大规模，并在现有建筑因本科生的使用而自然折旧或遭到火灾毁坏时进行维护或重建。和亚伯拉罕·林肯一样，多所西部学院诞生在小木屋里，幸运的是，那些乡村处所很快就因学院规模扩大而被放弃，由新的处所取代。[58] 最初的校园建筑即便不能满足所有用途，通常也具有多重功能，这样做部分是为了节省建筑成本，部分是为了对冲创始人所下的赌注，即学院会比印有它们的特许状的纸张更长久地存世。它们同样规模不大，没有特色。1829 年，毕业于普林斯顿的菲利普·林斯利让人们不仅留意到西部大学的"过度增殖"，还留意到它

---

[57] Knight, *DHES*, 4:462, 468, 470 (1856); Samuel R. Williamson, Jr., *Sewanee Sesquicen-tennial History: The Making of the University of the South* (Sewanee, Tenn.: University of the South, 2008), 9, 16-17.
[58] 有六年时间，田纳西州的玛丽维尔学院由一位巡回的长老会讲道人在一个小木屋里独自运行，勉力维持。Schmidt, *Old-Time College President*, 41. 关于富兰克林学院最初的木屋校址的一幅版画（1836），见 Paul Venable Turner, *Campus: An American Planning Tradition* (Cambridge, Mass.: MIT Press, 1984), 19 (fig. 15).

们的"重要性下降"。[59]

他应该很容易注意到，每个地方的新学院大楼都设计平庸、质量低劣。1805年和1809年，南卡罗来纳学院在哥伦比亚市中心建造了该校最早的两所"学院"。由于没有十足质量的石头，盖楼不得不用砖块。第一座三层楼的联邦主义建筑，以粉饰灰泥为立面的中间部分设置了小教堂和几间教室，两翼的房间可容纳约50名学生。院长詹姆斯·桑韦尔（1851—1855）后来称大楼为"笨拙而别扭的一堆东西"，认为它既不美观又不舒适。在19世纪50年代双双遭受火灾之前，两所学院已亟须改造升级，并在1835年完成了升级，因为它们"原本是用劣质材料建造的，而且工艺很不成熟"。[60]

三年前，伊利诺伊学院告别了原来的"二层砖砌小楼"（1830年），代之以一座更有抱负的多功能建筑。该建筑规模为104英尺×40英尺，高四层，其中包括两个翼楼，容纳着院长一家以及他不可或缺的教授朱利安·斯图尔特万。在1852年被烧毁之前很久，时任院长斯图尔特万就宣称该建筑"规划拙劣，建造不周"。他宽厚地指出，在伊利诺伊州中南部的草原上，"当时极少有优质材料，想必是巧妇难为无米之炊"。尽管如此，它并不被视为"美丽的［山巅］校址上的装饰，一个在此后多年中引起许多伤感的事实"。幸运的是，1857年秋天，

---

［59］ Richard Hofstadter and Wilson Smith, eds., *American Higher Education: A Documentary History*, 2 vols. (Chicago: University of Chicago Press, 1961), 1:233.

［60］ Daniel Walker Hollis, *South Carolina College*, vol. 1 of *University of South Carolina* (Columbia: University of South Carolina Press, 1951), 29-30, 93, 131. 关于拉特利奇学院和索绪尔学院依然清晰的建筑外表的一幅照片，见 John Morrill Bryan, *An Architectural History of the South Carolina College, 1801-1855* (Columbia: University of South Carolina Press, 1976), 32-33 (figs. 18 and 19)。

学院"在一座真正适合教学的建筑"里开了课,设有"充足而舒适的房间"。[61]

一旦入学人数和捐款数额达到可以维持运转的程度,边境的学院会特别留意东部的那些榜样,不仅效仿它们的课程标准和师资,也会从它们身上寻找建筑灵感。在18世纪后期引领着西部学院学生的,基本上都是耶鲁和普林斯顿的毕业生,所以新创立的和有抱负的学院把目光转向那些东部先驱在建筑上的鲜明特征也在情理之中。[62] 从普林斯顿那里,边境的建筑承包商们在很大程度上借鉴了拿骚堂的长度、石头立面、前部为绿色的校园,以及内部布局。南卡罗来纳学院的前两所"学院"、联合学院1805年的斯通学院、特兰西瓦尼亚学院1816年的主楼、威廉姆斯学院1828年的格里芬楼,以及许多18世纪晚期的学院,都从普林斯顿那里获得了启发。作为另一位"学院之母",耶鲁提供了两种范例:三层,两个入口,砖砌的康涅狄格堂(1752年),以及"老砖排"(Old Brick Row):一组壮观的宿舍、小教堂和讲学场所,沿着学院街排成一行,面向体量庞大的"纽黑文绿地"(New Haven Green)。位于俄亥俄州牛津市的迈阿密大学,曾两度效仿康涅狄格堂。"砖排"的概念在19世纪20年代被山巅上的阿默斯特学院采纳,1845年之前在俄亥俄州哈德森被西储学院采纳,1829年被佛蒙特大学采纳;并且在1811年耶鲁校长蒂莫西·德怀特的一次来访之后,被明德学院

---

[61] Sturtevant, *Autobiography*, 166, 190-91, 270-71.
[62] Tewksbury, *Founding of American Colleges*, 14; William Lathrop Kingsley, *Yale College: A Sketch of Its History*, 2 vols. (New York: Holt, 1879), 1:412-14; Donald Robert Come, "The Influence of Princeton on Higher Education in the South before 1825," *William & Mary Quarterly* (3rd ser.) 2:4 (Oct. 1945), 359-96.

图 12　19 世纪 40 年代的佐治亚大学校园，版画，出自《格里森的画室指南》（*Gleason's Drawing-Room Companion*，1854 年 5 月 13 日）。左起：全美优等生联谊会楼\*（1833），两个文学社团之一；哲学楼（1821），用于科学教学；老学院（原富兰克林学院）（1801—1806），原来的多功能建筑；新学院（1823，1832 年烧毁并重建）；小教堂（1832），带有柱子和钟楼；狄摩西尼楼（1824），第一个文学社团；常春藤楼

在其"老石排"（Old Stone Row）中采纳。[63]

　　大多数学院的建筑物都要迁就当地的材料和建筑传统，但古典课程和对学术谱系的追溯使得许多学院在一些关键建筑中采用了希腊复古式风格。一些多功能主楼进行了希腊罗马式的处理：神庙般的轮廓、柱廊或门廊、多立克柱或科林斯柱、装

---

[63]　Turner, *Campus*, 42-45, 47-50, 55 (fig. 49); Codman Hislop, *Eliphalet Nott* (Middletown, Conn.: Wesleyan University Press, 1971), opp. p. 146 (Union); Bryant F. Tolles, Jr., *Architecture & Academe: College Buildings in New England before 1860* (Hanover, N.H.: University Press of New England, 2011), 97-103 (figs. 4-3, 4-4, 4-7, 4-11).

\*　一个全国性的大学生精英团体，名称由三个希腊字母（ϕ、β、κ）合起来构成。

图 13　耶鲁学院图书馆，19 世纪 40 年代哥特式复古的华丽之作，和哈佛的戈尔堂图书馆（1838）一样，近似地模仿剑桥大学国王学院的礼拜堂。前者于 1931 年成为小教堂（德怀特楼），当时耶鲁新建了巨大的学院哥特式图书馆，即斯特林纪念藏书楼

饰性雕带，以及大量的白色涂料。希腊特征在学生的文学社团中尤其受欢迎，这些社团多数采用了雅典式的名称，比如克利俄索菲克（Cliosophic）、"爱辩者"（Philolexian）和狄摩西尼（Demosthenian）。他们的"讲堂"往往并排而设，或者更贴切地说是彼此相对，仿佛在雅典学院或吕克昂学园里进行着友好的辩论。[64]

出于类似的原因，多所学院都追随了哥特复古式的第一波

---

[64] Turner, *Campus*, 90-100.

潮流，该潮流正式发端于 19 世纪 30 年代。1834 年，在新教圣公会的赞助下，肯尼恩学院建成了第一座建筑，一座"H"形多功能石砌大楼。那尖尖的哥特式窗户和夸张的房屋尖顶，必定让崇尚简单风格的俄亥俄州甘比尔当地居民感到困惑。哈佛的那些一神论者近邻们，或许同样对大教堂般的戈尔堂感到不知所措；此堂于 1838 年建成，为学院图书馆所在地。耶鲁的图书馆不甘落后，于四年后搬进了超级哥特风格的德怀特楼。这座过于华丽的建筑作品位于"老砖排"后面相当的距离，和戈尔堂一样，可能是想成为向剑桥著名的国王学院小教堂迟来的致敬，后者于 15 世纪由天主教徒亨利六世陛下奠基，并于 16 世纪由曾经的天主教徒亨利八世完工。当学院哥特式建筑的真正热潮于 19 世纪 90 年代开始兴起时，这些早期的拓路者备受珍视。[65]

　　无论受到追捧的是哪一种建筑风格，内战前的学院，尤其是那些身处边境小城镇的学院，都有义务将学生安置在校园宿舍，让他们在食堂或公共场所中就餐。[66] 由于当地缺乏足够的食宿设施，学院要吸引足够的学生并在校园中消化，几乎没有什么选择的余地。许多学生，尤其是预科各系的学生，都很年轻，需要大量的照顾和监督。年龄较大的"做学术的"学生，多数是青少年男生，在人们看来需要更多的监督而不是照顾。

　　内战前的教育者们在宿舍问题上有两种看法。绝大多数人尽管对乡村生活在道德上的纯洁无瑕和有益身心有着理想化的

---

〔65〕 Turner, *Campus*, 110-20, ch. 6; Tolles, *Architecture & Academe*, 21-22, 37-39.
〔66〕 食堂通常位于校园地下室或普普通通的单独区域。食物通常和环境一样糟糕，让学生又多了一重埋怨和暴动的理由。部分较大的校园里会设两个食堂，一个是针对贫穷学生的廉价食堂，一个是针对有钱的就餐者、口味更好的食堂。Rudolph, *American College and University*, 101-102.

偏爱，却认为脱离了父母监管的蛮横青年需要教员们从道德和学习上施以严密的管束。扮演着父母角色的导师们（有时是身为学士的教授们）被分配到宿舍中，生活在学生们中间。如此一来，教师们便能每天查房两次至三次，以确保初露头角的学生们于规定的学习时间在文本方面刻苦用功。但是，导师的过分接近也使自己容易受到学生吵闹的影响，并成为恶作剧和虐待（有时会危及生命）的对象。于是，在教师中间形成了一种激烈的少数派观点，即宿舍不仅就个人来说无法忍受，而且是学生叛乱的肥沃土壤，这种叛乱在内战之前普遍存在，使许多学院陷入瘫痪。[67] 在虔诚的教师、院长和理事看来，用俄亥俄大学的创始人之一马纳萨·卡特勒的话来说，宿舍"在绝大多数时候……是种种恶习的渊薮，是不洁鸟儿的笼子"。[68] 但是，多数派观点还是占了上风，于是投入大量的费用，承受着沉重的焦虑，想把宿舍生活变成牛津和剑桥那种学院方式的苍白幻影。

一些学院行政人员试图借助建筑来减少学生们狂欢作乐和发动反叛的机会。一种代价高昂的方式，是在数量更多但空间更小的宿舍中容纳更少的学生。这种方式即便在捐赠和预算极为充足的时候也很少采用。还有另一种策略，联合学院在1814年尝试过，其他学院也尝试过，那就是把学生宿舍紧挨着放在两个相邻的教授居住区之间。[69] 更可行的做法——虽然也需要额外的支出——是把入口、楼梯、走廊和房间在内部排成一条

---

[67] Rudolph, *American College and University*, 97-99; Steven J. Novak, *The Rights of Youth: American Colleges and Student Revolts, 1798-1815* (Cambridge, Mass.: Harvard University Press, 1977); Pace, *Halls of Honor*, ch. 4.
[68] Rudolph, *American College and University*, 96-101, at 99.
[69] Turner, *Campus*, 72 (fig. 66).

图 14　为了协助解决学生的纪律问题，联合学院建起了两座对称的宿舍楼，称为南北学院，两侧是教授们的居住区域（1812—1814）。两座宿舍现在都还在使用中

直线，以尽量减少行政人员眼中学生的"联合"或蓄谋的"狂欢"，这些行为的目的是要扰乱和平并让教员们集体受过。效仿普林斯顿建造长长的拿骚堂的那些学院，与普林斯顿一样总是惊讶地发现，与整幢建筑物长度相同、两侧排列有独立房间的走廊，正好成为飞驰者完美的"保龄球道"和反叛的密谋者集结的地点。正如牛津和剑桥长期以来证明的，物理的解决方案是在立面上建造多个入口，每层只有两个或四个房间。这样一来，作恶者就只能少量少量地外撤，即使无法被抓也能够确认身份，并且受制于学院纵横交错的司法法令。[70]

---

〔70〕 Turner, *Campus*, 89; Henry and Schaff, *College as It Is*, 126-43, 157-71, 203 and 203n14; Schmidt, *Old-Time College President*, 85. 南卡罗来纳学院的拉特利奇楼和其他宿舍都有这样的安排。Hollis, *South Carolina College*, 26-27, 132; Bryan, *Architectural History*, 15, 73. See 175 (fig. 14).

*　*　*

如果说有可能存在一所没有学生（牛津万灵学院便是证明）且没有实体校园（无论数量多少，网络"大学"便是证明）的学院，却不可能存在一所没有教员的学院，无论规模多小。许多内战前的学院开始时只有一个院长，教授着全部的基础课程，也许大一和大二两个班级有一名年轻导师帮帮手。随着发展，学院能够增添一些更为专业的教授，包括拉丁语和希腊语、数学、修辞和纯文学，以及自然哲学和科学领域的。院长会尽最大努力聘用他们。在"基督教见证"课程开设后，他独自一人讲授，此外还教道德哲学的高级"顶点课程"（capstone course），那是殖民时代遗留下来的，包括道德、宗教和自然法等元素，以及一些新兴的社会科学，如政治学、心理学和经济学。[71] 与现代学院的主管者不无相同的是，他那些内战前的前任们也有一份冗长的工作描述。他不仅是带头乞讨的人，还是学院"利益和声誉"的监护人、纪律维持者、通信秘书、社区联络人、监考人、毕业典礼召集人、品格和礼仪模范，以及驻校牧师。[72]

---

[71] Schmidt, *Old-Time College President*, ch. 4; Frederick Rudolph, *Curriculum: A History of the American Undergraduate Course of Study since 1636* (San Francisco: JosseyBass, 1977), 90-94; Daniel Walker Howe, *The Unitarian Conscience: Harvard Moral Philosophy, 1805-1861* (Cambridge, Mass.: Harvard University Press, 1970). 布朗·弗朗西斯·韦兰院长所写的最畅销的美国道德哲学教科书是 *The Elements of Moral Science* (1837), ed. Joseph L. Blau (Cambridge, Mass.: Belknap Press of the Harvard University Press, 1963)。
[72] Schmidt, *Old-Time College President*, ch. 2, at 54（引文）。早期一些边境学院的院长还必须是勤杂工。佐治亚大学创始人、毕业于耶鲁的乔赛亚·梅格斯在一棵橡树下为最初的少数几个学生讲课之余，还为建造第一座楼房烧制砖块。同上书，63。

最后一个角色来得很自然，因为内战前90%以上的院长都被任命为牧师。作为教派学院不断扩散及院长的母校渊源的体现，长老会院长为77位（22人毕业于普林斯顿），在数量上超过公理会院长的55位（36人毕业于耶鲁），后者又超过新教圣公会（39人）、浸信会（30人）、卫理公会（28人），以及路德宗（4人）的院长。[73] 即使是为数极少的世俗院长也认为，教育除非浸润着新教气息和基督教道德，否则就不是真正的教育。因此，除了道德哲学的高级课程，院长还负责着上午一大早（早餐前）和下午晚些时候（最后一堂课之后）规定的小教堂服侍、周日早上时间更长的服侍，并且经常在周日下午或晚上负责问答式的背诵。尤其是他的周日讲道，或者是那些启发灵感的客座传道者的讲道，有时会程度不等地重新使学生变得虔诚，使人剖白信仰，前往教会。从1831年开始，为各所学院设立的全国祈祷日助推了院长们的种种努力。[74]

院长传递的宗教讯息往往远远超出了学院小教堂的范围，尤其是当他通过新兴的宗教印刷品发表讲道文章或阐述观点的时候。许多属于某个教派的院长有时具有强烈的派性，并与其他信徒进行激烈的争论，无论远近。一些反对者来自他们自己的理事会（其中通常充斥着牧师），另一些反对者则来自身为竞争对手的学院或教派会议。触怒理事是最危险的行为，往往会导致任期不得善终。不过，即使是那些设法避免惹恼上峰，也不会让自己被控异端的好争论者，回头来看也很少是伟大的院长。历史学家

*178*

---

[73] 这些数据来自对1840年之前成立的71所学院的研究，这些学院至少到1860年仍然存在。Schmidt, *Old-Time College President*, 96, ch. 7, at 184-87.

[74] 次年，对59所学院的3582名学生进行了普查，发现有683名（19%）"很可能是虔诚的"。同上书，150-51。

乔治·P. 施密特总结说："学院主事者如果一直把主要兴趣放在神学上，或者很容易失败，或者无论如何成就都很平庸。"[75]

尽管承担着种种职责，面临着种种繁难，学院院长们很少得到公平的补偿。有几位，在最初的几年里完全拿不到薪水——例如田纳西州玛丽维尔的那所小型学院院长，前十年都没有报酬。其他人要幸运一些，有时会有一座房子提供给他们来增加报酬，在后来的几十年里，哈佛和特兰西瓦尼亚的院长工资从几百美元到多达三千美元不等。许多院长能从文凭费用和兼职教士的任务中挣一些外快。少数人通过出版自身研究领域的教材来获得版税，例如道德哲学、政治经济学和化学领域的教材。毋庸置疑，没有哪个学院院长能变得富有，只有一人例外。通过纽约土地交易、蒸汽船发明和取暖炉专利，联合学院的伊利法莱特·诺特就赚到了这样一笔钱，并在长达62年的院长任期结束时给学院留下60万美元。[76]

\* \* \*

院长们最早和最重要的职责之一，是聘用额外的教员。最初，可能只需要一两个导师来协助履行多种职责的院长。在边

---

[75] Schmidt, *Old-Time College President*, ch. 7, at 225（引文）。田纳西州塔斯库勒姆学院长期任职的院长塞缪尔·W. 多克被赞"从不允许他的院长职责干涉牧师任务"。毫不奇怪，他至死都未发表过东西，连一篇讲道文章也没有。Francis X. Corgan, "Toward a History of Higher Education in Antebellum East Tennessee," *East Tennessee Historical Society Publications* no. 60 (1988), 39-66, at 49（引文）, 50。

[76] Schmidt, *Old-Time College President*, 69-73, 103. 关于诺特金融交易的复杂且往往乏味的细节，见 Hislop, *Eliphalet Nott*。

境学院能够培养自己的毕业生之前,必须到更远的东部或北方去物色导师。最有可能的人选,是享誉已久的学院或神学院新近毕业的优等生,他们的目标是从事神职,却又无法立即在教会找到空缺职位。怀着理想主义,这些年轻的毕业生把在学院任教视为一种牧养实践,把微不足道的薪酬作为一名未来神职人员通向穷酸的上流社会生活的导引,于是便在西部签约受雇于短期的"本土布道团"。他们任职通常不会超过两三年,因为很少有导师会晋升为教授,毕竟导师的专业化不仅要求更多的教学经验,还要求在特定的科目中有更深的学识。[77]

在19世纪的前二三十年,大多数受聘的教授或者在教堂讲坛上布过道,或者在学院教室中授过课。另一些教授则做过医生、律师或传教士。[78] 鉴于美国的研究生院出现较晚——和英国的情形一样——医学实践是获得科学训练极少数的几种途径之一。类似的,在神学院接受教育是不必前往德国而获得希伯来语和古典希腊语高级知识最有可能也最为理想的方式,但这些科目中只有极少数后来成为人文学科。[79] 到1840年,

---

〔77〕 Sister M. St. Mel Kennedy, "The Changing Academic Characteristics of the Nineteenth-Century American College Teacher," *Paedagogica historica* [Ghent] 5 (1965), 351-401; Martin Finkelstein, "From Tutor to Specialized Scholar: Academic Professionalization in the Eighteenth and Nineteenth Century America," *History of Higher Education Annual* 3 (1983), 79-121, at 104, 108.

〔78〕 在普林斯顿,巴兹尔·吉尔德斯利夫(1849级)跟随一名曾经的神学硕士和前往中国的传教士学习修辞和纯文学课程。他回忆道:"在那些日子里,因健康状况不佳或无法有效传教而返回的传教士,成为学院补充师资的来源之一。""The College in the Forties," in Ward W. Briggs, Jr., ed., *Soldier and Scholar: Basil Lanneau Gildersleeve and the Civil War* (Charlottesville: University of Virginia Press, 1998), 60.

〔79〕 见后文,ch. 5。Jon H. Roberts and James Turner, *The Sacred and the Secular University* (Princeton, N.J.: Princeton University Press, 2000), chs. 4-6;(转下页)

已有 50 多所神学院成立，一些完全独立，一些与一般学院有关联。

马萨诸塞州的安德沃神学院（成立于 1808 年）是其中极为出色的一所，部分原因在于其 90% 以上的注册入学者都是学院毕业生，教学可以从高阶开始。19 世纪 30 年代初，阿默斯特毕业生威廉·泰勒到安德沃求学时，各个年级的"高学术水准"和闻名全国的声誉早已使其成为学院教学的主要导管。在第一个 10 年中，安德沃有 26 名毕业生成为一般学院或神学院教授。在近 40 年的宗教文献教学生涯中，摩西·斯图尔特教授了 70 位未来的学院院长和教授。同样，在普林斯顿神学院（成立于 1812 年）的第一个 10 年中，有 15% 的校友后来成为学院教授。与耶鲁和普林斯顿一样，那些主要的神学院也无愧于"学院之母"的称号。它们在思想上充满活力，它们的出版物往往是质量最好的学术期刊，涵盖包括自然科学和社会科学在内的广泛学科。在内战前的院长和理事们看来，聘请"未从事过专业学习的"神学院毕业生来教授学院课程没有什么奇怪的，而到了 19 世纪晚期，专业学习则"被视为担任这种教职的必要准备"。[80]

---

（接上页）James Turner, *Philology: The Forgotten Origins of the Modern Humanities* (Princeton, N.J.: Princeton University Press, 2014).

[80] 在提供教学的第一个世纪中，位于纽约州奥本的长老会神学院（成立于 1818 年）培养了 34 位学院院长和 78 位学院教授。Natalie A. Naylor, "The Theological Seminary in the Configuration of American Higher Education: The Ante-Bellum Years," *HEQ* 17:1 (Spring 1977), 17-30, at 17-18, 20, 22, 25; Elizabeth A. Clark, *Founding the Fathers: Early Church History and Protestant Professors in Nineteenth-Century America* (Philadelphia: University of Pennsylvania Press, 2011), 9-10; *Autobiography of William Seymour Tyler, D.D., LL.D* (n. p., 1912), 45 ( 引文 )。

\* \* \*

　　在学院数量激增、到处搜罗教员之际，除了神学院在校生和二流的学究，招聘委员会往往很难找到合格的人选。即使找到，他们也很少长期任职直至终身在学院任教或者专注于某个学科专业。[81] 他们来自不同的背景，拥有不同的经历，往往一段时间后便离开，走向同样多样的道路。北卡罗来纳大学的年轻校长、毕业于普林斯顿的约瑟夫·考德威尔早期招聘的教员中，有一人曾是法国的天主教修士，也是英国海军的逃兵，后来在南方成为流浪艺人。自此以后，考德威尔尽量不考虑欧洲出生的教授，部分原因在于不信任他们的宗教和政治原则，但主要是因为，考德威尔认为他们由于对"美国青年的性情"，尤其是南方青年的性情缺乏理解而无法执行纪律。[82]

　　在教堂山等地，内战前的早期教员经常在不同的教席之间主动或被动地流动，看起来没有什么难度。考德威尔本人在教授数学 20 年后转向道德哲学；18 年后，他把天文学加入授课范围。从附近一所女子寄宿学校领导任上退下来后，沃克·安德森开始担任修辞学和逻辑学教授，并在 35 岁时辞职，在佛罗里达

---

[81] Finkelstein, "From Tutor to Specialized Scholar," 103.
[82] Kemp P. Battle, *History of the University of North Carolina... 1789-1868* (Raleigh: Edwards & Broughton, 1907), 154, 160-61, 419（引文）。其他负责学术事务的领导者更愿意聘用欧洲教员。在物色弗吉尼亚大学的第一批教员时，具有国际眼光的托马斯·杰斐逊选择了四名英国人和一名德国人。1819 年，杰斐逊写信给约翰·亚当斯："我们的想法是，如果能找到，就招募本国人……但由于更青睐一流的外国人而不是二流的本国人，我们要招许多教授肯定要走出去，去比我们科学更发达的国家聘请。"写这封信时，他刚遭到两位哈佛教授拒绝，一位曾在德国留学，另一位曾在巴黎留学。他后来把目光投向了爱丁堡。Knight, *DHES* 3:185, 211.

州从事商业和法律工作。威廉·胡珀先是当了 5 年的古典语言学教授，后来去职，成为一名新教圣公会牧师，不久又返身回校，承担了 3 年的修辞学和逻辑学教职，然后又重任原先的语言学教席。1837 年从北卡罗来纳大学辞职后，他的简历由于多次职业变化而内容丰富。1831 年成为浸信会教徒后，他先后在弗曼学院教授神学，在南卡罗来纳学院教授希腊和罗马文学，在男子学校教授古典学，并在维克森林学院负责过一座浸信会教会，在北卡罗来纳州和南卡罗来纳州负责过三所女子神学院。作为耶鲁的优秀毕业生，并在安德沃神学院短暂任职，伊莱沙·米切尔与他的许多同人的不安表现形成鲜明对比。24 岁时，他担任北卡罗来纳大学的数学教席，后来稍稍改变，转任化学、矿物学和地质学教授，最终在博学的教学和学习生涯持续 39 年后辞职。[83]

　　内战前教授们的任期之所以不长，有两个主要原因：一是报酬不高，二是在课外还要承担巡查职责。迟至 19 世纪 50 年代，教员们的工资还在每年 3000 美元外加住房和木柴，以及每年 500 美元没有免费住房之间浮动。那时，全国教员的平均工资为 1269 美元，比城市非熟练工（这可**不是**教员们甘心参照的群体）的工资高出 7.5 倍，但低于律师和医生等同类职业人士。可以理解的是，新英格兰和中大西洋各州那些历史更悠久、资源更充足、更有声望的大学，以及南方的一些州立精英院校，向自家的教授所付的报酬远远超过他们在中西部或边境地区的同人们。在教派学院中，路德宗和德国改革宗学院所付的报酬最低，公理会和新教圣公会院校付酬最高。[84] 1850 年，

---

[83] Battle, *History of the University of North Carolina*, 436-38, 537-41.
[84] Burke, *American Collegiate Populations*, 47-48 (table 1-22), 233 (table 5.9).

每所学院平均只招收 116 名学生，其中大多数来自劳动阶级或中间阶级家庭，因此学院管理者永远无法收到足够的学费来充分补偿教员的收入。

即使是在"老三所"（哈佛、耶鲁和普林斯顿），教授的"贫穷"也是一种常见的哀叹，哪怕只是相对的。1839 年，曾想担任宾夕法尼亚大学数学教席而未果的弗朗西斯·格伦德得知，哈佛的教授们之所以在年纪更轻时便受到聘请，是因为校方"付酬太低，无法吸引一流人才投入授课事务"。正如一个波士顿人告诉格伦德的，那些签约受雇的人可能已经经人怂恿而了解到，同样"很流行的做法是，富家女孩们会为自己'买'一个教授"。[85] 19 世纪 40 年代，普林斯顿的薪酬极低，以至于"据说"该校著名的（又矮又胖的）科学教授约瑟夫·亨利的妻子，为了省下定制服装的费用而自己给他做西装，尽管两人住在学院为他在校园里建造的一栋漂亮的两层砖房里。[86] 1851 年，耶鲁的一些资深教授聚集在院长家里，抱怨他们无法靠工资（在城里适当的地方）生活。拉丁语教授詹姆斯·金斯利"在结婚后的 40 年里，每年仅仅在生活[成本]上的花费就比工资高出 500 美元"。精神和道德哲学教授（以及未来的院长）诺厄·波特"尽管处处勤俭节约……薪水还是不够开销，有两三百美元的缺口"，"不得不用近一半的精力来弥补收入不足"。"除此之外，"波特强调说，他"对学院来说，

---

[85] Robert A. McCaughey, "The Transformation of American Academic Life: Harvard University 1821-1892," *Perspectives in American History* 8 (1974), 239-332, at 257, 272.

[86] Edward Wall, *Reminiscences of Princeton College, 1845-1848* (Princeton, N.J.: Princeton University Press, 1914), 3-33, at 10; Wheaton J. Lane, ed., Pictorial History of Princeton (Princeton, N.J.: Princeton University Press, 1947), 30.

值目前薪水两倍的价钱"。助理教授詹姆斯·哈德利在 30 岁成婚前夕便晋升为正教授,工资增加到不少于 1140 美元——这一事实必定让相关的讨论对波特来说有些令人不快。[87]

\* \* \*

如果不必承担维护纪律方面的职责,许多教员会对自己的工资和处境更为满意。但是,学校近乎"全控机构"(Total institution),每周 7 天、每天 24 小时严密监管着学生们的生活,作为机构中唯一的看守人,他们很难放弃对那些不安分的男性"囚犯"的强制性监督。[88] 之所以存在这种学院式的"警察国家",一个原因在于许多学生过于年幼。大多数边境学院都没有资本在入学政策上过于挑剔,录取的既有 25 岁至 30 岁甚至 30 多岁、长满胡须的成人,也有面颊光滑、十来岁的年轻男孩。根基更为稳固的学院试图把入学的年龄门槛设定在 15 岁或 16 岁,尽管就连布朗学院也招收 14 岁的学生。[89] 年轻的学生们第一次离开家门,除非曾经上过寄宿的语法学校或专门学校,往往会把自由混同于许可,把新的代理父亲在清一色男性的严肃环境中加在自己身上的缰绳绷得紧紧的。束缚有很多,而且基

---

[87] *Diary (1843-1852) of James Hadley, Tutor and Professor of Greek in Yale College, 1845-1872*, ed. Laura Hadley Moseley (New Haven, Conn.: Yale University Press, 1951), 267, 274.
[88] "全控机构"是由欧文·戈夫曼和米歇尔·福柯普及的社会学概念。
[89] 新英格兰的"山巅学院"随着农业的衰落而经历了相当的发展,在 1820 年至 1860 年招收了超过三分之一的年龄在 25 岁以上的学生。在那些年里,就连哈佛和耶鲁也有 12%—17% 的班级学生年龄超过 25 岁。Allmendinger, *Paupers and Scholars*, 10 (table 1).

本上是负面的。[90] 每个注册入学者都不得不阅读并签署一长串学院法条，这些法条必须花钱买下或手工抄写。大多数禁止事项的汇编，在本质上或就本意来说都大煞风景。甚至那些**不是**由加尔文—新教院长和理事（大部分都是）撰写的法条，也认为青少年男性，尤其是成群的男性，就算不是亚当之罪的直接继承者，也是欲望、反叛和恶魔般想象力的不稳定复合体。这两种假定都导致，除了对教师临时照顾下的年轻对象的道德健康和心理发展的真正关注外，还产生了夸大的父权制形式。

院校对青年精神的限制体现在多个方面。首先，直到内战前几十年的晚些时候，大多数学院课程还完全是指定的。学生们遍历久经时间考验的拉丁语、希腊语、数学、逻辑、修辞、自然哲学和道德哲学课程，按部就班，在科目和进度方面没有任何选择。只是到了这个时段的后期，短暂出现了"非正规"（irregular）生（只待一两年）、具有不同重点和程度的"平行课程"、选择自由度极大但没有学位的短期"局部课程"以及上层阶级的选修课，才减少了对学生差异和欲望的压制。[91] 教学技术的变化也有利于更大的多样性。在一、二年级一些规定书目的强制背诵已经失去魅力后，教授的讲座和示范性的科学实验室（后者中的每一个都"注定要成功"）激发了学生们对三、四年级的兴趣。[92] 统一的书面考试虽然要求更深入地掌握更广泛

---

[90] 普林斯顿1861届毕业生约翰·德威特认为，学校的法条过于繁复，而且"其中过大的比例……纯粹是负面的"。"Personal Recollections of Princeton Undergraduate Life: III—From 1858 to the Civil War," *Princeton Alumni Weekly* (March 22, 1916), 550-54, at 553.

[91] Rudolph, *Curriculum*, 84-86.

[92] Herman Eschenbacher, "When Brown Was Less Than a University But Hope Was More Than a College," *Brown Alumni Bulletin* (Feb. 1980), 26-33, at 30（引文）.

的科目而不是狭隘的文本，却依据相同的标准来衡量每个学生。与背诵并无不同，口头考试也是漫无目的的事件，因为考官会绕着全班走上两遍到三遍，询问各不相同的简短问题。[93]

对学生生活的第二套约束，是学院那些明说和暗示的目标以及相关手段。普林斯顿的目标和手段恰如其分地描述了大多数内战前的学院。在随学生的第一张成绩单寄回家的通告中，学院断言，院方"认真地"在学生的教学和纪律方面力图"避免一切恶劣、严厉或苛刻"，并"对年轻人在体谅他人方面的疏忽给予所有恰当的默许"。的确，"让学生们快乐"，并让他们在毕业回家时"充满男子气概，受过良好教育，并且具有美德"，这一直是教员们所追求的。"但是，"通告继续明确宣称，"要实现这些目标，严格的秩序、迅速的服从、无瑕的道德以及不断的勤勉"被认为"不可或缺"。普林斯顿的学生在很大程度上并不反对学院的主要目标，尽管他们宁愿用"品格"来取代"男子气概"（通知中的主导词），用"宗教原则"来取代"道德"。他们，以及大多数内战前的学生们反对的是，教员们用来实现这些目标的手段那该死的严苛性：**严格、迅速、无瑕、始终如一**，真是一套完美的要求，几乎所有学生都认为无法做到，甚至并不可取。[94]

\* \* \*

学院对学生加以控制和"完善"的工具无所不包，使用

---

[93] Kennedy, "Changing Academic Characteristics," 370-81; Rudolph, Curriculum, ch. 3; Cohen and Kisker, *Shaping of American Higher Education*, 73-83.
[94] Henry and Scharff, *College as It Is*, 74, 99-103.

"全控机构"这个修饰语并不为过。与对孩子负有无尽责任的生身父母一样,那些**如父母般**(in loco parentis)监督着学生的教员对自己的职责不敢懈怠,尽管时有抱怨。随着美国的教员变得更加专业化和职业化,意识到自己的知识地位和社会地位后,他们对自身所负的原生父母式的义务抱怨更多。名气更大和流动能力更强的教员会要求完全免除这些义务,有时也的确能被免除。[95] 这一点并不奇怪。教员们陷入了本科生雷打不动的日常作息时间表,一种先行耗尽精力的监管形式:每天前往小教堂两次,三节时长一小时的课程,每节课两个小时的规定学习(要求到房检查),布置食堂或餐厅外观,以及夜间的宵禁;宵禁的解除往往使学生们狂欢作乐,要求教员和其他管理人员进行夜间巡逻。[96] 整个时间表以学院钟声的鸣响为忠实标志,从早上 5 点或 6 点开始(星期天是 9 点开始),于晚上 8 点 30 分或 9 点结束。普林斯顿的大钟每天响 12 次,东田纳西大学响 15 次。这种嘈杂的忠诚使大钟在整个校园内成为学生劫持、纵火和破坏的对象,而这些行动又会暂时使受雇的敲钟

---

[95] 抱负远大的佐治亚大学在义务豁免方面可能是最慷慨的。一次豁免针对的是新成立的农业系的第一位教授。其他的豁免则是赋予科学明星和一位现代语言的老师。E. Merton Coulter, *College Life in the Old South* (Athens: University of Georgia Press, 1983 [1928]), 39, 64; Thomas G. Dyer, *The University of Georgia: A Bicentennial History, 1785-1985* (Athens: University of Georgia Press, 1985), 90-95.

[96] 教员中罕有喜欢夜间巡察和追捕学生的。其中乐此不疲的一位,是普林斯顿单身的希腊语教授及副院长约翰·麦克莱恩,学生们亲切地称之为"约翰尼"。这个健步如飞的对手显然乐于躲在建筑和树木后面,借助"黑灯笼"的光照来突袭和辨别寻欢者及其他无赖。许多学生认为,他在学年期间从不脱衣。在司法程序中,他经常为那些在智力和脚力上都不如自己的人求情。Henry and Scharff, *College as It Is*, 35n50, 136, 139-40, 158n62; Wall, *Reminiscences of Princeton College*, 7-8.

人（通常是黑人奴隶）被号角或手铃取代。[97]

尽管有一长串的法条（学生们已经悉数宣誓服从）和教员们的警惕，学生团体还是会在大多数学院里积累起壮观的"前科"，尤其是学生与教员人数比率较高的大型学院。被抓住并受到指控的本科生极多，大多数教员每周都会碰头，处理学术上的但主要是道德上的"犯罪"和惩罚问题。这一趋势的典型代表是佐治亚大学，其法律条令至少列出了 90 项禁令。1820 年至 1861 年，该校的教员们处理了将近 1300 起需要纪律处分的单独事件。大约 210 名学生被短期退学，或者被驱逐出校，不过有多名学生在做出了适当忏悔并从朋友和同谋（有 128 人是与他人一起行动的）身边流放后，获准回校。[98]

学院的条令范围极为广泛，以至于学生生活几乎没有哪个方面不受监管。如果学生想方设法图谋出新的骚乱形式，新的规则很快就会出台。如果尚无图谋，那么仅仅提及新的禁令便可能在新生的心中播下了种子，留待未来孕育。这些罪行在数量和种类上都令人印象深刻，从年轻人的恶作剧和"任性"到全面发展的"团伙"或阴谋，再到"拒不服从地"违抗权威，

---

[97] Henry and Scharff, *College as It Is*, 96-97; Stanley J. Folmsbee, "Campus Life at the University of Tennessee, 1794-1879," *East Tennessee Historical Society Publications*, no. 45 (1973), 25-50, at 30n16; Coulter, *College Life in the Old South*, 81; Battle, *History of the University of North Carolina*, 1:195, 275-76, 465, 562. 亨利·马丁，在托马斯·杰斐逊去世的那天出生于蒙蒂塞洛的奴隶，1847 年（这一年获得自由身份）至 1909 年敲钟管制着弗吉尼亚大学师生的生活。Anne E. Bromley, "Plaque Honors Henry Martin...," *UVA Today*, Oct. 5, 2012. 1837 年后，亚拉巴马大学雇了一名学生敲钟。钟绳一端通到位于实验室二楼的敲钟人房间。他每月获酬 16 美元，负责准时使同学们在校园里活动起来。James B. Sellers, "Student Life at the University of Alabama before 1860," *Alabama Review* 2:4 (Oct. 1949), 269-93, at 278n22.

[98] Dyer, *The University of Georgia*, 57-58.

无所不包。1838 年，北卡罗来纳大学关于"学院职责和限制"的规定有接近 19 段文字，"道德和宗教行为"接近 35 段，"杂项法规"在突出 10 个"惩罚"目录之前，又规定了另外十几段。[99]

　　经过深思熟虑的清单通常首先警告，任何破坏州或联邦法律的"成人"行为都不会被免于公诉。随后，清单内容禁止各种形式的骚乱行为（在宿舍、小教堂、教室和城镇，哪怕是在休假期间）、对教员的不敬、学术上的疏忽、破坏财产（烧毁外屋和用石头封堵导师的窗户是学生们最爱干的）、互相攻击或攻击市民（尤其是用到枪支、剑和刀，所有这些都被禁止）、决斗（对荣誉敏感的南方学生易犯）、醉酒（一项普遍的消遣）、吸烟、赌博、通奸（尤其是在妓院中或是与"黑鬼"通奸）、打牌、虐待仆人和动物、渎神和其他不敬行为（包括使用破折号和诅咒），以及"下流"。显然，最后一项犯罪的一个奇异表现是"穿着女性服装"，在清一色男性的院校中尤其令人不快。[100] 更为常见的是手淫，虽然这个词从未被提及。它巧妙地伪装成《圣经》中的"俄南之罪"，出现在约翰·托德广受欢迎的《学生手册》（1835 年）中：用高雅的拉丁文写了

---

[99] Saul Sack, "Student Life in the Nineteenth Century," *Pennsylvania Magazine of History and Biography* 85:3 (July 1961), 255-88, at 257, 260; Knight, *DHES* 3:277-86. 佐治亚大学内战前的法条在一本大型分类账簿中占据了 19 页，写得密密麻麻。Coulter, *College Life in the Old South*, 62.

[100] Coulter, *College Life in the Old South*, 88-89; Dyer, *University of Georgia*, 55-59; Sack, "Student Life in the Nineteenth Century," 257 (Dickinson College laws, 1830). 这项禁令针对的可能是戏剧演出或滑稽剧，但确实限制住了亚拉巴马大学的一些男孩，他们身着女孩的服装（鞋子、太阳帽等一切衣物），以便旁听某个女子中学的班级，该班又能听某位大学教授的化学讲座。Sellers, "Student Life at the University of Alabama," 289n66.

三页，位于本该谈论读书的英文章节中。[101]

大多数学院食堂数量不足且质量低下，于是，以宿舍壁炉中沙沙作响的邻人家的小鸡和火鸡作为午夜烧烤便是一种常见的违规行为。在夜间追逐这样一个"突击队"时，南卡罗来纳学院备受欢迎的政治经济学教授弗朗西斯·利伯跌倒在一堆砖块上，擦破了小腿的皮。他脱掉衣服，顾不上条顿人的尊严，惊叹道："我的天呐！这一切就为了两千美元！"由此把教员们的两项主要抱怨联系起来。[102]

当理事们忍住不以权势压人，也不缓和教员们的评判时，学生的违规行为就会招致轻重不一的一系列惩罚。真诚的认罪通常会让罪人得以过关，但对学生和家长的书面警告和暂时的缓刑也是差强人意的结果。院长当着教员面的告诫和/或在小教堂中"当着学生面"的公开羞辱，被认为适合中度罪犯。至于更糟糕的行动者，则会交托给附近的农场或田地进行几个月的"暂时休学"。对于最坏的那一类，即那些腐蚀他人、品性"恶毒"的人，彻底驱逐被认为对所有人都是最好的。[103] 为了防止一颗老鼠屎

---

[101] Allmendinger, *Paupers and Scholars*, 105. 在 "Confronting a 'Wilderness of Sin': Student Writings, Sex, and Manhood in the Antebellum South," *Perspectives on the History of Higher Education 27* (2008), 1-30 中，蒂莫西·J. 威廉姆斯记录了 19 世纪 40 年代北卡罗来纳大学学生的手淫以及与黑人和白人妓女的性关系；雷克斯·鲍曼和卡洛琳·桑托斯则在 *Rot, Riot, and Rebellion: Mr. Jefferson's Struggle to Save the University That Changed America* (Charlottesville: University of Virginia Press, 2013) 中记录了弗吉尼亚大学的整个早年岁月。

[102] Hollis, *South Carolina College*, 189. 在南方，负鼠被视为美味佳肴，哪怕是在男女同校的派对晚餐上。Sellers, "Student Life at the University of Alabama," 288; Williams, "Confronting a 'Wilderness of Sin,'" 12.

[103] 为了把学生们当"年轻绅士"对待，大学管理者明智地没有采取任何形式的体罚，除非偶尔针对相关语法学校或预科系里的未成年人（16 岁以下）。Folmsbee, "Campus Life at the University of Tennessee," 30-31; Knight, *DHES* 3:284-85.

坏了一锅粥，各学院之间会互通大量被驱逐学生的黑名单，并承诺不会接受他们。包括联合学院和宾夕法尼亚大学在内的一些学院，因打破常规和接受不可救药的恶棍而声名狼藉。[104]

\* \* \*

教员们试图纠正骚乱行为时，往往会遭遇两种不同的学生荣誉观念，尤其是在涉及多名肇事者时。一个观念是"盗贼之间的荣誉"在学院中的类似反映。如果某个学生"团伙"犯了重大罪行，比如在小教堂中涂鸦或将其弄脏，学院管理者便想惩罚所有有罪的各方。但是，当被要求告发肇事者及其同谋时，即使是无辜的学生也会团结起来拒绝"告密"。正如迪金森学院院长向他的理事们解释的，"在我们看来，对［学生的毕业］班级的忠诚比忠诚于教员和法条是更高的义务"。[105] 于是，唯一的办法便是解散或驱逐嫌疑人的全班同学或宿舍舍友，而这一行动对预算、纪律、院校声誉和未来入学都可能造成严重后果。

第二个荣誉观念在南方学院以及招收了大量南方学生的北方学院中尤其强烈。[106] 南方的男性荣誉准则要求所有阶层

---

[104] Steven J. Novak, *The Rights of Youth: American Colleges and Student Revolt, 1798-1815* (Cambridge, Mass.: Harvard University Press, 1977), 24-25; Coulter, *College Life in the Old South*, 88; Henry and Scharff, College as It Is, 175; Rodney Hessinger, "'The Most Powerful Instrument of College Discipline': Student Disorder and the Growth of Meritocracy in the Colleges of the Early Republic," *HEQ* 39:3 (Fall 1999), 237-62, at 248, 254 (U. of Penn.); Rudolph, *Curriculum*, 85 (Union).

[105] Sack, "Student Life in the Nineteenth Century," 262.

[106] 1820 年至 1860 年，普林斯顿本科生中有近 40% 来自南方。Knight, *DHES* 4:249-50; Henry and Scharff, *College as It Is*, 246n5.

的男性，尤其是精英种植园主阶层的男性，显示出责任、尊重和诚实的人格形象。公众形象比实际内容更为重要，如果有任何人质疑这种形象，具有荣誉感的人就受到了侮辱，往往准备用生命来加以捍卫。管理者面临的问题是，学院的大多数学生都还不是成人，行为往往像十来岁的少年。南方那些学院的平均注册入学年龄是 15 岁，但多数南方成人学生的荣誉感极强。他们觉得，荣誉在新的学院环境中受到了威胁，在那里他们不得携带马匹、狗儿、仆人、步枪、手枪和刀剑，而这些配备是奴隶社会中白人种植园主的特权。

这些"主人种族"的子孙往往富有、娇惯又胆大，负责逮捕的官员如果手重一点，或者仅仅就参与骚乱进行询问都会让他们动怒。"挑战学生的荣誉无异于挑战他们的自我观念，哪怕是轻微的挑战也会受到严肃对待。"[107] 正如 1855 年佐治亚大学一名委屈的学生所解释的，"质疑年轻人所说的话会伤害他们的感情，必定会在他们心中唤起对教员的蔑视和仇恨。对于绅士来说，没有比这更严重的侮辱了"。[108] 在北方或国外长大的院长和教授，对青少年在荣誉方面的诉求几乎无法理解或完全没有耐心。南卡罗来纳学院的托马斯·库珀院长于 1822 年向托马斯·杰斐逊抱怨："学院里的每个学生都认为自己有义务隐瞒任何违反学院法条以及国法的行为。""如果荣誉遭到怀

---

[107] Pace, *Halls of Honor*, 4-9, at 8; Jennings L. Wagoner, Jr., "Honor and Dishonor at Mr. Jefferson's University: The Antebellum Years," *History of Education Quarterly* 26:2 (Summer 1986), 155-79, esp. 166-67, 171, 174; Stephen Tomlinson and Kevin Windham, "Northern Piety and Southern Honor: Alva Woods and the Problem of Discipline at the University of Alabama, 1831-1837," *Perspectives on the History of Higher Education* 25 (2006), 1-42, esp. 5-6, 15-16, 24-25.

[108] Coulter, *College Life in the Old South*, 65.

图 15　一个傲慢的南方学生，作为反对学院纪律的"绅士"怀着"荣誉"站立着。由波特·克雷恩绘制，载于《哈波斯新月刊》杂志（*Harper's New Monthly Magazine*，1836 年 8 月）。

疑……［他们］永远不会原谅"，尽管出生于英国、毕业于牛津的库珀确信，关于荣誉的主张"对他们中的许多人来说，不过就是为谎言所做的傲慢掩饰"。[109]

---

[109] Hollis, *South Carolina College*, 89. 两年后，在为弗吉尼亚大学起草法条时，杰斐逊校长和其他理事（包括詹姆斯·麦迪逊和詹姆斯·门罗）断言，"当要求学生提供证词时，那证词应该是自愿的而不是宣誓。并且，作证的义务感应该……来自他自己的是非判断"。在学生骚乱和反叛的早期阶段之后，他们放弃了温和的看法，设立了更为严厉的法律和纪律制度。在 1836 和 1845 年，还不得不召来民兵。Knight, *DHES* 3:154; Wagoner, "Honor and Dishonor," 175-76; Bowman and Santos, *Rot, Riot, and Rebellion*.

\* \* \*

年轻气盛和娇生惯养远不是内战前那些狂欢和胡闹的唯一原因。当时的批评者和一个世纪后的历史学家们敏锐地指出了学生们焦躁不安的另外两个肇因。其中之一是缺乏有组织的体育运动，这种运动在内战后流行开来并促进了校园的相对平静。学院之间，甚至是校内的棒球、橄榄球以及其他球队的比赛，都是未来才会出现的提升学生士气和促进锻炼的礼物。许多学院法条实际上禁止在校园里进行体育活动，担心学院建筑（尤其是窗户）会受到损坏（比如对着外墙玩手球），用功的学生会受到外面噪声的影响。[110]

为了释放自身被压抑的能量并缓解规定的六小时宿舍学习的单调乏味，大多数学生找到的无害方式包括即兴的"足球"（英式足球风格）和简易曲棍球（类似于曲棍球）争球、多局的"三柱门"（板球）、季节性游泳和滑冰、长途步行、跳跃（奔跑和站立）比赛、弹珠游戏（对写字抽筋和膝盖僵硬者最有好处），以及（生怕我们忘记当时的现实）锯木砍柴作为宿舍壁炉的燃料。在普林斯顿，拿骚堂的炮弹保龄球游戏有些令人委顿，但当那些球体加热后滚入巡察的导师手中时，便有趣多了。南方的许多学院，甚至是哈佛，都有学生军训队（cadet corps），并提供军事训练来代替更为花哨的争胜游戏。[111]体育

---

[110] Folmsbee, "Campus Life at the University of Tennessee," 31; Knight, *DHES* 3:280 (University of North Carolina, 1838).
[111] 阿默斯特学生还投掷两三磅重的被称为"傻子"（loggerheads）的铁环。William Gardiner Hammond, *Remembrance of Amherst: An Undergraduate's Diary, 1846-1848*, ed. George F. Whicher (New York: Columbia University Press, 1946), 16, 25, 32, 288n2; *College Days at Old Miami: The Diary of T.*（转下页）

场馆是后来才有的。阿默斯特、哈佛和耶鲁都是在1859年建造了正式的体育馆，尽管阿默斯特于19世纪40年代末在学院后面的小树林里有一处室外设施，包括一条圆形跑道、一只木马和一块跳板，以及各式各样的秋千。[112]

在位于湖泊、河流、运河边上或附近的学院中，有一些学生很纳闷，为什么自己的学校在利用水资源来组织消遣式和比赛式划船方面如此迟钝。哈佛1847届的一名校友记得，"当时剑桥镇只有一名学生有一只小艇，这只小艇很快就被上报，遭到教员的制止；其借口是，有一项学院法规禁止学生饲养家畜，而小艇正是这项法规所指的家畜涵盖的对象"。1853年，普林斯顿人想增加户外运动的项目，途径是从附近的拉里坦和特拉华大运河的主管那里获准"在河中保有两三只小艇，组建赛艇俱乐部，模仿剑桥佬们"。[113]

学生骚乱的第二个（所谓的）原因是课程及其教学法。批

---

（接上页）*C. Hibbett, 1851-1854*, ed. William Pratt (Oxford, Ohio: Miami University, 1984), 49, 54, 57, 63, 92; Henry and Scharff, *College as It Is*, xxii, 202-204; Knight, *DHES* 3:155, 267, 280; 4:149-243; Hollis, *South Carolina College*, 120, 199; *Charleston Goes to Harvard: The Diary of a Harvard Student [Jacob Motte] in 1831*, ed. Arthur H. Cole (Cambridge, Mass.: Harvard University Press, 1940), 49, 50, 56, 92; Sellers, "Student Life at the University of Alabama," 287-88; Tomlinson and Windham, "Northern Piety and Southern Honor," 30, 42n130.

[112] Larry Owens, "Pure and Sound Government: Laboratories, Playing Fields, and Gymnasia in the Nineteenth-Century Search for Order," *Isis* 76:2 (June 1985), 182-94, at 188; Hammond, *Remembrance of Amherst*, 16, 27, 35, 180, 288n3. 佐治亚大学先是在1831年、随后又在1849年规划过体育馆，但直到后来都没有任何结果。弗吉尼亚大学1856年室外体操运动的一幅素描，见Coulter, *College Life in the Old South*, 100. See Turner, *Campus*, 159 (fig. 165)。

[113] 他们不得不等到1870年才能组建一个游艇俱乐部，并且要再过两年时间才能开始比赛。Owens, "Pure and Sound Government," 188; Henry and Scharff, *College as It Is*, 203-204n16.

评者的第一个错误在于，认为**规定**的课程是**静态**课程；第二个错误是，认为**背诵**在课程中占主导地位，极为无聊，让学生们对刺激或复仇有强烈的渴望。先说后一个：没有书面证据表明，**背诵**和学生的违法行为有关联。事实上，证据指向的是相反的方向。两者之间可能存在的唯一联系，是导师在两方面都发挥着作用。最重要的是，导师是教员中最近似于警察的人，和学生们一起住在宿舍中，窥视着他们的非法活动，感受着一些他们最卑鄙的恶作剧和迫害行为的冲击。导师们在前两年根据教材来讲授入门课程，例如拉丁语、希腊语和数学时，角色不那么令人讨厌。由于自身往往才毕业不久，还不是任何科目的专家，他们所用的教学方法便是让学生背诵。这类课程的目标是掌握教材，即掌握基本信息和学科原则，比如语法、词汇、公理和公式。"教授文本"的有效方法是用现有的文本来训练学生并向学生提问，看他们是否理解了当天的课程。

由于主要充当着听众而不是输送内容的通道，老师大多数时候不得不依次向学生提问，指出他们的答案是否正确，在成绩簿上为每个人打分。如果有能力，他可能会加以阐明、举出例子或给予其他指导，但这不是强制性的，也不太常见。有一名严肃的耶鲁学生（他本人后来也成了教授）喜欢自己在背诵课上受到的基本上不要求对话的训练，他也指出，导师"几乎谈不上是在教导，他们的职责是每天让每个学生当着全班的面受到三次极为彻底的考察，以使他本人和所有同伴都能看出那个学生是否弄懂了课程内容"。[114] 的确，当众背诵会大大激励学生在规定的每日学习时间内认真用功。被测验大师难住（用

---

[114] Sturtevant, *Autobiography*, 85-86.

学生的俚语来说即"被拔了毛")会引起同学们喧闹的非难。在普林斯顿,这种非难表现为"嘲讽地跺[脚]"以及用俚语所做的提醒:要么"情况不妙"(fizzled,答得不好),要么"被绊倒了"(stumped,被点名后完全答不上来)。[115] 在纳什维尔大学,数学专业的学生如果无法解释自己在黑板上绘制的几何图形,会遭到公开"嘲笑",付出的代价不亚于中西部学生的自我意识或南方学生的荣誉感受损。[116]

朗诵想必不会被评为学生们最喜欢的课程,但它们确实促进了对文本彻底、精确的理解和日常应用。一名来自田纳西州农场的第一代学生,在迈阿密大学校园度过第一个春天时敏锐地意识到,"我应该在被点名背诵之前,先把课程**学完**",即使这意味着熬夜或早起。[117]

这种预先准备本质上并没有任何令人厌烦的东西,而什么时候会点到哪个学生来答题的不确定性又能提高全班的集体警觉。[118] 留意导师的"发球"和学生的"回球",也为学习过程

---

[115] Henry and Scharff, *College as It Is*, 31, 37-38, 111, 113-14. "情况不妙"(Fizzle)也是阿默斯特的流行语。Hammond, *Remembrance of Amherst*, 35, 42, 44, 58, 127. 美国各地的学生很快便用上了相同的俚语,其中只有少数是从英国大学舶来的。1851 年,哈佛毕业生本杰明·H. 霍尔出版了《学院用语与习俗集》(*A Collection of College Words and Customs*),并在 1856 年出版了长达 500 页的增订版(Cambridge, Mass.: John Bartlett)。

[116] "A Student at the University of Nashville: Correspondence of John Donelson Coffee, 1830-1833," ed. Aaron M. Brown, *Tennessee Historical Quarterly* 16:2 (June 1957), 141-59, at 148.

[117] Hibbett, *College Days at Old Miami*, 55 (March 12, 1852).

[118] 实施背诵的老式"机械"方法,即按字母顺序或座位顺序点学生的名字,让学生得以仅仅在预计自己接下来必须背诵时才做好准备。随机测验在教学上更为有效。1825 年,耶鲁的导师们放弃了按字母顺序的方法,代之以从盒子里抽出学生名字来答题,并把答题表现记在一本黑皮书上。Rudolph, *Curriculum*, 89.

图 16　哈佛的一堂背诵课正在有步骤地进行。背诵的学生从身后的同学那里或者得到提醒，或者受到嘲笑。除了极少数例外，班上的其他人都做好了答题准备

增添了趣味。

毫无疑问，相比于大多数年轻的导师，更为博学和更有经验的教授能把背诵游戏玩得更为精彩。一位严肃的阿默斯特学生如此评论："在职业学习（如神学院）期间只花一年左右在教学上的人，没有谁能管得了学到半途的学院男生。"相比之下，那些给缺席的导师代课的数学和古典学教授则"高明无数倍"。数学教授"教得截然不同……他不满足于只听到书中的内容，而是深入了解原则，勾画出一门学科的全部脉络，并在实践中加以说明，等等"。[119]

有时**的确**单调乏味的不是背诵本身，而是布朗学院的一名

---

[119] Hammond, *Remembrance of Amherst*, 87, 163, 177.

记日记的学生所谓的"在学院学习的环形铁路上，日复一日、夜复一夜骑行的单调"。学术**活动**——不是说唤醒的思想或学到的内容——日复一日的一成不变，让这个认真的日记作者满腹牢骚，并在活动记录中跳过数天甚至数周。哈弗福德学院的一名学生注意到这个问题，并在日记中坦白："学院生活单调乏味，不是适合每天记录的地方。"[120]他没有说的是，这就让人有了充分的理由去唤醒夜间地狱、烧毁学院厕所，或者趁着酒醉朝书房里的院长开上一枪。

\* \* \*

如果说背诵不是学生骚乱的祸根，课程本身就更不是了。出于许多原因，在内战前的整个时期，尤其是1820年之后，学院课程都在变化和调整。一个原因是学生和家长对新的、通常更"务实"或"有用"的科目的需求。有志于从事神职、法律或医学行业的学生，对所谓古典课程那些熟悉的科目没什么可抱怨的，这些课程（经过新的组合）为他们继续深造或跟随执业者实习做好了充分准备。但是，在杰克逊时期的商业现实和政治经济状况下，那些认为自己应该或能够更直接地做好准备的学生，渴望学习更为现代的科目，比如物理学以外的科学、土木和机械工程、"绘画"（草图绘制）、现代语言和文学、政治经济学、美国历史，以及宪法学。

这些要求对学院教员来说很少令人意外，也不总是不受待

---

[120] Eschenbacher, "When Brown Was Less Than a University," 30 (c. 1846); Sack, "Student Life in the Nineteenth Century," 268.

见，毕竟教员们并非生活在谚语所说的象牙塔中。学生的家人们所感受到的社会、文化和思想的冲击和压力，他们也感受到了——往往就在选择以教书谋生之前。美国的所有学院，无论资金来自哪里，都承担着培养民主共和国公民的公共职能，并且要响应各式各样的赞助人，包括地方的、区域的和国家的。停滞不前对学术事务来说相当糟糕，就像对职业健康那样，因此教员们往往在其他任何赞助人行动之前便强烈要求改革课程。教授们不需要不情不愿地被拖入"现代世界"，因为他们已经生活在那里，并且敏锐地意识到了这个世界给学术提供的可能性和对学生的吸引力。报纸头条那时不会（现在仍然不会）自动变成学科，课程变革往往不得不等待足够的学术资源，包括研究积累、期刊文章、教科书、参考作品被开发出来，从而确保能在全部课程中增加新的科目和课程。

随着新技术、远程通信和交通、工业化、城市化以及移民使美国的面貌焕然一新，高等教育工作者日益面临着一种要求，即提供把这些力量往前推进所需的知识工具和部分实践工具。科学、数学和语言等熟悉的科目，现在被要求为一些带有"**应用的**"、"**实践的**"和"**现代的**"之类形容词的同宗科目腾出空间。选择传统的博学职业的毕业生们，现在有了同路人，即那些预见到未来新的职业生涯的学生，后者至少想要对工程、科学农业、商业和中学教学等给予一些课程上的重视和学术上的嘉许。随着国家在内战之前加速演变，学术上的供给已经满足不了对这些新科目的需求了。

一个解决方案是创建独立的专业院校，比如以工科为主的西点（1802）、伦斯勒理工学院（1824）以及耶鲁和哈佛的科学学院（1847）。另一个方案，是为那些在匆忙之中想要以母语进行"用途"不同的学习的人,提供平行的、部分的学院课程。第三种方案不可否认是一种权宜之计,那就是硬塞进一些传统的课程,这些课程并没有放弃精神"训导"这个令人尊敬的目标,但是增加了一些新的事实性"贮藏物"或者说内容(按著名的、大部分保守并得到广泛赞同的《1828年耶鲁报告》的说法)。[121]

\* \* \*

学术上的两项主要变化使得大众改革的引入成为可能,并悄然产生了在几十年中维持着学院平衡的其他改革。第一项变化是学术生涯的专业化,首先针对的是历史较久、规模较大的学院。[122]导师逐渐被专业化的教授取代,后者所教的是完整的科目而不是规定的教材,并且在德国大学中越来越准备好从事高级工作。[123]教士逐渐被世俗人员取代。教员任期延长,通常变成终身的职业。随着规模的扩大,教员按学科组建了系。最初在较大的学院中确立了清晰可见的职业阶梯,增加了类似于讲师(instructor)、助理教授和副教授等新的职级。[124]

---

[121] Potts, *Liberal Education for a Land of Colleges*, 42-47.
[122] 关于哈佛的演变,见 McCaughey, "Transformation of American Academic Life"。
[123] 见下文第五章。单单在19世纪50年代,便至少有300名美国人在德国学习。在过去的40年里,则只有55名美国人前往德国。许多人都受到新院校的补贴,接受研究生培养。Finkelstein, "From Tutor to Specialized Scholar," 110.
[124] 1850年,耶鲁极受欢迎的432名本科生和123名研究生由总数为22人的教师授课:2名助理教授、3名讲师、7名导师和10名教授。相比之下,全国学院的平均教师人数为7人,西部和南方仅为4—6人。George Wilson Pierson, *A Yale Book of Numbers: Historical Statistics of the*(转下页)

由此产生的持续的学术成就和作品出版，作为晋升标准逐渐列入了教学成效中。随着声名越出本地，工资和职业流动性也随之上升。巡察职责退隐，更加细致的教学方法凸显出来。[125]

第二项变化，发生于掌握在国内外教授手中的各种学科中。那就是，广义的科目裂变成了专业化的学科。此类一般性科目中，有一门是自然哲学，从它当中分出了物理学和天文学；另一门是自然史，从中产生了化学、植物学、动物学、地质学和矿物学，每个科目都有自己独特的学术组织、研究工具、期刊和教科书。在为数不多的"黏合剂"中，就包括本杰明·西利曼的《美国科学与艺术杂志》（1818年）以及美国科学促进会（1848年）。一旦每个学科得到了充分发展，身为教师的专家们就试图讲授这些学科的课程或小范围组合的课程，其中有时包括高等数学。随着与之相伴的实验室、天文台和收集柜的出现，学院的推动使得科学教员和必需用品在已经拥挤不堪的教室和课程中显著增加。1830年，美国学院平均只靠一两名科学教员来维持；到1860年，这一数字增加了一倍。哈佛和布朗的教员，有一半以上是科学家。1850年，在布朗规定的教学时间中，有三分之一用在了科学和数学上，这并不反常。[126]

---

（接上页）*College and University, 1701-1976* (New Haven, Conn.: Yale University, 1983), 6 (table A-1.3), 346 (table D-1.1); Barnard, "Educational Statistics," 368; Burke, *American Collegiate Populations*, 48-49.

[125] Kennedy, "Changing Academic Characteristics;" Finkelstein, "From Tutor to Specialized Scholar;" Finkelstein, *American Academic Profession*, ch. 2.

[126] Stanley M. Guralnick, *Science and the Ante-Bellum American College*, Memoirs of the American Philosophical Society, vol. 109 (Philadelphia, 1975); Stanley M. Guralnick, "The American Scientist in Higher Education, 1820-1910," in Nathan Reingold, ed., *The Sciences in the American Context: New Perspectives* (Washington, D.C.: Smithsonian Institution, 1979), 99-141.

在许多学院，科学兴趣的涌入导致了对多门科学的肤浅介绍。1853年，厌烦了大三数学、修辞学和拉丁语的普林斯顿大四学生们，抱憾于物理和化学这两门"真正令人愉快的科目""没有明智地分散在四年内"，而是"拥挤"在最后一年；每周一天的天文学专家讲座，以及植物学、地质学、解剖学和动物学等选修的晨间短期课程也是如此。相形之下，漫长的、通用的自然哲学课程由一位相当"散漫无章"且想到哪说到哪的讲师来教授，他那"漫无目的的游览"和"粗心"的讲话风格使授课内容"极难记下或回忆起来"。[127]

随着各门科学内容激增并获得专业化的新生命，传统课程的基础，即各种古典语言，也在教授们的手中以多种方式重新焕发活力，在数十年中具有了更好的适应性。一个步骤是提高录取标准，接受那些年龄更大的学生，这些学生对"小"拉丁语有更充分的准备，希腊语则弱一些。这一点使他们能够在导师没有经验的情形下，绕过一两年初级的、几乎是补救性的语言课程，开始与老教授们一起研究古典时代的文物。1810年至1860年在德国学习的一两百名美国人中，大多数是神学家或"东方"语言学者，这些人吸收了从那里的大学起源的新人文主义语文学。他们归来时对古典学的学习和讲授已经有了新的方法，并且热情而广泛地加以传播。[128]其他的许多教员从美国神学院的学习中获得了同样的见解，这些神学院中的许多教

---

[127] Henry and Scharff, *College as It Is*, 220-21, 224-29, at 228, 229.
[128] McCaughey, "Transformation of American Academic Life," 264; Carl Diehl, *Americans and German Scholarship, 1770-1870* (New Haven, Conn.: Yale University Press, 1978), 55, 60; Caroline Winterer, *The Culture of Classicism: Ancient Greece and Rome in American Intellectual Life, 1780-1910* (Baltimore, Md.: Johns Hopkins University Press, 2002), 50-62, 83-84.

授都曾在德国学习或吸收了德国的学术成果。[129]

传统的拉丁语和希腊语教学方法在笨拙的背诵中强调词汇和语法，即语言的"骨骼学"；改革者把这种背诵斥为"动名词的研磨"、一系列无穷无尽的技术细节，以"明显的晦涩和胡扯"告终。现有的希腊语语法和词汇是用拉丁语给出说明和注释，几乎没有帮助。希腊文学主要的——几乎也是唯一的——学院文本（除了希腊语的《新约》）是《希腊辑要》（*Graeca Majora*），一部由苏格兰人在18世纪晚期从雅典的戏剧、诗歌和历史中对简短的、无上下文的选摘所做的汇编。它的目标更多地在于为语法、句法和词汇的研究提供帮助，而不是促进对希腊文学或文化的欣赏。[130]德国语文学家及其美国弟子试图把重点"**从文字转向世界**"，转向历史背景以及古代文本作为整体而不是片段的意义。虽然数量越来越少，《希腊辑要》仍一直持续销售到1860年。但从19世纪20年代开始，教员们越来越多地指定荷马、狄摩西尼、柏拉图、希罗多德、修昔底德、埃斯库罗斯、索福克勒斯和欧里庇得斯的完整文本，这些文本往往是依据最好的德语版本为美国读者编辑的。[131]

德国对古典文明（*Alter-tumswissenschaft*）的历史主义态

---

[129] Turner, *Philology*, chs. 5, 13; Jerry Wayne Brown, *The Rise of Biblical Criticism in America, 1800-1870: The New England Scholars* (Middletown, Conn.: Wesleyan University Press, 1969), 7-59, 75-76; Jurgen Herbst, *The German Historical School in American Scholarship: A Study in the Transfer of Culture* (Ithaca, N.Y.: Cornell University Press, 1965), ch. 4.

[130] Winterer, *Culture of Classicism*, ch. 1, at 34, 59（引文）; Caroline Winterer, "The Humanist Revolution in America, 1820-1860: Classical Antiquity in the Colleges," *History of Higher Education Annual* 18 (1998), 111-29, at 112-16。

[131] Winterer, *Culture of Classicism*, ch. 3; Winterer, "Humanist Revolution in America," 116-22.

度，与19世纪20年代美国人从希腊语朝向拉丁语的转变密切相关。对于同样征服了复杂地势和土著部落的那个年轻的跨大陆共和国来说，罗马帝国是一面讨人喜欢的"镜子"，5世纪的雅典则被视为杰克逊时期的一剂"解药"，矫正它的反智主义、蛊惑人心和派系林立的政治状况、民事腐败、粗俗的演说、猖獗的唯物主义，以及"工业主义初期的平庸乏味"。[132] 新的研究也吸收了德国浪漫主义中的 Bildung，即"自我教化"这一概念。古典文明的新学生不仅要阅读令人钦佩的希腊人，还要在思想和精神上"成为希腊人"。正如哈佛教授科尼利厄斯·费尔顿所哀叹的，他们不再想"把［希腊人的］幽灵召唤到我们面前"，以便用现代标准来加以评判，而是"把我们自己搬回希腊人生活的时代"，用他们仍然强有力的理想和标准来加以评判和提升。[133]

\* \* \*

新的研究还需要一种新的教学方法。即使是入门性的背诵，也要在单词和规则的记忆之外提供更多的内容。同样，新近受到训练或获得启发的教授主讲的高年级课程，越来越多地转向有计划的或即兴的讲座，来引出词语和段落的丰富背景和充分意义，除了舞台艺术、体育和游戏以及家庭生活外，还深入古典艺术、考古、政治、历史、神话、宗教、社会学以及人

---

[132] Winterer, *Culture of Classicism*, 68-76, at 68, 76; Winterer, "Humanist Revolution in America," 120.
[133] Winterer, *Culture of Classicism*, 77-83; Winterer, "Humanist Revolution in America," 118-19.

口学领域。

新教学法的一个主要践行者是阿默斯特学院的威廉·S. 泰勒，在那里他成功地任教 57 年。虽然从未前往德国朝圣（在安德沃神学院就读两年就足够了），他在职业生涯中巧妙地总结了当时主要学院人文院系的自我改革，所有这些院系都以某种方式浸润着德国语文学的精神。在 1836 年升任教授后的 10 年中，有几年时间他既教拉丁语也教希腊语，兼及希伯来语课程。他承认，担子"太重了"，"任何人都无法出色地挑起来"。所以，"一俟学院的资源使越来越多的学生和分工原则所要求的东西得以实现"，他便将拉丁语和希伯来语交给其他人，把自己的教学和学术研究限定在希腊语范围内。在负责该系后，他把《希腊辑要》放到一边，"引入了对单个作者和整体作者的研究"。从此以后，该系的座右铭便是（拉丁语的）"细细研读胜过泛读许多书籍和作者"。[134]

教学大纲的改革带来了清晰和自信的教学方法。在所有教学中，泰勒都使用苏格拉底式提问法，"不是仅教授课程，或仅教授语言，或仅教授文学，或仅教授希腊人的生活"，还要教授"希腊人所展现的人类……生活"。他想要塑造的不仅是"希腊人和学者"，还有"人"和基督徒。如果处理得好，泰勒对教科书或背诵并不反感，但他还是偏爱关于作品、作者和时代的讲座——"每个班级、每周一次精心撰写的讲座内容"，

---

[134] Tyler, *Autobiography*, 67-68. 1835 年至 1839 年，耶鲁毕业的语文学家艾萨克·斯图尔特在南卡罗来纳学院以同样的新方式教授希腊语，不过他提议重新启用《希腊辑要》而不是花一整年时间阅读荷马，因为荷马的单一方言和习语具有局限性。Wayne K. Durrill, "The Power of Ancient Words: Classical Teaching and Social Change at South Carolina College, 1804-1860," *Journal of Southern History* 65:3 (Aug. 1999), 469-98, at 484-85.

无论是新生还是毕业班学生。在每门新课程开始时，泰勒都试图让他们"了解语言的本质……以及希腊语的历史和哲学及其与文明世界的语言、文学、艺术和科学所具有的源头上的重要关联"。这种说法，或者说做法，就连德国的哲学博士也难以超越吧。[135]

\* \* \*

内战前关于教授职位发生的多重变化相对容易总结，但很难落实到个人身上。教授没有像一些学生所做的那样，把时间用在写日记上。也许，最能揭示正在改变和提升美国学院的种种趋势的，是詹姆斯·哈德利不同寻常的日记。哈德利是耶鲁1842级毕业生，此后留校，在攻读研究生的同时学习神学，1845年成为导师，1848年任希腊语助理教授，三年后成为正教授。在学术研究的成熟期，他被视为"美国最优秀、最睿智的语文学家"。他在数学方面同样造诣很深，耶鲁的院长曾请他帮忙修订自己撰写的代数教材。[136]他的日记虽然断章缺页，却是公开发表的对战前教员学术生活最为丰富的描述。虽然背景是美国最大和最好的学院之一耶鲁，日记还是让人体会到那个时代大多数教员所承担的无数艰辛的职责。耶鲁学院已经稳健地走在通向真正大学的道路上，1850年有近150名研究生在神学、医学、法律、哲学和艺术各"系"入学，使它成为许多力量的一个恰当（甚至是主要）代表，这些力量推动着美国高

---

[135] Tyler, *Autobiography*, 68, 72-73.
[136] Hadley, *Diary*, vii-viii.

等教育的传奇翻开了新的篇章。

在担任助理教授两年后,哈德利总结出了一周的典型工作。"学院规定的职责每周在上课和备课方面大约占用我36小时,也就是每天6小时。学院事务,比如报告[成绩和违纪案件]、参加礼拜、听取辩解,有时还有考试等,可能还需要6个小时,这样每天就要耗费7小时。"代替其他学校的同行们繁重的巡察职责的是,他要另外再花6个小时以背诵的方式向资深同事威廉·德怀特·惠特尼学习梵文和密西哥特语,惠特尼认为他为此"应该花24小时准备。如此一来,每天的常规事项就要占去12小时",也就是每周60小时。1850年至1852年大致完整的日记,记录了他范围广泛又并非特例的学术活动,把他所说的时间数字具体化了。[137]

尽职尽责的教学占据了哈德利大部分时间,一如他那照管着学院386名本科生的16位同事。部分为了培养自己的宗教知识,他在周日为新生开设了一个《圣经》学习班。每当在那个班上或其他任何课程中(罕见地)出错或准备不周时,他总是首先为自己的"错乱"或"躲避"而自责。每个学期结束时,他会花很多个小时计算新生希腊语背诵课的平均成绩,"这么大的一个班[134人],工作量可不小"。然后是口试,很快又是作为替补的笔试。前者需要每天花6小时在班上走上两遍,问三个领域的问题:"冗长乏味"是他唯一的评价。

笔试除了要打分,还必须准备好印刷机,必须进行校对。在他仍然担任初级教授的数学科目中,几何图形或者必须手绘,或者由于没有影印,不得不从他自己的书中剪下来。现代

---

[137] Hadley, *Diary*, xi, 59-60.

无处不在的考试,显然从很早的时候就有了端倪。每年至少两次组织不少于50个报考者参加的入学考试,时长为一个半小时,在四个学期的每个学期中持续几天。可以理解的是,这些考试在教员中被称为极大的"肉体疲惫"。学年结束时,为发放奖品和分配奖学金举行的笔试必须打分:翻译通常是"冗长乏味的事"。教员们还轮流主持每周的三年级"争论",那是从中世纪的"辩论"一脉相承下来的。在阅读了双方就选定的"问题"所写的文章后,哈德利往往会亲自做一番研究,然后给出裁定,在裁定中评论双方提出的各种论点,并提出自己的看法。在1848年春天不长的一段时间里,他就卡托自杀、西点军校以及清教徒对印第安人政策的相关争论做出了裁定。[138]

教学之余,哈德利在学术研究方面还相当积极,这一点他的许多任教于规模较小、抱负不大或资源不足的院校中的同时代人都无力或无意做到。1849年春季学期开学7周后,哈德利提醒自己,他渴望阅读德国语文学家格奥尔格·库尔提乌斯的作品、出自一位德国作者之手的《比较语法》以及另一本关于拉丁语和希腊语词源的德国著作,并想在梵语和盎格鲁-撒克逊语上有更大进步。一年后,他在梵语、密西哥特语、阿里斯托芬作品和希腊史这"四项常规研究"方面都"稳步着力"。第二年,他决定"把研究范围缩小至仅包括……希腊语文、《圣经》解释,以及历史"。[139]

他的自选研究成果经常会凝结成文章(早期文章的主题是丁尼生和希腊语动词)以及在全国性出版物上发表的书评,

---

〔138〕Hadley, *Diary*, ix, x, 11-13, 15, 28, 34-35, 63, 69-70, 80, 85-86, 88, 116, 124, 144, 166.
〔139〕同上书,20, 59, 174。

并且很快就变成了他自己的著作，其中的代表包括广泛流传的《中学和大学希腊语语法》(Greek Grammar for Schools and Colleges, 1860年)、《罗马法入门》(Introduction to Roman Law, 1873年)以及《语文学和批判性随笔》(Essays Philological and Critical, 1873年)。他还是博学社团会议的忠实参与者，包括康涅狄格艺术与科学学院、美国东方学会、（当地的）语义学会以及所谓的"博学之士"(Savants)，即美国科学促进会。[140] 在"闲暇"时间，作为全美优等生联谊会的本科会员，他担任该学会耶鲁分会的通讯秘书。作为利农尼亚(Linonia)文学社的校友，他始终与闻其事并经常查阅或借用文学社的图书。[141]

欣慰的是，由于要为教学做准备并从事学术研究，他甚至在担任助理教授时也没有过多参与巡察事务，而是把这些苦差交给了七八名导师。直到1851年结婚时，他一直住在北学院著名的"砖排"(Brick Row)中，但只在极少数确有必要的情形下才举报学生过于吵闹、饮酒或"在草坪上打橄榄球"。他用于维护纪律的精力，大部分都耗在了学案上，处理这些案例往往需要写信给"我们那些笨蛋们的父母和监护人"，附带着警告、暂时停课或开除的决定。[142]

\* \* \*

尽管校址、精力和资金来源都很分散，内战前的学院却与

---

[140] Hadley, *Diary*, viii, 43, 65, 75, 92-97.
[141] 同上书，84, 89, 115, 169, 220, 282-83。
[142] 同上书，15, 24-25, 47, 59, 86-87, 128, 132-33, 160, 162, 176, 186, 235, 271。

中世纪的巴黎大学、都铎王朝时期的牛津－剑桥以及殖民地时期的哈佛一样，需要书籍来完成知识研究工作。由于大部分未经改革的课程指定的学习内容狭窄并且是入门性的，许多学院又资金不足，并且普通教员的工作负担令人萎靡不振，不足为奇的是，内战前的图书馆藏书范围有限，很少像今天这样对教育项目如此重要。内布拉斯加大学和俄亥俄州立大学的一位前任校长，退休后在纽约哥伦比亚大学当图书管理员，他证实，19世纪50年代的学院图书馆"几乎是教育的旁白。事实上，它就像我们放在括号里的句子一样"。[143] 好像是在预先呼应同僚，密苏里大学代理校长于1849年指出，他的理事们一致认为，"毫无疑问"图书馆是"极为次要的"，哪怕是在一所成立八年、抱负远大的大学中，"科学设备则远为重要"。明显由宗派原因导致的与哥伦比亚这所"无神"院校的对立情绪，无疑渗透于他们的好恶，即偏好科学的客观慰藉甚于书籍的主观难度，后者往往是用"死的"或外来的语言写成的。[144]

在类似的宗教气氛和紧张的经济状况下，大多数战前学院都无力承担任何大型图书馆的建造、藏书和维护费用。拥有大量预科学生的学院，需求甚至更小。少数更有抱负、资金更为充足的大学认为，自己是在与欧洲最好的，或者更现实地说，

---

[143] James Hulme Canfield, 1902, 引用于 Arthur T. Hamlin, *The University Library in the United States: Its Origins and Development* (Philadelphia: University of Pennsylvania Press, 1981), 44。

[144] 同上书, 26, 引自 W. W. Hudson; Tewksbury, *Founding of American Colleges*, 198-99。在新英格兰长大并于1831年担任亚拉巴马大学创始校长的阿尔瓦·伍德牧师也确信，科学研究是获得"智力训练"的最佳途径，三年前的《耶鲁报告》认为这样的训练是"教育的伟大目标"。Tomlinson and Windham, "Northern Piety and Southern Honor," 11, 14.

美国最好的图书馆竞争。即使是令人尊敬的哈佛，比其美国后继者超前一大步，也羡慕哥廷根的 250000 册藏书和自由借书的规定。1826 年去世之前，弗吉尼亚大学创始人、建筑师兼校长托马斯·杰斐逊一直想让它媲美于欧洲和美国东北部那些最好的大学，无论是在师资人才还是在图书馆藏书及住房方面。1838 年，南卡罗来纳学院向州议会申请额外资金来升级其本已可观的图书馆藏书，南卡罗来纳州做出了慷慨的回应，此后每年至少拨出 3000 美元，直至战争爆发。打动州官员的那些论点，和其他方面一起，突出的是州的荣誉：创建一座图书馆，不仅能留住为了学习更高深的"文学"知识而跳到其他州，尤其是北方那些州的优秀教师和学生，而且能获得"子孙后代"以及"明智的外国人的尊敬"。[145] 在边疆地区同样的情形是，**任何**类型的藏书，无论数量多少，都具有象征的力量，即使很少或从未有人读过。[146]

1849 年，对**较好的**学院图书馆中的 33 座进行的一项详细调查显示，就连这些图书馆的馆藏规模也不大。[147] 只有 9 座藏书量超过 10000 本，10 所名义上的大学中达到这个数量的只有 3 所。哈佛遥遥领先，藏书 56000 册，接下来是乔治城［华盛

---

［145］Howard Clayton, "The American College Library: 1800-1860," *Journal of Library History* 3:2 (April 1968), 120-37, at 129; Harry Clemons, *The University of Virginia Library, 1825-1950: Story of a Jeffersonian Foundation* (Charlottesville: University of Virginia Library, 1954), ch. 1; Frances B. Everhart, "The South Carolina College Library," *Journal of Library History* 3:3 (July 1968), 221-41, at 228.

［146］Charles C. Calhoun, *A Small College in Maine: Two Hundred Years of Bowdoin* (Brunswick, Maine: Bowdoin College, 1993), 106.

［147］Charles Coffin Jewett, *Report on the Public Libraries of the United States of America, January 1, 1850* (Washington, D.C., 1850), 摘录于 Hamlin, *University Library*, 230-31 (app. I)。

顿特区］学院（25000 册）、布朗（23000 册）和耶鲁（20500 册）。佐治亚州的埃默里学院和佛蒙特州的诺威治大学都是在 19 世纪 30 年代中期获得特许状的，两所院校以各藏书仅 1000 册在中上水平的梯队中殿后。补入这些馆藏的图书数量也不多：平均每年增加 200 本。造成这种匮乏的部分原因在于缺少稳定的购书资金来源：平均数额为 200 美元，主要来自借阅学生所付的费用（每年 1—2 美元）和逾期罚款（往往根据书的大小有所不同）。很少有图书馆能获得特别捐款：耶鲁的 27000 美元和布朗的 25000 美元都不是寻常数额。[148] 大多数图书都是由朋友、教员和校友捐赠的。布朗的图书管理员、1849 年调查报告的作者查尔斯·朱伊特得出结论，绝大多数藏书是"慈善捐赠的偶然聚集：这些书中有太多是从捐赠者的书架上丢弃的，几乎毫无价值"。[149] 许多捐赠者是教士，他们的礼物具有明显的神学色彩："多数会引发争论和具有争议性——对一般小伙子来说毫无吸引力"，一名来自普林斯顿的学生回忆道。[150]

  图书馆馆藏规模很小，意味着藏书通常会被转移到狭窄、残留的地方，没有充足的供暖、照明或学习空间。小教堂、博物馆或学院主楼的楼上都是可能存放的地方，直到藏书数量变得足够庞大，能占得住单独的建筑物。即使是历史更为悠久的东部学院，也和创立时间更短、不那么受青睐的边境学院有过

---

［148］ W. N. Chattin Carlton, "College Libraries in the Mid-Nineteenth Century," *Library Journal* 32 (Nov. 1907), 479-86, at 481-82.

［149］ Quoted in Clayton, "American College Library," 123.

［150］ "'An Awfully Poor Place': Edward Shippen's Memoir of the College of New Jersey in the 1840s," ed. J. Jefferson Looney, *Princeton University Library Chronicle* 59:1 (Autumn 1997), 8-57, at 42.

210 相同的经历。1756 年，普林斯顿那座"不大的"图书馆在多功能拿骚堂的一个二楼房间（面积约 35 英尺 × 20 英尺）启用，随后于 1805 年转移到一栋坚固的散石建筑中，该建筑同时还容纳了两个文学社团和一些教室。1860 年，图书馆搬回拿骚堂一个新建的后部翼厅中，与博物志藏品中的几个矿物柜以及一群动物骨架和标本共用。[151] 威廉姆斯学院的第一座学术建筑（1793 年）在其三楼包含一间图书室，"面积很小，可以站在中间……触及所有图书"。由于缺乏新鲜空气和摆放空间，这些书于 1828 年被搬进一座新建的砖制小教堂，此后又过了 19 年被转移进一栋单一用途的八角形建筑，在那里，坐在建筑中央的图书管理员能看到并微观管理着所有光顾的读者。鲍登学院的图书也在"老学院小教堂"的二楼与"哲学仪器"共享过圣地（1790 年），直到被转移进新小教堂后面一个大厅里稍大些的区域中（1855 年）。很快就有人声称，那些区域也缺乏"看书学习和摆放书架的空间、充足的光线和通风，以及有利于学术活动的氛围"。[152]

在 1840 年完全独立地继承一座华丽的新大楼之前，南卡罗来纳学院的图书馆分配到的空间是位于小教堂二楼的阳台房

---

[151] Alexander Leitch, *A Princeton Companion* (Princeton, N.J.: Princeton University Press, 1978), 286, 329, 332; W. Barksdale Maynard, *Princeton: America's Campus* (University Park: Penn State University Press, 2012), 15, 19, 33; Wheaton J. Lane, ed., *Pictorial History of Princeton* (Princeton, N.J.: Princeton University Press, 1947), 10-11, 29, 31, 36.

[152] Tolles, *Architecture & Academe*, 75, 77, 80 (fig. 3-15), 83, 90-91 (fig. 3-26). 1825 年后，位于康涅狄格州哈特福德的三一学院同样把 5000 册藏书存放在一座希腊复古式小教堂内，旁边是"矿物柜、哲学室、实验室和背诵室"。同上书，137。

间，1817 年之后则分配到一座新建科学馆的同一楼层。[153] 弗吉尼亚大学独树一帜，在 1826 年建造了漂亮的穹顶圆形大厅，来容纳其拥有 8000 多本藏书的创始图书馆。同样特殊的是位于宾夕法尼亚州默瑟斯堡的小小马歇尔学院，所有藏书都隐藏在教授们的办公室和家中。[154]

如果背诵或讲座中提出了有趣的话题或提到了某一本书，或者需要材料来为文学社团准备文章或辩论，急切的学生就有足够的理由造访学院图书馆。但是，这样一趟行程令人生畏，因为总是会遇到难以克服的障碍。第一道障碍是当时的图书管理员，其工作原则是"保管先于流通"。几乎所有的图书馆员都是全职教授，在馆工作时间必须迁就教学职责。因此，大多数图书馆每周只开放一次至两次，每次一小时甚至更短的时间，通常仅用于接收和归还图书。[155] 使用桌椅的附加费用太高，在馆内学习或查阅几乎是不可能的，坐在壁龛（"书架"是未来才有的功能）中浏览同样不可能。在大多数图书馆，学生不得越过图书管理员的桌子或栏杆。设置这种障碍是基于一个假设，即借书人知道自

---

[153] Everhart, "South Carolina College Library," 222-23.
[154] 直到 1850 年，圆形大厅还是只有三楼和穹顶用于存放藏书，其余部分由实验室、教室和博物馆占据。Clemons, *University of Virginia Library*, 5; Carlton, "College Libraries," 480. 亚拉巴马大学效仿弗吉尼亚大学的圆形大厅建造了自己的图书馆，却发现其声学效果对于在馆学习来说是"可怕的"。Tomlinson and Windham, "Northern Piety and Southern Honor," 4, 34n19.
[155] 33 座更好图书馆的时间列表，见 Hamlin, *University Library*, 230-31。哈佛图书馆每周开放 30 小时，其次是耶鲁和南卡罗来纳，每周开放 24 小时。其余学校的开放时间按小时计都是不大的个位数。图书馆开放时间（通常是在午餐时间前后或最后一堂课下课后的傍晚时分）短暂的另一个原因，是需要自然采光。火是图书管理员的梦魇，正如水对于火焰来说也是如此。因此，即使对于偶尔住在馆内的图书管理员来说，也禁止使用油灯和蜡烛。19 世纪后期的电气化真是天赐之物，使开放时间得到了延长。

己需要哪些书，并且这些书就在搁板上。这可没那么容易。大多数图书馆靠印刷或手写的目录（通常按字母顺序排列并且信息陈旧）以及图书管理员的敏锐记忆，为找书提供帮助；后来，又出现了按主题分类的目录。如果侥幸得以进入内部的圣所，学生们有可能被每个壁龛入口处都有的一道门拦住，即使在哈佛也是如此。为了保管的需要，只有图书馆工作人员能够从搁板上取书。这就意味着，偶然的发现是不可能的。

一旦名义上的找书过程结束，学生们便可以借阅数量不多的一些图书——属于能够接受的类别。包含珍贵版画或插图的图书、解剖学文本、参考作品、"色情"小说（在主要由教士捐赠的书籍中极少）、某些流行的杂志和评论，尤其是拉丁语和希腊语主干课程的英文译本，全部限定在替代成本过高或者过于不合时宜，或者不能正当使用的区域。[156] 更容易接受的图书可以少量地借出，通常一次三本。有一段时间，哈佛和耶鲁的新生和二年级学生完全不得借书，但在其他院校，所有学生都获准这样做。在南卡罗来纳学院和布朗学院，学生借书的时长明智地依图书体积大小来限定。一部大的对开本可以保留四周，小一些的四开本是三周；**两部**十二开则可借一周。[157] 有时每本书会收取少量费用，这是学术研究的又一个阻碍因素。在耶鲁，每本书要花费借书人6—12美分，布朗只需4—10美分，同样取决于书的大小。在许多学院，过期罚款遵循着

---

[156] 关于1830年前后哈佛的禁书目录，见 Keyes D. Metcalf, "The Undergraduate and the Harvard Library, 1765-1877," *Harvard Library Bulletin* 1:1 (Winter 1947), 29-51, at 50; 参见 Knight, *DHES* 3:262 (University of Alabama, 1830s).
[157] 在南卡罗来纳学院，每本书在借到本科生手中之前，都会先用"干净的厚纸"包裹好。Everhart, "South Carolina College Library," 226.

同样的原则。[158]

* * *

关于战前图书馆的这些确凿事实充分证明了它们的局限性，但最终应该是图书馆的本科生读者说了算。这些声音多数来自极为认真、不满足于指定教材，想要到不同的源头中更为深入地继续探索观念的学生。能够不受限制地接触海量纸质和数字馆藏的现代学生，要想了解早年的前辈们在试图出于这些目标而使用图书馆时遇到的障碍，只能凭想象了。17岁时以全班第四的成绩从普林斯顿1849届班级毕业的巴兹尔·吉尔德斯利夫，发现学院图书馆"藏书微不足道"，但这并没有阻止他在一周的两小时开放时间内仔细研究"那些少人问津的搁板"。差不多处于同一时代的爱德华·希彭，可能是根据个人经历（他在51人的班级中以第48名的成绩毕业）支持吉尔德斯利夫的控诉，即普林斯顿图书馆之所以"少有学生光顾"，是因为馆中"似乎尽是布满灰尘的大部头"。学生所交的学费每年会有500美元用在图书上，但两位优秀的毕业班学生于四年后发现，普林斯顿的9800本书"多数都是老书，当代作品……确实极为少见"。即使是在他们看来"应该成为每座图书馆重心"的馆藏词典也"不是很全"。出于某种原因尤其让他们恼怒的是，一部葡萄牙语词汇书也找不到了。[159]

---

[158] Hamlin, *University Library*, 30-31, 35-36; Carlton, "College Libraries," 483-84; Knight, *DHES* 3:156-57 (University of Virginia, 1824).

[159] Gildersleeve, "The College in the Forties," in Briggs, *Soldier and Scholar*, 64-65; Shippen, "'An Awfully Poor Place,'" 42; Henry and Scharff, *College as It Is*, 97.

作为在毕业典礼上致辞的学生代表，阿默斯特的威廉·哈蒙德在求学的两年里偶尔会使用学院那藏书5700册的图书馆，每次借阅三本到四本。然而，他在1847年夏天造访雄伟的哈佛图书馆时发现，就连哈佛的学生想接触馆内文献宝库也极为困难，尽管它每周开放30个小时。面对这种状况，他设法当上了阿默斯特那位教授兼图书管理员的助手。"倒不是对公共福利有多么强烈的无私关怀，"他坦白道，"而是因为我可以自由接触藏书"，在图书馆仅有的每周开放时间中，"这些藏书现在几乎接触不到"。在接下来的一月，哈蒙德说服那位图书管理员在周一上午也短暂开放。在开放当天，为了表示庆祝，他那急切的助手借阅了一本法国数学史。[160]

在哈蒙德造访一年后，哈佛往届毕业生（1846年）、哈佛法律专业在读学生沃尔特·米切尔，在给校长爱德华·埃弗里特的一封长信中详细描述了图书馆的难以进入以及工作人员对潜在读者的冷淡态度。他写道，首先，由于"讲座和背诵的不断侵蚀"，看似充足的开放时间大大缩短。在大三的一个学期里，米切尔只得到两个小时的自由时间来获取图书。其次，"学生最为便利的日子"，即星期五下午和星期六，不是"图书馆日"。一旦获得入馆机会，如果同时放整个班级进入图书馆，七八部体积庞大的按字母顺序排列的图书目录是无法长时间查阅的，而他们往往就是同时入馆的。如果发现了想要查阅的十几本或更多的图书，学生不得不指望图书馆行政人员心怀善意，能快速地从架子上把这些书取来；而在取完最初一两本书之后，他们的耐心和友善很可能便告终。就算学生确实设法

---

[160] Hammond, *Remembrance of Amherst*, 54, 103, 155, 179, 213.

进到了里面，横在每个壁龛前的条木也让人无法浏览。而且，由于要求"把斗篷和帽子留在门口"，学生会感觉自己像一个"扒手"。他承认，尽管"三个眼如猞猁的图书管理员加上一名助手不眠不休地保持警惕"，"离开图书馆的书还是有不小的比例是暗中带出的"，因为从浏览到用完后还回搁板，整个过程中学生们都无权"当场使用图书"。米切尔告诉校长，总而言之，"在背诵中给我们一个参考这项工作，由于图书馆的限制而变得过于烦琐和艰难"。[161] 战前的大多数学院学生，对于自己学校的图书馆，想必都说过类似的话。

不过，学生们也有自己独创的能部分解决问题的方案。他们那些无处不在的文学社团，都有自己的图书馆。到1849年，在33所较好学院的10所中，文学社团的藏书量加起来已经超过学院。在耶鲁，联合（Unity）图书馆中的利农尼亚和兄弟会文学社在学院中藏书量领先，分别为27200册和20500册。北卡罗来纳大学各文学社团拥有8800册，而该学院仅有3500册。[162]

这些学生图书馆设在他们自己的大楼或会议室中，有许多优点。由于每个成员都有一把钥匙，社团图书馆往往可以全天候访问。白天，竞争的社团和教员也可以使用，有时还可供市民使用。但是，由于学生图书馆员的忙碌，借阅时间和各种限制并不总是比学院图书馆更为方便或大方。在学院沉重的巡察气氛下，人们似乎不会想到自助借阅这种依靠信誉的制度。尽管如此，逾期罚款和社团会费仍然可以为搁板提供最新的图书以及订阅的热门期刊和文学评论，英国和美国的都有。

---

[161] Metcalf, "Undergraduate and the Harvard Library," 39-46.
[162] Hamlin, *University Library*, 230-31.

设置藏书主要是为了帮助社团成员为每周的聚会准备文章和辩论，因此大多数包括一个可用的参考书部分和范围广泛的主题，主要是英文的。除了学术性的文学经典，各社团还对最新的纯文学和社会科学进行了大量投入。小说（沃尔特·司各特爵士、詹姆斯·费尼莫尔·库珀、亨利·菲尔丁）、诗歌（拜伦勋爵、约翰·济慈、威廉·卡伦·布莱恩特）、戏剧、历史（欧洲的和美国的）、传记、散文和旅游书籍借阅最多，与身为学院"宠儿"的拉丁语和希腊语图书截然不同。[163] 如哈弗福德学院的洛根社总结的，他们的文学活动中的社团以及图书馆为促进"对好书的渴望和对精神生活的钟爱"做了大量工作。[164] 内战后，随着美国高等教育将研究事务和研究生教育纳入其构成范围，许多社团图书馆也被纳入大学馆藏，为满足新时代要求所需的更庞大、更丰富的藏书奠定了坚实基础。

	但是，在内战后的那些重大变化出现之前，一些大学和学院便已试图扩大和改进自己的图书馆，不仅是为了满足认真的学生，更是为了满足教员的需求。它们的主张强调了当时的教学，尤其是高年级课程中容易忽视的现实，同时指向了修订后的关于未来教授职位的描述。早在1823年，南卡罗来纳学院的理事们就想利用议会的一笔慷慨拨款，来增加图书馆在古代和古典文学、科学和自然史、现代欧洲语言和文学，以及美洲的发现和早期历史方面的藏书。他们认为，学院图书馆应该"容纳人的所有追求"，教师必须终身学习，以"使自己的思想

---

[163] Thomas S. Harding, *College Literary Societies: Their Contribution to Higher Education in the United States, 1815-1876* (New York: Pageant Press, 1971), chs. 3, 5, 7, 9, 11, 13; Hamlin, University Library, 37-41.

[164] Carlton, "College Libraries," 486.

处于不断进步的状态中"。"那些被人们寄望去教授当代知识的人，应该能够获得那个时代的文献。""在各种思辨性科学中，意见是从抽象归纳提出的"，研究这些科学不需要多少图书就可以开展下去。更倚重事实的那些科学，则需要更多的图书。这些领域的一位尽职尽责的教授"可能在一次讲座中就有机会参考 50 名权威"。[165] 理事们也比任何人都更清楚，教授凭自己的薪酬并不足以积累起足够多的私人藏书来满足研究需要和教学目的。

  1856 年，建校才七年的密西西比大学的理事们，在努力从州议会获得更多和更为频繁的拨款时，提出了几个相同的观点。尽管这所诞生不久的大学缺少大楼、教员、科学仪器和自然史小陈列室，与密苏里大学的同僚不同，理事们强调了图书馆的必要性，认为那只是"藏书的开始"。他们敏锐地确认，图书馆"对学院教员来说远比对学院的学生重要。综合性图书馆值得拥有"。"要成为优秀的教师，即使只是讲授知识的要素，"他们声称，"也必须懂得这些元素之外的很多东西。"因为，"若无法不受限制地获取书籍"，教授"就有思想停滞的危险"。"在很大程度上，学院的声誉取决于人才的个人声誉，以及那些指导他们的教授的学识。""没有大量藏书的学院，很少能指望拥有一个巨大的优势，即它的教员中能出学界名流。"这是一种耻辱，因为当"人们在大众陌生的所有深奥问题上寻求权威意见"时，他们会转向"我们的学院和大学"的教员。简而言之，理事们的结论是，"老密西"（Ole Miss）的图书馆"对于教员们为完善自身、促进自身对大学的用处，以及把

---

[165] Knight, *DHES* 3:218-21.

自己的名字与时代的思想史自豪地结合在一起而需要在不同知识领域开展的研究工作毫无帮助"。[166] 战前的理事们鲜有如此开明的，但对战后的许多继任者来说，要想院校能够生存和发展，则必须做到这一点。

\* \* \*

内战前的美国被称为"学院之邦"，但其高等教育名册中包含了数量惊人的名义上的大学。在一般认为1860年之前已经存在（至少根据特许状来判断）的241所大学中，43所（18%）带有"大学"的校名。其中，有许多是各州创建的公立院校。一些早期"旗舰"的创建，是为了主管全州的教育系统，范围从普通学校和专门学校到学院和大学，但这项任务它们总是无法完成。最早的两所——北卡罗来纳大学和佐治亚大学——长期以来一直在争夺第一所州立大学的可疑名号。[167] 后来贴上大学标签的那些院校，形态则更加多样。五花八门的、数量至少达到53所的专门学校、女子学校、语法学校和预科系，有些荒诞不经，多数昙花一现，在各种记录中都以"大学"的面目出现。[168]

除了作为访客的欧洲人，许多美国评论者都对名义上的浮

---

[166] Knight, *DHES* 3:414-19.
[167] Tewksbury, *Founding of American Colleges*, 34, 35. 威廉·S. 鲍威尔在 *The First State University: A Pictorial History of the University of North Carolina* (Chapel Hill: University of North Carolina Press, 1972), 5 中承认，虽然佐治亚比北卡罗来纳早四年获得特许状（分别为1785年和1789年），北卡罗来纳的第一届学生开课和毕业却更早（分别为1795、1798年和1801、1804年）。
[168] Burke, *American Collegiate Populations*, app. B.

夸感到不安。一些人将其归因于美国人的自卑感以及出于心理补偿对夸大其词的追逐。另一些人，如哈佛历史学家（也是未来的校长）贾里德·斯帕克斯，对此干脆不屑一顾。在1829年给乔治·班克罗夫特的一封信中，他写道："把我们的任何一所院校称为大学……都大错特错。不进行彻底改造，它们既不是大学，也永远不可能是……我不相信大学可以嫁接到我们的任何一所原有的学院上。必须**重新**做一些事情，才有望取得任何成功。"[169] 在抵制南卡罗来纳学院更名时，院长詹姆斯·索恩韦尔于1853年宣称，**大学**只不过"听起来更有气势，表面上看起来更为庄重。但事实是，"他反驳说，"英语中几乎没有哪个词意思如此含糊……在这个国家，就一般意思来说，大学要么是作为高等教育机构的学院的同义词……要么表示附属着职业学校的学院"。[170] 他知道自己在说什么。虽然大多数医学院都是独立的，但在1860年之前，至少有23所医学系或医学院受到吸引，加入了一般认定的大学，16所法学院也是如此。[171]

菲利普·林斯利院长同样谙熟这种称谓之道。1826年，林斯利说明理由，想给他的坎伯兰学院更名（主要是为了避免与同名的长老会闯入者混淆），改成田纳西大学，在议会未获通过后，又改成纳什维尔大学。在发表于报纸上的《学院和大学》（"Colleges and Universities"）一文中，他告诉那些身

---

[169] "Correspondence of George Bancroft and Jared Sparks, 1823-1832," ed. John Spencer Bassett, *Smith College Studies in History* 2:2 (Jan. 1917), 136 (June 10, 1829).
[170] Knight, *DHES* 3:363.
[171] 神学院往往也独立存在；许多师范学院或系更愿意附属于私立的男女同校或女子学院。Burke, *American Collegiate Populations*, app. A. 伯克还指出，大学的法定章程"允许与职业学校直接发生联系"。同上书，268n38。

处城市边缘地带的读者们,"欧洲的每一所院校,无论授予何种类型的学位,都被称为大学。在美国,"相反,"'学院'和'大学'被用作同义词。特许状赋予它们所有平等的权力和特权……坎伯兰学院现在能做到美国任何一所大学经批准所做的一切",就像哈佛在公共行为中能合法使用"学院"或"大学"一样。[172]

其他的美国学者希望保留欧洲关于"真正的"大学的概念。1842年,布朗的院长弗朗西斯·韦兰将其定义为"一个教育场所,教授人类知识所有最重要的分支……既包括职业科学也包括前职业的科学"。九年后,密歇根大学校长亨利·塔潘称大学为"教育**百科全书**:那里……做好了准备充分研究各个知识分支,进行全面的科学探索;研究可以无限制地扩展"。[173]在后来的美国用法中,**大学**"通常指设有研究生院或职业学院的院校",但是在内战之前,它"往往不严格地作为学院使用"。不严格,而且天真。当俄亥俄州韦斯特维尔的一所弟兄会学院,即奥特本大学的创始校长被问到,为什么选了头衔更大的校名时,他解释道:"我们只是不知道学院和大学之间的区别。不知何故,我们认为大学所指的不仅仅是一所学院,于是便全部纳入,称之为奥特本大学。"[174]或许,许多学

---

[172] *National Banner and Nashville Whig*, Oct. 11, 1826, p. 2, 引用于 David Mathis, "Image, Institution, and Leadership: Philip Lindsley and the Modern University Presidency, 1825-1850"(Ed.D. diss., School of Education, College of William & Mary, 1985), 47。

[173] Francis Wayland, *Thoughts on the Present Collegiate System in the United States* (Boston, 1842), in Hofstadter and Wilson, eds., *American Higher Education* 1:358; Henry P. Tappan, *University Education* (New York: George P. Putnam, 1851), 68.

[174] Kenneth H. Wheeler, *Cultivating Regionalism: Higher Education and the Making of the American Midwest* [DeKalb: Northern Illinois University Press,(转下页)

院的创始人、院长和理事都困惑于同样的选择。

一些最古老、最优秀的学院忍住诱惑,没有过早地大放异彩,这一点不同于哈佛(1780)和布朗(1804),后两者在成长为欧洲人定义的"真正的"(英国的或德国的)大学之前就屈服了。耶鲁一直等到1887年才变身耶鲁大学,而就在前一年,其保守的院长诺厄·波特卸任离场。该校本有可能在15年前就这么做,当时董事会做出决议,认为"耶鲁学院已经……实现了大学的形式",因为它早就包含"通常构成大学的四个系,即神学系、法学系、医学系,以及哲学和艺术系"(成立于1847年的研究生系,于1861年授予了美国最早的三个哲学博士学位)。[175]

在联邦于那场自相残杀的战争中保存下来的随后几十年里,不仅文科学院经过形式上的改进得以存在下去并继续繁衍,真正的大学也将出现,不怎么像蘑菇,更像是松露,既精英又昂贵。与其他多功能院校一起,美国的众多学院不仅标志着与欧洲高等教育模式的分道扬镳,而且构成了美国独特模式的一种关键而持久的元素,即使后者在内战后改造了欧洲的许多做法。[176]

220

---

(接上页) 2011], 49-50; *A Dictionary of American English on Historical Principles*, comp. Sir William A. Craigie and James R. Hulbert, 4 vols. (Chicago: University of Chicago Press, 1938), 4:2395.

[175] William L. Kingsley, *Yale College: A Sketch of Its History*, 2 vols. (New York, 1879), 1:161.

[176] Roger L. Geiger, "The Era of Multipurpose Colleges in American Higher Education, 1850-1890," in Geiger, ed., *The American College in the Nineteenth Century* (Nashville, Tenn.: Vanderbilt University Press, 2000), 127-52.

# 第五章　德国印记

影响力是克利俄最难以捉摸的孩子。

——弗朗切斯科·科尔达斯科

随着19世纪中叶的逝去，许多美国教育工作者担心，这个国家无序扩张、不成体系的高等教育并没有达到足够高的水平。这些人忧虑的是，美国的高等教育没有跟上这个快速发展的世纪的步伐，也无法契合学术界日益提高的标准。美国横跨整个北美大陆，用铁轨和电报线路连接着东西海岸。它的经济和社会实力都有所增长，吸引了一波又一波新移民拥入其边境、农场和城市。它废除了把奴隶作为动产的制度，在内战中保存了联邦。并且，它不顾一切地竭力创建或加强教育机构，以免落后于源自欧洲的观念、发明和学术成果。但是，它那过剩的学院，甚至是与学院相差无几的名义上的大学，并不能迎接那种挑战。只有真正的沙文主义者才会说，19世纪中叶的美国"在智识上与英国、法国或德国同样快速发展"。[1]

批评者和改革者认为，问题是双重的。首先，美国缺乏足够广泛和严格的中等教育体系。如果学生在入学前无法做好更充分的准备，学院就无法提高录取和毕业的标准。正如1828年的《耶鲁报告》所承认的，"我们希望看到的第一个重大改进，就是提高录取标准"。[2]不幸的是，此方面的普遍改善不得不等到内战之后，那时美国各地开始逐个认真地创建和资助所有性质，无论是以就业还是考学为取向的公立高中，预科学校也大量地创立起来，或者独立存在，或者附属于现有的学院。[3]然而，即便它们能够吸引更好的学生，学院的教员在自身还没有准备得更为充分之时，也无意于提高课堂的标准和表现。

院长和理事们规定的基础课程仍然以古代语言、数学和科学为主，不得不顺从这些课程的大多数学院教授，几乎没有必要的动力提升自己的学识水平。束缚于维护虔诚和塑造品格的家长式机构目标，他们甚至也没有多少机会或精力来这样做。

---

[1] James Morgan Hart, "The Higher Education in America," *The Galaxy: A Magazine of Entertaining Reading* 11:3 (March 1871), 369-86, at 369.

[2] *Reports on the Course of Instruction in Yale College; By a Committee of the Corporation and the Academical Faculty* (New Haven, Conn.: Hezekiah Howe, 1828), 23; 重印于 David B. Potts, *Liberal Education for a Land of Colleges: Yale's Reports of 1828* (New York: Palgrave Macmillan, 2010)。

[3] William J. Reese, *The Origins of the American High School* (New Haven, Conn.: Yale University Press, 1995); James McLachlan, *American Boarding Schools: A Historical Study* (New York: Charles Scribner's Sons, 1970); W. Bruce Leslie, *Gentlemen and Scholars: College and Community in the 'Age of the University,' 1865-1917* (University Park: Pennsylvania State University Press, 1992), 161-62, 213-24; Frederick Rudolph, *The American College and University: A History* (New York: Alfred A. Knopf, 1962), 281-82, 284-86.

1874年，在普林斯顿出生和接受教育的詹姆斯·摩根·哈特哀叹，美国教授受到的主要妨碍，是他们在近乎"感化院"的地方经常要承担"巡察职责和纪律"方面的任务。[4]那个时候，许多教员未来都会走向神职，几乎所有的院长都是现任或卸任的牧师，学院教学可以被视为向软弱者或堕落者提供的另一种形式的牧养工作。但是，对于那些想通过提升自己和学生的智识发展和解放，在高等教育中追随更为世俗的职业生涯的人来说，学术生活往往令人失望。[5]他们中的大多数人在"基础知识的烦人重复"上耗费了太多时间，并且如已经感到厌倦的哈特教授所说的，"棒杀着倔强或倦怠的背诵者的才智"。太多的人仍然是事事操心的"中学校长"，因为典型的学院学生"不过是年龄大一点的中学生"。[6]

正如密歇根大学校长亨利·塔潘于1856年叹惜的那样，问题的关键在于"学院的毕业生不想成为学院教授"。有人声称，在一个"不断扩展和拥抱更为高端的研究对象"的社会

---

[4] James Morgan Hart, *German Universities: A Narrative of Personal Experience* (New York: G. P. Putnam's Sons, 1874), 273, 318.

[5] 哈特当时结束了在德国的两段学习和研究，在康奈尔担任现代语言教授。他在 "Higher Education," *Lippincott's Magazine of Popular Literature and Science* 18 (Nov. 1876), 573-84 中考察了"高等教育"一词在美国的意义混乱，并指出在欧洲事实上没有这个词。

[6] Franklin Carter, *The College as Distinguished from the University: An Inaugural Address* (New Haven, Conn.: Tuttle Morehouse & Taylor, 1881), 17; Hart, *German Universities*, 268, 287; Samuel Sheldon, "Why Our Science Students Go to Germany," *Atlantic Monthly* 63 (April 1889), 463-66, at 463; Charles Phelps Taft, *The German University and the American College: An Essay Delivered before the Cincinnati Literary Club, January 7, 1871* (Cincinnati: Robert Clarke, 1871), 27; Francis Greenwood Peabody, *Reminiscences of Present-Day Saints* (Boston: Houghton Mifflin, 1927), 26.

中,"患有支气管炎的退休传教士"不再应该"成为教授生物学的人选,把大部分时间用来学习日语的返身的传教士……也不再应该成为教授英语的人选"。[7] 有些教授只在典型的规模不大、资金不足的学院接受过本科教育,随后或许又上了一两年的神学院,或者作为导师在自己不久前才学过的相同课程中带领学生做练习,这样的教授只适于保存和传承过时的世界和学科的基本轮廓。他们拙于把美国的年轻人引入快速变化且日益复杂的世界,这个世界位于他们的校园、社区和海岸之外,他们也无力改善关于这个世界的公认知识或往其中加入新的发现。

改革者认为,至少在可预见的未来,这一两难困境的出路只能来自国外。塔潘说:"此时此刻,欧洲的大学为我们提供了出路。美国的许多年轻人是在那里受的教育。它们的学者迁移到了这里。我们仰赖这些博学之士的科学的、关键的努力,他们从我们自己的经典和自己的科学成果发端的地方,提供着原创作品。"[8] 塔潘,尤其是后来那些更年轻的改革者,所指的并不是整个欧洲,而是几乎单指德国,他们中的许多人从学院毕业后正是在那里做过高级研究。相比之下,双双亟须改革的牛津和剑桥,分别直到 1917 年和 1920 年才授予哲学博士学

*224*

---

[7] 引用于 Richard J. Storr, *The Beginnings of Graduate Education in America* (Chicago: University of Chicago Press, 1953), 20 (Harvard report of 1824), 114 (Tappan); Carter, *College as Distinguished from University*, 24。

[8] 引用于 Storr, *Beginnings of Graduate Education*, 114. 参见丹尼尔·科伊特·吉尔曼于 1874 年 12 月就约翰·霍普金斯大学校长任期接受访谈时所说的话:"美国的毕业生如果想紧紧追随最新的某些文化脉络,每年都不得不要么前往异国他乡,要么甘于从不堪重负和薪酬微薄的教授所教的研究生课程中获得必然带有缺陷的帮助。"Abraham Flexner, *Daniel Coit Gilman: Creator of the American Type of University* (New York: Harcourt, Brace, 1946), 50-51.

位，而且主要还是向追求文凭的美国人显示一种姿态。[9]英国古典语文学领域最好的学术资源，基本上追随着德国的步伐，历史研究无望地守旧过时，科学方面的研究则主要是在大学之外进行的。法国的科学研究也不是在大学，而是在国立研究所或私人实验室进行的，而且其"专科大学"（grandes écoles）*并不适合美国研究生。[10]

从19世纪第一个10年缓慢开始，并在整个19世纪中不断加速，美国那些抱负远大的学者和有志于治学的人视德国为圣地，在那里他们找到了美国高等教育之弱点的最佳补品。除了神学院是部分的例外，美国的垂直教育体系所缺乏的是一个顶层、一个更有优势的机构，来刺激其学院的雄心，并给出一种不同的、有效的、具有威信的途径来服务于国家新出现的各

---

[9] Renate Simpson, *How the PhD Came to Britain: A Century of Struggle for Postgraduate Education* (Guildford, UK: Society for Research into Higher Education, 1983).

[10] Samuel H. Bishop, "University Study at Berlin and at Oxford," *Educational Review* 15 (April 1898), 351-62, at 360; E. D. Perry, "The Universities of Germany," *Educational Review* 7 (March 1894), 209-31, at 211-13; Basil Gildersleeve, "English and German Scholarship," in Charles William Emil Miller, ed., *Selections from the Brief Mentions of Basil Lanneau Gildersleeve* (Baltimore: Johns Hopkins University Press, 1930), 364-76; William Berryman Scott, *Some Memories of a Palaeontologist* (Princeton, N.J.: Princeton University Press, 1939), 126, 128; James Washington Bell, "German Universities," *Education* [Syracuse, N.Y.] 2 (Sept. 1881), 49-64, at 50-51; Jurgen Herbst, *The German Historical School in American Scholarship: A Study in the Transfer of Culture* (Ithaca, N.Y.: Cornell University Press, 1965), 10-13; Christophe Charle, "Patterns," in Walter Rüegg, ed., *Universities in the Nineteenth and Early Twentieth Centuries (1800-1945)*, vol. 3 of *A History of the University in Europe* [HUE], gen. ed. Walter Rüegg, 4 vols. (Cambridge: Cambridge University Press, 2004), 44-46, 53-57, 61-63.

\* 法国等少数国家特有的高等教育机构，通常独立于公共大学教育体系。

种需求。[11] 越来越多的改革者确信，美国需要对真正的大学进行多次的迭代，并认为德国自 18 世纪后期以来已经把大学发展到臻于完美的状态。但是，他们在体验了德国的学术生活之后很快就意识到，这个国家最需要的不是把大学的特色放在本科或职业教育，而是放在学院和大学教员本身的高端培养上。塔潘院长称之为"直接目标"。德国教育体系中没有与美国的学院完全对应的机构，而且其大学只授予一项非职业学位，即哲学博士，因此美国大学不得不设立不久后被称为**研究生院**的机构。[12]

\* \* \*

由于本土相对缺乏研究生院，大批美国学院毕业生选择进入德国大学为学术生涯做准备。到第一次世界大战爆发时，为求学前往德国朝圣的美国人已有约 9000 人。[13] 站在 19 世纪 80 年代中期回望，哥伦比亚学院院长弗雷德里克·巴纳德说，那些"渴望在学术或科学领域，或者在教育领域谋求职业

---

[11] 纳塔莉·A. 内勒在 "The Theological Seminary in the Configuration of American Higher Education: The Ante-Bellum Years," *History of Education Quarterly* 17:1 (Spring 1977), 17-30, 以及 Elizabeth A. Clark 在 *Founding the Fathers: Early Church History and Protestant Professors in Nineteenth-Century America* (Philadelphia: University of Pennsylvania Press, 2011) 中主张，普林斯顿神学院、联合神学院以及耶鲁和哈佛的神学院等精英院校，在大学研究生院成立之前，一直是美国人文学科中仅有的几所研究生学院。通过要求注册入学者具有文科学位，它们还协助创立和支持着全国各地的专门学校和学院。

[12] Storr, *Beginnings of Graduate Education*, 114-15 (Tappan), 129-34; Richard J. Storr, *The Beginning of the Future: A Historical Approach to Graduate Education in the Arts and Sciences* (New York: McGraw-Hill, 1973), ch. 4.

[13] Herbst, *German Historical School*, 1-2n1.

生涯"的美国毕业生,"几乎普遍"认为"在德国大学深造一年或多年对于获取任何重要成就都是不可或缺的"。[14] 内战后的每一个十年,都会经历一场新的学术移民大潮。20 年后一位哈佛教授还记得,在 19 世纪 70 年代,他们那一代人"唯一梦想的地方便是德国大学……德国的学术资源是我们的主宰和向导"。威廉姆斯学院的一名毕业生则回应称,对他们来说,"我们 19 世纪 80 年代这一批年轻人"从不怀疑"德国拥有学术研究的独门秘籍"。直到 1898 年,还可以情有可原地夸张一点说,"美国学生前仆后继地"——每年"数以千计"——"前往欧洲的大学,尤其是前往德国大学,已经具有了某种类似于种族迁徙的重要意义"。[15] 一位未来的大学校长证实,即使是已经拿到了博士学位,前往国外一年"去接受一所……德国大学的熏陶,在当时也是最大的学术抱负"。短暂深造给他"留下了难以磨灭的印象:关于学术研究意味着什么,关于大学的本质,以及关于美国的高等教育要想企及同样的高度,还有多么漫长的路要走"。[16]

如果说,前往德国变成了类似于一名留学归来者所称的

---

[14] William F. Russell and Edward C. Elliott, eds., *The Rise of a University*, 2 vols. (New York: Columbia University Press, 1937), 1:376.

[15] 1895 年至 1896 年,在德国大学注册入学的美国学生峰值为 517 人,之后缓慢下降,直到第一次世界大战爆发。Konrad Jarausch, "The Universities: An American View," in *Another Germany: A Reconsideration of the Imperial Era*, ed. J. Dukes and J. Remak (Boulder, Colo.: Westview, 1988), 185.

[16] Josiah Royce, "Present Ideals of American University Life," *Scribner's Magazine* 10:3 (Sept. 1891), 376-88, at 382-83; Bliss Perry, *And Gladly Teach: Reminiscences* (Boston: Houghton Mifflin, 1935), 88-89; Bishop, "University Study," 351; Nicholas Murray Butler, *Across the Busy Years: Recollections and Reflections*, 2 vols. (New York: Charles Scribner's Sons, 1939), 1:127(引文)。

（以及所拼写的）学术"执念"（fetich），申请者赴德的原因却并不完全相同。[17] 有些人去，是想来一趟最新（学术）版的《大巡回》（the Grand Tour）\*，他们在莱比锡收集关于满脸疤痕的决斗者的多彩回忆，与海德堡的学生王子一起喝啤酒，在柏林聆听世界著名（即使奇异古怪又无法理解）的讲课。有少数人去，是为了追求从美国派来接受音乐或艺术训练的适婚年轻女子；许多人去，则是追随着朋友、同学或亲戚，后者中一些人的学术抱负比他们自己更加强烈。如果他们坚持下去并返回学术环境，在国外建立的关系对他们寻找第一份工作或提升职业生涯有很大帮助。[18]

绝大多数前往德国大学的人，则是为了在美国从事学术研究做准备和打基础。许多人从以前的学生那里获得建议，这些建议要么写在畅销的图书或流行的文章中，要么得自父辈和受到青睐的教授口中。查尔斯·F. 史密斯在哈佛的希腊语教授，一名毕业于莱比锡的博士，于19世纪70年代中期告诉他："若想成为学者，德国非去不可。"向布利斯·佩里给出建议的人甚至说得还要简洁一些。在母校威廉姆斯学院任教五年后，新获晋升的佩里出发前往柏林和斯特拉斯堡，很认真地准备教授早期英国文学。鼓励他这么做的不仅包括身为教授的父亲、

---

[17] James Mark Baldwin, *Between Two Wars, 1862-1921*, 2 vols. (Boston: Stratford, 1926), 1:35-36.
[18] Anja Becker, "Southern Academic Ambitions Meet German Scholarship: The Leipzig Networks of Vanderbilt University's James H. Kirkland in the Late Nineteenth Century," *Journal of Southern History* 74:4 (Nov. 2008), 855-86; Carl Diehl, *Americans and German Scholarship, 1770-1870* (New Haven, Conn.: Yale University Press, 1978), 141.
\* 英国的一档环游世界的汽车电视节目。

25年前海德堡的一名学生，还包括他那前往柏林学习文学和音乐的史密斯学院的未婚妻，以及他自己发现的一个事实，即"美国大学在我的领域开设的极少数研究生课程，主要还是以德国方法为蓝本，并且由在国外接受过训练的人讲授"。在牛津和剑桥，或者在法国，都不会开设这样的课程。[19]

佩里去国两年进行"研究生学习"，由威廉姆斯承担了部分的费用；这是一个例子，说明了在19、20世纪之交以前，美国的许多学院和大学如何应对国内研究生课程和项目缺乏的问题。如果在受聘之前无法做好职业上的准备，教员们就必须在一段时间之后准备好。哈佛直到1880年才确立起第一项正式的学术休假制度，但是众所周知，1815年的时候其关于学习假期的非正式安排就开始了（虽然并不覆盖全部费用）。那一年，哈佛校长约翰·柯克兰鼓励4名（并资助2名）现任和未来的教员留学哥廷根，来提升美国学院的声望并改进其语言和文学类课程。[20]很久以后，研究生奖学金也会先向国外派遣有志向的学术教师，随后才让本校的研究生项目或学院全面落地。1877年以全班第一的成绩从普林斯顿毕业后，20岁的威

---

[19] Becker, "Southern Academic Ambitions," 861, 863; Perry, *And Gladly Teach*, 71, 83, 87-88, 91. 1871年，"在遍览所有美国学院的目录都没有找到关于历史、公法和政治学研究的充分预备后"，阿默斯特学院毕业生约翰·W. 伯吉斯决定前往哥廷根学习。*Reminiscences of an American Scholar: The Beginnings of Columbia University* (New York: Columbia University Press, 1934), 85.

[20] Walter Crosby Eells, "The Origin and Early History of Sabbatical Leave," *Bulletin of the American Association of University Professors* 48 (Autumn 1962), 253-56; Diehl, *Americans and German Scholarship*, ch. 3, 172n21; Orie William Long, *Literary Pioneers: Early American Explorers of European Culture* (Cambridge, Mass.: Harvard University Press, 1935), chs. 1-4; Lilian Handlin, "Harvard and Göttingen, 1815," *Proceedings of the Massachusetts Historical Society* 95 (1983), 67-87.

廉·"眨眼"·斯科特在拿奖学金的第一年与三位同学一起留在普林斯顿，以利用詹姆斯·麦考什校长起动研究生工作的迫切心情。但是，在他拿奖学金的第二年，麦考什劝告这位未来的古生物学家，意思直接明了："去英国跟人学点东西，然后再去德国跟其他人学点别的东西。"在伦敦跟随 T. H. 赫胥黎以及在剑桥完成了收获多多的学习后，斯科特继续在海德堡用一年时间攻读了博士学位，随后返回普林斯顿任教。[21]

　　大多数前往德国的美国学生心中都盘算着某种职业生涯，但他们当中少有对目标考虑周详的。因此，当发现德国大学的各个方面对自己更大的职业目标有所帮助后，他们感到惊讶，通常还觉得很高兴。他们选择德国的主要原因，在于其大学教员的国际声誉。他们想跟随世界上最优秀的一些学者学习，后者的著作他们曾在学院课堂上阅读过、听说过，或者作为指定读物。对于他们中的大多数人来说，是大学的声誉把他们带到了德国，但这种威名很大程度上寓于那些著名的资深教授身上，诸如莫姆森、格林、博基、库尔提乌斯、亥姆霍兹、特赖奇克、维拉莫维茨、兰克。许多美国人喜欢在柏林听"一些享誉世界的学者就我们几乎一无所知的科目"所做的讲座，在柏林待了一个学期后，布利斯·佩里前往斯特拉斯堡又待了三个学期。他去那里，是受"那位伟大的学者和令人愉快的老师，即贝恩哈尔·坦恩·布林克的名声吸引……后者毫无疑问是欧

---

〔21〕 Scott, *Memories of a Palaeontologist*, 71-72, 81-82, 85（引文）。乔赛亚·罗伊斯于 1875 年从资金不足的加州大学毕业后，校长丹尼尔·科伊特·吉尔曼说服了一群热心于公众事务的市民资助罗伊斯到德国进行研究生学习。John Clendenning, ed., *The Letters of Josiah Royce* (Chicago: University of Chicago Press, 1970), 16. 19 世纪 70 年代，美国多所神学院也把一些最有前途的毕业生和教员送到了德国。Clark, *Founding the Fathers*, 16, 365n112.

图17 1814年,哈佛校长送四名年轻教师赴德国深造,他们都去了下萨克森州的哥廷根大学。哥廷根大学由汉诺威王朝和英国的乔治二世国王于1734年创立,并于1737年开始教授启蒙运动课程。到1812年,其图书馆藏书已经超过25万册,在法律、数学和科学方面资源丰富。这幅1815年的版画作者是H.克里斯蒂安·格拉佩,突出了该校的主楼和图书馆

洲大陆上最重要的乔叟研究专家"。和佩里一起前往的,还有受同样的力量吸引的另外六名美国人。[22]

全力投入学习后,造访者们很快就发现,德国大学为高级

---

[22] Scott, *Memories of a Palaeontologist*, 126; Perry, *And Gladly Teach*, 98, 102. 关于哥廷根的美国人"殖民地",见 Daniel Bussey Shumway, "The American Students at the University of Göttingen," German American Annals n.s. 8: 5-6 (Sept.-Dec. 1910), 171-254; Konrad H. Jarausch, "American Students in Germany, 1815-1914: The Structure of German and U.S. Matriculants at Göttingen University," in Henry Geitz, Jürgen Heideking, and Jurgen Herbst, eds., *German Influences on Education in the United States to 1917*, (Washington, D.C.: German Historical Institute and Cambridge University Press, 1995), 195-211。

研究工作提供了许多最好的实践和条件,这又为他们本人赴德以及说服其他美国人追随提供了额外的、更为明确的理由。其中一条理由由于与典型的美国学院的状态截然不同而最引人注目,那就是学生和教授都享有的自由(*Freiheit*)。[23]学生不仅自行安排生活和饮食(宿舍和食堂是不存在的),还自行决定想要学习什么、在哪里学习、跟谁后面学习(*Lebens- und Lernfreiheit*)。[24]课程以选修课,而不是必修课为主;如果找不到合意的教授或课程,他们可以径直转到全国体系里的20多所德国大学中的另一所。那签过字的讲课簿类似护照,确保就读的最后一所——或第一所——大学会接受他们的学位成果。对于教员们来说,教学自由(*Lehrfreiheit*),即不受外界干预地自由讲授自认为最好的内容,同样受到国家教育部、职业流动性和稳定的州津贴的保护。[25]J. 马克·鲍德温虽然在三

---

[23] Hart, German Universities, 250, 259-60; Friedrich Paulsen, *The German Universities: Their Character and Historical Development*, trans. Edward Delavan Perry (New York: Macmillan, 1895), 97, 135, 161-73, 186-89, 201-10; Herbst, *German Historical School*, 19-22, 30.

[24] Jarausch, "Universities: An American View," 181-206, at 193; *The Autobiography of Lincoln Steffens* (New York: Harcourt, Brace, 1931), 133. 在德国最初的15—17个月期间,G. 斯坦利·霍尔这个25岁左右、在乡村环境中严格培养出来的学生"相当沉迷于从未有过的自由"。除了"智识上的创造力"和学术自由,他还发现了好玩的周日、啤酒、女人和性。在接近而立之年,浸礼会教友威廉·多德培养出了对淡色德国麦芽酒和歌剧的爱好,从而勉强接受了"对他的[南方]清教徒教养的温和反抗"。Hall, *Life and Confessions of a Psychologist* (New York: D. Appleton, 1923), 219-23; Robert Dallek, *Democrat and Diplomat: The Life of William E. Dodd* (New York: Oxford University Press, 1968), 17. Dorothy Ross, in *G. Stanley Hall: The Psychologist as Prophet* (Chicago: University of Chicago Press, 1972), 41 and 41n39, 纠正了霍尔想要留给人们的印象,即在德国待了三年。

[25] "或者在任何一个国家,教授都不会如此不受约束……政府对大学教学的内容和方式的干预早已停止,当然,某些政治方面的干预除外。"(转下页)

所大学中的每一所都只待了一个学期——"受某些教授的名字吸引"而前往——他说,"由于研究生学习的自由和范围",对于他的心理学研究来说,"那一年主要的收获是得到了新的灵感"。[26]

\* \* \*

正如鲍德温返回了普林斯顿,许多学生回到美国,效力于设备先进的实验室和研究班(seminars),沉浸于它们的"方法和主要研究"以及从这些实验室和研究班发展出来的"全套观念"中。最先进的科学实验室由国家通过独立管理的研究所资助,这些研究所大多数拥有自己的收有大量期刊的研究型图书馆,有的还拥有互补的博物馆。在威廉·冯特位于莱比锡的新心理学实验室获得博士学位后,詹姆斯·卡特尔回到故国,行囊里装着自行购买或自费延请精密机械师制造的多件实验仪器。[27] 在哲学院系,包括我们称之为非职业的文科、科

---

(接上页) E. D. Perry, "The Universities of Germany," *Educational Review* 7 (March 1894), 209-31, at 218-19. 林肯·斯蒂芬斯指出:"德国的教师可能深信……思想自由没有边界。"*The Letters of Lincoln Steffens*, ed. Ella Winter and Granville Hicks, 2 vols. (New York: Harcourt, Brace, 1938), 1:37. 关于时间早得多的证明,参见 *Life, Letters, and Journals of George Ticknor*, ed. George S. Hillard et al., 2 vols. (Boston: J. R. Osgood, 1876), 1:98-99。

[26] Baldwin, *Between Two Wars*, 1:32. 理查德·T. 埃利说,1877 年第一次去德国时,他"似乎呼吸到了一种新的、令人振奋的自由气氛"。*Ground under Our Feet: An Autobiography* (New York: Macmillan, 1938), 124.

[27] Sheldon, "Why Our Science Students Go to Germany," 464-65 (引文); *An Education in Psychology: James McKeen Cattell's Journal and Letters from Germany and England, 1880-1888*, ed. Michael M. Sokal (Cambridge, Mass.: MIT Press, 1981), 127, 137, 159; Charles E. McClelland, *State, Society, and University in Germany, 1700-1914* (New York: Cambridge University Press, 1980), 279-87; Joseph Ben-David, "The Universities and the Growth of Science in (转下页)

学和社会科学的所有学科,大多数全职教授,或者叫"讲席教授"(chairs),通常开设研究班,配备了学习用的桌子和藏书可观的参考书图书馆,馆内可上以筛选过的进修生(advanced students)为对象的研究课。[28]

核心的大学图书馆由国家资助,服务于高端的读者,在藏书的深度和数量上几乎超过了美国所有的学院图书馆(除了规模最大的几座)。新创立的美国大学,有时会对某个德国书商的库存照单全收(比如芝加哥大学购买了一家柏林经销商的近97000册书),或买下著名学者的工作藏书(比如雪城大学买下了利奥波德·冯·兰克的20000册书,连同桌椅)。在约翰·霍普金斯大学筹备新设立的语文学研究班时,巴兹尔·吉尔德斯利夫依靠的是威廉·施图德蒙德设在斯特拉斯堡、藏书量为4000册的研究班的书目。[29]

---

(接上页)Germany and the United States," *Minerva: A Review of Science, Learning, and Policy* 7:1-2 (Autumn-Winter 1968-69), 1-35, esp. 2-6。

[28] Fred M. Fling, "The German Historical Seminar," *The Academy* (Syracuse, N.Y,=.) 4 (1889), 129-39, 212-19; Frank Hugh Foster, *The Seminary Method of Original Study in the Historical Sciences, Illustrated from Church History* (New York: C. Scribner's Sons, 1888); Ephraim Emerton, "The Historical Seminary in American Teaching," in G. Stanley Hall, ed., *Methods of Teaching History* (Boston: Ginn, Heath, 1884), 191-200; Bonnie G. Smith, "Gender and the Practice of Scientific History: The Seminar and Archival Research in the Nineteenth Century," *American Historical Review* 100:4 (Oct. 1995), 1150-76. 关于研究班的起源,见William Clark, *Academic Charisma and the Origins of the Research University* (Chicago: University of Chicago Press, 2006), ch. 5。

[29] 斯特拉斯堡的一位考古学家同样承诺,在霍普金斯能够负担得起时,会提供一系列古代雕塑的石膏铸型。Charles Franklin Thwing, *The American and the German University: One Hundred Years of History* (New York: Macmillan, 1928), 130-33; Robert Rosenthal, "The Berlin Collection: A History" (http://www.lib.uchicago.edu/e/spcl/excat/berlin/history.html); William Freeman Galpin, *Syracuse University, Vol. 1: The Pioneer Days* (Syracuse, N.Y.:(转下页)

美国人的第三个发现是,德国大学的目标不是像美国的学院那样,"授予一般的文化","而是提供特殊的训练"。J. M. 哈特提醒说:"经由安排,一切都要服从于研究的细致性和彻底性。"[30] 高级研究(大多数美国人就是为此而来)的最终目标,与其说是对已知事实——"文献"——的全面掌控,不如说是在一个专业科目中的独创性研究,后者导向的是成果的发表。聆听讲座理论上能让听课的人对更广泛的主题有概括的了解,并引导人去接近撬开它的学科工具,但是,使熟练的学者在师傅的注视下导向他自己的发现和贡献的,却是专业的研究班和实验室(作为例外的女性通常被排除在外)。无疑,按照期待他应该在自己的领域中广泛、深入、彻底地阅读:要想获得学位,他将面临多位教授组织的严格口试。但是,这位学生很快"就受到鼓励去创造成果,去一试锋芒,去亲自察看事实,然后开始研究"。[31]

---

(接上页) Syracuse University Press, 1952), 88-93; Basil Gildersleeve, *The Letters of Basil Lanneau Gildersleeve*, ed. Ward W. Briggs, Jr. (Baltimore, Md.: Johns Hopkins University Press, 1987), 116-17. 1882 年,赫伯特·巴克斯特·亚当斯将他之前在海德堡求学时的导师 J. K. 布伦奇利的工作藏书带到约翰·霍普金斯,形成了历史和政治学研究班图书馆的核心。埃米尔·许布纳的藏书则搬到了纽约大学。Raymond J. Cunningham, "The German Historical World of Herbert Baxter Adams: 1874-1876," *Journal of American History* 68:2 (Sept. 1981), 261-75, at 275; Ernest G. Sihler, *From Maumee to Thames and Tiber: The Life Story of an American Classical Scholar* (New York: New York University Press, 1930), 164. The libraries of several theological seminaries were similarly augmented by those of German scholars. Clark, *Founding the Fathers*, 88-89, 92.

[30] Thwing, *American and the German University*, 58, 60-61(引文), 62-63; Hart, *German Universities*, 385。

[31] A. C. Armstrong, "German Culture and the Universities," *Educational Review* 45 (April 1913), 325-38, at 331-32; Cattell, *Education in Psychology*, 67-68, 158; Ely, *Ground under Our Feet*, 43 ("You learn here, and only here, how to do independent, real scientific work.")

从 18 世纪的最后 25 年开始，德国的大学格外重视公开发表的学术成果，视其为通用筹码。在招聘和晋升方面，应聘者的"档案"，即现今无处不在的履历，成为院系以及具有最后决定权的教育部长考虑的关键因素。[32]这种对原创学术的重视以某种方式进入了哲学博士的课程。要想获得博士学位，需要研究、撰写和发表大量篇幅较短的论文（更接近于文章而不是著作），这些论文应该"在某种程度上对人类知识有所贡献，哪怕只是微小的贡献"。[33]

很少有德国学生拿到了博士学位，据估计比例在 10%—25%。那些的确拿到的，大多数是因为有志于在严格的古典预科学校（Gymnasia）或大学中从事教学。[34]其余的人中，大

---

[32] R. Steven Turner, "The Growth of Research in Prussia, 1818 to 1848—Causes and Context," *Historical Studies in the Physical Sciences* 3 (1971), 137-82; R. Steven Turner, "The Prussian Universities and the Concept of Research," *Internationales für Sozialgeschichte der deutschen Literatur* 5 (1980), 68-93; Clark, *Academic Charisma*, chs. 5, 7.

[33] Thwing, *American and the German University*, 61（引文）; Clark, *Academic Charisma*, ch. 6。温克·斯科特不得不向大学提交了自己博士论文的 180 份副本，以分发至德国的各大学和公共图书馆；詹姆斯·卡特尔和威利斯顿·沃克尔每人向莱比锡提交了 210 份，威廉·多德只提交了 100 份。Scott, *Memories of a Palaeontologist*, 141; Cattell, *Education in Psychology*, 210; Williston Walker, "Notes from a German University," *Andover Review* 9:53 (May 1888), 491-99, at 496; Dallek, *Democrat and Diplomat*, 23.

[34] E. D. Perry, "Universities of Germany," 230 (10 percent); Walker, "Notes from a German University," 493 (14 percent); Curtis, "Present Condition of German Universities," 29 (20-25 percent)。关于预科学校，见 James C. Albisetti, *Secondary School Reform in Imperial Germany* (Princeton, N.J.: Princeton University Press, 1983), esp. ch. 2; James E. Russell, *German Higher Schools: The History, Organization and Methods of Secondary Education in Germany*, 2nd ed. (New York: Longmans, Green, 1905); Harold Dean Cater, "Henry Adams Reports on a German Gymnasium," *American Historical Review* 53:1 (Oct. 1947), 59-74; Friedrich Paulsen, *An Autobiography*, trans. Theodor Lorenz (New York: Columbia University Press, 1938), 125-70; Hart, *German Universities*, 296-302。

多数学的是自选课程，希望能通过国家考试，进入其他博学的职业，包括从事外交。从这个意义上说，德国大学是彻底的职业学校，与中世纪的大学没有什么不同。[35] 美国的注册入学者拿到学位的，似乎并不比德国同龄人更多，尽管他们中的绝大多数是"筛选过的——来自美国学院和大学的优等生、研究员和特别调查员"——并且极为专注于自己的职业目标。[36] 一些没拿学位就回国的人之所以选择这样做，是因为最后的口试涉及他们的特定科目之外的两个附属领域，而他们想集中精力。出色完成这些任务的那部分人，则无力承担获取学位需要支付的高昂的考试和论文费用，或者无力按商业的方式自费出版论文。其他人则会考虑略过学位，因为在他们看来，发表在如雷贯耳的德国期刊上的论文，比名字后面的三个小小字母更有价

---

[35] Richard T. Ely, "American Colleges and German Universities," *Harper's New Monthly Magazine* 61 (July 1880), 253-60, at 254; Ely, *Ground under Our Feet*, 53-54; E. D. Perry, "Universities of Germany," 227; Johannes Conrad, *The German Universities for the Last Fifty Years*, trans. John Hutchison (Glasgow, UK: D. Bryce and Son, 1885), xxi, 217, 319-23.

[36] Bishop, "University Study," 351（引文）; Diehl, "Innocents Abroad: American Students in German Universities, 1810-1870," *History of Education Quarterly* 16:3 (Autumn 1976), 321-41, at 338 (20-25 percent before 1870); John T. Krumpelmann, "The American Students of Heidelberg University, 1830-1870," *Jahrbuch für Amerikastudien* 14 (Heidelberg, 1969), 167-84（根据我的计算，比例为10%）; Hart, "Higher Education in America," 386 (< 20 %); Anja Becker, "For the Sake of Old Leipzig Days . . ." Academic Networks of American Students at a German University, 1781-1914" (Dr. phil. diss., philologischen Fakultät, Universität Leipzig, 2006), 334-35（莱比锡的比例为10%—12%，哥廷根的比例为5%）; 贝克的（现在是沃纳的）论文经过修订和扩充，成为 *The Transatlantic World of Higher Education: Americans at German Universities, 1776-1914* (New York: Berghahn Books, 2013)。1890年，林肯·斯蒂芬斯告诉他的父亲，美国人"一百个……只有一个"拿到学位，这是夸张。"他们来到这里，得到想要的知识，然后回家。" *Letters of Lincoln Steffens*, 1:64.

值。[37]*

然而，随着1870年至世纪末德国大学中美国留学生数量的增加，哲学博士学位及其隐含的海外学习经历，其职业价值在美国国内不断提升。随着越来越多受过德国教育的学者归国寻找与自身新的资格相称的职位，老式的精英学院和新兴的大学都想把他们纳入麾下——往往是通过在国外形成的广泛的社会关系网络。一些院校很乐意引进任何有过德国学习经历的人，无论学习时间长短。但是，越来越能加大求职者胜算的，是拥有德国的博士学位，哪怕在美国大学自身开始授予学位之后。看起来，德国博士学位之所以声誉日隆，是由于很少有人知道其实际要求及其地域色彩，这一点和德语是一样的。直到至少1900年，这种学位在美国的相对新奇都维持着它的神秘和人们对它的希求。

内战之前，美国人对德国文凭并无过深的印象。1853年，当巴兹尔·吉尔德斯利夫带着他在波恩获得的博士学位回到弗吉尼亚州时，"前景黯淡"。第二年，在写给一位德国朋友的信中，他感叹学术上的"成功在我们国家并不那么容易，[虽然]外国教育可能会让我在地方上有一些声誉，但这声誉还抵不上获得博士帽的花费。除了我自己，里士满还能拿得出两位哲学

---

[37] Horace M. Kennedy, "Studying in Germany," *Popular Science Monthly* 26 (Jan. 1885), 347-52, at 351; Cunningham, "German Historical World," 268; S. H. Rowe, "Student Life at Jena," *Educational Review* 15 (Feb. 1898), 136-46, at 140; Walker, "Notes from a German University," 498; Becker, "Old Leipzig Days," 334; Cattell, *Education in Psychology*, 119, 120, 152（"我的论文由冯特［在他的期刊中］印出来，的确比获得博士学位更令人荣幸"）, 153, 167, 192-93, 194。

\* "三个小小字母"指"Ph.D."，即"哲学博士"。

博士……几年后，"他预测，"德国文凭将成为市场上的毒品，但我希望自己那时已经不再需要这种外在头衔作为推荐"。三年后，他才受聘为弗吉尼亚大学的希腊语教授。最后，他的博士学位勉强压倒了理事们唯一的反对意见，即他的名字"不是弗吉尼亚人的"。[38]

在接下来的 30 年里，德国博士学位的市场发生了巨大变化。虽然从未成为经济"毒品"，它们确实为失业提供了许多疗法。迟至 19 世纪 80 年代，一些美国学生在一开始还是对获得德国学位的价值犹豫不定。布利斯·佩里及其在斯特拉斯堡的两位美国同僚"花了很长时间……讨论哲学博士学位的职业价值。我们已经为此学了足够多的课程，而在那时，论文和口试的要求并不特别严格"。他们的主教授（major professor）希望三人都成为博士候选人，但只有一个人这样做了。佩里在国内有一份小型学院的工作在等着他，并说"打算在那里度过一生"，所以他通过了候选人选拔。他知道，博士学位"在学院师资名录中是令人愉快的点缀"，但他想要"在思想中摸爬滚打"，"远甚于"进行细微的文本批评。"当然，我们中无人会想到，"他在 1935 年写道，"在**接下来的** 30 年里，美国学院会坚持把拥有博士学位作为晋升的必要条件，其商业价值由此会按精算表的精度来加以计算，并且所有的学术'进取者'都会朝着它阔步前进"。[39]

普林斯顿毕业的海德堡研究员温克·斯科特，以及任教于

---

[38] 他是南卡罗来纳人。Ward W. Briggs, Jr., "Basil L. Gildersleeve," in *Classical Scholarship: A Biographical Encyclopedia*, ed. Ward W. Briggs, Jr., and William M. Calder III (New York: Garland, 1990), 93-118, at 97-98; Gildersleeve, *Letters*, 17.

[39] Perry, *And Gladly Teach*, 113（强调为我所加）。

莱比锡的拉法耶特学院校友詹姆斯·卡特尔，两人对博士学位都不感兴趣，都欣然以自己的科学研究来表明他们已经对回国受聘于教职胸有成竹。至少，在那些对此学位看重得多的美国导师和赞助人坚决敦促二人获得学位之前，他们是这么想的。最后，他们庆幸自己拿了学位。1880年，斯科特收到他的优等生文凭的14份复印件，把其中的大部分送给了"感兴趣的朋友"。这些来自德国的文件使他在国内声誉日隆。新英格兰一所女子学院的院长没见到本人就愿意录用他。但是，直到麦考什校长在普林斯顿的毕业典礼上宣布斯科特"已经在生物学方面做了一些独创性研究，吸引了国外科学家的注意"之后，他才启程回国担任地质学讲师。类似的，在卡特尔的父亲、拉法耶特院长暗示在美国学术界，博士学位比一大摞用德国话写的选刊更容易理解也更令人印象深刻后，那个聪明的儿子不仅获得了学位，还在宾夕法尼亚大学获得了讲师职位（以及一位在莱比锡音乐学院学习音乐的英国妻子）。[40]

至少在整个19世纪90年代，美国人对德国的大学和学术水平一直评价很高，留学德国的美国学生人数也在这十年中达到顶峰。莱比锡的马顿·柯蒂斯认为，"在德国大学学习超过一年的学生中，每五人就有四人为逗留德国给出的最终理由是，德国学位比美国学位更有价值，也更为重要"。短短一年的停留带给马克·鲍德温的，"正如带给那么多美国研究生

---

[40] Scott, *Memories of a Palaeontologist*, 113, 122-23; Cattell, *Education in Psychology*, 118, 206, 267, 275. 赫伯特·巴克斯特·亚当斯（1872年毕业于阿默斯特）在身为纽约律师的哥哥的说服和资助下，才经过15个月的艰苦学习，于1876年以最优异（*summa cum laude*）成绩从海德堡获得了学位。Cunningham, "German Historical World," 268.

的……是在国内职业竞争中的独特优势"。他不无夸张地指出，到19世纪80年代后期，"一个德国博士学位，或者至少是在德国留学过一段时间，对于想要在学院这一层面获得职位的年轻美国教师来说，几乎是必不可少的"。[41]

\* \* \*

对于高端学术研究来说，与德国大学及其授予的日益不可或缺的学位同样重要的是，它们还为胸怀抱负的美国学者提供了宝贵的附带好处。这些大学的教授，尤其是受到倚重的资深教授，充当着"教授的职业水准"以及塑造高等教育终身事业的典范。1849年，17岁的巴兹尔·吉尔德斯利夫从普林斯顿毕业时，和大多数同学一样对于成年后的人生缺乏明确的规划。作为全班成绩的第四名，他的想法是把教书"作为临时的谋生手段，[但]不是毕生的职业"。的确，"在美国，没有着眼于成为学院或大学教授而接受培养这样的事"。年轻人有意选择教授职位作为职业生涯，听起来有一些自行其是的意味。为了避免针对这种"傲慢自大"的嘲笑，"唯一明智的做法……是逃离这个国家，托庇于那些不以此种追求为荒谬的国度"，即德国。即使在获得博士学位和教授职位后，这位新任的古典语文学家仍然坦言，"我已经在心中确定，以20年为任教年限"。幸运的是，1875年在新成立的以研究生教育为主的

---

[41] Mattoon M. Curtis, "The Present Condition of German Universities," *Educational Review* 2 (June 1891), 28-39, at 39; Baldwin, *Between Two Wars*, 1:35-36. 参见 Sheldon, "Why Our Science Students Go to Germany," 463: "许多人可能仅仅依赖于曾在德国学习或获得德国学位这一事实，在刚回国时便为自己获得了优质职位。"

约翰·霍普金斯大学当选第一位资深教授时，对自己设定的执教生涯颇感难为情的他意识到，自己正在目睹"教授生涯新时代的开始，为渴望参与高等教育工作的人开创了常规的职业"。现在在美国，年轻人可以定下计划成为教授，"正如他的同伴计划着成为医生或教士"，原因很大程度上在于，吉尔德斯利夫这样的前辈已经从同样行事的德国学者那里吸取了教训，也获得了勇气。[42]

德国的例子对美国人来说也很重要，因为德国教授们在平淡无奇的生涯中塑造了一种令人心动的研究和教学的协同作用。美国学者是经验丰富的教师，尽管大多数人被迫在基础阶段教授着太多课程。他们所缺乏的，是在更高层次上推进自己的学术研究所需的由院校提供的时间和鼓励。

密切观察德国教授，尤其是在研究所实验室或在自己家庭图书馆的研究班上的德国教授，就能发现身兼学者和教师双重身份并接受薪酬的典范形象。返回故国后，新晋的美国博士们不会忘记，而且试图再造那些促进"研究与教学不断结合"的院校。[43]

---

[42] Ward W. Briggs, Jr., ed., *Soldier and Scholar: Basil Lanneau Gildersleeve and the Civil War* (Charlottesville: University Press of Virginia, 1998), 43, 67, 87; Gildersleeve, *Letters*, 319; Basil Gildersleeve, *The Selected Classical Papers of Basil Lanneau Gildersleeve*, ed. Ward W. Briggs (Atlanta, Ga.: Scholars Press, 1992), 82.

[43] Paulsen, *German Universities*, 5, 140; Bell, "German Universities," 58, 60 (quotation); Jarausch, "Universities: An American View," 188; Armstrong, "German Culture and the Universities," 333. 学术职位应聘者的德国档案不仅包括出版物和评论，还包括当前和以前学生的证明以及关于班级人数的证据。Clark, *Academic Charisma*, 259, 295. 参见 Veysey, *Emergence of the American University*, ch. 3, esp. 125-33。

图 18 巴兹尔·兰诺·吉尔德斯利夫,约翰·霍普金斯大学古典学教授。作为一名坚定的"亲德者",他于18岁前往德国,后来却批评自己未能获得的指导,以及德国语文学学术和教学的许多方面。肖像由托马斯·克伦威尔·科纳绘制。弗吉尼亚历史学会

\* \* \*

德国大学具有所有那些令人难忘和勇于争胜的特色,但在美国学生眼中它们以及其他一些特色却并非没有缺陷或弱点。最难克服的是从事学术活动所用的语言本身。除非学生在学院里学过一些德语,或者在许多讲德语的乡村社区和城市街区中的某一个当中长大,否则他要做的第一件事便是要学会足够的德语,来安排食宿、办理入学、听懂讲座、参与研究班或实验室中的交谈、撰写论文,并通过冗长的口试。〔44〕新来者常常将当地的语言斥为"地狱般的语言""魔鬼的发明"。这种语言的主要特征不仅在于喉音 R 和奇怪的元音变化,还在于"精巧恶行的谋划无穷无尽",比如"怪异的复合词、粗暴的倒装,〔以及〕附属从句"。在 1878 年造访海德堡之后,塞缪尔·克莱门斯(别名马克·吐温)打趣说:"昨天在医院,从一名患者身上成功地取出了一个包含十三个音节的单词。"〔45〕

---

〔44〕 1820 年至 1860 年,移居美国的德国人数量飙升至 150 万人,到 1900 年达到 500 万人。美国中间阶级家庭唱着德国民谣,书店和图书馆备有并突出显示德语图书。多个中西部城市,比如印第安纳州的韦恩堡和威斯康星州的密尔沃基,都有自己的德式预科学校(*Gymnasium*),很多情况下由德国培养的教师授课。在找到满意的大学教职之前,曾就读于德国和约翰·霍普金斯的欧内斯特·西勒尔在美国的两所德式预科学校任教,自尊心并未因此受损。Sihler, *From Maumee*, 29-39, 45, 136, 139-45.

〔45〕 Anja Becker, "US-American Students in Leipzig and Their Struggle with the German Tongue, 1827 to 1909," in Hartmut Keil, ed., *Transatlantic Cultural Contexts: Essays in Honor of Eberhard Brüning* (Tübingen: Stauffenburg, 2005), 165-86, at 167-73, 182; Mark Twain, "The Awful German Language," in *A Tramp Abroad, Following the Equator, Other Travels*, ed. Roy Blount, Jr. (New York: Library of America, 2010), app. D, at 384; 参见 *Hart, German Universities*, ch. 2。从汉堡大学的艺术史教席上遭到纳粹流放的欧文·潘诺夫斯基写道:"遗憾的是,德语允许相当琐碎平庸的思想从显然具有深度的毛帘后面(转下页)

用黑色字母的德语**字形**（*Schrift*，哥特字体）印刷的地区方言和图书，额外增加了学习德语的难度，尤其是对那些从未接触过德语的人来说。在德国的军事和经济实力于1870年后获得提升之前，美国学院很少开设德语课程，即使有往往也是课外性质的，教得也不好。[46]因此，大多数想学习德语基础知识的研究生不得不前往德国乡村，与导师或者与耐心的女房东及其孩子们泡在一起。在此前几年入学的美国人（和英国人），只要可能随时都喜欢说英语，他们的"同胞群体"不仅没提供什么帮助，还带来一些妨碍。决心快速学会德语的学生，则不避繁难地与只讲德语的家庭吃住在一起。在海德堡度过的漫长一年中，温克·斯科特避开英美人的俱乐部，"几乎只与德国人"往来，并通过阅读德语出版物和观看戏剧让自己"沉浸"在这门语言中。

虽然有很长一段时间似乎毫无长进，但突然间，他似乎"摸到了这门语言的门道"，能用德语流利地说话，用德语思考甚至是做梦。他的结论是，这项能力可能是"我的海德堡生涯最为宝贵的结果，虽然带来的好处有很多"，包括一个哲学博

---

（接上页）说话，反过来，又允许众多意义潜藏在一个单词背后。" *Meaning in the Visual Arts: Papers in and on Art History* (Garden City, N.Y.: Doubleday, 1956), 319.

[46] Becker, "US-American Students in Leipzig," 166; Hart, *German Universities*, 99; Butler, Across the Busy Years, 113-14. 巴兹尔·吉尔德斯利夫在学院里罕见地屈服于"条顿恐惧症"，并在1850年前往德国之前沉浸在德语和文学中。他主要是靠自学，因为普林斯顿以低薪聘请了一连串短期的"二流"教师，用"两三种不同的语言"给所有自愿听课的学生每周上两次课，收取费用，但没有成绩也不给学分。Briggs, *Soldier and Scholar*, 40, 43, 45, 62; James Buchanan Henry and Christian Henry Scharff, *College as It Is, or, The Collegian's Manual in 1853*, ed. J. Jefferson Looney (Princeton, N.J.: Princeton University Libraries, 1996), 233.

Die Argonauten.
(Gravüre von einem etruskischen Schmuckkästchen aus Bronze.)

## Drittes Buch.

### Die Argonautensage.

#### Jason und Pelias.

Von Äson, dem Sohne des Kretheus,*) stammte Jason ab. Sein Großvater hatte in einer Bucht des Landes Thessalien die Stadt und das Königreich Jolkos gegründet und dasselbe seinem Sohne Äson hinterlassen. Aber der jüngere Sohn, Pelias, bemächtigte sich des Thrones; Äson starb, und Jason, sein Kind, war zu Chiron dem Centauren, dem Erzieher vieler großen Helden, geflüchtet worden, wo er in guter Heldenzucht aufwuchs. Als Pelias schon alt war, wurde er durch einen dunkeln Orakelspruch geängstigt, welcher ihn warnte, er solle sich vor dem Einschuhigen hüten. Pelias grübelte vergeblich über dem Sinne dieses Worts, als Jason, der jetzt zwanzig Jahre den Unterricht und die Erziehung des Chiron genossen hatte, sich heimlich aufmachte, nach Jolkos in seine Heimat zu wandern und das Thronrecht seines Geschlechtes gegen Pelias zu behaupten. Nach Art der alten Helden war er mit zwei Speeren, den einen zum Werfen, den andern zum Stoßen, ausgerüstet; er trug ein Reisekleid und darüber die Haut von einem Panther, den er erwürgt hatte; sein ungeschorenes Haar hing lang über die Schultern

*) Vgl. Anm. zu S. 105.

图 19　典型的黑色字母哥特字体页面，让许多想要学习德语的美国学生，尤其是身在德国的学生感到挫败。来自 Gustav Schwab, Die schonsten sagen des klassischen Alturtums, 3 vols. ( Gütersloh: C. Bertelsman, 1894 ), 1：119

士学位。[47]

那些付出较少努力的人挣扎的时间更长,并且错失了教育机会:讲座的语速让人无法有效地记笔记,研究班讨论中的细微之处注意不到,与德国实验室同伴的工作关系仍然若即若离。在莱比锡待了近四年后,詹姆斯·卡特尔仍然对自己的德语水平没有信心。他不得不用英语撰写论文,再用磕磕巴巴的德语背给德国同人听,以求纠正(他担心可能要上百个小时才能完成),并且从他的主教授那里收到了"很多修改,几乎全部是关于动词的";由于这些改动,主教授用最终成绩给他泼了冷水。卡特尔向父母承认,在口试中"受到了外语的极大困扰,往往无法表达自己,更糟糕的是会说出与本意相反的话"。他在语言上的愚笨,以及在自己那些辅修学科上的漫不经心,让他只获得了低于预期的"优等"(*cum laude*)成绩*。[48]

\* \* \*

一旦开始比较自如地运用德语,美国人发现新的学术生活

---

[47] Scott, *Memories of a Palaeontologist*, 112, 118, 124, 126; Butler, *Across the Busy Years*, 118-19; Dallek, *Democrat and Diplomat*, 16-17; Walker, "Notes from a German University," 497, 498; *Letters of Lincoln Steffens*, 1:11, 16, 21.

[48] Cattell, *Education in Psychology*, 149, 164, 202, 205, 206. 威廉·多德在莱比锡的历史指导教师(advisor)同样批评他的德语写作,并且出于同样的原因给了他"优等"成绩。按莱比锡的规定,"良好的形式和正确的语言……是绝对必要的条件"。Fred Arthur Bailey, *William Edward Dodd: The South's Yeoman Scholar* (Charlottesville: University Press of Virginia, 1997), 20-21; Edmund J. James, "The Degree of Ph.D. in Germany," *Andover Review* 9:54 (June 1888), 611-23, at 616.

\* "优等"(*cum laude*)之上还有"优异"(*magna cum laude*)和"最优异"(*summa cum laude*)。

在许多方面并没有满足全部的希望或期待。德语课程的三大形式，即讲座、研究班和实验室，尽管效果很好，却也遭到了批评。讲座大厅位于其貌不扬的城市建筑中，通常被描述为"昏暗房间，满是最普通的木制长凳"和"污浊的空气"。[49] 由于学生往往在各个讲师和大学之间辗转游走，并且遇到与学术职业（Brotstudium，"为面包做研究"）的入学考试没有直接关联的课程还会逃学，上课人数零零落落。[50]"课程演出"的明星们往往身着学术礼服，站在台上或坐在桌边讲课，依据的通常是笔记或整篇文本。学生的目标是结束课程时带上充实又完整的"一系列笔记，以备将来参考"。新来的美国学生往往坐在前排，以便听得更清楚。不过斯坦利·霍尔指出，在讲课过程中，"德国教授们……几乎长处和缺点样样不缺"。有些人实际上是在口述文本，"把书以小纸片的形式一点点放出来"，就像古登堡还没有出现一样。其他人则表现出许多的"奇想"和特质，让听者的注意力受到严重挑战。[51]

作为全国的佼佼者，柏林和莱比锡的教员数量庞大，其中有一些是最为桀骜的违规者，尽管他们已经掌握了自己的科目并发表了成果。吉尔德斯利夫回忆称，在 19 世纪 50 年代，

---

[49] Bell, "German Universities," 49; Perry, *And Gladly Teach*, 97; Cattell, *Education in Psychology*, 136. 1913 年，尽管其他方面做了改进，长凳仍然存在。Armstrong, "German Culture and the Universities," 330.

[50] Paulsen, German Universities, 219-23; Bell, "German Universities," 52; Ely, "American Colleges and German Universities," 254-55; Herbst, *German Historical School*, 22, 31; Abraham Flexner, *Universities: American, English, German* (New York: Oxford University Press, 1930), 320-21, 349.

[51] Walker, "Notes from a German University," 492-93; Hall, *Life and Confessions*, 211-14; Gildersleeve, *Selected Classical Papers*, 125; Taft, *German University and the American College*, 10.

图20　德国著名历史学家、柏林大学常任教授、美国历史学会（1884年）第一位荣誉会员利奥波德·冯·兰克（1795—1886）的肖像画，绘于1867年。兰克毕业于莱比锡大学语文学专业，1841年被任命为普鲁士王室史官，1865年获封贵族，并于1882年成为枢密院官员。与他经过深入研究著成的多卷本历史作品一样，兰克在柏林大学的研究班对美国学生来说有着莫大的吸引力

"许多教师的话语本身就枯燥乏味，对于新生来说更是枯燥无疑了。以嗡嗡的声音读出一长串书单……对细枝末节的无穷讨论，没有尽头的东拉西扯，令人憎恶的辩论，蹩脚的笑话"都是家常便饭。当他试图聆听大历史学家兰克时，后者唾沫飞溅，声音扭曲地"滔滔不绝说出的"德语词，甚至让听众中的德国人也甘拜下风。

30年后，同样著名的特赖奇克的表现，让弗雷德里克·班克罗夫特离开讲座大厅，转向朋友的课程笔记。这位谈论政治（Politik）的师傅越来越聋了，讲话时把所有句子叠在一起，满是"最令人痛苦的抽泣"。斯坦利·霍尔目睹过一位莱比锡师傅，"总是习惯性地凝视着窗外一棵树上奇特的结疤，后来树被放倒了，他则深感不安"。另一位"沉沉地坐在椅子里，仿佛心不在焉，俯看着自己的双脚，似乎在自言自语，有时咯咯叫着在桌上敲打一下，把沉重的手放下来"。一位认识论者在讲座开始时用的是"微弱的假声和童音，结束时则声音洪亮"。霍尔滑稽地猜测，教员们可能认为"由于难以获取，学生们更加热爱真理"。[52]

对于哲学系的大多数美国研究生来说，高级的研究班被视

---

[52] Briggs, *Soldier and Scholar*, 68, 86-91; Gildersleeve, *Selected Classical Papers*, 125, 144, 291, 295; Hall, *Life and Confessions*, 213-14; Frederic Bancroft, Berlin, to H. B. Adams, Jan. 17, 1886, in W. Stull Holt, ed., *Historical Scholarship in the United States, 1876-1901: As Revealed in the Correspondence of Herbert B. Adams*, Johns Hopkins University Studies in Historical and Political Science, ser. 56, no. 4 (Baltimore, Md.: Johns Hopkins University Press, 1938), 76; Burgess, *Reminiscences of an American Scholar*, 109. 在海德堡，教授们同样无法免受美国学生的批评。温克·斯科特说，他们"不仅不在乎说话的自在和优雅，而且大多数人实际上在讲堂上反对那些品质"。*Memories of a Palaeontologist*, 111-12.

为"德国大学必定提供的最好课程"。正是在那里,"能最深入地学到德国治学方法的长处,领略伟大的德国教师的精神"。[53] 不过,这些研究班也有消极的一面。在规模较大的大学,一些科目可能招生过多。1889 年,有 56 人在莱比锡报名参加历史研究班。现代史的 28 名背景极其多样的成员每周聚在一起,地点设在历史研究班,而不是按一般的惯例设在教授的家庭图书馆中。[54] 与讲座不同,研究班要想取得成功,既要仰赖学生成员,又取决于班级负责人的才华。学生分为四类:正式成员、准成员、候补者和旁听者。对于人文学科和社会科学来说,研究班是强有力的研究实验室,但它们往往无法在学生身上培养出"演讲的力量"。吉尔德斯利夫后来感叹,在德国研究班从预科学校教学的训练向着严肃研究发展的早期,语文学研究班并没有促进对文本的明确注释,也没有阻止大量"幼稚的"批评,这些批评主要是"推测性的",只具有"微不足道的古文书学知识"以及"关于手稿谱系的二手观点"。太多的研究课题都"微观得令人绝望,也枯燥得令人绝望"。到 1880 年,他从德国同事那里了解到,美国学生"在演讲的模式、设备的笨重,以及结论的薄弱(与某种例行批评中材料的扎实相比)方面,已经变得比德国人还要德国"。[55]

---

[53] Bishop, "University Study," 358.
[54] Fling, "German Historical Seminar," 136, 213. 沃尔特·L. 赫维在 "The Study of Education at the German Universities," *Educational Review* 16 (Oct. 1898), 220-32, at 222 中描述了莱比锡一个有 60 人参加的教育研究班。到 1906 年,有谣言传回美国,说有"研究班"参加者多达 150—200 人。Jesse, "Impressions of German Universities," 441.
[55] Gildersleeve, *Selected Classical Papers*, 128-31; Gildersleeve, *Letters*, 119-20. 印第安纳州的欧内斯特·西勒尔是在德国受的教育,后来成为约翰·霍普金斯大学研究员。他证实,吉尔德斯利夫是演讲大师,无论是在(转下页)

历史和英国文学研究班也不再能免于令人失望的表现。在人数膨胀后的莱比锡研究班上，关于德国历史上种种短暂插曲的主要来源和历史编纂，学生所做的陈述让人昏昏欲睡。材料是"科学的和彻底的"——符合德国的学术理想——但是，"没有辩论，对讨论中的问题没有盎然的兴趣，也没有人想要隐瞒一个事实，即陈述显然既冗长又无聊"。就连教授也"不时地用手盖住脸庞，去遮掩或者说想要遮掩他无法抑制的大哈欠"。大多数参与研究班的人都是"沉默的旁观者，甚至不记笔记"。其他更有经验的陈述人，往往表现也好不到哪儿去。一个"老男孩"挖出了大量的材料，但"他不知道手中握有什么，从哪里开始，到哪里结束，什么事实重要，什么事实微渺。他经常陷入僵局，失控地盯着空无一物之处，咀嚼着胡子，显然已经一筹莫展"。很明显，研究班的重要人物并不讲授或示范演讲艺术。在冗长的学期结束时，"对走过的全景并没有最终总结或考察回顾"，"在最后一个晚上，工作就那样被丢弃在原地"。[56]

在斯特拉斯堡，布利斯·佩里认为，布林克的十场莎士比亚讲座显示了"一位天才学者富有想象力的洞见，以及完美的学术技巧"。但是，他关于吟游诗人的研究班，却把重点放在对《奥赛罗》和《李尔王》四开文本和对开文本的细微比较上。在这些研究班上，为了便于讨论，多样的英语文字必须翻译成德语。让佩里感到失望的是，"我们［年长］的美国人仅仅在砂浆的搅拌和砖的分类上就浪费了大量时间。我们从未透过研究班

---

（接上页）课堂上还是在书页中。西勒尔写道："在柏林和莱比锡，我聆听并仔细观察过许多沉闷又博学的古典学者，没有哪一位的演讲才能给我带来了如此多的启迪。"*From Maumee*, 104-106.

[56] Fling, "German Historical Seminar," 212-19.

的那些窗口瞥见过莎士比亚的精神殿堂"。他们的研究论文以研究班的"无情方法"为基础，同样令人反感。"我们谋杀是为了解剖"，但他们缺乏师傅的创造性想象力，"让每一块枯骨起死回生"。无法确定是否还有机会获得师傅的天资，他们与此同时想要"以德国式的彻底性来运用文学的显微镜和手术刀"。[57]

温克·斯科特还在他的海德堡实验室中舞动着一把平庸的手术刀，在那里他追随德国大科学家、医学院教员卡尔·盖根鲍尔研究七鳃鳗的胚胎学。然而，斯科特可能感觉就像在自己的导师身上动刀一般，后者在一番盛情欢迎之后，紧接着向他展示的不过是"粗暴和无礼"。在晨间的进度报告过程中，那位出色的博士"显然在侮辱人，说着所有他能想到的嘲讽、贬低的话，用德语对我犯下的每一个错误加以恫吓（他谙熟英语，却不允许任何一名学生用英语跟他说话）"。理所当然，这名年轻的美国人"深感愤怒又困惑不已"，从而变得沉默寡言。令人欣慰的是，围困在两个月后解除了，师傅莫名其妙变得温和、友好又乐于助人，并且在此后的余生中一直如此。斯科特实验室的一名合作伙伴解释说，这位教授极不喜欢斯科特的前任，另一名和斯科特一样来自英格兰的美国人——带着赫胥黎的一封介绍信。教授的粗暴举止是一种考验，看看斯科特是否直面"令人不快之事"依然有忠于研究工作的"勇气和决心"。看来，欺凌不仅发生在学生之间不太严肃的决斗和饮酒社团中。幸运的是，这种事很罕见，更为年长、专注于事的美国人通常会受到德国导师的善待和好评。[58]

---

[57] Perry, *And Gladly Teach*, 111-12.
[58] Scott, *Memories of a Palaeontologist*, 108-109; Bishop, "University（转下页）

在主要的教学系统之外，德国大学也引起了美国人各式各样的不满。那些核心的大学图书馆和曾经属于公爵领地的国立图书馆，虽然有大量藏书，通常却闭架借书，取书缓慢，冬天馆内寒冷，而且往往缺少卡片目录（只有"一系列巨大的对开本，上面贴着每年采购的图书名称"）。[59] 德国历史学家和美国学生一样，都对探究美国历史时相对缺乏文献资料感到惋惜。1878 年，最终会离开弗赖堡前往新建的芝加哥大学的赫尔曼·冯·霍尔斯特，指出了为重建美国的政治史和宪政史，"在德国获得最为重要的材料是怎样的**极度**困难"。他说："即便美国处于最为繁荣的状况，迄今为止国际社会仍然对我们缺乏认识。"为了完成 83 页篇幅的莱比锡论文，即《1796 年杰斐逊回归政治》（"Jefferson's Return to Politics in 1796"，1900），威廉·多德不得不在大英博物馆待了六个星期，此外还在柏林待了一段时间。20 世纪 30 年代，已经担任大使的多德仍然难以在

---

（接上页）Study," 355; Rowe, "Student Life at Jena," 143; Ely, *Ground under Our Feet*, 40, 43; Royce, "Present Ideals," 383.

[59] Perry, *And Gladly Teach*, 98; Walker, "Notes from a German University," 494; Hugo Kunoff, *The Foundations of the German Academic Library* (Chicago: American Library Association, 1982), chs. 5-6. 到 1800 年，哥廷根已藏书 20 万册，成为德国最大的学术图书馆，比美国最大的学院图书馆还大十倍。Thwing, *German and the American University*, 130-33; Clark, *Academic Charisma*, ch. 8, esp. 317, 332. 参见 Paul Gerbod, "Resources and Management," in *HUE* 3:106 (table 4.1); Hervey, "Study of Education," 227, 229。19 世纪 80 年代中期，资深图书管理员、历史研究者和博士生乔治·林肯·伯尔，感叹莱比锡"小得可笑的"阅览室（大约相当于康奈尔教师办公室的大小）、短暂的开放时间（每天 3 小时，借书时间只有 2 小时）以及过时的程序（书名写在借书证上，于前一天晚上放到图书馆外面的箱子里）。他告诉康奈尔校长安德鲁·怀特，即使在欧洲历史上，"这种缺陷也是令人震惊的"。*George Lincoln Burr: His Life. By Roland H. Bainton [and] Selections from His Writings*, ed. Lois Oliphant Gibbons (Ithaca, N.Y.: Cornell University Press, 1943), 27.

柏林为他研究的老南方历史找到资料。[60]

\* \* \*

一群人数较少但并非微不足道的美国人对自己在德国大学的经历感到极为沮丧。毕业于美国的大学、女子学院或医学院的女性学者，发现很难在德国复制她们此前获得的教育机会。直到1910年，女性还被官方禁止在德国的所有大学注册入学或获得学位。从19世纪70年代开始，一些大学确实允许女性旁听讲座，还有数量更少的大学允许她们参加研究班和实验室。早些时候，和莱比锡一样，哥廷根以某种方式设法让几名女生毕了业，后来却又抬起了吊桥，禁止她们上课。慕尼黑和斯特拉斯堡在所有方面都坚定不移，柏林和海德堡也不遑多让。拥有庞大的美国男生代表团的莱比锡最为包容，因为许多教授对规定视而不见，允许真心求学的美国女性（仅在19世纪70年代就有38人）聆听讲座、参加研究班，并使用大学和研究班的图书馆。但即使是这所大学，在1906年之前也没有向女性授予学位。想在德国大学的医院中从事高级工作的女医生，大多运气不佳，并且会被建议前往维也纳或苏黎世。如果没有美国外交官、亲属和校友施加的影响，女性的数量会更少。[61]

---

[60] Holt, *Historical Scholarship*, 35; Bailey, *William Edward Dodd*, 20-21; Erik Larson, *In the Garden of Beasts* (New York: Crown, 2011), 133.

[61] Patricia M. Mazón, *Gender and the Modern Research University: The Admission of Women to German Higher Education, 1865-1914* (Stanford, Calif.: Stanford University Press, 2003); James C. Albisetti, "German Influence on the Higher Education of American Women, 1865-1914," in Geitz, Heideking, and（转下页）

一名强大的美国女性的不幸遭遇,能让人看出德国大学总体上对女性的抗拒意味。康奈尔大学的明星毕业生 M. 凯里·托马斯最初认为,自己能通过在家乡巴尔的摩就读新成立的约翰·霍普金斯大学,为未来的语文学教授职业生涯做好准备。她的父亲是理事,但由于性别原因,她无法参加小型研究生课程。她最多可以参加某些公开讲座,并从巴兹尔·吉尔德斯利夫等乐意的教授那里得到阅读上的指点。她没有以间接的、最为困难的方式去获得最新的德国方法,而是和一个志同道合的朋友一道,前往德国啜饮学术的琼浆。

她知道,获得学位的女性极为罕见,但她确实设法进入了莱比锡的多场讲座,并在第二年通过康奈尔前校长、时任美国驻柏林公使安德鲁·怀特的影响,参加了两个重要的研究班。最后,尽管男生们既粗鲁又咄咄逼人地盯着她看,她和其他一些美国旁听生作为"既有的妨碍"还是获得了"带着蔑视的喜爱"。她一直坚持到最后,每天讲座时在那些沉重的笔记本上记着笔记,一记就是四个小时,并且翻遍了图书馆的所有书架,对于那些难找的图书还用上了馆际互借。当然,她无法享受的是同学之间的各种互助,比如彼此借书、共同学习、相互阅读对方的论文,或者在当地小酒馆借着啤酒获得突如其来

252

---

(接上页) Herbst, eds., *German Influence on Education*, 227-44, esp. 240-44; Anja Becker, "How Daring She Was! The 'Female American Colony' at Leipzig University, 1877-1914," in Anke Ortlepp and Christoph Ribbat, eds., *Taking Up Space: New Approaches to American History* (Trier, Germany: Wissenschaftlicher Verlag Trier, 2004), 31-46; Helen Lefkowitz Horowitz, *The Power and Passion of M. Carey Thomas* (New York: Alfred A. Knopf, 1994), 111, 119. 参见 Sandra L. Singer, *Adventures Abroad: North American Women at German Speaking Universities, 1868-1915* (Westport, Conn.: Praeger, 2003)。

的灵感。

两年半的艰苦学习结束后,她造访了哥廷根,希望能在那里获准攻读学位。但是,关于她的学位论文选题的糟糕建议,再加上一个"野蛮"的裁定,即她的候选资格必须获得哲学系全部43位教授的同意,使她收拾行囊去了更加友好的苏黎世。在那里,她又花了四个月的时间来准备一项最终考试,考试难度更甚于那些德国大学的要求。在她的论文(写于莱比锡)被接受并打印出来后,她又应对了关于德国语文学的一次时长6小时的书面考试,在参考书的帮助下于3天内撰写了另一篇论文,并接受了十几名男性专家时长3小时的盘问。从他们手中以最优等的成绩获得博士学位后,她可以理直气壮地以该校历史上第一位不仅获得语文学博士学位,并且获得最高荣誉的女性而自豪了,这是连男性也很少企及的成绩。[62]

---

[62] Horowitz, *Power and Passion*, chs. 4, 6; Marjorie Housepian Dobkin, ed., *The Making of a Feminist: Early Journals and Letters of M. Carey Thomas* (Kent, Ohio: Kent State University Press, 1979), ch. 2. 在美国女学者身上还发生过一个类似的关于阻挠和"披着薄纱的蔑视"的故事,来自密歇根大学的医学博士艾丽斯·汉密尔顿,她于1885年至1886年与姐姐——布林茅尔学院的毕业生伊迪丝——一起前往德国。艾丽斯在实验室寻找差事以及参加科学讲座和会议没遇到什么麻烦,但在罗马天主教的慕尼黑大学,伊迪丝只能听一门讲座,而且得坐在教授旁边的台子上,面对充满敌意的清一色男性听众。尽管遭遇挫折,艾丽斯还是成为哈佛大学的第一位女教授,而伊迪丝则是一名精英预科学校的女教师,也是一位极受欢迎的古典文化翻译家。Alice Hamilton, "Edith and Alice Hamilton: Students in Germany," *Atlantic Monthly* 215:3 (March 1965), 129-32; Alice Hamilton, *Exploring the Dangerous Trades: The Autobiography of Alice Hamilton, M.D.* (Boston: Northeastern University Press, 1985; Little, Brown, 1943), 44-50; Barbara Sicherman, *Alice Hamilton: A Life in Letters* (Cambridge, Mass.: Harvard University Press, 1984); Doris Fielding Reid, *Edith Hamilton: An Intimate Portrait* (New York: W. W. Norton, 1967).

* * *

尽管对德国大学的某些特征持保留意见，美国的海归学者（许多都能拿出哲学博士的头衔）仍然对自己在国外的学术经历怀着热情和感激。可以理解的是，他们中的大多数人希望借助德国的制度优势来弥补美国高等教育的不足之处，其中许多人都努力付诸了行动。但是，无论对德国方案多么热切，美国的特殊问题都无法通过批量的舶来品得到解决。德国和美国在文化、社会结构、制度、经济、宗教和历史方面都截然不同。即使是9000名传教士，也无法将美国趋于成熟的学院和大学转变为德国模式，不仅无法速成，也难以彻底。面对着美国的社会和多变的时代那些变动不居的现实，改革者不得不缓慢行动，有选择地借鉴，并且不断地去适应、调整。

早在1828年，耶鲁院长就很怀疑德国大学是不是恰当的"模式，每个特征都能复制到美国学院中"。他承认，通过"谨慎地引入对方的方案中适合我们的特殊情形和特征的那些部分，并加以适当修改"，美国的学院的确能获得提升。36年后，在规模不大的马尔堡大学学习化学的学术休假期间，未来的哈佛校长查尔斯·艾略特甚至连这一点都不承认。他在家信中认为："很显然，如果说德国大学适合每年升入大一的150名年轻人，那么谷仓就适合鲸鱼……这样的制度完全不适用于我们。"[63]

类似的提醒在19世纪余下的时间，以及20世纪都有回声。

---

[63] Potts, *Liberal Education*, 21, 22-23. Henry James, *Charles W. Eliot, President of Harvard University, 1869-1909*, 2 vols. (Boston: Houghton Mifflin, 1930), 1:136-37 (Oct. 30, 1864).

1876年，从哥廷根获得法学博士学位回国已八年的 J. M. 哈特承认，新回国的哲学博士往往把他们的德国母校看得"至高无上"（ne plus ultra）。但是，在感受到"美国式偏见和特质的尖锐棱角"并重新熟悉美国社会后，他们逐渐意识到，"德国大学不是这样一种东西，能被连根拔起再完全移植到美国的土壤中。我们宁愿利用在本土找到的现成资源，然后从德国人那里嫁接上一根幼枝"。曾经的"条顿恐惧症患者"吉尔德斯利夫同意这种说法。在美国，"我们那些更为悠久的院校的传统，以及美国的现实环境，必然会对大学工作这一概念加以修饰"。"大学和学院一样，都应该是美国式的，满足美国文明的需要，并打下美国的民族性格的印记。"第一次世界大战前夕，卫斯理大学教授阿姆斯特朗仍然觉得有必要提醒美国教育工作者，"忠于我们的德国导师，与热爱我们自身传统中的精华并不相悖。相反，"他坚称，"我们会把他们的教学经验与美国天才人物的推动结合起来，以此显示最深的忠诚"。[64]

美国人无法完全照搬德国大学的另一个原因在于，并不存在这样一种东西：它有20多个版本，每一个都与其他版本不同，每一个都在不断变化。此外，美国留学生们把先入之见、期望和曲解注入了自己所上的大学，通常是一所，很少超过三

---

[64] James Morgan Hart, "Professor and Teacher," *Lippincott's Magazine of Popular Literature and Science* 17 (Feb. 1876), 193-203, at 202; Basil Gildersleeve, "University Work in America and Classical Philology" (1879), in Gildersleeve, *Selected Classical Papers*, 113-14; Armstrong, "German Culture and the Universities," 338. 参见 Daniel C. Gilman, "The Idea of the University," *North American Review* 133 (Oct. 1881), 353-67, at 356; Bishop, "University Study," 354; N. M. Butler, in Paulsen, German Universities, xiii; J. M. Hart, review of Paulsen, *The German Universities*, in Nation 61 (Aug. 1, 1895), 86。

所。一些美国学生误解了自己眼中所见,另一些人则把看到的东西理想化了。少数人就像细心的人类学家进行文化比较一般,表现出"敏锐的洞察力",这种敏锐就连德国的内部人士也难以获得。但是没有人,甚至包括那些意图最为客观的人,带着不怀目标和企图的全然"无辜的眼睛"。他们"挑选出的德国大学的显著特征……是与自己对美国高等教育的不满最相抵触的那一部分"。他们的动机与其说是想模仿德国,不如说是想"改善本国的学院"或改善他们设想的新式大学和研究生院。他们的确借鉴了的那些特征,则被重新设计,使之符合曾萦绕于他们的留学之旅的美国理想,也符合现在限制着他们的国内改革的种种现实。[65]J. M. 哈特明智地建议美国学者,在"完全成熟"之前,在知道"如何取舍"之前,不要前往德国。[66]

---

[65] Thomas A. Howard, *Protestant Theology and the Making of the Modern German University* (New York: Oxford University Press, 2006), 349 ( 引文 ), 378; James Turner and Paul Bernard, "The 'German Model' and the Graduate School: The University of Michigan and the Origin Myth of the American University," *History of Higher Education Annual* 13 (1993), 69-98, at 70-71。参见 Ben-David, "Universities and the Growth of Science," 7-8; Nathan Reingold, "Graduate School and Doctoral Degree: European Models and American Realities," in Nathan Reingold and Marc Rothenberg, eds., *Scientific Colonialism* (Washington, D.C.: Smithsonian Institution Press, 1986), 129-49, at 130; Jarausch, "Universities: An American View," 197-98; Gabriele Lingelbach, "Cultural Borrowing or Autonomous Development: American and German Universities in the Late Nineteenth Century, " in Thomas Adam and Ruth Gross, eds., *Traveling between Worlds: German-American Encounters* (College Station: Texas A&M University Press, 2006), 100-123; Walter P. Metzger, "The German Contribution to the American Theory of Academic Freedom," *Bulletin of the American Association of University Professors* 41:2 (Summer 1955), 214-30, at 214, 230; Veysey, *Emergence of the American University*, 125-33 at 126, 128, 132。

[66] Hart, *German Universities*, 393.

\* \* \*

　　能轻易带回国内的东西中包括三种德国教学方法，即讲座、研究班和实验室。讲座和实验室在美国并非无人知晓，但它们的目的与德国的那些并不相同。在传统的学院课程中，关于新的或高级科目的高年级课程，数量要少于古典语言和数学等基础科目的背诵和练习。此外，课程中所传递的材料——二手的或三手的——主要是已经得到承认的知识，而不是讲师发现或自行创造的新知识。它有可能来自某本教材（包括尚未成书的教材），而且往往的确如此。学生们应该注重记忆和复述，对这些知识的源头或作者的批判性鉴赏则不那么受到重视。传统的学院讲师也像德国的**普通**（*Ordinary*）教授，或者说正教授那样，被寄望于呈现整个领域的前景。类似的，少见的、初步的学院实验室，其用途在于**演示**而不是**研究**，对教授和学生来说都是如此。

　　一些德国讲师也会受到批评，但许多回国的美国人会大力宣扬以德国方式进行的讲座的价值。安德鲁·怀特，一位于1854年至1855年秋冬之际在柏林参加了多场讲座的历史学教授，在两年后用讲座取代了背诵，由此不仅激励了密歇根大学的学生，也激励了那里的其他教员。当他于1869年成为康奈尔大学的创校校长时，讲座已经遍布于全国各地大大小小的院校中。如果把控得当，这些讲座的新颖价值是显而易见的。哥伦比亚大学的爱德华·佩里认为："讲座课程应该构成一个连续的系列，讲述的是讲师通过一手研究获得的个人观点：关于某些科学分支［知识，Wissenschaft］的整体，关于它的主要问题和重要观念，关于其最重要的内容和获取它的方法，以及它与作为整体的科学的关联。"退一步说,所有这些都可以放在一本书中。但如果是这样,就不能像讲座那样不断地修订或增补。"与人与人之间的交流相比,书是没有生命的。"讲座这个体系中"至关重要的",正是"个人元素"。与此同时,讲座又节省人力:听者可以很多,而老师只需要一位。在资金紧张和师资短缺的学院里,讲座在此基础上显示出相对于中等规模的背诵的优势,相比于牛津-剑桥式的个别辅导,优势无疑就更大了。到 1906 年,密苏里大学校长 R. H. 杰西已经能够如此声称而不必担心遭到反驳:"现在,每一个学习机构都有讲座。"[67]

讲座在美国的大规模开展,也促成了一些修正,并引发了批评。一项修正是,美国的教授们所获的酬劳不是来自从每个听课人那里收取的费用,而是来自总体的学费。另一项修正是,把大型讲座课堂划分为讨论小组,以使师生之间的接触更为密切,并"增加学习难度"。讨论小组增加了成本,毕竟它们必须额外配备教师,通常是初级教授,后来则由正在为教学生涯接受培养的研究生担任。不过,这是美国人基本上都愿意付出的代价。[68] 当讲座这种形式几乎变得普及时,出现的一个主要批评是,许多教授无法媲美那些带给他们鼓舞的德国同行。1928 年,长期担任西储大学校长的查尔斯·F. 特温认为,

---

[67] Turner and Bernard, "'German Model,'" 78, 94n56; *The Diaries of Andrew D. White*, ed. Robert Morris Ogden (Ithaca, N.Y.: Cornell University Library, 1959), 97-108; Perry, "Universities of Germany," 222-23; Jesse, "Impressions of German Universities," 435-36.

[68] Jesse, "Impressions of German Universities," 435-36; Veysey, *Emergence of the American University*, 153, 339n240; Frederick Rudolph, *Curriculum: A History of the American Undergraduate Course of Study Since 1636* (San Francisco: Jossey-Bass, 1977), 144-45, 232-33.

美国的讲座体系在很大程度上是失败的，因为它缺少"开讲座的教授那充满活力又富有成效的学术能力"的支撑。讲师通常"习得了事实"，却并没有使自己"积极掌握学术方法"，因此缺乏"长期的、独立的研究"所带来的自信和权威。此外，大型讲座中学生之被动这一代价，很少由（一名阿默斯特学生所称的）"演讲者的个人魅力"得到补偿。在特温看来，也许最为重要的是，"美国学院学生"无法完全吸收讲座体系的（可疑的）好处。他们缺乏"同龄的德国学生智性上的成熟"，后者曾在古典的预科学校为大学做过准备。美国人的"早期教育在目标和内容方面定位都不够好……进入学院时还是个孩子"。理想的德国式讲座适合的是成人，而不是少年。[69]

大多数学院实验室是用来演示科学原理和已知结果的，但是，很大程度上由于德国海归们的努力，新型大学和部分精英学院中的那些实验室往往能很好地满足当时的需求，为教员的学术研究提供支持。到 1906 年，杰西校长甚至担心"美国从事科学研究的人们，总体上——还不是普遍地——对实验室献身过甚"，与同时代的德国人并无不同。[70] 1825 年，吉森大学的尤斯图斯·李比希建立了德国第一个化学研究实验室。在接下来的 50 年里，他培养了多位美国最杰出的学术型化学家，包括埃本·霍斯福德，后者于 1848 年在哈佛大学劳伦斯科学学院创立了第一个教学实验室。慕尼黑（李比希结束职业生涯

---

[69] Thwing, *American and the German University*, 122-26; *Amherst Student* (March 10, 1877), 126-27, 引用于 Fred M. Newmann, "The Influence of German Universities on Amherst College, 1854-1911" (B.A. honors thesis, Dept. of American Studies, Amherst College, April 27, 1957), 90（多谢纽曼教授提供副本）。

[70] Jesse, "Impressions of German Universities," 436.

的地方)、哥廷根以及后来的莱比锡,同样善于培养美国科学家,并以各门科学学科的实验室而广为人知。[71]

艾拉·雷姆森是约翰·霍普金斯大学的六位创始教员之一,和他的助手一样,拥有哥廷根博士学位(1870)。当雷姆森想在威廉姆斯学院,即他初次受聘任教的地方要一间小房作为私人实验室时,院长提醒他"不要忘记,这是一所学院而不是技校"。在急切地转身前往巴尔的摩后,他在各处参观了美国的多个化学实验室,随后设计了在许多人看来这个国家最好的化学实验室。尽管回国前在国宾根担任过两年的讲师和实验室助理,他在展开实验室工作时还是小心翼翼,并不想当然地认为德国的舶来品能即刻成功或受到欢迎。他告诫美国同事们,"在实验室里要像在背诵室里那样保持警惕","对于实验工作要像语言教师对课程中的字词那样严格要求"。[72]

以研究生为主导的大学能建起一流实验室是意料之中的事,但是一些规模较小的东部学院甚至更快就起跑了。19世纪下半叶,阿默斯特自然科学方面的所有系科都创立或扩建了实验室,并利用它们积极地让学生参与其中。毫无例外,对实验室发展贡献最多的教员都是德国培养的。1852年,作为第一位获得博士学位的阿默斯特校友,48岁的威廉·S.克拉克在哥廷根的化学实验室中承担的就是这样的角色。三年后,他在

---

[71] Samuel Eliot Morison, ed., *The Development of Harvard University Since the Inauguration of President Eliot, 1868-1929* (Cambridge, Mass.: Harvard University Press, 1930), 414, 417. 在1830年至1870年,海德堡的化学专业同样招收了48名美国学生,其他科学类专业另外招收了十几名美国学生。Krumpelmann, "American Students of Heidelberg."

[72] Hugh Hawkins, *Pioneer: A History of the Johns Hopkins University, 1874-1889* (Ithaca, N.Y.: Cornell University Press, 1960), 47-48, 60, 223.

自己的高级课程中引入了实验室工作，为此迅速创立了一个新实验室。克拉克于 1868 年辞职后，接替他的另一位哥廷根博士（1859 年）、55 岁的伊莱贾·哈里斯开始大量解聘科学学者。到 1907 年，他已经培养了 35 位未来的化学教授，其中至少有 13 人跟随他前往哥廷根攻读博士学位。1893 年新建的一个实验室让哈里斯得以为每个学生提供实验室工作，从而把化学系"从年轻牧师实施古典教育的方寸之地，提升为培养科学家的学校"。类似的，经由在德国留过学并在令人艳羡的大学实验室受过训练的教授们之手，阿默斯特的地质学、生物学和物理学诸系被带入了现代阶段。至于学生们，虽然不指望他们做出具有独创性的发现，却使他们熟悉了"大学生活所反复灌输的独立研究的态度"。[73]

\* \* \*

与德国风格的实验室和美国的各门科学之间的关系相类似的，是受德国人启发的研究班与人文学科和社会科学之间的关系。讲座和实验室至少在美国为人所知，比讲座和实验室更甚的是，研究班大大激发了在德学生的兴趣，从而帮助他们在回国后加以实践。第一批美国研究班于 19 世纪 70 年代早期出现

---

[73] Newmann, "Influence of German Universities," 82-89, at 84, 87. 参见 Hugh Hawkins, "Transatlantic Discipleship: Two American Biologists and Their German Mentor," Isis 71:2 (June 1980), 196-210。1952 年，一项对主要在 20 世纪 20 年代和 30 年代接受教育的 18000 名科学家的研究发现，排名前 50 位的本科培养学院中有 34 所是文科学院。R. H. Knapp and H. B. Goodrich, *Origins of American Scientists: A Study Made under the Direction of a Committee of the Faculty of Wesleyan University* (Chicago: University of Chicago Press for Wesleyan University, 1952), 22.

在密歇根大学和哈佛大学，但真正流行起来是在19世纪80年代，那时它们在约翰·霍普金斯大学作为研究生课程已经声名在外。到1894年，可以说"这项安排已经审慎地被移植过来，并且扎下了牢固的根基"，在本科学院和初生的研究生院中都是如此。[74]

尽管在方法、语气和效果方面差异很大，几乎所有研究班的宗旨都是"训练研究者"以发现新知识，这对本科课堂以及研究生课程的渊博世界来说都是从未接触过的。研究班招收的是3—30人的高级学生小组，专注于主要的原始资料，包括文学文本、公开文件、艺术品、考古遗迹等，通常会产生独立的（即便并不总是具有独创性）论文，然后提交给全班和教授进行批评。和讲座一样，它们在很大程度上依赖于确保其成功举行的"师傅"的教学技巧和个人魅力。在最好的研究生研究班，比如吉尔德斯利夫的，学生们还为未来的教师角色做好了准备。和德国的情形一样，研究班在美国也充当着为未来的职业生涯编织关系网络的场所。[75]

随着研究班在研究生教学中牢固地确立下来，它们也进入了本科课程。在密歇根大学，亲德派校长亨利·塔潘（1852—1863年在位）在将本科课程普鲁士化而未果的过程中，似乎忽略了研究班。但是，他的第二位继任者詹姆斯·B. 安吉立（1871—1909）以及历史学家查尔斯·K. 亚当斯，在研究生和本科阶段都设立了研究班，这些研究班都持续了下去。新英格

---

[74] Veysey, *Emergence of the American University*, 154-57; Thwing, *American and the German University*, 120-22, 126-29; Herbst, *German Historical School*, 34-37; E. D. Perry, "Universities of Germany," 224.

[75] Hawkins, Pioneer, 224-32, at 225; Turner and Bernard, "'German Model'" 79.

兰的几所学院与规模更大的大学保持步调一致。1881年一个英国文学研究班的引入，开启了卫斯理大学在19世纪90年代早期对德国舶来品的迅速采纳。[76]

阿默斯特于1874年至1875年开始设立研究班，那时约翰·伯吉斯结束了在哥廷根、莱比锡和柏林三年的学习，回国教授历史和政治学。应七名研究生新生的要求，他依据"德国式研究班的方法"，设立了一个以现代欧洲政治史为主题的研究生研究班。那年年底，他"建议所有人前往德国，在柏林大学或其他德国一流大学继续深造"，那七名研究生和另外两名同学都听取了这个建议。研究生课程和学位从未在那里普及开来，伯吉斯也于一年后去了哥伦比亚大学，但"研究班在字面意义和精神实质上都来到了阿默斯特"。1886年，离校不久的海德堡71届毕业生安森·莫尔斯重新引入了历史研究班，强调对原始资料、课堂讨论和解释性文章的运用。他告诉理事们，自己所做的"只是把德国研究班的方法开了一个头"。不过，很快莫尔斯就有了同伴，因为他在该系的六位同事中有五位是在德国受的训练，其他多位教员都采用了新的课程形式，尤其是在英语课和哲学课中。[77]

---

[76] Turner and Bernard, "'German Model,'" 73-79; David B. Potts, *Wesleyan University, 1831-1910: Collegiate Enterprise in New England* (New Haven, Conn.: Yale University Press, 1992), 130.

[77] Burgess, *Reminiscences of an American Scholar*, 140-46; Newmann, "Influence of German Universities," 68-69, 73-82. 关于研究班在美国的传播扩散，见 Everett Emerton, "The Historical Seminary in American Teaching," in *Methods of Teaching History*, Pedagogical Library, ed. G. Stanley Hall, vol. 1 (Boston: Ginn, Heath, 1883), 191-200, and Herbert B. Adams, "Methods of Historical Study," *Johns Hopkins University Studies in Historical and Political Science* (2nd ser.) vols. 1-2 (Baltimore, Md., Jan.-Feb. 1884), 87-109。

\* \* \*

  教室和实验室中新出现的对自由的偏爱，让在德国受过训练的美国教员们想起了他们的德国同人——无论是学生还是教授——所享有的更大的自由（Freiheit）。那些从德国退伍的"老兵们"急切地想把德国的解决方案用于美国的教育问题，充当国内推动力量的先锋，努力为学生们在课程上提供更多的选择，使教师更为专业化。该运动的公开领导人是哈佛大学校长查尔斯·艾略特，他在1869年升任校长之前曾在德国学习化学和高等教育。在就职演说中，他附议康奈尔大学校长安德鲁·怀特等人，向老式学院的必修课程宣战，声称大学应该向所有的研究和学科开放。他说："这些研究和学科我们都会开设，而且会做到最好。"他还敦促民主的美国关注"不同心灵的个体特征"，由此攻击作为必修课程之基础的"教师心理学"。[78]对于努力使教学更为有趣、使学生更有动力、使自己的学术研究有更多的时间和空缺的教员们来说，他的话是强有力的召唤。[79]

  哈佛还向我们显示了如何在课程中赋予学生更多选择。课程中所有的硬性要求都先后取消了：1872年取消了毕业班学生的，1879年取消了大三学生的，1884年则取消了大二学生的。十年后，连新生的必修课程也只剩下修辞和现代语言了。

---

[78] "教师心理学"假定，心灵由几种类似于肌肉的"能力"（比如推理、品位、记忆、想象和雄辩）组成，所有这些能力都需要"加以运用"，才能获得平衡的文科教育。依据推定，特定的科目是用来发展某些心理"肌肉"的：古代文学对品位最为有益，逻辑和心理哲学对思考最为有益，自然科学对事实、归纳和可能的证据最为有益。Rudolph, *Curriculum*, 68-69, 209-10.

[79] Rudolph, *American College and University*, ch. 14, esp. 290-95; Rudolph, *Curriculum*, 191-96, 206-208.

所有这些选择和相伴出现的专业化，都得益于哈佛迅速增长的捐款和师资，而这些捐款和师资很少有其他的学院和大学能享受到。1870 年，32 名教授教 73 门课程；到 1910 年，169 名教授教 401 门课程。极少有大学如此看好选修课。到 1897 年，康奈尔和斯坦福态度乐观，耶鲁、普林斯顿、哥伦比亚和布朗却已退缩。然而，每所"声誉良好的学院都在某种程度上"采纳了选修课。到 1901 年，一项对 97 所学院的调查显示，有 34 所学院选修课至少占全部课程的 70%，另外十几所学院的选修课则占 50% 至 70%。[80]

选修课制度让许多人受益，这也是它广受欢迎的原因。学生们领略到了同时代的德国人所享有的部分学习自由，尽管他们还无法在不同的学校之间自由转学。学院和大学获得的益处是，师生们士气大涨，学校自身也由于以民主和务实的态度教授更多的新知识，尤其是自然科学和社会科学知识，而大大提升了声誉。不过，受益最多的还是教员。正如艾略特在 1908 年退休前夕宣称的，"选修课制度最大的影响在于，它不仅在本科生，而且在研究生和学院教师之间使学术研究成为可能"。它使所有这三个群体都参与进来，为做出发现而努力，并使他们"化敌为友"。同时，这项制度使教员得以通过专业化来深化教学和学术研究，使其"超越于旧的中小学校长这一行当"，

---

[80] Rudolph, Curriculum, 194, 196, 206; R. Freeman Butts, *The College Charts Its Course: Historical Conceptions and Current Proposals* (New York: McGraw-Hill, 1939), ch. 10, esp. 239-43; Harold A. Larrabee, "Electives Before Eliot," *Harvard Alumni Bulletin* (April 1940), 893-97; Albert Perry Brigham, "Present Status of the Elective System in American Colleges," *Educational Review* 14 (Nov. 1897), 360-69, at 360; E. D. Phillips, "The Elective System in American Education," *Pedagogical Seminary* 8 (June 1901), 206-30.

"各种学术职业的"创生由此成为可能。最重要的是,作为主要的工具,它使学院,无论规模多小、资源多少,都能提升对学生和公众的吸引力,并使那些更有雄心、资源更为丰富的学院能蜕变成羽翼丰满的大学。[81]

然而,选修课制度并不是灵丹妙药,毕竟德国的学习自由天生携带着自身的弱点,美国的观察家们也敏锐地意识到了。简单地说,把学习上几乎没有限制的选择权赋予学生会导致课程混乱、失去重心,并且浪费时间和精力。理查德·埃利警告称,"美国的许多教育家和大学校长……想象着把学习变成选修的和非强制的,就能把美国学院转变为德国大学,真是大错特错"。他们受了"德国大学中的所有工作都是可以选择的"这种想法的误导,却没有认识到德国大学是"职业学校"。"每个学生心中所想的考试,只是赋予他一种谋生手段,他所坚持的学习只是为了满足通过考试的要求,不会再往前一步。"因此,自由主要是"赋予男性的选择自身职业的自由"。[82]对于德国大学来说,美国对连贯的教育广度的偏好是陌生事物。

或许是由于在过早实施选修制的弗吉尼亚大学任教了20年,巴兹尔·吉尔德斯利夫对于德国大学"未能井井有条地给学生提供系统训练"感到愕然。他追悔自己在柏林大学学习时"随意选课",在那里作为一个18岁的初学者,他"一无计划","二无导师"。他从厚厚的"选课索引"(Index

---

[81] Rudolph, *American College and University*, 304-305; G. W. Pierson, "The Elective System and the Difficulties of College Planning, 1870-1940," *Journal of General Education* 4 (April 1950), 165-74, at 172.

[82] Ely, *Ground under Our Feet*, 53-54; Ely, "American Colleges and German Universities," 255.

Lectionum）中盲目地挑选课程，"仅仅靠我朦胧知道的那些伟大名字作为指导"。和大多数勤奋的美国学生一样，吉尔德斯利夫积累了一"整个书架的"听课笔记，但他后来承认"很少翻看过"。20年后，对于自己在同一所典范大学中选择"野生选修课"时的缺乏连贯性，斯坦利·霍尔同样感到沮丧。在那里的五个学期中，他每天都花上几个小时聆听一些互不相关的讲座。但是，他承认，"我起初记笔记的经验太少，无法从大多数讲座中受益很多，其中的一部分讲座，甚至是付费的那些，或迟或早都被放弃了"。从"严格受控"和全然必修的预科学校中释放出来的德国学生，甚至更容易在选修课程以及远离家人生活安排的"放荡"自由中浪费一年甚至更长的时间。正如另一位留学于柏林的美国学生所认识到的，"作为一所院校，德国大学没有任何力量把恍惚和分散的精神野心与能量固定和集中起来"。[83]

因此，包括德国"退伍老兵"在内的美国教育工作者，在他们的战后改革中从超级选修课的边缘后撤，这些改革是由条顿人的自由诱发的，最终这种自由却让人极为警惕，尤其是对美国的本科生们而言。大多数学院和大学把不到一半的课程作为选修课，绝大多数则在许可和必修之间进行各种妥协。比较典型的中间立场是在低年级的两年提供适度的选择，在高年级则提供更多选择，选择通常是在一组一组的同类课程之间，而不是在单门课程之间。到1910年前后针对选修课制度异见

---

[83] Gildersleeve, in Miller, ed., *Selections from the Brief Mentions*, 107, 372-73; Briggs, *Soldier and Scholar*, 70; Hall, *Life and Confessions*, 190; Bishop, "University Study at Berlin and Oxford," 354-55.

四起之时，诸如主修课和副修课、荣誉课程、分布上的要求、综合考试等课程设置，开始进一步驯化"狂野"的德国舶来品。[84]

具有德国留学经验的美国教授更羡慕他们导师的教学自由，即以任何方式讲授自己喜欢的任何内容这种几乎无限的自由。在德国，这种自由是由国家的教育部长、教员的公务员身份以及大学自治和教员流动的既定传统加以保障的。它并没有自动延伸到大学以外的政治活动或言论中，学者们之所以不愿意沉溺于这些领域，原因在于一项理想主义信念，即政治会摧毁学术的客观性。但是，J. M. 哈特证实，没有教员（和学生们）的根本自由，一所院校"无论获得多少捐赠，无论学生多么众多，无论建筑多么壮观，在德国人眼中都算不得一所大学"。[85]

然而在美国，两个主要障碍阻碍了教学自由的直接移植：代表着"公众"的在法律上具有最高地位的理事会，以及大权在握的校长。学院和大学严重依赖于私人（往往是教派的）捐赠者、校友或民粹主义的州议会来提供支持，因此在教学或倡议中难以承受疏远舆论或越过舆论太远。教师应该在课堂上保持严格的中立，不能指望把自身享有的有限保护延伸至外部政治活动中——在这些活动中，他们比德国同行更为积极。在美国大学的数量变得足够多、大学在整个国家的分量变得足够重，以及它们的教员规模变得足够大、专业能力变得足够强之前，教授们未能获得德国同行们所享有的牢固的学术自由。小型学院的教员们获得这样的自由则用了更长时间。

---

[84] Rudolph, *Curriculum*, 196, 227f.; Butts, *College Charts Its Course*, 408-16.
[85] Hart, *German Universities*, 250; Paulsen, *German Universities*, 97, 161.

第一次全国性的争取学术自由——及其最有力的保障，即任期——的努力，要到1915年才展开，当时美国大学教授协会（the American Association of University Professors）在战前关于忠诚和言论自由的张力中成立。该组织的"原则宣言"在开篇提到了"教学自由（*Lehrfreiheit*）和学习自由（*Lernfreiheit*）"，然后将自身限定在前者上。在报告上签名的13人中有8人曾在德国学习过，这并非巧合，正如从19世纪90年代到第一次世界大战，学术自由案例中的带头人员和目标对象有很大比例的一部分人在德国学习过。在美国，随着选修课这朵玫瑰在绽放后逐渐凋零，学习自由这一教育上的承诺变得从属于对教学自由制度性的、公共的威胁。[86]

\* \* \*

在来自德国的所有学术舶来品中，完善美国的高等教育"体制"（system）并朝着美国在智识上从欧洲独立出来迈出一大步所最需要的，是哲学博士这个学位。同样必要的，是创设一种本土的机构，即研究生院，来大量授予博士学位。除非能够为高等学院的教学和高端的大学研究培养自己的教员，否则美国将一直要仰赖域外之人和不服水土的机构来完成这项工作。正如从自身的国外经验中获益良多，归国的德国体制

---

[86] Richard Hofstadter and Walter P. Metzger, *The Development of Academic Freedom in the United States* (New York: Columbia University Press, 1955), ch. 8; Metzger, "German Contribution," 214-30; Walter P. Metzger, ed., *The American Concept of Academic Freedom in Formation: A Collection of Essays and Reports* (New York: Arno Press, 1977), essay 10, p. 20.

"老兵们"领导了创立全面发展的大学的运动，这些大学学到了德国大学的一些精髓，又更好地适应了美国的需求、抱负和状况。

1861年，经由新设立的哲学和艺术系（让人想起德国的哲学院系），耶鲁的谢菲尔德科学学院授予了古典学、物理学以及哲学和心理学三个全职博士学位。自此，美国开始缓慢起步。在柏林培养的地理学教授丹尼尔·C.吉尔曼的鼓励下创立的学位计划，是为了授予人们熟悉的德国学位，以便"把许多年轻人，尤其是科学专业的学生留在这个国家，这些学生现在诉诸德国大学所能获得的学习优势，我们也能提供了"。拥有学士学位并非绝对必要，但对拉丁语和希腊语的扎实掌握却是必须的。（直到1890年也没有人毛遂自荐，随后具有讽刺意味的是，候选人是个德国人，耶鲁大学研究生院的未来院长。）在所从事的研究中完成至少两年的常驻学习、一次综合性考试，以及一篇表明"造诣深厚"的论文，这些是需要克服的主要障碍。[87]

耶鲁又授予了多个博士学位，随后其东部的那些竞争对手也开始首次颁发博士学位：宾夕法尼亚大学于1871年，康奈尔于1872年，哈佛于1873年，哥伦比亚于1875年，以及普林斯顿于1879年。所有这些学院都向本科生系科中增加了研究生学生，并没有组建成熟的研究生院来满足他们的需求。[88]

---

[87] Kelley, *Yale*, 185-86, 504n41; Russell H. Chittenden, *History of the Sheffield Scientific School of Yale University, 1846-1922*, 2 vols. (New Haven, Conn.: Yale University Press), 1:84-89.

[88] Robert E. Kohler, "The PhD Machine: Building on the Collegiate Base," Isis 81:4 (Dec. 1990), 638-62.

然而到了 1894 年，有超过 3000 名学生在美国大学获得了博士学位（部分为荣誉学位），其中大多数是私立院校，但是在西部和中西部地区公立院校越来越多。1898 年至 1909 年，又有 3471 名新博士加入他们的行列，其数量是如此之多，以至于哈佛哲学家威廉·詹姆斯要谴责"猖獗的文凭主义"这条"哲学博士的章鱼"。[89]

有几所大学，其创立的唯一目的就在于为美国的学术市场培养哲学博士。1876 年，巴尔的摩的约翰·霍普金斯大学开门招生，并设立了德式的研究班和实验室。最初的 13 位教授中，有 8 位和校长吉尔曼一样，都是德国培养的。该校迅速增加了为当地服务的本科生数量，并为其研究生班级输出了准备充分的候选人，不过，研究生伍德罗·威尔逊把这所大学视为"培养专门职业教师的高等师范学校"并不算离谱。到 1891 年，其 212 名博士（数量超过了哈佛和耶鲁两校的总和）中有 184 人在从事教职，其中绝大多数在学院和大学里。[90] 1889 年，即哈佛成立研究生院前一年，克拉克大学和美国天主教大学（它的全称）也开始运行，只招收研究生。但是，克拉克大学的同名捐款人坚持认为，还是建立一所美国式的本科学院为好，从而最终挫败了斯坦利·霍尔校长的计划，即在马萨诸塞

---

[89] Edgar S. Furniss, *The Graduate School of Yale: A Brief History* (New Haven, Conn.: Yale Graduate School, 1965), 26; Reingold, "Graduate School and Doctoral Degree," 136; Edwin E. Slosson, *Great American Universities* (New York: Macmillan, 1910), 317; William James, "The Ph.D. Octopus," Harvard Monthly 36:1 (March 1903), 1-9, in James, *Essays, Comments, and Reviews* (Cambridge, Mass.: Harvard University Press, 1987), 67-74.

[90] Hawkins, *Pioneer*, 122, 291; W. Carson Ryan, *Studies in Early Graduate Education*, Bulletin 30 (New York: Carnegie Foundation for the Advancement of Teaching, 1939), ch. 1; Veysey, *Emergence of the American University*, 158-65.

州伍斯特市移植一所小型的、紧凑版的德国大学。美国天主教大学对神学的专注——直到1904年也增加了本科生——使其无法进入美国名校之列；不过，这所大学还是加盟了精英性质的美国大学协会，该协会于1900年成立，旨在协调毕业生的标准，并使美国研究型大学的学位在欧洲，尤其是德国得到认可。[91]

无论学院改革者和大学创建者在意图上如何近于条顿人，他们都不得不裁剪其学术模式以适应美国国情。对德国哲学博士学位的第一次改进，是为了使它成为针对四年制文科学院毕业生的专属研究生学位。这是一项重大创新，因为严格来说，德国没有研究生院——只有专科（post*secondary*）教育机构，授予单一的非职业学位。[92]第二项改进是，把拥有学位作为学院或大学教学的唯一必要条件，这意味着比例大得多的（研究生）学生攻读并获得了学位。在德国，哲学博士经过额外的训练后，可以在预科学校或实科学校（*Realschule*，一种古典色彩较淡、更注重科学的学校）任教，但是要想开始大学生涯，他们还要先撰写第二篇篇幅略长但不那么专业化的博士论文（资格论文，*Habilitation*）、完成答辩，并从适当的教员那里获得教学权（*venia legendi*），成为编外讲师（*Privatdozent*，不拿

---

[91] Ryan, *Studies in Early Graduate Education*, ch. 2; Veysey, *Emergence of the American University*, 165-71; William A. Koelsch, *Clark University, 1887-1987: A Narrative History* (Worcester, Mass.: Clark University Press, 1987), chs. 1-3; John Tracy Ellis, *The Formative Years of the Catholic University of America* (Washington, D.C.: American Catholic Historical Association, 1946); C. Joseph Nuesse, *The Catholic University of America: A Centennial History* (Washington, D.C.: Catholic University of America Press, 1990).

[92] James, "Degree of Ph.D. in Germany," 617-18, 622.

薪酬，从听课的学生中收费）。[93] 美国早期的博士论文与德国的博士论文一样都很短，篇幅大约相当于现代大四学生或硕士的论文（40—90 页）。但到了 20 世纪初，这些论文的字数规模和实质内容都增加了，变得类似于更为厚重的资格论文（篇幅长了一半至一倍）。与它们的德国原型一样，许多博士论文需要候选人自费打印并提交多份副本。[94]

第三项改进是，研究生院与职业学院截然不同且互不相关（有点像德国的哲学院系与法律、神学和医学院系等之间的不同，虽然后者在行政上有所关联），因此被称为"文理"学院。与此同时，美国的研究生院和职业学院都向应用的和"纯粹的"研究和教学敞开，程度远甚于德国的情形。德国和美国在学术上的细分也有所不同。美国大学大量产生自治的、包含许多成员的**系**（对应于学术上的学科），而德国大学只保留四个到

---

[93] Ben-David, "Universities and the Growth of Science," 6-9; Reingold, "Graduate School and Doctoral Degree," 132-33, 135-39; Edward Shils and John Roberts, "The Diffusion of European Models: North America," *HUE* 3:167-74; Hart, *German Universities*, 276-86; Paulsen, German Universities, ch. 4; Alexander Busch, "The Vicissitudes of the *Privatdozent*: Breakdown and Adaptation in the Recruitment of the German University Teacher," *Minerva* 1:3 (Spring 1963), 319-41; *Max Weber on Universities: The Power of the State and the Dignity of the Academic Calling in Imperial Germany*, ed. and trans. Edward Shils (Chicago: University of Chicago Press, 1974), 54-55.

[94] Clark, *Academic Charisma*, 222, 234. Lester F. Goodchild and Margaret M. Miller, "The American Doctorate and Dissertation: Six Developmental Stages." *New Directions for Higher Education*, no. 99 (Fall 1997), 17-32. 参见前文 p. 234n33。耶鲁的前三篇博士论文篇幅都在 20—30 页，手写而成。1879 年至 1900 年，普林斯顿最早的 26 篇博士论文平均篇幅（不包括一篇极不具有代表性的 590 页专著）为 52 个打印页面，并且主要作为期刊文章出现。克拉克大学最早的 10 篇博士论文（1891—1899）平均篇幅为 61 页。承蒙耶鲁的档案保管员朱迪思·希夫、普林斯顿的约翰·德卢珀、克拉克的福代斯·威廉姆斯，以及 R. 斯蒂芬·特纳教授提供这些数据。

五个较大的**院**（*faculties*），由在大学治理中代表特定学科或专业的单独一位独立裁决的（往往是专制的）**主席**构成。最后，与德国大学不同，美国研究生院坚持将定期测试、论文、成绩和语言要求（主要是德语和法语）作为对候选人驳杂的学术背景的制约，严格又彻底的德国预科学校培养的那些候选人学术背景则不然。然而，除了少数例外（比如普林斯顿1913年的哥特式寄宿研究生学院），它们确实让学生在日常生活中不再受准父母式的监管，有一点局部的生活自由（*Lebenfreiheit*）的意味。[95]

\* \* \*

在从脚注这片区域细细翻拣的过程中，美国学者先是为自己的私人目标、后来则出于公共目标，获得了他们最想要和最需要的东西。在这样做时，他们错过了该世纪早期和中期德国大学的大部分让人充满生气的精神，即*Geist*，当地人称之为*Bildung*。这是一个理想化的概念，隐含着"自我培养"，或者说一种"哲学"式——我们称之为"自由"式——

---

[95] Veysey, *Emergence of the American University*, 320-24; Panofsky, *Meaning in the Visual Arts*, 333-44; Joseph Ben-David, *Centers of Learning: Britain, France, Germany, United States* (New York: McGraw-Hill, 1977), 46-52, 59-67; Joseph Ben-David and Awraham Zloczower, "Universities and Academic Systems in Modern Societies," *European Journal of Sociology* 3:1 (1962), 45-84, at 57, 74-75; Ben-David, "Universities and the Growth of Science," 9-13, 19-21; Reingold, "Graduate School and Doctoral Degree," 131, 144-45, 147; Paulsen, *German Universities*, 77-81; *HUE* 3:170; James Axtell, *The Making of Princeton University: From Woodrow Wilson to the Present* (Princeton, N.J.: Princeton University Press, 2006), ch. 7.

的教育。[96]它指的是"一个人智力发展的过程和结果"两个方面。如同当代美国人关于自由教育的观念,它也有一种"青睐某些社会群体的隐性偏见,这些群体的闲暇和金钱使他们能够追求对自身才能和个性的培养"。在高等教育中,它与"科学"(*Wissenschaft*)这个概念相关联,德国人用此概念指的是"最崇高意义上的知识,即以任何和所有形式对真理所做的热情的、有条不紊的、独立的追求,完全不考虑功利主义的应用"。如此一来,"科学"就成了学者主要的奋斗目标和努力过程,是"最高的召唤"。和"精神"(*Bildung*)一样,它也是一项审美和品格塑造的事业。[97]

务实的美国人没有吸收它们理想主义、新人文主义的内涵,而是像德国学者在19世纪最后25年所做的那样,实际上忽视了"精神",并将"科学"归结为"研究"。由于他们更多地从马修·阿诺德,而不是亚历山大·冯·洪堡和约翰·费希特那里获得了文科教育这一概念,"一种德国的影响力——指向纯粹的研究——远远盖过了[所有]其他影响"。美国人借鉴的主要是研究的方法和技术,以及一种令人振奋但含混不清

---

[96] 作为1890年身在柏林的一名学生,林肯·斯蒂芬斯承认自己对美国同学感到失望。"所有人看起来都是专家,是赚钱养家者(德国人所说的 *Brotstudenten*,即面包学生),很少有人是有教养的,很少有人是思想家……[他们]在获得一些知识,得到一些训练,却没有学到文化或观念,德国人也是如此评论的。"*Letters of Lincoln Steffens*, 38-39.

[97] Albisetti, *Secondary School Reform in Imperial Germany*, ch. 1; McClelland, *State, Society, and University in Germany*, 123-31, at 123, chs. 5-6; Hart, *German Universities*, 250; Fritz Ringer, "Bildung and Its Implications in the German Tradition, 1890-1930," in Fritz Ringer, *Toward a Social History of Knowledge: Collected Essays* (New York: Berghahn Books, 2000), ch. 7; Chad Wellmon, *Organizing Enlightenment: Information Overload and the Invention of the Modern Research University* (Baltimore, Md.: Johns Hopkins University Press, 2015).

的"探究精神",而不是任何哲学基础。[98]他们以自己的方式利用这些舶来品,在本国国内创立了专业化的学术生涯。迟至1871年,新当选的校长詹姆斯·B.安吉立还在密歇根大学告诉一众听者,"近来人们似乎恍然大悟,发现在学院或大学任教是一种特殊的职业"。许多来自德国大学的海归想要更新这种想法。[99]

他们通过移植德国学术生活的几个方面来实现这一目标。首先,他们提升了独创性研究,或者说"调查"在课堂上以及国家文化议程中的重要性。随着新知识的主要来源的溢价,以及对旧知识的改进,图书馆获得了复苏,并享受到了院校预算的更大份额。通过延长开放时间、敞开书架、赋予更为自由的借阅权限,接触馆中图书和期刊的机会提升了。[100]大学感到

---

[98] 或许具有代表性的是那些历史学家,在"以科学方式"寻求真理和客观性的过程中,他们从德国研究班中学会如何痴迷于记录性的档案(甚至是把它们用在女性身上),并将只有男生参加的研究班视为角逐个人荣誉和职业地位的舞台。Smith, "Gender and the Practice of Scientific History."

[99] Veysey, *Emergence of the American University*, 132, 135; Lenore O'Boyle, "Learning for Its Own Sake: The German University as Nineteenth-Century Model," *Comparative Studies in Society and History* 25:1 (Jan. 1983), 3-25, at 20n54, 21. 詹姆斯·特纳提醒,19世纪晚期和20世纪早期的"研究"并不像当今的一般研究那样专业或具有独占性。"文科文化"的倡导者以及其他博学之士,与狭隘的专家同样坚定而出色地进行着研究。"The Forgotten History of the Research Ideal," in *Language, Religion, Knowledge: Past and Present* (Notre Dame, Ind.: University of Notre Dame Press, 2003), ch. 5.

[100] Thwing, *American and the German University*, 130-33; John Y. Cole, "Storehouses and Workshops: American Libraries and the Uses of Knowledge," in Alexandra Oleson and John Voss, eds., *The Organization of Knowledge in Modern America, 1860-1920* (Baltimore, Md.: Johns Hopkins University Press, 1979), 364-85; Kenneth R. Brough, *Scholar's Workshop: Evolving Conceptions of Library Service* (Boston: Gregg Press, 1972), chs. 2, 5-6; Arthur T. Hamlin, *The University Library in the United States: Its Origins and Development* [Philadelphia:(转下页)

有义务通过创建出版机构、学术出版社（德国没有这样的出版社，因此以牛津－剑桥为范例）、期刊以及专著系列，来为传播新的知识贡献力量。于是，约翰·霍普金斯以《美国数学杂志》(*American Journal of Mathematics*，1878年)、《约翰·霍普金斯大学历史与政治学研究》(*The Johns Hopkins University Studies in Historical and Political Science*，1882年) 等媒介工具，以及约翰·霍普金斯大学出版社（1891年）作为一个有十年历史的"出版机构"的演变，发挥着示范作用。[101]

由于公开发表的研究成果和学术成就越来越成为学术界的硬通货，美国的大学和精英学院得以为晋升，并且最终为任期制定出——或一步步强化——"不发表就出局"（publish or perish）的政策。对于职业生涯塑造的精英式标准来说，这是一个能够承受的代价，该标准直接关联着一个人的工作职责，而不是反复关注裙带关系、财富、宗教、政治或其他情形。霍普金斯形而上学俱乐部和美国历史学会等专业的内部学术性协会的形成，不可避免地使教员更加认同他们的跨国学科，而不是地方院校。把教员划入各系也是如此，在系里，越来越专业

---

（接上页）University of Pennsylvania Press, 1981], chs. 3-4, 9; Potts, *Wesleyan University*, 130-32; Axtell, *The Making of Princeton University*, ch. 8; Kelley, *Yale*, 291-92; Daniel Coit Gilman, *University Problems in the United States* (New York: Century, 1898), 237-61; Hawkins, *Pioneer*, 118-20.

[101] Hawkins, *Pioneer*, 107-18; Richard Macksey, "Shadows of Scholars: 1878-1978," in *One Hundred Years of Scholarly Publishing, 1878-1978* (Baltimore, Md.: Johns Hopkins University Press, 1978), 1-15; Edward Shils, "The Order of Learning in the United States: The Ascendancy of the University," in Oleson and Voss, eds., *Organization of Knowledge*, 19-47, at 39-40; Daniel Coit Gilman, *The Launching of a University and Other Papers: A Sheaf of Remembrances* (New York: Dodd, Mead, 1906), ch. 7; Fabian Franklin, *The Life of Daniel Coit Gilman* (New York: Dodd, Mead, 1910), 229-33.

的选修课程可以与必修的导论和调查课程一起提供。[102]

鉴于美国对唯理智论的民粹式怀疑，19世纪的美国教授永远无法为"博士教授先生"（Herr Doktor Professor）赢得近似于德国公众所怀有的尊敬，在德国这是一种"高贵"的称号，受到"所有阶层的人……真诚的尊重"。[103]然而，在大约1890年之后，美国人新近专业化的地位在某些年度场合能得到认可，在那些场合，学术排场是出于社交礼仪的需要，父母、校友、当地公民和受邀的贵宾云集于此。教授们以色彩鲜艳的方帽、长袍和披肩布作夸张的装扮，在稍纵即逝的聚光灯下和庄重的敬意中获得满足。如果说他们的华服要归功于欧洲

---

[102] Shils, "Order of Learning," 32-36; Ben-David, "Universities and the Growth of Science," 20-21, 24-25.
[103] Richard Hofstadter, *Anti-intellectualism in American Life* (New York: Knopf, 1963); Hart, *German Universities*, 267; Scott, *Some Memories of a Palaeontologist*, 131; "The German Professor (Old Style)," *Saturday Review of Literature, Science, and Art* [London] (July 12, 1884), 47-48; William H. Carpenter, "The Financial Status of the Professor in America and Germany," *Educational Review* 36 (Nov. 1908), 325-41; Fritz K. Ringer, *The Decline of the German Mandarins: The German Academic Community, 1890-1933* (Cambridge, Mass.: Harvard University Press, 1969), ch. 2; Winfreid Herget, "Overcoming the 'Mortifying Distance': American Impressions of German Universities in the Nineteenth and Early Twentieth Centuries," in *Transatlantische Partnerschaft: Kulturelle Aspekte der deutsch-amerikanischen Beziehungen* (Bonn: Bouvier Verlag, 1992), 195-208, at 198-200; *Letters of Lincoln Steffens*, 1:37, 39. 参见马克·吐温1892年对盛大的柏林庆祝活动的描述，活动参加人员包括大约4000名学生、教员、市政官员以及科学家鲁道夫·菲尔绍和赫尔曼·冯·亥姆霍兹70岁生日庆典上的客人。最后抵达的一位客人是古典主义者、历史学家西奥多·莫姆森，其谦虚的外表使在场的所有人急忙起身，欢迎之声雷动。不容易被人打动的吐温惊呼："莫姆森！——想想吧！……他就在这里，把罗马世界和所有的恺撒装在殷勤的头颅中，就像另一个发光的穹窿，即宇宙的头颅装着银河系和星座那样轻而易举。" Twain, *Tramp Abroad*, 992-97, at 996.

的传统,以及纽约奥尔巴尼的某位企业家,那些在场的人中或许有一部分会记得自己第一次在德国的学术展览中看到过它,正如布利斯·佩里在 1886 年参加海德堡大学建校 500 周年纪念时所看到的。[104] 对于那些"从德国回来的人"而言,这样的记忆应该只是对他们在德国的学术经历应归功于什么的无数提醒之一。不过,此种记忆也有可能象征着为他们所提供的一切,以及他们为了向以前的学院和未来的大学嫁接所做的精心修剪。

---

[104] Perry, *And Gladly Teach*, 92; Baldwin, *Between Two Wars*, 1:58. 1893 年 12 月,《大学杂志》(*University Magazine*) 上刊载的文章《美国的方帽和长袍》("The Cap and Gown in America") 表明,"在适当的场合戴方帽、穿长袍这种惯例,正在这个国家的高等教育机构中迅速确立下来"。两年后,该惯例已经极为普遍,普林斯顿在纽约召集了一个校际委员会,以便为次年举行的建校 150 周年庆典统一学术服装。就披肩布以及方帽和长袍的制作,委员会给出了建议,奥尔巴尼的科特雷尔与莱昂纳尔公司立即运用了它们的优势。威廉姆斯学院 1887 届学生加德纳·科特雷尔·莱昂纳尔所写的文章,于 1896 年由他的家族公司再版,文章中有关于其物品的大量插图。参见 Donald L. Drakeman, "Caps, Gowns, and a Debt to Princeton: The University's Unsung Role in Standardizing Academic Garb," http://paw.princeton.edu/issues/2011/07/06/pages/6367/index.xml。

## 第六章　步入成熟

> 我会找到一所院校，在那里任何人都能在任何研究中获得指导。
>
> ——埃兹拉·康奈尔，1865 年

如果说，内战前的美国是一个魁梧的青年，寻求着自制、目标和可行的未来，内战后的美国则学会了驾驭自身的力量并安然进入了抱负远大的成熟期。政治联合经由一场代价非凡、伤亡惨重的内战——勉强——得到挽救后，数量激增的美国人（主要是白人）转而投身于巩固其在东西海岸之间的主导地位，并确立一种配得上大陆帝国的经济和文化。

马克·吐温所谓"镀金时代"的 1870 年至 1900 年，美国人口几乎翻了一番，达到 7600 多万人；其中就有来自南欧和东欧的大约 1000 万"新移民"的贡献，这些人的目标是寻找廉价的农田或城市就业机会。主要的诱惑是可观的行业工资，扣除物价因素，在 1870 年至 1890 年增加了 60%，正是在 1890 年这一年美国的"边境"据说消失了，美国制造业超过世界领先的英国制造业。这场行进于铁轨上的第二次——美国——工业革命，不仅在 1869 年横越大陆，而且体量到 1880 年增加了两倍，到 1920 年又翻了一番。规模更大、动力更强的机车载着来自阿巴拉契亚山脉新发现的煤炭、来自宾夕法尼亚州西部的石油，以及来自苏必利尔湖区的铁矿石，前往东部和中西部城镇新创办的工厂和铸造厂。在那里，从 50 万项专利中筛选出来的应用型技术，包括电气化、电话和打字机，为城市摩天大楼、桥梁、农业机械等生产钢材，并且很快就用在了创新的装配线还有汽车上。

　　大企业的主导形式变成了公司，公司的联合又创造了投资资本和人力的池子、效率以及垄断，或者说"托拉斯"，主导着整个行业并操纵着价格和利润——通常是通过购买监管上的和政治上的优待。在此过程中，在美国经济呈指数级增长的同时（在 1913 年前都没有真正的联邦所得税），许多公司——美国钢铁、标准石油、AT & T、南太平洋铁路——及其高管的财富也是如此，发生类似变化的还有一个新兴的尤其是白领中产阶级的可支配收入。[1]

　　这种有利增长带来的一个结果是，美国高等教育实现重大飞跃。1860 年之后的 40 年中，在 1636 年后建立的不到 300 所院校的基础上，增加了 432 所四年制学院和大学。到 1934 年之前，又增加了 200 所。[2] 招生人数和毕业人数的增长更让人

---

[1]　1883 年至 1913 年，美国的国民生产总值（GNP）翻了两番。Jonathan R. Cole, *The Great American University* (New York: PublicAffairs, 2009), 46-47.

[2]　Claudia Goldin and Lawrence F. Katz, "The Shaping of Higher Education: The Formative Years in the United States, 1890 to 1940," *Journal of Economic Perspectives*13:1 (Winter 1999), 37-62, at 42. 作者们选取了 1934 年存在的、由美国教育办公室（U.S. Office of Education）调查过的 921 所（转下页）

印象深刻。美国人口在 1880 年至 1940 年增长了 2.6 倍,高等教育入学人数却增长了 13 倍,获得的学位数量是之前的近 15 倍。在同一时期,18—24 岁的人就读大学的比例从 1.6% 上升到 9.1%(18—21 岁的就读比例为 15.5%)。[3]

由于学院入学人数的上升远远超过总体的人口增长趋势,对于大学入学率的普及,还必须寻找简单的供求法则之外的解释。这两种增长趋势的发展阶段,都是由私立高中和(尤其是)公立高中入学与毕业人数的急剧增加决定的,后者本身又是 1920 年之前美国人口从乡村向城市转移的一个结果。[4] 高中从 1880 年仅有 11 万名学生入学,到 1900 年超过 50 万人,1940 年则有 660 万人。1900 年后的 40 年里,获得文凭的人数从 62000 人增加到超过 100 万人。相对较少但人数越来越多的毕业生选择上大学,不仅是出于人们熟知的知识、经济和社会方面的原因,还因为在校学生、狂热的校友与大众媒体宣传和美化了"咆哮的二十年代"所赞美的大学校园文化。[5]

尽管 1880 年至 1940 年院校的数量只增加了一倍多,类型、收入和规模方面的变化却使注册入学人数增长 13 倍成为

---

(接上页)四年制院校(778 所私立,143 所公立)作为样本。独立的培养教师的院校被排除在外,但包括了独立的职业学院。

[3] *120 Years of American Education: A Statistical Portrait*, ed. Thomas D. Snyder (Washington, D.C.: National Center for Education Statistics, 1993), 76 (table 24).

[4] *Historical Statistics of the United States: Millenial Edition Online*, hsus.cambridge.org/HSUSWeb/HSUSEntryServlet. 美国人口普查局将"城市"定义为人口超过 2500 人的混居地点。

[5] Helen Lefkowitz Horowitz, *Campus Life: Undergraduate Cultures from the End of the Eighteenth Century to the Present* (Chicago: University of Chicago Press, 1987); Paula S. Fass, *The Damned and the Beautiful: American Youth in the 1920s* (New York: Oxford University Press, 1977).

可能。私立四年制学院的数量继续大大超过公立院校，后者到1940年招生人数却占了大头，其中的许多从校名到实质都是大学。大学实现赶超，原因不难发现。大多数大学依靠的是公共资金，平均而言，它们的就读费用较低，而且规模比私立院校要大得多。早在1897年，私立学院学生人数的中位数为505人，公立学院则为787人。到1934年，私立院校的中位数收取学费265美元，可容纳2271名学生，与学费仅61美元的公立院校8181的招生人数相形见绌。接近95%的公立院校学生（相形之下，私立院校学生的这个比例为62%）所上的学院人数超过1000人；近6%（私立院校学生则不到0.5%）与超过10000名同时代人交游往来。[6]

无论在过去还是在未来，大学在数量上都远远少于规模较小的学院，但它们很快就获得了公众的注意和尊重。对于从镀金时代过来的美国人而言，规模更大往往就等同于质量更好，而大学无疑比当时的任何学院都要大。联邦的1862年《莫里尔法案》(Morrill Act)促进了注重规模的趋势，向各州提供了大量的联邦土地，以支持"主要目标所在地的至少一所学院，并且不排除其他科学和古典研究……来教授与农业和机械艺术相关的知识分支"。[7]不可避免的是，它们的眼界和公众期望的这种扩大以及其他类似的扩大带来了众多大学，尤其是州立大学的成长。正如密歇根大学新任校长在1921年所说的，"州立

---

[6] Goldin and Katz, "Shaping of Higher Education," 43, 44 (table 1).
[7] John R. Thelin, ed., *Essential Documents in the History of American Higher Education* (Baltimore, Md.: Johns Hopkins University Press, 2014), 76-79, at 77. 1900年之前，有30个州利用这条法律创立新的州立大学，或者扩充现有院校的课程。耶鲁曾经是康涅狄格州的"政府赠地"学院，正如康奈尔也是纽约州的"政府赠地"学院。

大学必须愉快地接受一个结论：它注定会规模庞大"。[8]

即使是私立大学也不反对规模的庞大。1897年，哈佛校长查尔斯·W.艾略特告诉规模小得多的约翰·霍普金斯的校长："我发现，除非哈佛每年都在扩大规模，否则我便有所不满，尽管它已达到目前的规模……在确保质量的前提下，数量越多越好。"[9]到1909年秋天，哈佛5558人的学生数量仅次于位于市区的哥伦比亚大学的6232人，稍稍领先于芝加哥的5487人和密歇根的5259人。以研究生为主的约翰·霍普金斯对艾略特的建议无动于衷，以725人愉快地落在后面。[10]25年后，直面大萧条时期，7所公立大学和3所私立大学招收了超过10000名学生。趋势仍在继续。今天，20所规模最大的授予博士学位的公立大学招生数量在40000至75000人。最大的私立大学以"仅仅"17000至44000人的规模努力趋向繁荣。[11]

\* \* \*

1890年之后，大学（包括演变来的和新创立的）的加速出现导致了美国教育"体系"的结构调整，该体系缺乏一个像

---

[8] Howard H. Peckham, *The Making of the University of Michigan, 1817-1967* (Ann Arbor: University of Michigan Press, 1967), 140（引用 Marion Burton）。

[9] CWE to Daniel Coit Gilman, Oct. 20, 1897 (DCG Collection, Johns Hopkins University), 引用于 Laurence R. Veysey, *The Emergence of the American University* (Chicago: University of Chicago Press, 1965), 356。

[10] Edwin E. Slosson, *Great American Universities* (New York: Macmillan, 1910), 475.

[11] Goldin and Katz, "Shaping of Higher Education," 44 (table 1); *Chronicle of Higher Education Almanac* 2014-15 (Aug. 22, 2014), 29.

法国那样的全国性主管部门，甚至直到 1979 年才在总统内阁中有了一个独立席位。扼要而言，该体系类似于一个略微截断的金字塔。位于广泛的基础部分的，是整个国家数量激增的小学、初中和高中，有些是私立的，但大多数都是公立学校。接下来，在 20 世纪初的几十年里，是公立的两年制、职业化、位于市区的"初级"（或"社区"）学院的激增。这些学院的毕业生往往能够携免修学分转学到四年制院校，最容易转到同一州内的其他公立学院。[12] 中间各层由大量的四年制文科学院组成，它们或者是出于自身选择，或者是受到环境限制，没有发展成大学。顶部不是像英国的牛津和剑桥那样的一两个偶像，而是数量中等且仍在增长的大学，越来越多地同时按照规模和质量形成等级。那些处于最顶层的都拥有杰出的院系、主要的授予博士学位的研究生课程（即便不是学院），以及一个或多个专业学院，要求录取对象至少先完成两年的本科学习。

一旦所有这些院校达到了成熟的形式，它们总体而言就会拓展出专门的功能，并放弃金字塔上方或下方的相邻部分能完美发挥的那些功能。直到 1955 年"大学预修"（Advanced Placement）课程出现之前，高中都无意篡夺学院的课程或生源。独立的或者作为一般学院中的系科的师范学院，变身为州

---

[12] Steven G. Brint and Jerome Karabel, *The Diverted Dream: Community Colleges and the Promise of Educational Opportunity in America, 1900-1985* (New York: Oxford University Press, 1989); Arthur M. Cohen and F. B. Brawer, *The American Community College,* 5th ed. (San Francisco: Jossey-Bass, 2008); David O. Levine, *The American College and the Culture of Aspiration, 1915-1940* (Ithaca, N.Y.: Cornell University Press, 1986), ch. 8. 到 1940 年，456 所初级学院在全国招收了近 150 000 名学生。两年前，全国的学院学生中有 17.6% 入读了两年制院校 (Levine, *American College,* 162)。

立的培养教师的学院。[13]初级学院只提供学院课程中前两年的入门教学，或者为就业做准备的职业训练。对它们来说，文科学院在很大程度上放弃了自己的预科各系、职业课程以及毕业生抱负，除了部分社会精英的例外情形（主要是在新英格兰和中西部），吸引力仅维持在当地或地区；大学则往往把目光和勤勉投向全国乃至国外。[14]其他的小众领域，则分布着女子大学、天主教大学、非裔美国人大学、美洲印第安人大学和福音教派大学，以及新组建的州立大学系统中的综合性分校。近几十年来，仅限于网络形式和专为牟利而设立的院校，即给钱便发不劳而获的或伪造的学位的"文凭工厂"，以及着眼于高级研究、不授予学位的机构，在日益分割却仍然连贯的全国高等教育体系中创造出了额外的商机。

逐渐成形的高等教育体系适合自由放任的经济和民主政体，它不是联邦甚至州立法的产物，而是经由"自愿协议、模仿、内部竞争和泛化的行为准则"产生的。其力量寓于"院校的多样性和为了服务公众而彼此竞争的方式"，及其特定的拥护者。[15]其结构完整性要归功于一名敏锐的学生所称的"连贯

---

[13] Jurgen Herbst, *And Sadly Teach: Teacher Education and Professionalization in American Culture* (Madison: University of Wisconsin Press, 1989).

[14] W. Bruce Leslie, *Gentlemen and Scholars: College and Community in the "Age of the University," 1865-1917* (University Park, Pa.: Penn State University Press, 1992), ch. 10. 1900 年之前，俄亥俄州有 12 所学院授予博士学位（通常是荣誉学位）；只有一所，即俄亥俄州立大学，最终设立了博士项目。Roger L. Geiger, *The History of American Higher Education: Learning and Culture in America, 1636 to 1940* (Princeton, N.J.: Princeton University Press, 2014), 415.

[15] Arthur M. Cohen with Carrie B. Kisker, *The Shaping of American Higher Education: Emergence and Growth of the Contemporary System* (San Francisco: Jossey-Bass, 2010), 169.

的异质性",而不是战前学院景观中那"不连贯的同质性"。[16]
然而,尽管有着显著的多样性,该体系越来越多地由某种类型的大学所主导,并由此稳定下来,此类大学便是那些致力于研究以及通过学术研究生产新知识,包括纯粹知识和应用知识的大学。1890年至1910年,在听到或读到著名的或"伟大的"大学时,公众面对的总是那些在新近出现的教育质量排行中名列前茅的大型研究型大学。

\* \* \*

第一个评优的组织是美国大学协会,在与欧洲尤其是德国大学的交锋中,该协会得选出自己的成员来为美国擎起大旗。1900年1月,哈佛、哥伦比亚、约翰·霍普金斯、芝加哥和加利福尼亚的校长,邀请了其他八所备受推崇的研究型大学,即克拉克、康奈尔、密歇根、宾夕法尼亚、普林斯顿、斯坦福、威斯康星、耶鲁,以及为了显示普世教会主义,还邀请了前景光明的天主教大学的校长,在芝加哥商讨三个问题:美国高等教育中缺乏统一和标准,欧洲主要大学似乎对美国学位不够尊重,以及在美国大学能提供同样优秀甚至更好的研究训练的情况下仍然选择留学攻读研究生的美国学生的恼人行为。在最初的14名成员中,有11所是私立大学,3所是公立大学。到1909年,又邀请了8所公立研究型大学加入,使比例更加平衡,并标志着美国所有地区公立大学在数量和质量上都获得了

---

[16] Slosson, *Great American Universities*, 347.

提升。[17]

1910 年，两份名单的公布也使美国一流大学处于聚光灯之下。作为亚利桑那大学前校长和美国教育局的专家级职员，肯德里克·巴布科克受美国大学协会之聘，对 344 所学院和大学进行"排名"，分成四个等级。在进行了多次实地考察、检查学生成绩单并深入研究其他记录之后，他的"一级"名单中包含 59 所校内学院（school），这些学院的文学士毕业生被认为能够仅在一年内便从著名的研究生院获得硕士学位。（相比之下，"四级"校内学院的毕业生被认为比"标准学院的'标准学士［学位］'"少学了两年。）前者包括声誉卓著的文科学院，如阿默斯特、欧伯林、哈弗福德和史密斯，以及"老三所"（哈佛、耶鲁和普林斯顿），加利福尼亚、密歇根和威斯康星这些本科学院。四年后，美国大学协会再次聘请巴布科克对培养本科生的院校进行三个等级的评估，这些院校的毕业生就读于身为美国大学协会成员的研究生院和专业学院。表现最好的院校名单被送往德国大学，作为美国学位含金量的证明。[18]

---

[17] 首次会议的邀请函保存在约翰·霍普金斯大学米尔顿·艾森豪威尔图书馆的美国大学协会档案中。邀请函内容复制到了美国大学协会的网站上（www.aau.edu），未作改动：Ann Leigh Speicher, "The AAU: A Century of Service to Higher Education, 1900-2000."。8 所新加入的公立成员包括印第安纳、伊利诺伊、艾奥瓦、堪萨斯、明尼苏达、密苏里、内布拉斯加和弗吉尼亚。2011 年，美国大学协会的 60 所成员大学获得了所有联邦研究资金的 58%（235 亿美元），自身开支 60 亿美元。排名前 50 位的学术图书馆中，有 41 所属于美国大学协会的学院（schools），这些学院培养了 46.5% 的美国博士，70% 的美国诺贝尔奖获得者，以及 69% 的国家科学奖章获得者。("AAU By the Numbers," https://www.aau.edu/WorkArea/DownloadAsset.aspx?id=13460.)

[18] David S. Webster, *Academic Quality Rankings of American Colleges and Universities* (Springfield, Ill.: Charles C. Thomas, 1986), ch. 4, at 36. 巴布科克的第一个名单复制于 Andy Thomason, "How Did the Federal Government（转下页）

第二份，也是流传更广的名单，是 1910 年埃德温·E. 斯洛森 550 页篇幅的《美国优秀大学》(*Great American Universities*) 一书，重点描写从卡内基教学促进基金会大学名单中遴选的 14 所大学，这些大学每年把大部分资金用在教学上；作者认为，"很可能，这是一个比其他任何客观标准更为公平的评估准则"。斯洛森有学术上的依凭来写这样一本书。他是堪萨斯大学具有全美优等生联谊会（Phi Beta Kappa）成员身份的毕业生，从芝加哥大学以优异（*magna cum laude*）成绩获得博士学位，曾任怀俄明大学化学教授。斯洛森在每所大学停留一个星期（总共听了 100 多堂课），仔细考察其历史、当前记录和表现。1909 年 1 月至 1910 年 3 月，他的那些长篇概览逐月刊登于《独立报》上（自 1903 年起他担任该报的文学和执行编辑），随后于 1910 年 10 月以书的形式面世。他在自己的花名册中突出介绍了 9 所依靠捐款的大学（哈佛、耶鲁、普林斯顿、哥伦比亚、芝加哥、康奈尔、宾夕法尼亚、斯坦福和约翰·霍普金斯）和 5 所州立大学（密歇根、威斯康星、明尼苏达、加利福尼亚和伊利诺伊）。辅以有用的统计表、图表和照片，斯洛森那些丰富的描述和鲜明的对比清楚地表明，美国有充分的理由不仅以顶级的研究型大学，而且以与那些重点提到的大学一样"在学院事务，往往也是在高级研究和专业研究方面同样出色……其他院校的成绩"为荣。[19]

---

（接上页）Rate Your College a Century Ago?" *Chronicle of Higher Education*, Aug. 6, 2014 (http://chronicle.com/blogs/ticker/how-did-the-federal-government-rate-your-college-a-century-ago/83411)，不过日期弄错了。

[19] Slosson, *Great American Universities*, ix, 525. 1921 年，斯洛森在 *The American Spirit in Education* (New Haven, Conn.: Yale University Press) 中重游大学景观，这是广受欢迎的《美国编年史》(Chronicles of America) 系列中的（转下页）

由盟校主导的同一批大学在许多流行期刊中的类似简介和照片，确保了大学植根于美国人的想象、情感以及——并非无关紧要的——钱袋中。那些著名的研究型大学的简介，点缀着令人仰慕的校长们（后来在索尔斯坦·凡勃伦笔下变得出名/污名的"博学船长"）比真人尺寸更大的素描或毕业典礼演说，频繁出现在《蒙西杂志》《麦克卢尔杂志》《世纪周刊》《展望报》《斯克里布纳杂志》，以及西部的《日落》《陆地月刊》和《太平洋月刊》上。[20] 精英圈子的新成员，即斯坦福、加利福尼亚、威斯康星的崛起一直是热门话题，女子学院、学生生活和文化、田径运动、兄弟会以及新出现的课外"杂耍"的其他方面也是。[21] 所有这些都表明，大型研究型大学是美国高等教育未来的浪潮，毕竟它们设法把已经尝试过的东西和新东西中的精华结合了起来。

\* \* \*

1890 年后 20 年间大学运动的"绽放"，标志是两个平行的趋势，它们通过赋予高等教育体系足够的统一性来平衡其明显

---

（接上页）一小卷。他用几章来介绍州立大学、政府赠地大学和当代研究型大学，最后一种大学显然受他偏爱。

[20] Thorstein Veblen, *The Higher Learning in America: A Memorandum on the Conduct of Universities by Business Men* (New York: Hill and Wang, 1957 [1918]), ch. 3, at 62.

[21] 在 *Portraits of the American University, 1890-1910* (San Francisco: Jossey-Bass, 1971) 中，詹姆斯·C. 斯通和唐纳德·P. 德内维给出了期刊文章的一个代表性样本。"杂耍"是普林斯顿校长伍德罗·威尔逊的说法。James Axtell, *The Making of Princeton University: From Woodrow Wilson to the Present* (Princeton, N.J.: Princeton University Press, 2006), ch. 5, at 238-42.

的多样性。[22]第一个趋势是融合了内战后关于高等教育目标的四个主要观念：（1）精神纪律、虔诚和品格塑造，这是战前学院及其直系后裔的专注焦点；（2）"现实生活"的"务实"准备，或者为"实用"所做的职业训练；（3）以被同化的德国模式为典范的纯粹研究和学术研究；（4）一个更受东部的社会精英看重的目标，即主要通过人文学科，为塑造"全面发展的"人而培养"自由文化"。[23]这些理想的混合主要是新的大学领导者促成的，他们想让抱负远大又资源匮乏的校园吸引潜在的捐助者、政治支持者、教员、学生和校友。其中的典型是加利福尼亚大学校长本杰明·艾德·惠勒，他于1901年写道："现代大学……把所有学院、所有课程、所有生活目标以及实现它们的所有慷慨方式合而为一。"私立大学的校长们也想取悦多样的拥护者。1907年，芝加哥的哈里·普拉特·贾德森表达了一个看法，即学院**不**应该"把目标放在培养任何一种人上……任何一所学院都不应该把自己的特征烙印到所有人身上，以至于期望所有人都完全相同"。[24]这种哲学上的合并往往造成智识上的平淡无奇，却是为无关痛痒的开学典礼致辞和巴结顺从的捐资吁求而准备的。

第二个起到稳定作用的趋势，是大学结构和实践的普遍标准化。经由大众出版物以及新的学术组织（如美国大学协会）和交流，各大学提高了对种种全国性趋势的认识，开始敏锐地意识到彼此的存在，并在各自的等级中日益激烈地展开竞

---

[22] "绽放"（flowering）的说法我借自 Frederick Rudolph, *The American College and University: A History* (New York: Alfred A. Knopf, 1962), ch. 16, at 329。

[23] Veysey, *Emergence of the American University*, chs. 1-4 and pp. 342-45。

[24] 引文都来自上书，344。

争。它们并没有努力与其他大学区别开来，而是寻求在同样的事情上做得更好，并且基本上是以相同的方式。面临选择时，它们会不惜一切（想象的）代价来避免"明显的反常"。不过，正如耶鲁校长阿瑟·特文宁·哈德利在1901年想要解释的那样，即使拥有充足捐款的私立大学也认为，自己在作为运行环境的"极为规范的领域范围"内没有多少腾挪空间。[25]"所有院校……都迫于环境的力量，去接近一种普遍的类型，该类型或多或少地独立于创立和控制它们的人的意愿。"[26]规范的力量极为强大：某种被称为标准美国大学（Standard American University, SAU）的东西于1908年得到全国州立大学协会认可，1909年又得到美国教育专员的认可；斯洛森的《美国优秀大学》（Great American Universities）在次年公布了这种标准。[27]

在州立大学协会于美国首都召开（标志着其成员的重要性日益增加）的第13届年度会议上，一个关于"标准"的四人委员会报告了3年的工作。他们的推荐意见围绕着到当时为止"有机"大学体系的每个部分展开。他们说，基础性的文理学院应该在头两年提供"完成或补充高中学习的通识学习或文科学习"，并在最后两年提供"特殊的、高级的或大学的指导"，让"发现精神"无处不在。高中教师应该有四年制的文学士学位，理想情况下还要同时有文科硕士学位。可以理解的是，学院的教员应该拥有"博士学位或同等学力"，最重要的

---

[25] Veysey, *Emergence of the American University*, 340（第一条引文）。Geiger, *American Higher Education*, 538（第二条引文）。

[26] 引用于 Veysey, *Emergence of the American University*, 261; Charles W. Eliot, "American Universities: Their Resemblances and Their Differences," *Educational Review* (Feb. 1906), 109-34, at 109。

[27] Slosson, *Great American Universities*, 522.

是，具有"身为教师激发学生研究热情的力量"。他们可以通过在"研究和发表"过程中锻造自己的杰出技巧来最好地做到这一点。当然，由于内战前的理想尚未完全消失，他们仍然负责"传授知识"和"塑造品格"。值得一提的是，灌输宗教虔诚和维持纪律已经不再是他们的职责。

弥漫于"标准美国大学"中的研究精神体现在几项具体要求中。"标准的"研究生院必须至少在五个系科授予博士学位。最少的获得学位的时间是，本科后一年获得硕士学位，三年获得博士学位。为了使这些时间表切实可行，大学必须至少提供"藏书充足的一般图书馆和系图书馆"、"现代实验室和设备"、博物馆以及适用于"教育、政治和各种社会科学"的设施。"标准美国大学"还应该至少包含一所"大学〔层级〕的职业学院"，要求录取对象至少在学院受过"两年"训练。随着职业教育在理论方面和学术研究上的提升，这一标准很快在实践中被提升为四年的学院训练。[28]

\* \* \*

当然，1910年之前描绘的"标准美国大学"蓝图，仅仅对美国实际运行的那些大学逐渐具有的相似之处投以一瞥。那时的规范性统一也从许多区域性认证团体那里获得了约定俗成的推动，这些团体自由地借鉴彼此的标准来评估其成员学院和大学。1885年（新英格兰协会成立）至1923年（西部协会成立），

---

[28] *Report of the [U.S.] Commissioner of Education for... 1909*, vol. 1 (Washington, D.C.: Government Printing Office, 1909), 88-91.

美国的每个地区都成立了一个大学和中学协会（Association of Colleges and Secondary Schools），其中包括该地区学院和大学的大多数代表。它们要做的是，在诸如经济可行性、学术项目、学位、课堂和实验室规模以及图书馆藏书等方面采纳明确的标准。在实地考察、实质性报告和自我研究之后，那些经检阅过关的院校，名字会加入公布的名单中；那些没通过检阅的，则有丢失捐款、顶级师资、学生和声誉的危险。[29]

两家财力雄厚的基金会甚至施加了更大的压力，以在学术金字塔的顶端维持统一的严格标准。虽然没有插手具体院校的运行，但它们用捐赠资金、提升薪酬和补贴教员来帮助"[学术上和经济上]最适合的"那些学院和大学"生存下去"，从而借助拨款在美国"推动建立一种综合的高等教育体系"。约翰·D. 洛克菲勒的一般教育委员会（1902年成立）最初专注于南方的黑人教育，1905年重心转向了全国的高等教育。在接下来的21年里，一般教育委员会投入了来自商业巨头"标准石油"1.88亿美元（换算为2015年的美元则超过40亿美元）的资金，要求该委员会为幸运的资助对象提供配套资金，从而努力减少规模不大、位置不佳和资金贫乏的学院数量。意料之中的，历史悠久、根基牢固的文科学院和研究型大学境遇最好。[30]

---

[29] Cohen and Kisker, *Shaping of American Higher Education, 167-68*; William K. Selden, *Accreditation: A Struggle over Standards in Higher Education* (New York: Harper, 1960), esp. ch. 4.

[30] Merle Curti and Roderick Nash, *Philanthropy in the Shaping of American Higher Education* (New Brunswick, N.J.: Rutgers University Press, 1965), 215-17. 甚至直到20世纪20年代末，一般教育委员会的目标还是要"让山峰更高"。Roger L. Geiger, *To Advance Knowledge: The Growth of American Research Universities, 1900-1940* (New York: Oxford University Press, 1986), 161.

由不可知论者、钢铁大亨安德鲁·卡内基捐资 1000 万美元设立的卡内基［学院］教学促进基金会，最初为私立学院的退休教授提供养老金，条件是他们所在的院至少有 6 名（后来增加到 8 名）全职教授（通常意味着有相应数量的系）和至少 25 万美元（后来增加到 50 万美元）的捐款且没有负债，不受（某些类型的）宗派控制，并且只招收按标准化的"卡内基单位"课时计算已完成四年中学教育的学生；在几十年中，这种课时是美国学院录取新生的主流衡量标准。[31] 1908 年，该基金会宣布州立大学也有资格领取养老金。9 年后，需求的增加使教师保险与年金协会（Teachers Insurance and Annuity Association，TIAA，后来与 College Retirement Equities Fund，CREF，即学院退休股票基金联合起来，创建了当今美国最大的退休基金）得以成立，该协会至今仍然不可或缺。但是，养老金不再免税：教授们现在不得不将薪酬的 5% 拿出来，用于晚年（至少是银发）时光。[32]

来自学术圈子外部的要求一致的压力，不仅基本上只针对少数几所顶尖大学，而且与内部产生的压力相比，也不那么沉重。1890 年以后，标准化在很大程度上是基于野心、竞争和赶超这三重推动力量而继续展开的，这些推动力量渗透进高等教育的所有领域。不过，高等教育不是一项独立的变量，它的确并且必须创造性地回应那些协助其确定目标、维持其运行并

---

[31] 卡内基单位被称为"学术计量的象征"，是一门一个课时的高中课程，在整个学年中每周进行五天。Rudolph, *American College and University*, 438.

[32] Curti and Nash, *Philanthropy*, 220-23; Ellen Condliffe Lagemann, *Private Power for the Public Good: A History of the Carnegie Foundation for the Advancement of Teaching* (Middletown, Conn.: Wesleyan University Press, 1983), ch. 3.

雇用其毕业生的范围更大的公众。部分要求一致的重要力量来自大学周边的社会文化，这种文化对当代美国生活的其他方面，例如商业、中小学教育、职业以及知识生产施加了类似的压力。

高等教育的两个重要转变紧随着社会趋势。其中一个是院校领导层的**逐步**世俗化——除了天主教所属的学院。与内战前甚至是内战后早期学院的院长不同，大学校长的遴选越来越少地依凭个人的宗教信仰或教士职位，而更看重领导、管理和筹款方面的能力。这种转变不可阻挡，但不是立即完成的，也不是整体实现的。许多不任神职的校长，无论是公立还是私立院校的，都是思想开明的新教徒，想把新科学与新形式的不那么专制的宗教实践与道德规范调和起来。[33] 直到20世纪最初几十年，州立大学甚至还有几位校长或者是牧师，或者曾研究过神学而没有从事神职。轮到他们来完成晨间的小教堂服侍时，这样的背景相当有利，而迟至第一次世界大战期间，多所大型州立和私立大学还在要求完成这样的服侍。[34] 不过，更多的大学让每日服侍成为自愿行为，并把时间从黎明改到了上午10点左右，后来则完全取消了。明尼阿波利斯的大型公立大学，明尼苏达大学，魅力十足的校长赛勒斯·诺斯罗普（1884—1911年在任）每天上午10点30分为大约200名学生开放小教堂，由此吸引了一部分住在校外的走读学生。诺斯罗普是耶鲁学院和耶鲁法学院的毕业生，并曾担任报纸编辑以及耶鲁英国文学常任

---

[33] Julie Reuben, *The Making of the Modern University: Intellectual Transformation and the Marginalization of Morality* (Chicago: University of Chicago Press, 1996).
[34] Henry T. Claus, "The Problem of College Chapel," *Educational Review* (Sept. 1913), 172-87; Earle D. Ross, "Religious Influences in the Development of State Colleges and Universities," *Indiana Magazine of History* 46:4 (Dec. 1950), 343-62.

教授，但据说他已经把前任手里留下的那个"无神的"院校"神圣化"了；他用的是虽无宗派却很有效的"福音派信仰"，是在他的公理会家中以及神学院中为时一年的学院预备期形成的。[35]

在理事会的人员结构中，教士领导成员的减少同样显而易见。战前学院，尤其是属于教派的学院理事会中教士人员比例很高，在1860年达到了近40%。但是，到了1930年，教士已经相当缺乏，即使是在私立学院和大学，比如一度正统的耶鲁、卫斯理、普林斯顿和诺克斯。在平均人数为20人出头至25人左右的理事会中，教士下降至7%，取而代之的是大量的商人、银行家和律师，这些人在1930年时占大多数理事会的近75%。[36] 成员身份的这一转变并没有反映出反教权意识的上升，而是人们越来越认识到，特别是大学正在变成大型公司，纠缠于数量多到荒唐的建筑和场地、预算和捐款，往往还有急躁的人员（学生和教师），以及来自管理、政治和公众方面的挑战，所有这些要获得解决都需要专家施以援手。依据近40年执掌哈佛的经验，艾略特校长建议的理事人选应该是成功的商界或职业人士，他们受过高等教育、具有公共精神，最重要的是拥有良好的判断力。他强调，在公立大学中，这些理事的主要任务是说服立法机构和选民相信大学的价值，尤其是"与其他州的大学相比所具有的优点和缺点"，并使自己的院校与州内特定的资源和产业保持一致。[37]

---

[35] James Gray, *The University of Minnesota*, 1851-1951 (Minneapolis: University of Minnesota Press, 1951), 83-85.

[36] Earl. J. McGrath, "The Control of Higher Education," *Educational Record* 18:2 (April 1936), 259-72, at 264-65 (tables 1 and 2).

[37] Charles W. Eliot, *University Administration* (Boston: Houghton Mifflin, 1908), ch. 1.

两个较小的群体也设法进入了主事的委员会。其中一个并不令人惊讶：主要的捐款人或者他们的代表。[38]在丈夫兼联合创办人于1893年去世后，利兰·斯坦福夫人继续担任两人在旧金山南部的山麓边缘白手起家创建的那所大学的唯一理事。1885年，斯坦福夫妇提名了24名理事，并于1899年减少至15人。不过，他们只是"没有权力或责任的影子机构"，仅限于在受到请教时担任顾问，不过这种情况很罕见。直到1903年，她才向理事会让渡了充分的法律权力，她自己则欢快地又略带一些（沉默的）疑虑当选了理事。类似的，小约翰·D.洛克菲勒、弗雷德里克·盖茨牧师和托马斯·W.古德斯皮德，这些人在说服老洛克菲勒创建美国第一所伟大的浸礼会大学，即芝加哥大学时都发挥了作用，并在大学成立最初的25年里长期担任理事。[39]

其他的新晋理事，尤其是私立学院理事会中的，则是校友。[40]许多校友已经凭借对母校的忠诚、所掌握的财富或经营成功企业的经验而当选。自19世纪初以来，老的东部学院的校友们一直在组织毕业生联合会，以使当前的管理机构全心投入，使注册入学的班级成员不致离散，并为有需要的学生筹集资金。普林斯顿在1826年成立了一个联合会（其第一任会

---

[38] Rudolph, *American College and University*, 426-27.
[39] Orrin Leslie Elliott, *Stanford University: The First Twenty-Five Years* (Stanford, Calif.: Stanford University Press, 1937), 466-67; Thomas Wakefield Goodspeed, *A History of the University of Chicago: The First Quarter-Century* (Chicago: University of Chicago Press, 1972 [1916]), 468. 参见 Richard J. Storr, *Harper's University: The Beginnings* (Chicago: University of Chicago Press, 1966).
[40] 州立大学的理事会通常由选民选出或由州长任命。成员往往是校友，但席位并非专门为校友保留，若要保留，则需要做出立法甚至是本质上的改变。

长是美国已故总统詹姆斯·麦迪逊），次年耶鲁也成立了，以25.41美元的价格出售终身会员资格。[41]一旦数量足够多的毕业生迁移到大城市，校友俱乐部便会在那里出于同样的目的涌现。第一个耶鲁俱乐部于1864年在战时的辛辛那提成立，两年后又有5个接踵成立。到1870年，规模较小的布朗拥有3个城市俱乐部。到1886年，普林斯顿在全国各地拥有17个俱乐部。[42]相反，统一的校友联合会则试图纳入所有从前的学生，无论是毕业生还是（尤其是富裕的）辍学者，既是为了进行严肃的筹款，也是为了筹备重聚的欢宴。[43]他们为大学新的年度基金和盛大的周年纪念活动（现在在每所院校中都是常设的固定项目）筹集的款项越多，就越想在母校的政策和实践中获得发言权。

但是，只是在内战之后，私立院校才会屈服于校友压力，为毕业生预留特定的理事会席位。威廉姆斯学院的校友于1868年获得了席位，正如三年后耶鲁和联合学院的毕业生也获得了席位。普林斯顿人不得不一直等到1889年，那一年离校时间更近的毕业生在前校长詹姆斯·麦科什的帮助下，设法取代了

---

[41] Thomas Jefferson Wertenbaker, *Princeton, 1746-1896* (Princeton, N.J.: Princeton University Press, 1946), 181-82; [Lyman C. Bagg], *Four Years at Yale. By a Graduate of '69* (New Haven, Conn.: Charles C. Chatfield, 1871), 678-79.

[42] Bagg, *Four Years at Yale*, 685; Judith Schiff, "The First Yale Club," *Yale Alumni Magazine* 78:1 (Sept.-Oct. 2014), 28; Martha Mitchell, *Encyclopedia Brunonia* (Providence, R.I.: Brown University Library, 1993), 40-41.

[43] 在对16所大型大学的调查中，设置付酬的校友秘书一职的中位数年份，在8所中西部州立大学为1910年，在8所私立东部大学（7所未来的常春藤盟校加上纽约大学）为1919年。Earl James McGrath, *The Evolution of Administrative Offices in Institutions of Higher Education in the United States from 1860 to 1933* [summary of Ph.D. diss., Dept. of Education, 1936] (Chicago: University of Chicago Libraries, 1938), 182, 192.

理事会中一些不思进取的"老古董们"。11 年后，结构调整为校友提供了 5 个席位，他们从 2 个东部城市和 3 个中西部城市当选，任期 5 年。加利福尼亚大学直到 1917 年才为一名校友在评议委员会（board of regents）中保留了一个席位，该校友是校友会会长，不过是按职权任职的。[44]

类似的事件在美国的所有大学中都上演着。在最新设立的那些院校中，时间线仅仅是压缩过的。创立于 1891 年的斯坦福大学（当时误导性地命名为利兰·斯坦福初级学院），六年后成立了一个旧金山校友会，到 1899 年又有了一本校友杂志以争取支持。[45] 新成立的芝加哥大学也获得了类似的进展。芝加哥于 1892 年秋季开门招生，迫不及待却又不得不等到次年六月授予了第一批 31 个学位后才设立校友会，随后又迅速成立了神学院毕业生、哲学博士以及男毕业生和女毕业生等单独的校友会。该大学的前身用的也是这个校名，有一些校友已经在新理事会中获得了席位，但它自己的毕业生很快就想拥有属于自己的位置。1914 年他们获得了这些位置，部分原因在于，1896 年以来他们在毕业典礼上制作了大型班级礼物。芝加哥大学的人只是在遵循当时仍然常见于老式学院中的一种惯例，在那里，重新聚首（尤其是 25 年和 50 年聚会）的班级会积极地较劲，想在礼物上把前辈们比下去。[46]

---

[44] Rudolph, *American College and University*, 428; Wayne Somers, comp. and ed., *Encyclopedia of Union College History* (Schenectady, N.Y.: Union College Press, 2003), 43, 747; Wertenbaker, *Princeton*, 332-33, 376-77; Verne A. Stadtman, *The University of California, 1868-1968* (New York: McGraw-Hill, 1970), 200.

[45] Elliott, *Stanford*, 204-5.

[46] 有些班级做到了，方式是按青年人寿保险政策购买保险，并将母校指定为受益人。Rudolph, *American College and University*, 428-29.

\* \* \*

标准美国大学的另一个容易识别的特征,是管理工作中的数字特征和官方气质。随着大学规模和人员不断扩大,想要服务于多样化的"兴趣和重点",它们也通过"组织的改进、习惯和确定性"来力图在外观上呈现出一致性。[47]随着每一次入学人数新的暴涨、每一座大楼的新建、每一个新建系科的人员聘用,以及每一座新的职业学院的发起,行政监管的需求也相应增加。维持一所数百名师生的战前学院的运行是一回事,协调一所数千人的复杂大学则完全是另一回事。1860 年,运行一所美国学院所需的行政人员中位数为 4 人;到 1933 年,这个数字变成了 30.5 人。[48]鉴于大多数 20 世纪早期大学的规模,行政"膨胀"(今天被指以难以维持的比率推高了大学的成本)不是问题。有那么多新的功能需要填补,又有那么多新的需求需要满足,问题在于行政人员太少而不是太多。由于有精通业务的理事和锱铢必较的立法人员监督着大学预算,非教学人员罕有过度支出。

然而,随着学生们要求获得新的服务,要求一切可以预期,教员想要摆脱维持纪律以及其他管理职责以投入职业性的研究工作,校长和理事们需要从无数的来源获得成卷成卷的新统计数据和信息以便于管理,并且捐赠者和校友想要比以往更详细地知道学校是否健全、高效并值得投入时间和金钱,行政岗位的数量出现了激增。难怪到 1940 年,在美国的学院和大

---

[47] Rudolph, *American College and University*, ch. 20, at 423.
[48] 同上书,435; McGrath, *Evolution of Administrative Offices*, 190。

学里，学生与行政人员的数量比例为 10∶3，教授与行政人员的比例则为 3∶4。[49]

和现在一样，那时大学运行的掌舵室是校长那事务性的**办公室**（不再是书生气十足的**书房**）。于 1902 年搬入哥伦比亚的校长办公室后，尼古拉斯·默里·巴特勒续用了前任的三位秘书、五名速记员和两个勤杂员。[50] 巴特勒不是流离失所的学者，而是无可救药的记者和宣传家。在任职的第一年，他设法在头等邮资上花掉了 800 美元（每盎司 2 美分），从他秘书手中发出的消息一定吓到了艾拉·雷姆森，这位世界一流的化学家好奇心重，新接任更为安逸的约翰·霍普金斯校长这一职务。[51] 在当时的标准大学，核心行政部门会向四面八方派出代表，试图往大学不断移动和扩散的各个部分所产生的串联交易和文件上强加官僚秩序。尽管有一些行政人员过于看重自己制定的规则和他们自身，大学运转的经验法则还是"商业手段，而不是商业目的"。效率和节俭无疑值得追求，但优秀的校长从不会让手下的专业人员忘记，教育、研究和公共服务是学校的首要目标。[52]

芝加哥大学首任校长威廉·雷尼·哈珀就是那些真正的

---

[49] *120 Years of American Education*, 67, 80 (table 26).
[50] 六年后，查尔斯·艾略特认为，大型大学的校长办公室和他自己在哈佛的办公室一样，只需两三名年轻的校友"秘书"来处理信件和大学通讯、打理理事业务、进行预约并完成与大学出版物相关的工作，就能运转起来。*University Administration*, 245-46.
[51] Veysey, *Emergence of the American University*, 307; John C. French, *A History of the University Founded by Johns Hopkins* (Baltimore, Md.: Johns Hopkins Press, 1946), 143. 感谢集邮者唐·诺贝尔提供邮票价格的信息。
[52] Veysey, *Emergence of the American University*, 353-54（引文）; Eliot, *University Administration*, 29-30; Andrew S. Draper [President of the University of Illinois], "The University Presidency," *Atlantic Monthly* 97 (Jan. 1906), 34-43, at 36。

"博学船长"之一，他不仅写下了自己治下大学的创校目标，而且直到享年49岁于1906年去世时，一直坚持并积极维护着这些目标。在被老洛克菲勒从耶鲁的闪米特语教席上吸引过来之前，他已经为一所大胆的、美式风格的新大学起草了一项广泛的计划。这所大学创建完成并投入运行后，拥有如此之多的部门，为如此之多的支持者提供着如此之多的服务，以至于专家学者称之为"哈珀的街市"，比之为百货公司。[53] 它以五个主要的部门为重点：大学本身（文科和理科），附设部分，出版社，附属机构（拥有众多中西部学院），以及图书馆、实验室和博物馆。每个部门都有一名主管，从而建立了行政人员的第二梯队。校长以下的第一级由三名执行官员担任：审查员、记录员和注册员。初级和高级"学院"（代替更为标准的四个部门的第一组和第二组本科学年）分成四个课程部门、两个研究生院（一个是各门科学的）以及各个职业学院，它们都有院长，由院系的一名首席院长施以监督。[54]

出于必要，很快就有了一名审计员（后来被称为事务主管）、一名非教派牧师（虽然该大学继承了一所浸信会神学院）、一名财务主管、一名法律顾问（通常是一名经验丰富的理事）、一座学生宿舍楼楼长，以及一名审计官；最后一项任命很关键，因为法律顾问和事务主管在市中心的商业区而不是在校园里办公。芝加哥大学并非商业公司，但与其他所有标准

---

[53] Veysey, *Emergence of the American University*, 311, 353, 377, 389; Goldin and Katz, "Shaping of American Higher Education," 46.
[54] 到1900年，厄尔·麦格拉思研究的所有16所东部和中西部大学中都有了院长（通常也是"教员"）办公室；设立的中位数日期是1882年。McGrath, *Evolution of Administrative Offices*, 79, 192.

美国大学一样，随着发展壮大及其业务经验丰富的理事和捐赠者表明心迹，想让大学精干而平稳地运行，它就不得不像公司一般来加以运营。[55]

特雷弗·安尼特是审计员工作所能找到的完美人选。在 1896 年注册入学之前，他曾在大公司学过会计。还是个学生时，他就为哈珀校长准备过财务报表和备忘录。仅用两年便学成毕业并增加了一年的研究生学习后，他被哈珀校长聘为会计部门的负责人。1901 年，他被提升为审计官，这是日益重要的业务部的两位领导者之一。他对大学事务的管理极为出色，消息传开后，经常有人劝他给其他院校的来访者和记者们上课。1915 年，洛克菲勒资助的一般教育委员会为他请了六个月的假来写一本书，即《学院和大学财务》（*College and University Finance*）。[56] 不消说，和阅读安尼特作品的其他许多鼓捣数字的人一样，事务部的 100 名员工也受益于他的教导。这只是美国大学相互之间逐渐变得惊人相似的众多方式之一。

\* \* \*

一旦理事和校长选定了新创立的大学的行政内阁，当务之急便是在适当和稳定的地点启动大学的运行。唯独在美国，这样一个学术地点被称为校园（*campus*）；18 世纪 70 年代，普林斯顿院长约翰·威瑟斯彭开始使用这个称呼，他认为那空间宽敞、绿树成行的学院场地类似于罗马附近那片古代练兵之

---

[55] Goodspeed, *History of the University of Chicago*, 136, 138-39, 154.
[56] 同上书, 151, 193, 382-87; Trevor Arnett, *College and University Finance* (New York: General Education Board, 1922).

地,即战神广场(Campus Martius)。到 1900 年,绝大多数美国学院和大学都采用了这个称谓。[57]但到那时,很少有大学像普林斯顿那样紧凑小巧并具有田园气息。它们的入学人数迅速增加,从而要求校园面积和物理空间要达到相当规模,无论这所学校是随着时间的推移而自发增长,还是在短期内规划、资助和建造的。

城市大学在物理规划和发展方面面临着非同寻常的限制。空间的稀缺性和成本的高昂意味着大学建筑必须一次建好,而不是像它们的邻居那样(并且与邻居没有太大不同)逐步扩建。草比混凝土更为罕见。19 世纪 90 年代,全新的芝加哥大学以及迁往纽约非商业区的哥伦比亚大学,都开始在分成四组的地块上起步,设计与之适合的功能区域。芝加哥选择了三层至五层的学院哥特式方院,穿插以高高屹立或建有塔楼的图书馆、小教堂和公共餐厅。除了位于校园焦点位置的那座大型穹顶、柱廊图书馆外,哥伦比亚那些简单的学院派风格的宏伟建筑并无多少与众不同。

明尼苏达大学被挤进了密西西比河畔的一道城市悬崖边,并像哥伦比亚那样,沿着新古典主义路线以高耸的建筑作为回应。匹兹堡大学一度用引人注目的 42 层高的"求知堂"(Cathedral of Learning)解决了空间问题,其风格被学者专家们称为"梁式哥特风格"。[58]

---

[57] Paul Venable Turner, *Campus: An American Planning Tradition* (Cambridge, Mass.: MIT Press, 1984), 47; Albert Matthews, "The Term 'Campus' in American Colleges," *Publications of the Colonial Society of Massachusetts 3: Transactions, 1895-1897*(Boston, 1900), 431-37. 1897 年,马修斯发现 359 所学院和大学中约有 320 所使用这个词来称呼自己的场地。

[58] Jean F. Block, *The Uses of Gothic: Planning and Building the Campus*(转下页)

图 21　芝加哥建筑师亨利·艾夫斯·科布完成的 1893 年芝加哥大学总体规划，挤在由四个街区构成的场地中。七座学院哥特式方院与牛津－剑桥以及康涅狄格州哈特福德的三一学院相呼应。中轴线上是小教堂和一座容纳着大学礼堂和图书馆的建筑

　　在城市以外环境中从零开始建立的大学，可以更为自由地设计独特的校园特征。与其主要的学界范例，即山巅的康奈尔一样，斯坦福拥有 2000 万美元的巨额初始捐款，凭借它们可以在广阔的空间中造出一所全新的大学来。[59]

---

　　（接上页）of the University of Chicago, 1892-1932 (Chicago: University of Chicago Library, 1983); Turner, *Campus*, 176-78 (figs. 179-81), 197-98 (figs. 201-202), 237 (fig. 241); Robert C. Alberts, *Pitt: The Story of the University of Pittsburgh, 1787-1987* (Pittsburgh, Pa.: University of Pittsburgh University Press, 1986), 112-13.

[59]　一家地理位置受到挑战的纽约报纸认为，斯坦福的捐款将完全虚掷在一片"无法开垦的沙漠"中。另一家报纸则声称，"试图仅仅靠钱像阿拉丁那样造出一所伟大的大学，与为了救济瑞士群山中赤贫的船长而造出……一个机构一样徒劳"。*Stanford Mosaic: Reminiscences of the First Seventy Years of Stanford University*, ed. Edith R. Mirrielees (Stanford, Calif.: Stanford University Press, 1962), 26; Elliott, Stanford, 76. 关于康奈尔在学术和建筑上的发展变化，见 Carol Kammen, *Cornell: Glorious to View* (Ithaca, N.Y.: Cornell University Library, 2003)。

第六章　步入成熟　｜　345

图22　2008年斯坦福大学校园鸟瞰图，带有独特的砂岩建筑、红瓦屋顶以及鲜明的西班牙布道院建筑风格。大型纪念教堂矗立在前景中。右侧隐约显现的是高285英尺的胡佛塔，建于1941年，并于当年以该校理事、美国前总统赫伯特·胡佛的名字命名

299　　这片场地过去是前州长利兰·斯坦福占地8000英亩的马场，位于帕洛阿尔托以西平缓的山麓附近。虽然从纽约聘请了弗雷德里克·劳·奥姆斯特德（他在纽约设计了著名的中央公园）来制定总体规划，创始人还是选择把他的大学设置在没有起伏的平原上，这样便能容纳四边形的建筑布局以及未来的许多扩建建筑。

300　　那座精致的"四方内院"（Inner Quadrangle）由西班牙布道院风格、上有拱形红瓦屋顶的单层砂岩建筑组成，1891年秋季开课时，它已投入使用，附近有两座大型宿舍（一座是女生的）和供教员家庭居住的十间隔板房。虽然第一位教务主任

的妻子记得,那所大学乍看上去"就像工厂",第一位地质学家的妻子却认为"内院""就像粗糙布景中的一颗宝石",周围的地面处于尘土飞扬的施工中,院子里尚未种植一丛丛的棕榈和桉树。在接下来的几年中,斯坦福的这块宝石扩展出了更大的几个面,扩建了一个尺寸超大、覆以雕带的纪念拱门,一座高耸的教堂,一座穹顶式新古典主义图书馆,一栋有许多烟囱的化学大楼,以及一座后来在全美规模最大的私人博物馆。在1906年毁灭性的波托拉(俗称旧金山)地震中,它们几乎全部遭到了破坏,有一些建筑已无法修复。幸运的是,"农场"(斯坦福校园仍然保留着这个称呼)得到了重建并不断增加建筑和

图23 在1906年毁灭性的波托拉(即旧金山)地震中,斯坦福大学那些年代较新的建筑遭到了严重破坏。另一项受损者是科学家路易·阿加西的雕像,头朝下从动物学大楼的外立面坠入下面的混凝土中。多名学生出于顽皮的本性,在路过时握了握他那只上下颠倒的手

草木，造出了美国最美的学术园地之一。[60]

1906年，哈佛校长艾略特描述了美国大学相互之间的一些相似和差异之处。在这些更多的来自外部环境而不是"政策和理想的历史发展"的差异中，他加上了大学校园的不同地点和外观。[61]不过，他很可能认为，它们本质上是相似的，因为都是大学校园，高级学问所在之处，由特殊但同源的"地域精神"为学生、校友、邻居和全国各地心怀仰慕的公众赋予生气。正如一位忠诚且博学的普林斯顿人于1879年指出的，"没有什么符咒比'校园'这个词能让人更强烈地回忆起大学生活"。[62]

它们的主导风格或杂糅建筑可能彼此不同，但19世纪末和20世纪初的大学是从相对较少的式样中选择自己的建筑特征的。向哈佛提供100万美元建造"土耳其风格"宿舍的那位慈善家，开局便不顺。[63]州立大学往往不得不甘于从最低报价者那里购得平淡无奇的一般设计式样。但是，资金充足的大学往往有财力从东部那些最有经验的公司聘请"有名气的"建筑师，根据时代的品位和具有前瞻性的校园规划来建造既美观又实用的耐用建筑。如果说一些大学校园变成了庞大的杂烩，另一些校园则被视为"美丽的[学问]之城"。[64]它们都有属于

---

[60] Turner, *Campus*, 169-72; Margo Davis and Roxanne Nilan, *The Stanford Album: A Photographic History, 1885-1945* (Stanford, Calif.: Stanford University Press, 1989), 51 (both quotations), 97-101, 113, 116-21；托马斯·A. 盖恩斯在 *The Campus as a Work of Art* (New York: Praeger, 1991), 122-26, 155 的"最佳50所校园"榜单中，把斯坦福大学排在第一位。

[61] Eliot, "American Universities," 117, 126.

[62] Henry J. Van Dyke, Jr. 引用于 Matthews, "The Term 'Campus,'" 436。

[63] Richard P. Dober, *Campus Planning* (New York: Reinhold Publishing, 1964), 34.

[64] Turner, *Campus*, ch. 5.

自己的怀旧的拥趸。

每所主要大学的两个突出特点，是其设施的规模和专业功能。为了应对招生人数的普遍膨胀，大多数大学建筑，甚至是足球场，简直堪称做到了巨大而不朽。对于学术声望的竞争推动了当时建筑的"军备竞赛"，就像当今体育设施和项目的建设那样势头强劲。斯坦福和芝加哥那些资金雄厚的建筑竞赛之所以不够典型，仅仅是因为它们是在短时间内完成的。其他研究型大学可能会把建筑物在时间间隔上拉开距离，但最终成品也刻意地既满足重要的教育和研究需求，又想给人留下深刻印象。

随着各门科学在学术和经济上都变得更加重要，并且带来了新的学科和专业，大型、高效且装备精良的实验室就成为必要，以满足新院系的教学和研究之需。斯坦福占地 60000 平方英尺的化学大楼，拥有大约 20 个通风烟囱，在 1903 年建成时被奉为全美最大和最好的化学大楼之一。作为典型特征，它并不与其他任何一门科学共用场所，后者都有属于自己的区域。大型讲座课程要求的讲堂，比文科学院仍然普遍在用的老式诵读室要大。在乡村和郊区的校园，由于缺乏足够的校外住处，不得不同时为男女学生建造和维护多层宿舍。（"男女同校"宿舍是在 20 世纪最后三分之一时期，而不是同时于 20 世纪 60 年代以后出现的。）1891 年开课时，斯坦福那狭长而美观的为男生准备的四层恩西纳楼和为女生准备的三层罗夫莱楼，奢侈地配备了电灯、蒸汽加热、冷热自来水、众多浴缸（**男生**新生很快就会被高年级的欺凌者按在其中浸开浸水），还有好吃又便宜的食堂。两者那些抬高的、做成拱形的主要入口，在挤满穿着讲究的男生和女生住宿者时，适于放置令人心动的宣传照片，尤其是后者还会向任何愿意聆听的人吹嘘自己住在美国最为现代的宿舍中。[65]

*  *  *

感受到最大压力的学术建筑是图书馆。随着院系继续细分学科，开辟新的专业，书籍和其他研究资料需要从世界各地购买，以满足教学（更多地强调研究而不是反之）以及它们自己的高深研究需求。由于各门课程要求完成更为苛刻的和以有所发现为基础的家庭作业，对图书馆的参考藏书和学习空间的需求相应增加，并要求能更多地接触到馆中的书架本身。与此同时，国内和全球的知识爆炸给书籍、研究报告和期刊造成了巨大的余波，它们都等着被购买、编目和存放在美国那些主要的研究型图书馆中。[66] 众所周知，图书馆员都不善于预测未来出版物的数量和所需占据的空间，他们关于建筑物所做的精心规划必须一次又一次地改进。普林斯顿于1897年建成技术一流、四方中空的五层派恩图书馆时，还指望它能为新命名的这所大学服务至少一个世纪。仅仅28年后，这座图书馆就满足不了

---

[65] Davis and Nilan, *Stanford Album*, 41-42, 52, 54; Richard Joncas, David J. Neuman, and Paul V. Turner, *Stanford University: The Campus Guide*, 2nd ed. (New York: Princeton Architectural Press, 2006 [1999]), 44-46; Cecil Mortimer Marrack, "Stanford University—The Real and the Ideal," *Sunset Magazine* (Dec. 1902), in Stone and DeNevi, *Portraits of the American University*, 99-100. 难怪恩西纳楼规模宏大：它的规划方案是由奥地利一家颇受欢迎的湖畔胜地向斯坦福先生提出的。Elliott, *Stanford*, 37.

[66] Arthur T. Hamlin, *The University Library in the United States: Its Origins and Development* (Philadelphia: University of Pennsylvania Press, 1981), chs. 3-4; Kenneth J. Brough, *Scholar's Workshop: Evolving Conceptions of Library Service* (Urbana: University of Illinois Press, 1953).

图 24 到 1920 年,加利福尼亚大学伯克利分校漂亮的新古典主义风格的杜尔纪念图书馆(1911 年)已经扩建了一次。然而,由于体量巨大的设计,其大部分扩建必须在场地下方和周围的绿地之下进行。2014 年,该馆藏书超过 1150 万册,数量位居美国大学第四

需求了。[67]

在西海岸,加利福尼亚大学(伯克利分校)早在 1900 年就需要一个更大的专业图书馆,来取代建于 1881 年的艺术和图书馆综合大楼。那一年,一楼的图书馆藏书量只有 80000 册(数量为密歇根的一半,哈佛的七分之一),惠勒校长告诉州长,加州大学的教员在人文学科甚至是在自然科学中承担了"具有一流价值的工作",他们发现有必要"在相当长的一段时间里,迁到东部或欧洲图书馆的某个座位上"。

他恳切地说:"这里比全国任何一所大学都更需要,也更

[67] Axtell, *The Making of Princeton University*, 440-43.

应该有一座伟大的图书馆。"1911 年，他终于如愿以偿，那座壮观的白色花岗岩、新古典主义风格的杜尔图书馆建成。但在不到六年的时间里，它同样需要扩建，并于 1927 年扩建完成。其他效仿其规模和特征的图书馆，如哈佛（1914 年）、密歇根（1920 年）和明尼苏达（1924 年），很快就发现自己的图书馆大楼也是"凝固的"，无法进行可观的外部附加。[68] 新建图书馆是唯一的解决办法。

大学之间的竞争和学生课外活动在全国的扩展，也使体育设施规模变得更大。男女生共用的大型体育馆，以及跑道、游泳池和运动场，都在新设立的从事研究的校区中早早便有了一席之地。在用临时的、往往是泥土地面的橄榄球场凑合多年以后，斯坦福和加州大学竞相在铺有草坪的球场周围修建巨型体育场，不仅用来容纳本校的数千名学生，也用来容纳吵嚷着想得到座位来观看本州年度"大赛"（Big Game）的数万名校友和外界拥趸。斯坦福于 1921 年率先建成，以庞贝古城的那座体育场为蓝本，有 60000 个座位，呈开放式的椭圆形（但心服口服地输掉了比赛，比分为 42∶7）；附属建筑建好后，其容纳能力很快提升至近 90000 人。两年后，为了不让一个学术新贵彻底占去上风，加州大学完成了自己那座能容纳 75000 人的场馆，并再次以大力宣扬鲜红色相庆贺。与两者相比，哈佛大学围绕战士场（Soldier's Field）于 1903 年修建的那座"U"形

---

[68] Stadtman, *University of California*, 108-10, 211（引文）; Kenneth G. Peterson, *The University of California Library at Berkeley, 1900-1945* (Berkeley: University of California Press, 1970), 89-99, 101。康奈尔的塞奇图书馆建于 1892 年，当时藏书 40 万册，到 1934 年时已被两倍数量的书籍塞满。Rita Guerlac, "Cornell's Library," *Cornell Library Journal*, no. 2 (Spring 1967), 1-33, at 22.

钢筋混凝土"希腊式"体育场黯然失色。正如具有党派倾向的《陆路月刊》(*Overland Monthly*)所报道的,在哈佛与耶鲁之间第一场你死我活的比赛中,人声喧哗的观众只有 38400 人,有些人没有座位,或者待在"U"形开口处临时的露天看台上。1914 年,耶鲁在本校新建的"罗马式"体育馆,即"耶鲁碗"中输掉了第一场"大赛"(比分为 36∶0),但耶鲁能够夸耀的是,观看这场(一边倒的)赛事的球迷多出 32000 人。[69]

\* \* \*

在美国那些研究型大学的核心,教授职位尽管有个体的独特之处,却都要接受属于自身的合乎标准的评估。与规模较小的文科学院中的情形,即以教学为主、有时作为学者从事研究不同,新式的大学教授是学者型教师,越来越强调**学者**身份。1890 年之后,在大学任教成为一项真正的职业,而不再只是一种私人的召唤或者临时工作。要想跻身教员行列,哲学博士学位是基本要求,或者相当紧要。迟至 1884 年,只有一小部分大学教员获得了那充满魔力的三个字母\*:哈佛 189 名教员中只有 19 人获得,密歇根的 88 人中只有 6 人获得。到 1900 年,

---

[69] *Chronology of Stanford University*, 54-55; Joncas, Neuman, and Turner, *Stanford*, 64-65; Stadtman, *University of California*, 288; George P. Morris, "The Harvard Stadium," *Overland Monthly* (May 1903), in Stone and DeNevi, *Portraits of the American University*, 344-45; Vincent Scully, Catherine Lyman, Erik Vogt, and Paul Goldberger, *Yale in New Haven: Architecture & Urbanism* (New Haven, Conn.: Yale University, 2004), 20-21 (fig. 9), 203-204 (figs. 188-89); Brooks Mather Kelly, *Yale: A History* (New Haven, Conn.: Yale University Press, 1974), 302-303. 关于标准化课外活动的更多信息,见下文 pp. 310-11。

\* 即 Ph.D.,博士学位。

几乎所有的教授在卖弄博士学位时,都比炫耀"全美优等生联谊会"的钥匙更为自豪。19世纪70年代和80年代,由本校授予的荣誉博士学位曾在毕业典礼市场上泛滥成灾,到19世纪90年代及此后,在约翰·霍普金斯、克拉克、耶鲁和芝加哥充满活力的研究生院,以及德国大学持续的吸引力的推动下,荣誉学位被真正的学位取代了。[70]

新的教授们并非完全服膺于校长或与学术无涉的理事们的个人标准,而是成为自治的学术性学科以及在很大程度上自主的学术部门的成员。1869年成立后,美国语文学会那些各自为政的学科开始联合成全国性的协会。[71]化学家于1876年聚集到一起,紧随其后的是潜心于现代语言和文学的教授(1883年)、历史学教授(1884年)、经济学教授(1885年)、数学教授(1888年)和地质学教授(1888年)。在年度大会上,他们阅读和聆听博学的论文、聘请同事、招募研究生,并在餐桌上、"吸烟室"和业务会议上挥舞自己学校的绶带。每次相遇,他们都被提请注意同行群体那些独特的方法论、理论和技艺的

---

[70] Rudolph, *American College and University*, 395-97; Stephen Edward Epler, *Honorary Degrees: A Survey of Their Use and Abuse* (Washington, D.C.: American Council on Public Affairs, 1943), 59-68.

[71] 1893年,芝加哥的生物学系分解为5个新系:植物学系、动物学系、解剖学系、神经学系和生理学系。内战前的"道德哲学"课程产生了多门现代社会科学,正如语文学产生了多门现代人文学科。Goodspeed, *History of the University of Chicago*, 322; Jon H. Roberts and James Turner, *The Sacred and Secular University* (Princeton, N.J.: Princeton University Press, 2000), chs. 2, 4; Gladys Bryson, "The Emergence of the Social Sciences from Moral Philosophy," *International Journal of Ethics* 42 (1932), 304-23; Dorothy Ross, "The Development of the Social Sciences," in Alexandra Oleson and John Voss, eds., *The Organization of Knowledge in Modern America, 1860-1920* (Baltimore, Md.: Johns Hopkins University Press, 1979), 107-38; James Turner, *Philology: The Forgotten Origins of the Modern Humanities* (Princeton, N.J.: Princeton University Press, 2014).

共同标准，以及最为出色地贯彻这些标准的人。回到自己任教的校园时，他们把这些标准套用到系里那些谋求晋升、加薪、减课以及——在20世纪后期——终身教职的同事身上。[72]

大学教员应该把教学搞好（至少态度要认真），但是，对他们的评价却主要地并且越来越依据所发表研究成果的质量和数量。芝加哥校长哈珀告诉就任时的教员们，他希望每个人"着眼于为人类知识做出贡献而付出诚实、持久的努力"。[73]大多数顶尖大学通过以多种方式鼓励研究及发表成果来为教员们提供帮助。一种方式是为各系创办的期刊或系列研究提供资金，其名称各不相同，比如叫"研究""学报"或"投稿"。1876年成立后不久，约翰·霍普金斯就先后用多份全国性期刊，包括数学期刊（1878年）、化学期刊（1879年）和语言学期刊（1880年）指明了路径。芝加哥在建校的最初九年便推出了七种期刊。到1904年，哥伦比亚那些踌躇满志的教员可以在35种连续出版物中宣布研究成果。加州大学不想在东部掀起的沙尘中落后太远，于是开始出版人类学、植物学、动物学和语文学等系列出版物。[74]正如教员和管理人员都意识到的，

308

---

[72] 在大多数大学中，除非某位强势的校长认为有必要终止一位初级教员的生涯，教师们会默认一直受聘，直至获得教授头衔。然而，1940年，成立于1915年的美国大学教授协会发布了一份经过修订的原则声明。这些原则阐明了当时仍然普遍存在的"不晋升就走人"（up or out）政策，即在不超过七年的试用期后，全职教员"应该有终身或持续的任期"。Wilson Smith and Thomas Bender, eds., *American Higher Education Transformed, 1940-2005: Documenting the National Discourse* (Baltimore, Md.: Johns Hopkins University Press, 2008), 455-58, at 456.

[73] Goodspeed, *History of the University of Chicago*, 319 (1894).

[74] Geiger, *To Advance Knowledge*, 23-24 (table 1), 32-33 (table 2); Rudolph, *American College and University*, 405-406.

第六章　步入成熟 | 355

没有专业的研究，就不会有系，没有系主任，没有内部等级制度——只有无差别的教师集合，这些教师在本地的声誉无法吸引研究生，也无法吸引外部研究经费或者学校从新的全国研究生系排名中获得的吹嘘资本。[75]

为了帮助教授们达到发表成果的要求，美国大学协会为一些特殊情形（例如对竞争的"突袭者"开出的条件的还击）提供带薪和无薪假期，并且每七年提供至少部分带薪的学术假期。[76] 从一些新的文学赞助机构，比如国家研究委员会（1916年创立）、美国学术团体理事会（1919年创立）、社会科学研究理事会（1923年创立）和约翰·西蒙·古根海姆纪念基金会（1923年创立）等获得声誉卓著的会员资格的人，也有研究性假期可用。为了协助进行手稿的准备，大学会为未来的作者提供新式打字机，或者配备能自如运用打字机的秘书。

一旦完成，书籍手稿就会穿过校园、城镇或乡村运送到大学出版社，设有出版社的都是规模较大、财力雄厚的大学。在目前打出的广告中，康奈尔大学出版社声称是"美国第一家大学出版社"，创立于1869年。但它在1884年曾停止运营过，直到1930年才重启业务。宾夕法尼亚大学出版社（组建于1890年）也曾先后两度开业和关停，直到1927年恢复业

---

[75] Webster, *Academic Quality Rankings*, ch. 15. 第一个全国性的排名是 *A Study of the Graduate Schools of America* (Oxford, Ohio, 1925), by Raymond M. Hughes。

[76] 哈佛于1880年首次规定了（半薪）学术休假。Veysey, *Emergence of the American University*, 175; Walter Crosby Eells and Ernest V. Hollis, *Sabbatical Leave in American Higher Education: Origin, Early History, and Present Practice*, Bulletin 1962, no. 17 (Washington, D.C.: U.S. Dept. of Health, Education, and Welfare, Office of Education, 1962); Bruce A. Kimball, "The Origin of the Sabbath and Its Legacy to the Modern Sabbatical," *Journal of Higher Education* 49:4 (July-Aug. 1978), 303-15.

务。如此一来，约翰·霍普金斯大学出版社便成了美国历史上最为悠久的持续运营的出版社。该社由吉尔曼校长于 1878 年创立，那时大学成立才两年，尽管直到 1887 年才出版第一本图书（而不是期刊）。如我们看到的，芝加哥大学于 1891 年开设了一家出版社，作为五个主要的学术部门之一。其他的许多大学意识到出版社是"现代研究型大学不可或缺的组成部分"，于是纷纷效仿这些先行者。[77]

\* \* \*

新教员们所承担的研究任务，并没有把他们从之前的以及新增的教学职责中解放出来。1906 年，耶鲁校长阿瑟·哈德利在美国大学协会的年度会议上提醒代表们，"资深研究型教授职位"这个想法不好：就学生们来说，他们会错过任职者示范性的引导和对新发现的分享；就年轻的同事们来说，他们会降格去教入门课程，隔绝于能确立自身学术能力和原创性的研究工作和高级课程。他的担心或许是多余的，毕竟大多数大学希望自己的教员能把教学和研究结合起来。选修制和专业课的先后出现，使教员既能进行力所能及的教学，又能通过研究来自我提升。那些确实把额外时间花在实验室、博物馆、档案馆或天文台中的人，如果少教一两门课程或在讲座课程中教授更多

---

[77] Peter Givler, "University Press Publishing in the United States," in Richard E. Abel and Lyman W. Newlin, eds., *Scholarly Publishing: Books, Journals, Publishers, and Libraries in the Twentieth Century* (New York: Wiley, 2002), ch. 6 (107-20), at 108; John Higham, "University Presses and Academic Specialization," *Scholarly Publishing* 10:1 (Oct. 1978), 36-44.

的学生，会感觉轻松一些。[78]

在类似伯克利这样研究活动丰富的大学里，校友对优秀教师的记忆主要是在大型讲座中形成的。伯克利在1920年便有10000名学生，成为"世界上最大的大学"，但未来的传记作家兼小说家欧文·斯通记得，"我们从一开始就受到训练对规模做出弥补，去利用由广泛的设施和教员带来的优势"。如果说课程对某些人来说显得"庞大而没有人情味"，"正是大课的传统……本身便使得像伯克利这般规模庞大的大学能够激发尽可能多的心灵"。没有教学上的奖赏或课程量的减少，伯克利大多数一流讲师仍然堪称一流学者。[79]

标准美国大学的学生（主要是男女同校的）在规模、年龄、智商、种族、民族和国籍（来自欧洲、亚洲和拉丁美洲的外国学生）方面多种多样，但他们的大学经历与常规路径都和教员们的同样符合标准。美国学生在高中或预科学校累积了一定数量的"卡内基单位"，并通过院校的书面考试或在新设的大学入学考试委员会（成立于1900年）的考试（引向了现在令人生畏的学术能力测验［SATS］）中获得足够高的分数，便能得到录取。[80]在新的母校注册后，他们便在难解的奥秘中开

---

[78] Arthur T. Hadley, "To What Extent Should Professors Engaged in Research Be Relieved from the Work of Instruction?" *Educational Review* 31 (April 1906), 325-32.

[79] Irving Stone and Jean Stone, eds., *There Was Light: Autobiography of a University. A Collection of Essays by Alumni of the University of California, Berkeley, 1868-1996* (Berkeley: University of California, 2002 [1970, 1996]), 95, 131, 324, 333-34.

[80] Nicholas Lemann, *The Big Test: The Secret History of the American Meritocracy* (New York: Farrar, Straus, and Giroux, 1999). 然而，许多符合要求的学生没有被东部的几所精英大学录取，尤其是在20世纪20年代和30年代。（转下页）

始接受教育,那里有学分、季度或学期日历、标准长度的课时(中间有 10—15 分钟的休息,随后才开始下一堂课)、必修课或选修课、开放课程或有门槛的课程、实验室要求、专业课和副修课、荣誉课程以及获得学位的可能性。

如果课程及其无数规定是从上面传达给学生的,本科生在根据全国通行的年龄组材料来确定自己的课外活动时,就能机智而坚决。他们谈话和穿着的方式、他们从新的留声机和收音机中读到和聆听的内容,以及他们组建和加入的组织,这些东西所织就的形式以惊人的速度传遍美国的大学校园。[81]

学院学生长期以来已经发明了自己的行话和俚语,似乎是为了向着成年人、当官的以及在学生们彼此之间守卫思想与情感,藏住恐惧。早在 1851 年,从哈佛毕业不久的本杰明·霍尔就汇编了《学院用语与习俗集》,取材自英国和美国;五年后,他加以修订、扩充成书,篇幅达 500 页。他大大依赖来自哈佛、耶鲁、普林斯顿、威廉姆斯和联合学院的材料,同时也从远在印第安纳州、肯塔基州和南卡罗来纳州的大学获得素

---

(接上页)"三巨头"和哥伦比亚对犹太人和黑人最为歧视。同样,直到 1970 年,普林斯顿和耶鲁都禁止女性进入课堂。哈佛、哥伦比亚和布朗为女性设立并列学院的时间甚至更长。Marcia Graham Synnott, *The Half-Opened Door: Discrimination and Admissions at Harvard, Yale, and Princeton, 1900-1970* (Westport, Conn.: Greenwood Press, 1979); Jerome Karabel, *The Chosen: The Hidden History of Admission and Exclusion at Harvard, Yale, and Princeton* (Boston: Houghton Mifflin, 2005).

[81] Rudolph, *American College and University*, ch. 7; Fass, *Damned and the Beautiful*; Horowitz, Campus Life; Levine, *American College*, ch. 6; Robert Cooley Angell, *The Campus: A Study of Contemporary Undergraduate Life in the American University* (New York: D. Appleton and Co., 1928); Deirdre Clemente, *Dress Casual: How College Students Redefined American Style* (Chapel Hill: University of North Carolina Press, 2014).

材。[82] 民俗、传说和其他传统也从一个校园流传到另一个校园，被吸纳进当地文化中。1901 年，俄勒冈大学教授亨利·D. 谢尔登发表了一份长达 388 页的研究成果，即以中世纪、德国、英国、苏格兰和美国的大学和学院为对象的《学生生活与习俗》(*Student Life and Customs*)。他研究的具体范围包括注册入学—课堂系统、兄弟会和姊妹会、体育运动、荣誉系统、欺凌、辩论社团，基督教青年会等宗教团体，以及多种形式的学生自治。[83] 根据应要求写下的思想上的倾向性，校友们对大学生活的回忆集中在课外教育上的注意力，与教员们希望培养，至少是希望播种的"心灵生活"上的注意力同样多，甚至比后者更多。[84]

[82] B. H. Hall, *A Collection of College Words and Customs* (Cambridge, Mass.: John Bartlett, 1856 [1851])。更晚一些时候，北卡罗来纳大学语言学家康妮·埃布尔把大部分学术生涯投入对学院俚语及其运用的研究上。她那本篇幅不长的描述性手册，*College Slang 101* (Georgetown, Conn.: Spectacle Lane Press, 1989)，后面还有一部篇幅更长、侧重于分析的作品，即 *Slang & Sociability: In-Group Language among College Students* (Chapel Hill: University of North Carolina Press, 1996)。

[83] Henry D. Sheldon, *Student Life and Customs*, International Education Series 51 (New York: D. Appleton, 1901)。对此文献时间更近的补充包括西蒙·J. 布朗纳的两卷本 *Piled Higher and Deeper: The Folklore of Campus Life* (Little Rock, Ark.: August House, 1990) and *Campus Traditions: Folklore from the Old Time College to the Modern Mega-University* (Jackson: University Press of Mississippi, 2012), and Horowitz, *Campus Life*。

[84] Mirrielees, *Stanford Mosaic*; Hugh Garnett Davis, *A Memoir of Union College Life, 1903-1907*, ed. C. William Huntley (Schenectady, N.Y.: Union College, 1989); Ashbel Green, ed., *My Columbia: Reminiscences of University Life* (New York: Columbia University, 2005); Carolyn B. Matalene and Katherine C. Reynolds, eds., Carolina *Voices: Two Hundred Years of Student Experiences* (Columbia: University of South Carolina Press, 2001); Diana Dubois, ed., *My Harvard, My Yale* (New York: Random House, 1982); Jeffrey L. Lant, ed., *Our Harvard: Reflections on College Life by Twenty-Two Distinguished*（转下页）

＊　＊　＊

踌躇满志、规模庞大、人数众多的大学的崛起，要依靠源源不断的充足的资金。正如校长A.劳伦斯·洛厄尔——也是哈佛杰出的筹款人——在1920年提醒的，"实际上，大学的需求没有尽头"。[85] 资金的大头是来自私人捐款还是来自州的拨款并不重要，前者随着良好的经济状况和有利的税收法律而勃兴，后者则随着人口数量、繁荣程度和税基的增加而增长。私人的捐赠和捐款对两者都至关重要。相比于公立学校，那些创建时间更长的东部学校更依赖于学费和其他费用来补充捐赠收益，但州立大学却与私立大学同样依赖于基金会、捐赠者和校友慷慨解囊。正如密歇根校长詹姆斯·B.安吉立在1871年提醒那些参加其就职典礼的人，"不要以为有了各州提供的援助，就不需要任何慷慨赠予了"。[86] 随着时间的推移，两种类型的顶尖大学在收入上变得极为相近且彼此竞争，正如它们的学术成果也是如此。财力殷实又不谦虚过度的哈佛校长艾略特于1906年承认，"很难证明纪律、教育政策，或者学术野心和成果方面的任何重要差异，都对应于或伴随着"主要的收入来源上的差异。他敏锐地预测："两种类型的大学都会为国家做出

---

（接上页）*Graduates* (New York: Taplinger Publishing Co., 1982); Alfred de Grazia, *The Student at Chicago in Hutchins' Hey-Day* (Princeton. N.J.: Quiddity Press, 1991).

[85] Harvard University, *President's Report* (1920), 33, 引用于 Geiger, *To Advance Knowledge*, 56。在担任校长期间（1909—1933），洛厄尔的"请求"天赋把哈佛收到的捐款从2200万美元推升至超过1.28亿美元，其中包括他自己捐出的几百万美元。Curti and Nash, *Philanthropy*, 138, 140.

[86] 引用于 Curti and Nash, *Philanthropy*, 187。

重大贡献，并在学术和效用方面维持良好的竞争局面。"[87]

经由许多相同的渠道，建造和运营资金流向全国所有的研究型大学。从 1899 年至 1939 年 16 所顶尖学校所获捐款的增长情况来判断，这些渠道清晰而通畅。包括大萧条的 20 世纪 30 年代在内的全部 40 年中，只有两笔捐赠在管理中损失了价值，每一笔在不同的一个十年中发生一次。[88] 在五所最好的州立大学中，州拨款遵循着相同的上升曲线。[89] 一些大学，如芝加哥、克拉克、斯坦福、范德堡和约翰·霍普金斯，很幸运地是由来自千万富翁的巨额捐款创立的，这些富翁更感兴趣的不是为大学的持续运行和维护提供保障，而在于那些新建筑身上。正是在这里，数量大得多的小型捐款人涉足其中，提高或维持着新创立的院校的底线。有些是一次性的捐赠者，比如为与工作相关的研究寻求善意对待或有利地位的当地商人，比如律师在代为起草遗嘱时狡猾地提起自己母校的寡妇，再比如没有继承人的鳏夫。由于大多数校长和理事不再是节俭的教士阶层的成员，他们也很容易成为筹款对象。据悉，即使是一些"老钱"（old-money）教员，也会通过慷慨地贡献于年度活动，来间接补贴自己微薄的工资。[90]

---

[87] Eliot, "American Universities," 133-34; Geiger, *To Advance Knowledge*, 41; Cohen and Kisker, *Shaping of American Higher Education*, 174.
[88] Geiger, *To Advance Knowledge*, 276-77 (app. D).
[89] 仅在 1937 年的威斯康星州，州的捐助未能超过 1929 年的拨款。1937 年，康奈尔幸运地从纽约州获得 280 万美元，抵消了捐赠收入上 23000 美元的小幅减少。Geiger, *To Advance Knowledge*, 273-75 (app. C).
[90] 1893 年，芝加哥校长哈珀选取了一些代表性的学院、职业学院和较小的州立大学作为样本，对教员薪酬进行了深入研究。研究结果强烈表明，只有大型院校（尤其是未包括在样本中的）的全职教授获得了体面的薪水，甚至就连他们也远远谈不上薪酬过高。导师和助理教授薪酬微薄、（转下页）

但是，最大的目标是成千上万的校友，校园生活能勾起他们的感激和怀念，或者仅仅是让他们对橄榄球队没有赢得更多比赛而感到懊恼。频繁出版的校友杂志（1900 年至 1940 年，普林斯顿在学年期间出版了一份《周刊》）、校友秘书和发展办公室的设立，以及班长、聚会组织者和其他推动者精心制作的名册，为标准化、专业化的筹款铺平了道路。[91]

大学对所有捐赠的偏好是，在用途方面不要设限。但是，许多捐款者心里都想着特定的——限制性的——目标，例如冠名的运动场或健身房、专用阅览室、能办音乐会的礼堂，甚至是为满足学生口味而匿名捐赠的冰淇淋或新鲜橙汁。多家大型基金会同样有意向进行限制性和选择性的慷慨捐赠。它们想要通过提供额外捐赠，或者为可能带来创造力或智力红利的冒险研究提供风险投资，来提升顶尖大学的"巅峰"。[92] 它们同样有专业工作人员来遴选最具潜力的受助者。到 1938 年，基金会已经捐出了约 2.2 亿美元（2015 年为 37 亿美元），但大多数学院和大学都没有受益。在富足丰沛的 20 世纪 20 年代，包括卡内基和洛克菲勒在内的五大基金会将 86% 的补助捐给了 36

---

（接上页）待遇糟糕，一如 2015 年未获终身资格的副手教员的处境。哈珀认为，把所有教员的工资提高 50% 也不为过。W. R. Harper, "The Pay of American College Professors," *Forum* (Sept. 1893), 96-109.

[91] Rudolph, *American College and University*, 428-30; Geiger, *To Advance Knowledge*, 126-29; Curti and Nash, *Philanthropy*, 201-11. 耶鲁的校友杂志办得最早，创办于 1891 年。

[92] Jesse Brundage Sears, *Philanthropy in the History of American Higher Education* (New Brunswick, N.J.: Transaction Publishers, 1990 [1922]), ch. 5; Curti and Nash, *Philanthropy*, 191-98, 214, ch. 10, at 227; Geiger, *To Advance Knowledge*, ch. 4, at 161. 参见 John R. Thelin and Richard W. Trollinger, *Philanthropy and American Higher Education* (New York: Palgrave Macmillan, 2014)。

所院校，这些院校全是声誉卓著却仍然饥饿的"有钱人"。[93] 1940年之前，美国一些最好的大学成功地为自己的雄心壮志筹到了资金——这一事实由它们在近年大学排行榜上位居前列的稳固位置所证实。[94]

\* \* \*

学生、教员和管理人员完成工作后，他们的学年年终庆祝活动也极为符合标准。在所有各类院校之间，可以想见的是毕业典礼、毕业布道、披肩仪式以及其他仪式都别无二致。1895年在纽约召开了一次会议，议题是规范普林斯顿声势浩大的150周年庆典以及次年作为一所真正的大学受洗时的学术服装。此次会议之后，帽子、长袍和披肩布都要遵循商定的颜色、形状和设计上的规范，同时又允许每所院校保留一些体现个性的标记。[95] 无论帽子是平展的还是松软的，长袍是黑色的还是彩色的，服饰方面的词汇随着时间和传统还是变成了通用语言。[96] 根据校长令集体授予**学位**的做法，变成了便于设计的个人**文凭**的提交。[97] 文凭行文多数是用英文，但是，那些决意显示出悠久的学术渊源的学院和大学会使用拉丁语，尽管毕业生

---

[93] Curti and Nash, *Philanthropy*, 222-23, 227.
[94] Goldin and Katz, "The Shaping of Higher Education," 38, 54. 见前文序言。
[95] 见前文第五章，p. 274-75。
[96] David A. Lockmiller, *Scholars on Parade: Colleges, Universities, Costumes and Degrees* (London: Collier-Macmillan, 1969).
[97] 约翰·霍普金斯大学于1885年设计了一枚印章，随即便印于毕业生的文凭上。该校自1878年起授予学位，却没有一张特殊的"羊皮纸"来证明这一行为。长袍和披肩布的使用还要一直等到1892年经官方批准后。French, *History of Johns Hopkins*, 365-70.

及其家人无法读懂，却令人印象格外深刻。在盛大游行、音乐会、演讲、为最聪明和最优秀的学生授奖，以及为杰出学者、大额捐款人或公众名人授予荣誉学位时，毕业生可能会对自家舞台上那令人肃然起敬的壮观场面感到既得意又沮丧。

但是，早几十年的大多数毕业生在美国逐渐浮现的庞大的学术规模和精湛的学术质量中，感觉不到什么类似于"标准"内容的东西。在国内，尽管遭受了大萧条，所受的教育还是能把他们中的绝大多数人送入中产阶级或更高的阶层。到1940年，美国那些顶尖大学的学位在全球都得到认可和尊崇，从而实现了美国大学协会40年的使命；事实上，越来越多的外国学生蜂拥而至，攻读文凭。这些大学已经超过了它们曾经效仿的那些德国榜样，而后者的政治领袖刚刚点燃了一场世界大战，具有讽刺意味的是，这场大战将推动美国在高等教育和研究中有更出色的表现。

# 第七章　巨型大学及其之后

地球宠儿。

——安妮·马修斯

第二次世界大战期间和之后,美国大学的历史发生了决定性的转折。在战争之前,大萧条已经侵蚀了大学的收入、新的建筑、教员的工资和士气以及毕业生就业——除了招生之外的一切方面。研究主要由校内发起和资助,并在教学和(针对院校和学科的)服务的空隙中进行。按照校长内森·普西的说法(出于效果的考虑他必定进行了夸大),即使在哈佛,战前研究也曾经是"教授的一种业余爱好"。战争结束后,研究成为"与教学相结合的一项重要事业",并且经常占主导地位。[1] 更重要的是,它已经融入了一项全国性的"研究生态系统",该系统越来越依赖于基础研究所获得的联邦支持和(相对在减

---

[1] Morton Keller and Phyllis Keller, *Making Harvard Modern: The Rise of America's University* (New York: Oxford University Press, 2001), 187.

少的)慈善支持,依赖于基础研究的技术发展所获得的工业支持,以及对前两者的军事支持。[2]

充分利用这些趋势的院校,在全国乃至全世界的大学中都获得了优势。它们有了名气,在一个深深地依赖于新知识来获得财富、健康和智慧,即获得福祉和进步的核心要素的世界中,这些院校被普遍视为知识的主要生产者和传播者。[3]一旦获得最高排名,它们便很难再掉下来。心怀抱负的往往也是公立的新建大学,有时会与主要由私立大学构成的领先者一较高下,但是那些熟悉的名字很少会从它们长期维持的精英集团中掉下去。[4]

美国的研究型大学从战争中脱颖而出,因为美国本身也是如此。与欧洲的屠杀和破坏远远隔着海洋,技术上保持中立的美国得以从容地在1939年9月与1941年12月之间备战,在前一个时间,纳粹德国入侵法国和波兰,而在后一个时间,日

---

[2] Committee on New Models for U.S. Science & Technology Policy, American Academy of Arts and Sciences, *Restoring the Foundation: The Vital Role of Research in Preserving the American Dream: Report Brief* (Cambridge, Mass.: AAAS, 2014), 11.

[3] 1958年,各种形式的知识的生产、分配和消费占美国国民生产总值的近29%。1960年至1980年,这个比例增长到34%。在这两个时期,其增长速度约为其他经济体的两倍。Fritz Machlup, *The Production and Distribution of Knowledge in the United States* (Princeton, N.J.: Princeton University Press, 1962); Michael Rogers Rubin and Mary Taylor Huber, *The Knowledge Industry in the United States, 1960-1980* (Princeton, N.J.: Princeton University Press, 1986).

[4] David S. Webster, *Academic Quality Rankings of American Colleges and Universities* (Springfield, Ill.: Thomas, 1986); Webster, "America's Highest Ranked Graduate Schools, 1925-1982," *Change 15* (May-June 1983), 14-24; Hugh Davis Graham and Nancy Diamond, *The Rise of American Research Universities: Elites and Challengers in the Postwar Era* (Baltimore, Md.: Johns Hopkins University Press, 1997).

本袭击了夏威夷珍珠港的美国海军基地。这种准备工作发挥了很大效用，比在其他任何地方都更为迅速地结束了大萧条，战时生产则使美国在 20 世纪余下的时间里以及 21 世纪成为世界领先的经济体。此外，在战争期间没有任何一座美国城市、大学或图书馆遭到轰炸或摧毁，而在欧洲和亚洲，城市、大学和图书馆的遭遇则极为悲惨。

在美国向轴心国宣战之后一个月，超过一千名大学校长聚到一起，承诺"我们的学院和大学将把全部力量"献给国家的事业，并明确了为履行承诺部分院校需要完成的事项。除了赞同青年男性《义务兵役制》草案的原则外，他们还答应会加快推进学术项目，必要时进行全年教学，解决教师短缺问题，维持招生的学术标准，为从军经历授予学分，并促进学生们的身体健康。作为回报，他们想要获得联邦援助来实现优等毕业生和职业学生的跳级和职业延期。[5]

美国的大学有大量学生流向军队——相应地也流失了收入，许多教员流向了政府指派的战时任务、军中以及大学和联邦实验室的其他高优先级的研究工作中。[6]但是，经由在大学校园进行的军事训练计划，损失很快就减少了，虽然从未完全消除。1939 年至 1944 年，联邦政府在与 660 所院校的合同中

---

[5] David D. Henry, *Challenges Past, Challenges Present: An Analysis of American Higher Education since 1930* (San Francisco: Jossey-Bass, 1975), 40-41. 亨利（1905—1995）曾在整个《退伍军人重新安置法案》年代（1945—1952 年）担任底特律的韦恩大学的校长，并曾担任伊利诺伊大学校长 16 年（1955—1971 年）。

[6] 普林斯顿 358 名全职教员中，有近三分之一前去服了兵役或加入防务工作。物理系四分之三的教员参与了原子研究。Richard D. Challener, "The Response to War," *Princeton History* no. 11 (1992), 48-65, at 63.

花费了9700万美元（按2015年美元计价为6.36亿美元），为军队，尤其是陆军和海军中的预备军官、领航员、制图师和其他一些职业新兵提供专业训练，偶尔也提供通识教育或文科教育。这同一批院校中，有许多被美国教育部指定为信息和培训重点中心，在急救、空袭探测、献血、民主机构、西方历史和国际关系等领域为成年平民提供教育。在紧张的战争年代，联邦资金的重要性体现在它们作为合作机构的"教育目的和一般目的"收入的增长上。1939年至1940年，政府拨款仅占该收入的5.4%；到1943年至1944年，它们为公立和私立院校贡献了近36%的份额。[7]

为军校学生和教官而再造大学校园，再加上两年至三年的训练，引起了媒体和刚从中学升上来的新生的注意。穿着制服的候补军官列成排前往班级，向他们的教官致敬，在运动场上挖掘散兵坑，以及忍受不讲体育道德的身体条件训练，这些都能被也很快就被泰然地视为战争的成本与和平的代价。但是，与欧洲、北非、亚洲、大西洋和太平洋地区的退伍军人从战事中海啸式的回归，以及联邦政府对学术研究行为的持续介入和加速投资相比，美国校园相对短暂的军事化对大学没有太大的持续影响。

\* \* \*

1944年6月，离战争结束还有相当一段时间，国会通过了《退伍军人重新安置法案》（the Servicemen's Readjustment

---

[7] Henry, *Challenges Past*, 42, 87-88.

Act），部分原因是为了预先防止战后的萧条，以及 1500 万名军人复员进入尚未准备好吸收他们的民用经济中可能引起的动荡。不过，美国退伍军人协会和其他拥护者也强调，对于史上规模最大、代价最重的这次战争的退伍军人，美国有义务提供力所能及的所有帮助——不是作为慈善事业，而是作为庄严的责任。于是，《美国军人权利法案》(《退伍军人重新安置法案》很快就以此名称为人所知）确保回国的退伍军人——无论种族、族裔和宗教——能获得最长一年的即时失业补偿，并能免费选择职业培训、农场培训、完成高中学业，或者在愿意接收他们的最好的大学里接受最长四年的高等教育（大多数院校都会朝着对自己有利的方向扭转形式）。[8]其中 41% 的人上了仅仅 38 所精英学校，其他 59% 的人则分布在 712 所经过认证但声望较低的院校。《时代》杂志狡黠地发问："既然政府愿意送你去耶鲁，为什么要去波敦克学院？"在积极实施该项目的十年中，有 2232000 名老兵（包括 64728 名女性）上了大学。直到《美国军人权利法案》出台时，446400 人表示自己从未梦想过或打算过上大学。[9]

---

[8] Michael J. Bennett, *When Dreams Came True: The GI Bill and the Making of Modern America* (Washington, DC: Brassey's, 1996), 255, 261-62.

[9] Henry, Challenges Past, 63; Keith W. Olson, *The G.I. Bill, the Veterans, and the Colleges* (Lexington: University Press of Kentucky, 1974), 45（引文）, 48. 在战争期间和复员工作结束之前，许多士兵在军方发起的函授课程（700 门）、全球 2000 所战后学校（179 个科目，25000 名导师，50 万名学生），以及有一年时间（1945—1946）在英国、法国南部、意大利和夏威夷的 4 个大学中心，培养出了对高等教育的偏好。所有 3 个项目都从美国的学院和大学聘请了教员。最后一个项目为所有种族和宗教的 35000 名美国军人（和数百名盟军军人）提供了 412 门课程。在对《美国军人权利法案》的一项预测中，大学中心的教员们认为他们的学生（其中许多人只有高中文凭）"是自己所教过的最好的"。此外，政府还分发了超过 1.23 亿本（1180 种）（转下页）

四分之三的退伍军人大学生读到了毕业，许多人分数很高，以至于那些年轻同学（如斯坦福大学的）称他们为 DAR，即"该死的拉高平均分的"（damn average raisers）。《纽约时报》友善地指责他们"独占着荣誉榜"。多位精英院校的校长，如芝加哥的罗伯特·哈钦斯和哈佛的詹姆斯·科南特，愉快地收回自己早先的预言，即退伍军人会把他们的校园变成"战争一代中能力最弱者"组成的"教育流浪汉的丛林"。科南特在1946年直面《生活》杂志的大众读者承认，哈佛的退伍军人们是"哈佛有史以来最为成熟、最有前途的学生"。他与大多数教员和管理者不得不承认，他们心智成熟、目的严肃、有洞察力、纪律性强。那些年纪较大的和携妻（30%）带子（10%）的是最优秀的学生。[10] 在历经成吨投掷下来的真枪实弹后，面对教授们的一些问题，他们并没有退缩。

那些表现优异的退伍军人，其出众之处不仅在于稳定的习惯和良好的成绩。在大多数校园，尤其是在大型公立大学的校园，他们忍受着长长的队伍、拥挤的课堂、不足的住房和受

---

（接上页）平装的武装部队用书，包括虚构类和非虚构类。Christopher P. Loss, "'The Most Wonderful Thing Has Happened to Me in the Army': Psychology, Citizenship, and American Higher Education in World War II," *Journal of American History* 92:3 (Dec. 2005), 864-91, at 885. Molly Guptill Manning, *When Books Went to War: The Stories That Helped Us Win World War II* (Boston: Houghton Mifflin Harcourt, 2014). 参见 Christopher P. Loss, *Between Citizens and the State: The Politics of American Higher Education in the 20th Century* (Princeton, N.J.: Princeton University Press, 2012), chs. 4-5.

[10] Suzanne Mettler, *Soldiers to Citizens: The G.I. Bill and the Making of the Greatest Generation* (New York: Oxford University Press, 2005), 64, 70-71; Olson, *G.I. Bill*, 33, 48-56, 75-76; "Remembering the GI Bill," *Newshour with Jim Lehrer*, July 4, 2000, transcript 1-5, at 3 ("hogging"), http://www.pbs.org/newshour/bb/military/july-dec00/gibill_7-4.html.

到通货膨胀侵蚀的津贴（即使退伍军人管理局相应地提升了标准）。蛇形蜿蜒的登记和打饭长队再现了军中"快点去等"的精神气质。在秋季，退伍军人往往在大学住房方面得到优先考虑，但是他们人数众多、有家有室且复员日期并不确定，这些状况都让所有相关的人感到头疼。联邦政府提供了协助，在校园外围建造了由预制的两户一座的营房和金属活动小屋构成的"村庄"，其中一些现在仍在使用中。[11] 联邦政府还改造了多余的军事和政府建筑，以供学术之用。曾经的军营、医院、机库、宿营车、船屋甚至拖船，都经过重新分配和改装，成为学生活动区域。政府发放的双层床和床脚柜一用再用，几乎是一直用下去。一整套的实验室、自助餐厅、医务室和教室，在许多校园中拆卸、移动和重建，并配以重新派上用场的家具、书籍、车辆、空调、电子产品、化学品和医疗用品。[12]

尽管生活条件局促，用品也是二手的，热切的老兵们还是最为充分地利用了教育机会，极少有抱怨之声。课堂，尤其是讲座，人数太多，几乎没有讨论的机会。由于缺乏资深教员，研究生助理（其中大部分逃过了征兵）便处于挺身而出的当口。[13] 实

---

[11] 普林斯顿的"巴特勒地带"（Butler Tract）曾是草草搭建的军营，后于1946年12月搬到了一座大学马球场，本来指望能用上十年。直到2015年，它才被拆除，当时其中的大多数已婚研究生迁到了校园其他地方牢固的新宿舍中。"Lakeside Project Delayed," *Princeton Alumni Weekly* (July 9, 2014), 19: W. Barksdale Maynard, "A Wonderful Life," 同上书（July 10，2013），28-35。关于其他大学中退伍军人的住房、排队和教室，见 Milton Greenberg, *The GI Bill: The Law That Changed America* (New York: Lickle, 1997), 37-39, 44, 46-49, 52-53; Olson, *G.I. Bill*, between 62-63。

[12] Olson, *G.I. Bill*, 66-68, 76-77, 90, 91-93.

[13] 1940年至1948年，大学入学率增长了75%，而教员人数仅增长了52%。Olson, *G.I. Bill*, 72.

图 25 《美国军人权利法案》在第二次世界大战后使美国校园近乎爆满,威斯康星大学把许多已婚的退伍军人及其家人安置在橄榄球场附近的拖车式活动房小村中。这些家庭依橄榄球场的名字被称为坎普兰德尔(Camp Randall),在凑合度日的同时,退伍军人们攻读学位并重返正常生活

验室空间供不应求，图书馆永远无法提供所需要的座位。但是，进修课程、全天和晚间的课程安排、终年的课表，以及——作为一项美妙的点缀——不用参加体育教育，这些为大多数退伍军人提供了他们为之而来和切实需要的东西。[14] 大多数回国军人选择了大学层面以下的教育（350万人）以及特定行业（140万人）和农业工作（70万人）的培训，220万名大学生，尤其是那些精英学院中的，在直接与职业挂钩的科目中所选的课程和专业，要少于在地位较高的文科和工科科目中所选的；他们的这种状况，甚至比在那些平民同学身上体现得更突出。[15]

《美国军人权利法案》还在美国的校园里发起了一系列安静的社会变革。第一次变革发生，是因为联邦政府直接向退伍军人所在的院校支付了账单。[16] 鉴于战争期间所损失的学费收入，学院若想拒绝那些碰巧是非裔、亚裔或西班牙裔、犹太人或天主教徒，或者来自贫困或未受过教育家庭的美国人，在经济上就会有些吃不消，而在战前这是它们惯常的做法。一旦反法西斯战争和种族灭绝的反犹主义使美国军队的熔炉熔化得更快，其退伍军人便有理由期待在美国校园中得到平等待

---

[14] 关于艾奥瓦大学退伍军人学业的细致考察，见 "Veterans at College," *Life* (April 21, 1947), 105-13。关于精英色彩更浓的私立学院，见 Vance Packard, "Yanks at Yale," *American Magazine* 139 (April 1945), 46-47, and Charles J. V. Murphy, "GIs at Harvard," *Life* 20 (June 17, 1946), 16-22。

[15] Olson, *G.I. Bill*, 86-87, 131n14. 基于对就读过11所精英学院和大学的1949级退伍军人的选择性调查，苏珊·梅特勒强调，退伍军人对侧重于就业的专业和职业学院有所偏好。*Soldiers to Citizens*, 68 (table 4.1), 71, 213n60. 在更为精英的大学，如威斯康星，退伍军人选择了文科中那些更有声望的领域，这些领域比所有其他专业，包括工程学，都吸引了更多的学生。Olson, *G.I. Bill*, 87 (table 5).

[16] 州立大学的一个主要收入来源在于，退伍军人管理局同意为所有退伍军人，甚至是州内居民，支付更高的州外学费。Henry, *Challenges Past*, 131n16.

遇。尽管大多数黑人退伍军人选择回到南方,回到那里"历史上便属于黑人的学院和大学"(historically black colleges and universities, HBCUs),许多人还是开始着手推动北方和西部的精英院校,包括私立院校和公立院校的种族融合。海军自1944年起已正式解除种族隔离,陆军却一直推迟到1948年。可以说,《美国军人权利法案》加速了美国高等教育领域,某种程度上也加速了整个社会的种族融合。[17]

第二次转变发生的契机,在于那些接近30岁和30多岁、经过战争历练的学生(其中许多人已有家室)大量拥入,向各所学院存在已久的家长式作风(in loco parentis)和着装规范发出了质疑,这些政策和规范适用的是年纪小得多的上过预备学校的"绅士"们,他们偏好的是布克兄弟*。女性,甚至是已婚的女性,在一度清一色男性的环境,尤其是常春藤学院中的存在,使得许多院长皱起眉头,并让本科生获得了"令人不安"的关于男女同校和清教徒学院生活规则的新观念;这些观念在20世纪60年代末和70年代初期结出最丰硕的果实,那时大多数学院都恢复了战前对着装和"约会"的限制。[18]

战争结束后,大多数常春藤盟校保留或恢复了关于外套和领带的着装规范,但退伍军人的偏好以及往往适用于军中遗留物品的经济必要性,协助推动了大学着装——很快扩及成人

---

[17] Mettler, *Soldiers to Citizens*, 72-76; Bennett, *When Dreams Came True*, 247, 249-52, 255, 260-76.

[18] Helen Lefkowitz Horowitz, *Campus Life: Undergraduate Cultures from the End of the Eighteenth Century to the Present* (Chicago: University of Chicago Press, 1987), 187; *The Best of PAW: 100 Years of the Princeton Alumni Weekly*, ed. J. I. Merritt (Princeton, N.J.: Princeton Alumni Weekly, 2000), 220, 225.

\* 美国知名男装品牌,创立于1818年。

着装——的"休闲化"。[19]回潮的面包军裤、卡其布长裤、水兵短大衣、双排扣雨衣、毛领飞行员夹克以及中筒军靴，都在表明退伍军人已经新晋为"校园里的大人物"（big men on campus，BMOC）。[20]即使是在紧扣纽扣的哈佛，一名即将毕业的退伍军人也会带着几分吹嘘说道："1946年，你最好待在美国退伍军人协会的位子上，就像待在［大学］住宅的某一间中一样。"那一年，在创纪录的报名参加《美丽的哈佛》（Fair Harvard）*合唱的5435名学生中，4000名退伍军人是其中的主角。[21]那些无法负担预期中的常春藤制服的学生，则用剪成运动外套长度的军用大衣、工装裤、无标志的卡其布衬衫以及橄榄褐或深蓝色领带凑合着代替。[22]

本着同样的独立精神，成年退伍军人对校园中"典型的大学男生"文化几乎没什么耐心。兄弟会成员如果想戏弄，甚至想欺凌一个打过硬仗的老兵，最好还是三思而行。想剃掉他刚刚长长的新生头发、让他穿上一顶幼稚的"丁克"（带有班级

---

［19］ Deirdre Clemente, *Dress Casual: How College Students Redefined American Style* (Chapel Hill: University of North Carolina Press), 2014.
［20］ James Axtell, *The Making of Princeton University: From Woodrow Wilson to the Present* (Princeton, N.J.: Princeton University Press, 2006), 317-18n15. 余的军用服装在内战和第一次世界大战后都卖了出去，但"二战"后是"陆军-海军商店"的鼎盛时期，这些商店的服务对象是学院和青年中不断增长的老兵服饰市场 (www.kaufmansarmynavy.com/history)。
［21］ Bennett, *When Dreams Came True*, 252; Murphy, "GIs at Harvard." 1947年9月，普林斯顿创纪录的入学人数（3450人）中有三分之二是退伍军人；其中160人曾经在普林斯顿校区中参加军事训练项目，并且对其文科课程产生了兴趣。*Best of PAW*, 221. 1946年至1949年，退伍军人占全国男生的一大半，1946年和1947年则各占学生总数的近一半。Olson, *G.I. Bill*, 44 (table 1).
［22］ Bennett, *When Dreams Came True*, 253. 正如在战时的太平洋战区，天气温暖时也有学生穿T恤。Clemente, *Dress Casual*, 53-54.
   * 哈佛大学校歌。

数字的无檐小便帽），或者说服他在"老主楼"的台阶上带着哭腔唱出学院歌曲，同样是徒劳，只会有助于渲染在20世纪50年代便已过时的许多神圣习俗。[23]

* * *

除了直接影响，《美国军人权利法案》还留下了丰厚的遗产，长久影响着美国的高等教育。第一项遗产或许算是"光环效应"，它从退伍军人的学术声誉传播到一般大学生身上（直到20世纪60年代末那扰攘不休，有时还带来破坏的校园抗议活动窃取了新闻头条）。与此相关的，是在越南封缄了美国对国外战争和军事活动的胃口之前，态度上的其他积极变化。其中一个变化是，即将高中毕业的越来越多的非退伍军人青年开始意识到，高等教育切实可行、负担得起，并且能比任何其他工具更好地促进社会和经济流动。

反过来，这种认识又给现有的47个州的高等教育体系带来了巨大压力，其中大多数系统中占主要地位的只有一座容纳能力有限的旗舰校区和一些师范学院。其结果是吸收和重新利用了各种公共（通常是军事的）设施和私立院校，并于随后在各州建立新的分校。人口密集的纽约州长期由私立院校主导，直到1948年迫于退伍军人的要求才形成州立大学体系。许多其他的州，包括印第安纳、伊利诺伊和宾夕法尼亚，通过增建分校

---

[23] Mettler, *Soldiers to Citizens*, 71, 213n59; Olson, *G.I. Bill*, 73-74; Daniel A. Clark, "'The Two Joes Meet—Joe College, Joe Veteran': The G.I. Bill, College Education, and Postwar American Culture," *History of Education Quarterly* 38:2 (Summer 1998), 165-89, at 175 and 175n34.

来回应类似的迫切要求。[24]同时，战后校园的扩张和激进使人们意识到，大学很可能变成并一直成为大型学生团体的大型场所，教学、学习、课程和研究则是与之伴随的题中应有之义。

联邦政府也逐渐认为，受过教育的劳动力是**国家**繁荣的关键，受过教育的选民是更负责任的公民。高等教育第一次真正呈现为国家利益，而不仅仅是个人利益，现在被视为值得联邦（和州）持续加以投资。立法机构不仅向学生提供总体援助，还在新的设施、研究生教育以及和平与防务研究方面向学院和大学提供援助，这些做法在政治上变得能够接受，甚至是值得称许的。[25]第二次世界大战"将高等教育置于美国公民身份的中心"，从此以后这些公民便确保"教育再也不会从美国政治或社会的中心漂移太远"。[26]

1948年收到麾下高等教育委员会的报告时，只有高中学历的总统哈里·杜鲁门高度赞同其中给出的建议，即"使每个公民、青年和成年人，只要天赋能力允许，都能够且受到鼓励去尽力接受正规和非正规教育"。委员们相信，一半的人口可以从14年的中小学教育中获益，至少有三分之一的人可以完成"高等的文科或专业的职业教育"。为了拓展接受高等教育的机会，报告建议在12年内将入学人数增加一倍，使两年制的社区学院或"初级"学院数量倍增，承担联邦奖学金、研究员职

---

[24] Olson, *G.I. Bill*, 68-72; Henry, *Challenges Past*, 67. 纽约州长托马斯·杜威也支持州立大学体系，因为纽约的私立大学在其职业学院招生中歧视宗教和民族少数群体。John B. Clark, W. Bruce Leslie, and Kenneth P. O'Brien, eds., *SUNY at Sixty: The Promise of the State University of New York* (Albany: State University of New York Press, 2010), introd. and ch. 1.

[25] Henry, *Challenges Past*, 66-68.

[26] Loss, "Most Wonderful Thing," 891.

位和一般用途以及公立院校内实体工厂援助的费用，并通过立法来防止宗教和种族歧视。[27]

苏联于1957年向外太空发射卫星，震惊世界，美国的注意力于是迅速同时转向教育质量和大众的教育机会。正如美国教育委员会所谴责的，"这个小小的球体带给美国人的信息是……在20世纪后半叶……没有什么比受过训练和教育的人更为重要"。第二年，国会通过了一项《国防教育法案》（National Defense Education Act），经由慷慨地资助学生贷款、各种科目的研究生奖学金以及对关键外语、地区研究中心和高级研究机构的支持，把冷战备战与人的智识联系起来。[28]

\* \* \*

对决定性的智识总量的研究和开发，再次发生在美国的研究型大学中。第二次世界大战期间，把美国最杰出的科学家和工程师部署于大学和政府实验室内，为未来美国研究事业的开展确立了强有力的先例。

但是，"二战"及随后的冷战也教导人们，对于赢得战争与延续和平来说，"心灵和思想"与军事上的硬件同样重要。因此，为使美国在军事、经济和智力方面领先于世界其他地

---

[27] Henry, *Challenges Past*, 71-72. 关于该报告的核心摘录，见 Wilson Smith and Thomas Bender, eds., *American Higher Education Transformed, 1940-2005: Documenting the National Discourse* (Baltimore, Md.: Johns Hopkins University Press, 2008), 84-89。关于大众高等教育的出现和含义，见 Martin Trow, *Twentieth-Century Higher Education: Elite to Mass to Universal*, ed. Michael Burrage (Baltimore, Md.: Johns Hopkins University Press, 2010), chs. 16-17。

[28] Henry, *Challenges Past*, 121-23。

图 26　1958 年《纽约客》上的一幅漫画,作者是莫德尔,捕捉到了在冷战期间争取知识和技术优势的竞争中,美国网罗科学家和学术设施背后的动力。(图中文字:"从伯克利的回放加速器到麻省理工学院的实验室,相信我们这些家伙吧,能维持美国的强大和自由")

区,作为一个整体的高等教育,而不仅仅是其科学实验室,被认为发挥着至关重要的作用。

此外,在人们的预期中,不仅对于大学研究,而且对于位于这种研究之先并支持这种研究的教学和学习来说,联邦政府仍将是承担费用的主要一方。到了 21 世纪,全世界主要国家不再仅仅追求在战列舰、远程轰炸机、弹道导弹或原子弹的拥有量上名列前茅,还努力使自己的研究型大学、师资效率以及诺贝尔奖获得者数量位居前列。

竞争已经迫切地展开,并且在第二次世界大战中下了极大的赌注。为了监督国家最优秀人才的招募，以应对希特勒和裕仁所发出的军事挑战，华盛顿于 1940 年创建了国防研究委员会（National Defense Research Committee，NDRC）来确立高超的进攻方法，同时创立了平行的医学研究委员会（Committee on Medical Research）来处理不可避免的战争伤亡。一年后，资金充足的战略研究与开发办公室（Office of Strategic Research and Development，OSRD）被轻巧地置于两个机构之上，办公室主任由国防研究委员会主席兼华盛顿卡内基研究所颇具政治头脑的所长万尼瓦尔·布什担任。由于陆军和海军实验室致力于完善现有武器装备，战略研究与开发办公室和国防研究委员会的任务便是争取大学及其精英教员的支持，寻找新的甚至是不可预见的军事威胁和挑战的应对方案。

　　布什的精明盘算是，通过与"大学、研究机构和工业实验室"签订简短的合同来防止行政上的僵化和危险的拖延，从而创造一个资源充足、问责程度最低、创造能力最强的柔性金字塔。他亲自挑选的副官都来自军方以外：哈佛校长（詹姆斯·科南特）和麻省理工学院校长（卡尔·康普顿），加州理工学院研究生院院长（理查德·托尔曼），贝尔电话实验室主任兼美国科学院院长（弗兰克·朱厄特），全部是具有行政经验来驾驭指派给自己的部门（通常不止一个部门）的杰出科学家。他们转身又招募跨学科的科学家和工程师团队，为美国的战斗部队提供赢得战争的最佳工具。到 1940 年底，国防研究委员会已经与 32 所大学和 19 家工业企业签订了 132 份合同。5 年后战争结束时，战略研究与开发办公室仅与 9 所大学就签订了约 500 份合同，价值超过 3 亿美元（按 2015 年美元计价为 39 亿美元）。国防研究委员会在其 19 个研究部门共花费了

4.25亿美元（按2015年美元计价为56亿美元）。[29]

那些合同和款项中的大部分投向了新的研究，只有美国那些具有自主权的大学才能在如此的压力下于短时间内取得这样的研究成果。但是，对教授们的发明进行开发和大规模生产这项任务，通常交给了大型工业企业，它们的许多工作人员在大学实验室中穿着学术白大褂集体参加过自由讨论。[30]科学家和开发人员为美国部队，有时也是为盟军部队，携手创造了令人生畏——并最终获胜——的武器和物资的军火库。

抢在德国之前造出原子弹的紧迫行动，的确要用到超过22亿美元（按2015年美元计价）以及来自芝加哥、伯克利、明尼苏达、伊利诺伊、哥伦比亚、普林斯顿、哈佛的教员和关键机械，在此之前和之后，为了实施位于洛斯阿拉莫斯的绝密"曼哈顿计划"，这些人员和设备被召往新墨西哥州的北方高原地区。在两大城市投下的原子弹迫使日本投降认输，但是就微波雷达完成的重要工作付出了几乎相同的代价（按2015年美元计价为16亿美元），最终促成了几乎所有战区中的胜利。[31]麻省理工学院著名的**辐射**实验室（用此名称掩盖了对雷达的专

---

[29] Roger L. Geiger, *Research and Relevant Knowledge: American Research Universities Since World War II* (New York: Oxford University Press, 1993), 31, 引自 James Phinney Baxter III, *Scientists Against Time* (Boston: Little, Brown, 1946), 456; John Burchard, *Q.E.D.: M.I.T. in World War II* (New York: John Wiley & Sons, 1948), 29。

[30] 战略研究与开发办公室的十大工业承包商签署了近400份合同，价值约8000万美元（按2015年美元计价为10.6亿美元）。Baxter, *Scientists Against Time*, 456-57 (app. C).

[31] 珍珠港事件发生一周后，麻省理工学院的学生报纸在报头附上了一句"让我们点燃旭日"。Deborah Douglas, "MIT and War," in *Becoming MIT: Moments of Decision*, ed. David Kaiser (Cambridge, Mass.: MIT Press, 2010, 81-102, at 89.

注）是一家庞大企业，立基于 400 份合同，价值超过 1 亿美元（按 2015 年美元计价为 13 亿美元）。实验室主任李·杜布里奇来自罗切斯特大学，麾下人员则来自 69 所大学，囊括了全国 20% 的物理学家，其中就有未来的诺贝尔奖获得者伊萨多·拉比（哥伦比亚大学）。除了其他几个专门的实验室，[32] 麻省理工学院还在其标志性的金色圆顶背后建造了一座占地 38000 平方英尺的巨型设施，用于开展雷达研究并容纳 1200 名人员。这项研究产生了大大小小 150 种不同的雷达系统，能适应陆地、空中和水下的不同状况。[33]

辐射实验室的产品很快就为夜间战斗机、海上战舰和高射炮发挥了导向功能。在整个城镇，由斯坦福的弗雷德里克·特曼主管、拥有 600 名工作人员的哈佛无线电研究实验室，通过改进用于潜艇战的声呐并发明阻止敌人使用雷达的技术而提供了帮助。全国范围内以大学为基础的类似努力，研制出了高效的水陆两用战车和登陆艇（伯克利）、凝固汽油弹（哈佛）、火箭和导弹（加州理工学院）、更为精准的弹道武器（宾夕法尼亚和普林斯顿）、用来在目标上方指定距离引爆炸弹以造成最大伤害的无线电控制的近距离引信（约翰·霍普金斯）、发射舰载飞机的喷射式推进器（加州理工学院）、比 TNT 威力更大的炸药 RDX（康奈尔、宾夕法尼亚州立和密歇根），以及新的精度的空中轰炸（普林斯顿、伯克利和哥伦比亚）。使用磺胺

---

[32] 研究建设公司（Research Construction Company）只有两份合同，是一家生产少量成品供国外紧急使用的模型车间，支出金额为 1400 万美元（按 2015 年美元计价为 1.85 亿美元），仅次于西方电气公司的 1700 万美元开发账单。Baxter, *Scientists Against Time*, 456-57 (app. C).

[33] Burchard, Q.E.D.; Douglas, "MIT and War."

类药物治疗烧伤和伤口（加州大学旧金山分校）、假肢（伯克利）、作为野外口粮的干缩食品（伯克利和麻省理工），以及加热的飞机舱和外部除冰（加州大学洛杉矶分校），这些成果对于作战来说虽不那么惊人，却同样有用。[34]

* * *

甚至在战争结束之前，富兰克林·罗斯福总统就要求万尼瓦尔·布什考虑联邦政府未来在科学研究中的作用。在与其他专家协商后，布什于 1945 年 7 月发表了《科学：永无止境的前沿》(Science—The Endless Frontier) 一文。他提出三个主要论点：基础研究是所有技术进步的源泉，需要稳定的长期资金支持，并且需要杜绝外界的（尤其是政治性的）命令或干涉。科学在战争期间赢得了尊崇和信誉，但布什所设想的那种国家科学基金直到 1950 年才获得国会的批准。[35] 多个联邦机构的创立预示着国家科学基金会（National Science Foundation）将在推动大学研究方面发挥大部分作用，并会在创建之后很长一段时间内继续扮演这种角色。

1946 年，两大主角进入了这个领域。原子能委员会（Atomic Energy Commission，AEC）开始资助核能的军事和民事应用，由于担心俄罗斯间谍的刺探，此类工作主要在封闭的实验室中进

---

[34] Baxter, *Scientists Against Time*; Irvin Stewart, *Organizing Scientific Research for War: The Administrative History of the Office of Strategic Research and Development* (Boston: Little, Brown, 1948); Judith F. Goodstein, *Millikan's School: A History of The California Institute of Technology* (New York: W. W. Norton, 1991), ch. 14; Stadtman, *University of California*, 307-11.

[35] Geiger, *Research and Relevant Knowledge*, 15-18.

行。海军研究办公室（Office of Naval Research，ONR）是大学自治更为富有的资助者，态度也更为友善。办公室主要由年纪轻轻、心怀理想的海军军官（大多数拥有博士学位）来运作，外界称他们为"猎鸟犬"\*。他们造访大学，征求科学家们的建议，在科学专家的指点下遴选和资助许多小型短期项目，并允许公开项目成果。到1950年，该办公室已经在200所院校的1131个项目上每年花费2000万美元（按2015年美元计价为约1.97亿美元）。朝鲜战争更使其每年的支出高达3000万美元。20世纪60年代，海军研究办公室每年对基础研究的支持达5000万美元，另外还有3000万美元投入应用研究。不过，其选择项目的慷慨标准中总是包括"对海军最终有用的概率"，而不在总体上关注对全国科学研究的平衡（如国家科学基金会所关注的）。[36]

其他业务机构也设立了研究办公室，但它们主要寻求应用技术来解决特定的军事问题，与学界科学家和大学建立起来的关系信任感不强。[37] 只有国家卫生研究所（National Institutes of Health，1947年建立），作为更早创立的公共卫生局的科研部门，像国家科学基金会一样运作，依靠由科学家组成的专家小组向研究人员拨付大量资助，这些研究人员主要来自大学和

---

[36] Daniel J. Kevles, *The Physicists: The History of a Scientific Community in Modern America* (New York: Alfred A. Knopf, 1978), 353-56; Geiger, *Research and Relevant Knowledge*, 18, 23-25.

[37] 在空军建立自己的科学研究办公室的前一年，它在55所大学中分散投入8400万美元，其中10所大学获得了总额的70%。意料之中地，加州理工学院的喷气推进实验室所获最多。Geiger, *Research and Relevant Knowledge*, 23, 25.

\* 在英语口语中指"寻找新人才的人"。

医学院。该研究所在国会一直受到欢迎：其拨款预算从1947年的400万美元攀升至1974年的10亿美元（按2015年美元计价为48亿美元）。今天，国家卫生研究所资助了大学中85%的健康科学研究。[38]

联邦政府在资助大学研究与开发方面持续发挥重要作用，这一点可以从几个简单的数字中窥见。1940年，政府拿出了4.05亿美元，1990年则拿出90亿美元。2012年，联邦投资的数额接近660亿美元。1958年至1959年，在苏联人造地球卫星发射后科研的"黄金时代"刚开始时，哈佛从华盛顿获得的资助不到其运行收入的20%，没有任何部分用在机密工作上。但是，在第二次世界大战期间与政府签订了大量合同的那些大学，仍然依赖着联邦的慷慨和协议。加州理工学院从山姆大叔那里获得了84%的资金支持，麻省理工学院的这一比例是78%，[39]芝加哥是55%，普林斯顿是54%。迟至2012年，美国的学院和大学的全部研发支出中还有61%是联邦政府资助的，其中一半以上用于生命科学研究。40%（近265亿美元）流向了仅仅30所大学；获得资助最多的8所大学（6所为公立大学）每所在研发上支出超过10亿美元；8所大学都有医学院，其研究支出占学校支出很大的比重。来自学校本身的第二大支出总计占比不到21%，是联邦投资的三分之一。[40]

---

[38] "A Short History of the National Institutes of Health," history.nih.gov/exhibits/history/html.
[39] 1962年，橡树岭国家实验室主任、原子物理学家阿尔温·温伯格说，已经很难分辨麻省理工学院是"一所大学，附属着许多政府研究实验室，还是一系列政府研究实验室，附属着一所出色的教育机构"。Kaiser, "Elephant on the Charles," 108-9.
[40] Keller, *Making Harvard Modern*, 187; *CHE Almanac*, 2014-15, 73.

\*　\*　\*

2012年，产业对学术研发的贡献率仅为5%，但是一些大学历史上一直在努力培养企业资源，并获得了成功。[41]斯坦福就是突出的例子，在军方和企业的双重帮助下，它在硅谷这一创业成果中发挥了决定性的作用。走出"二战"，斯坦福大学不太可能成为学界明星，即一些管理者梦想成为的"西部哈佛"。该校的物理学家都没有被召往洛斯阿拉莫斯，而这所大学本身在最初仅得到国家研究与开发委员会的两份小额合同之后，不得不在华盛顿大力游说，在战争结束时又获得了23份合同，价值50万美元。在战争之前和战争期间，尽管有一些系科实力强大，斯坦福并没有进入任何一份研究型大学的十强榜单，与达特茅斯相比，一些教员为其清晰可见的"平庸"忧心忡忡。[42]十年之后，斯坦福仍然深受"追名逐利的地区大学"这一声名所累。[43]它把目光更多地投向麻省理工学院而不是哈佛，并努力想在产业界和军方的助力下创建一个又一个得到全

---

[41] *CHE Almanac*, 2014-15, 73.
[42] 1943年末，在哈佛为战事效力的弗雷德·特曼写信给斯坦福的秘书长，声称"我们要么会巩固潜在实力，为在西部拥有类似于哈佛在东部的地位打下基础，要么水平会降格至达特茅斯，一所颇受敬重但对国民生活的影响力大约只有哈佛2%的学校"。Rebecca S. Lowen, "Transforming the University: Administrators, Physicists, and Industrial and Federal Patronage at Stanford, 1935-49," *History of Education Quarterly* 31:3 (Fall 1991), 365-88, at 377-78.
[43] Stuart W. Leslie, *The Cold War and American Science: The Military-Industrial Academic Complex at MIT and Stanford* (New York: Columbia University Press, 1993), 44; Stephen B. Adams, "Follow the Money: Engineering at Stanford and UC Berkeley during the Rise of Silicon Valley," *Minerva* 47 (2009), 367-90, at 368.

国公认的系科。[44]

这所大学有两位发挥推动作用的人。一位是弗雷德·特曼,从哈佛无线电实验室的战时主管职位返回后,他成为斯坦福工程学院的院长。另一位是唐纳德·特里西德,著名商人兼斯坦福大学董事会前主席,曾于1943年当选校长。不到一年,他就让特曼担任自己麾下的教务长,二人携手使战后的斯坦福平稳地转身步入军方签约对象和产业合作伙伴的大联盟。[45]

斯坦福的战略,即至少成为西部的麻省理工(虽然加州理工领先了一大步),涉及四个关键策略:(1)与联邦政府,尤其是武装部门建立联系,以获得研究合同;[46](2)不要效仿哈佛,对所有机密工作都"纯粹地"加以拒绝,如果后者按要求会获得能促进基础研究的资金并有益于斯坦福的全国声望的话;[47](3)通过渗透墙来培育产业,以吸引不受约束的补贴而不是分包合同,从而尽可能地保持大学和教员的独立性;(4)为产业的邻近地点提供充足的空间,以便能开发和引出研究人员

---

[44] 斯坦福没有效仿麻省理工,对产业界的支持淡然处之。1950年—1951年,麻省理工仅从产业界获得了3%的运行预算。五年后,该校将其产业合作部的名称改为赞助研究部,并从中获得80%的运行资金。Kaiser, "Elephant on the Charles," 106.

[45] 关于特曼的斯坦福生涯的完整描述,见 Stewart Gillmor, *Fred Terman at Stanford: Building a Discipline, a University, and Silicon Valley* (Stanford, Calif.: Stanford University Press, 2004)。

[46] 军事合同吸引人的一个特点是,它们通常不需要太多文书工作或审查就支付高达50%的额外费用,作为研究人员使用大学设施和公用设施的日常开支。在战争期间,斯坦福把从国家研究与开发委员会和海军研究办公室获得的日常开支,大部分花在学生部主任和女生部主任、注册员和暑期主管等办公事项上。Rebecca S. Lowen, *Creating the Cold War University: The Transformation of Stanford* (Berkeley: University of California Press, 1997), 14, 50, 57, 58-63.

[47] 斯坦福确实拒绝过制造一种高射炮,认为与其对于国家的理想使命不相称。

的发明，既是为了军方，也是为了正在迁往或稳稳地待在加州并对其经济繁荣做出巨大贡献的军事和航空/国防工业。[48]

第四项策略是在1951年推出的，当时该大学为斯坦福产业园区（1974年更名为**研究**园区）留出了200英亩土地。到1963年，在扩大到700英亩之后，园区吸引了42家公司和12000名雇员。[49] 他们聚焦于此，是想利用斯坦福在商业利益领域做出发现的力量。这些公司能第一批次挑选斯坦福的毕业生（尤其是博士），能很早就获得斯坦福的研究报告（包括口头的和书面的），并能即时向担任研究人员的斯坦福教员进行咨询，作为回报，它们被要求经由一项"工业附属计划"在5年中每年拿出5000美元。从1953年开始，它们还受到鼓励，派遣员工以10000美元的额外学费入读该校"荣誉合作计划"的非全日制硕士；10年后，入读人员达到了400人。1954年，特曼愉快地向通用电气公司的一位高管吹嘘说："斯坦福的观念和原则的确渗透得相当深远。"[50] 与通用电气、惠普、利顿、飞歌和柯达等公司毗邻而居的斯坦福，已经在成为硅谷母校的路上走出了很远。[51]

到1960年，美国总产值4000万美元的微波管业务中，有三分之一位于斯坦福校园附近。当另一家相邻的公司洛克希德

[48] Stuart W. Leslie, "The Biggest 'Angel' of Them All: The Military and the Making of Silicon Valley," in Martin Kenney, ed., *Understanding Silicon Valley: The Anatomy of an Entrepreneurial Region* (Stanford, Calif.: Stanford University Press, 2000), 48-67, 244-45, at 49-50.

[49] Lowen, *Creating the Cold War University*, 133. In 2012 the SRP hosted 150 companies. Ken Auletta, "Get Rich U.," *New Yorker* April 30, 2012, 38-47, at 40.

[50] Lowen, *Creating the Cold War University*, 129（引文），130-31, 133。

[51] Stuart W. Leslie, "From Backwater to Powerhouse," Stanford (March 1990), 55-60, at 60. 硅在固态电路中被用作导电介质，正如用在计算机中那样。

在苏联人造地球卫星上天后将业务重点从民用飞机转向弹道导弹时，斯坦福的航空工程部仅在 1959 年一年就获得了价值 46 万美元的合同。[52] 斯坦福于 1980 年设立集成系统中心并从微波管转向固态电路后，吸引了一个微电子公司联合企业，其中包括得州仪器、飞兆半导体、英特尔、Teletronix，它们承诺会为从学校获得的研究援助拿出 1500 万美元。[53]

从那以后，斯坦福的研究人员（包括学生）一直在孜孜不倦地寻找可能具有商业价值的发现。[54] 早在 20 世纪 40 年代，与斯佩里陀螺仪合作生产由大学提供灵感的微波管和速调管（用于在超高频和微波频率下放大无线电功率的线束真空管）时，斯坦福便确保在合同中约定，对自己的创意给予丰厚而长期的回报。技术许可办公室于 1970 年开始运行，以提供必要的指导。鉴于斯坦福的教员、学生和创意所推动产生的公司数量众多——至少 5000 家，到 2012 年可能多达 39900 家——大学毫不意外地从至少 8000 项发明中获得了 13 亿美元的特许权使用费。[55] 旧金山湾区曾经充满活力，现在依然如此，而愿意

---

［52］ Stuart W. Leslie, "From Backwater to Powerhouse," Stanford (March 1990), 58-59.
［53］ 同上书，60。
［54］ 截至 2013 年，斯坦福大学本科生中有 26% 主修计算机科学或工程，90% 至少修读过一门计算机编程课程。Richard Pérez-Peña, "To Young Minds of Today, Harvard Is the Stanford of the East," *New York Times* (May 30, 2014), A1, A3, at A3.
［55］ 国会 1980 年的《拜杜法案》（Bayh-Dole Act）允许大学从联邦合同资助的发现衍生出的技术中获利，从而同样为全国的学界商业行为开了绿灯。Auletta, "Get Rich U.," 40 (5,000); Charles Eesley and William F. Miller（斯坦福前教务长），"Stanford University's Economic Impact via Innovation and Entrepreneurship" (2012), 引用于为斯坦福研究生商学院所做的一个广告，*Stanford* (Sept.-Oct. 2014)(39,900)。斯坦福出售其谷歌股票（拥有搜索技术上的权利）后，套现 3.36 亿美元。雅虎、思科、财捷、领英、（转下页）

为高科技初创企业提供资金的有竞争力的风险投资者,是硅谷获得独一无二的成功的另一个关键因素。与剑桥和波士顿有一段距离的 128 号公路、位于教堂山外围较远处的"三角研究中心",以及遍布于全国的其他潜在的孵化器,都无法发展出斯坦福大学创造的并仍在从中获益的大学、产业和军事的密切协同关系。[56]

斯坦福以及其他一些主要的研究型大学(这些大学逐渐依赖于联邦尤其是军方来为自身的大部分研究预算提供赞助)发现,山姆大叔的慷慨赠予并不是没有代价的。一个代价是,要部分失去,通常是严重地失去学校和系科按自身的计划进行学术和知识研究的自主权。当特曼这样意志顽强的管理者试图建立"卓越的尖顶",而不是促进系与系之间以及系内的"平衡",通过要求每个系从外部源头获得大部分资金来实现"自食其力",并且仅使用量化的数据——主要是获得的拨款和毕业的研究生数量——来衡量每位教员的"生产率"时,总是会

---

(接上页)网飞和易贝是斯坦福结出的另外一些果实。许多大学教员和管理人员通过投资于本地的初创企业获得了丰厚的回报。Auletta, "Get Rich U.," 42. 麻省理工也从企业研究行为中获利。2012 年,其专利收入超过 1.37 亿美元,高于 2008 年的近 8900 万美元。*Chronicle of Higher Education* (Sept. 26, 2014), A24.

[56] Christophe Lécuyer, *Making Silicon Valley: Innovation and Growth of High Tech, 1930-1970* (Cambridge, Mass.: MIT Press, 2006); Martin Kenney, ed., *Understanding Silicon Valley: The Anatomy of an Entrepreneurial Region* (Stanford, Calif.: Stanford University Press, 2000); Robert Kagan and Stuart Leslie, "Imagined Geographies: Princeton, Stanford, and the Boundaries of Useful Knowledge in Postwar America," Minerva 32:2 (June 1994), 121-43; Adams, "Follow the Money"; Leslie, "From Backwater to Powerhouse." 关于近期对大学相关的孵化器创意的一些重新思考,见 Paul Basken, "To Lure Workers, Universities Remake Research Parks," *Chronicle of Higher Education* (Oct. 31, 2014), A10.

在红光满面的"富人"和身无分文的"穷人"之间引发分歧，在后者的研究领域，联邦和军方的赞助人甚至是基金会也很少提供拨款。通常，与企业关联较少的领域位于非 STEM［科学（science）、技术（technology）、工程（engineering）、数学（mathematics）］各系：人文学科和"较软"（不那么数学化）的社会科学，如人类学和地理学。[57]

"尖顶"的另一个受害对象过去是，现在仍然是研究生和本科生所获资助之间的公平，以及教师对两种学生重视程度的平衡。[58] 由于身处易于签到合同的 STEM 领域的研究生大多数能得到合同费用和日常开支的支持，本科生以及对他们的指导便被忽视了。当系科的"大桶"无法通过合同或其他赞助来填平自身的"凹陷"时，往往便降格至"服务"状态，研究生受到了剥夺，并且不得不给本科生上大课，通常是以大型讲座的形式。[59]

与此同时，依赖于其指导教师的研究补助的博士生，在毕业论文选题时往往会迫于压力去选与出资的赞助人具体关心的事项相对应，而不是满足他们自己的求知欲或价值感的题目。[60] 这种现象往往会使**基础研究降格为应用研究**，同时在

---

［57］ Lowen, *Creating the Cold War University*, chs. 3, 6.
［58］ 1956 年，在斯坦福，在特曼心爱的偏爱研究生的工程学院与偏爱本科生的人文与科学学院之间，每名学生的配给数额差距为 255 美元；到 1961 年，差距已经扩大到 372 美元。1955 年至 1965 年，特曼担任教务长。Lowen, *Creating the Cold War University*, 175.
［59］ 同上书，159。
［60］ 出于对联邦施于高等教育的巨大影响的担忧，20 世纪 60 年代早期，卡内基教学促进基金会在 23 所学院和大学发起了自学活动。例如，威廉·G. 鲍文长达 335 页的关于普林斯顿本科生的报告发现，自然科学领域只有 17% 的研究生认为自己被"强拉"去研究顾问或赞助商的主题。（转下页）

"不发表就出局"越来越成为初级教员的学术律令之际,把一些项目推入保密级别,因而无法发表。同样,在大学和联邦出资人之间分配研究人员的工资,尤其是那些身处大学的半独立中心和研究所(1963年有14个)或自主的国家实验室的研究人员的工资,损害了传统的系科自主权,并在独立研究人员与担任终身教职的教员(除了分内的研究工作,他们还要承担繁重的教学、咨询和内部服务事务)之间制造了无益的分裂。[61]

\* \* \*

到1963年,规模不断扩张的战后大学——"大科学"、联邦拨款和其他大型开发项目的家园——获得了新的描述用语。

在哈佛的戈德金讲座(Godkin Lectures)中,加州大学伯克利分校前校长、庞大的加州大学系统名誉主席克拉克·克尔,描述了(已经由其他人取名为)"巨型大学"(multiversity)的

---

(接上页)人文学科和社会科学的研究生中则有更大比例的人认为,他们的研究员职位比科学家和工程师的数量要少。20世纪50年代,研究生院的入学人数显著增加,占学生群体总数的比重从15%上升至21%。*The Federal Government and Princeton University: A Report on the Effects of Princeton's Involvements with the Federal Government on the Operations of the University* (Princeton, N.J.: Princeton University, Jan. 1962), ch. 10, at 201 (table 14), 206-10, ch. 11, at 223 (table 17).

[61] Lowen, *Creating the Cold War University*, 104, 118, 121, 138, 140-42, 151-55, 182. 关于1963年位于主要大学中或由其运营的专业国家实验室和研究中心的名单,见 Clark Kerr, *The Uses of the University*, 3rd ed. (Cambridge, Mass.: Harvard University Press, 1982 [1963, 1972]), 188-89n3. 各所单独的大学包括哈佛、麻省理工、加州理工、哥伦比亚、普林斯顿、约翰·霍普金斯、宾夕法尼亚、芝加哥和伯克利。

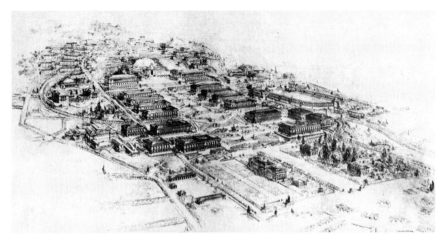

图 27　1899 年，繁荣的加利福尼亚州为其身处伯克利的"学术之城"征集一份总体规划。经过全球范围内的竞争，排名第四的设计被选中，由两位作者之一约翰·盖伦·霍华德担任督造建筑师（1901—1924）。伯克利校园位于俯瞰旧金山湾的斜坡上，基本上属于带有学院派韵味的新古典主义风格，成为人们后来于 1963 年所称的"巨型大学"的贴切象征

属性和特征。[62] 每一所逐渐演变的研究型大学在细致效仿了战前的"百货商店"或"服务站"后，都是"一整套社区和活动"，主要由"共同的名称、共同的董事会和相关联的目标"聚拢在一起。它们更像是"种类无限多"的"联邦共和国"或"城邦"，而不是实现了统一或具有统一功能的"王国"。虽然服务于多重目的、权力中心和客户，巨型大学还是有"向四面八方奔走却仍然留在原地的独门功夫"。它们主要的、统一的专注对象过去是，现在也仍然是知识：知识的创造、传播以及面向国家需求和全球问题的应用。在"知识产业"的中心，它

---

[62] Kerr, *Uses of the University*, 136. 1962 年，克尔自己麾下的加利福尼亚大学便是**巨大的**巨型大学，由 6 个（现在是 10 个）校区、40000 名教职员工、近 10 万名学生（进修课程中还有超过 20 万名）和近 5 亿美元的运行预算组成。同上书，7-8。

们充当着"知识的生产者、批发商和零售商",这些知识往往来自半自治的"中心"和"研究所"。[63] 就此而言,作为"中产阶级多元主义"的孩子,它们成为"实现国家目标的主要工具"。[64]

克尔在1982年的一篇后记中指出,虽然美国经历了许多社会和政治变革(一些是由大学的活动引起的),大约100所美国研究型大学,尤其是50所精英大学,仍然保持着原貌,并且具有惊人的家族相似性。出于许多原因,它们"特别不受结构变化的影响"。这些大学在全国范围内是不可或缺的:培养出来的是本质上相同的人,即受过教育的公民,以及各类需要知识的职业、研究和学术行业的从业者。凭借从忠诚的、新晋的或牢固的上层阶级校友那里获得的各种来源的资助和庇护,它们保留了很大程度的自主权,在政治和经济方面不受控制。它们在很大程度上是具有腾挪空间的独立实体,却有着极强的竞争意识,因而共同拥有着大多数相同的目标、宗旨、精英标准和制度特征。也许,其中最持久的特征是教员掌控着实质性的基础设施:"教学、课程的开设、研究、公共服务……或者是出于热爱,或者是为了收入。"[65]

最后一项是关键。正如克尔提醒他的听众的,这所研究型大学过去"以钱为动力",现在仍然如此。他有把握地预测:"能够获得最多钱财的那些大学,将有助于确立它们在一二十

---

[63] 到2014年,哈佛运营着53个研究中心、研究所、倡议活动、项目和社团,范围涵盖从伊斯兰建筑的"阿卡汉计划"、脑科学中心、韩国/朝鲜研究所,到纳米科学和工程中心、南亚倡议以及乌克兰研究所。www.fas.harvard.edu.

[64] Kerr, *Uses of the University*, 17, 87, 114, 118, 136.

[65] 同上书,141, 156, 165, 178。

年内的优势地位。"为什么？因为"知识的生产成本很高"。[66] 为什么是这样？原因在于，在全球竞争激烈的市场中，头脑最为聪明、最能创造成果的研究人员，尤其是科学家，受聘的成本最高。他们要求有最好的实验室、图书馆和设备，教学负担不高，能经常休学术假期，配备研究生或博士后助理，得到行政支持，与能带来激励、提供协作并增益声望的高效同僚共事，甚至（科尔开玩笑说）要有方便的停车位——所有这些都使大学在工资之外要承担大量费用。对其他大学的"明星学者"（尤其是诺贝尔奖获得者）进行"劫掠"或"全场盯人"，或者防止本校的"明星学者"被挖走，代价尤其高昂，过去和现在都是。但是，他们有时是提高大学在全国的形象和全球排名的一种途径，也是过去半个世纪中精英大学和努力赶超的那些大学日益关注的事项。[67]

克尔所做评论和预测的敏锐性，在 1990 年和 2013 年两本关于美国精英大学的书中得到了凸显。曾长期担任哈佛大学艺术与科学学院院长（1973—1984，1990—1991）的经济学家亨利·罗索夫斯基出版了《大学》(The University) 一书，并称之为巨型大学（首先在剑桥就有一个典型）的"用户手册"。[68]

---

[66] 2013 年收到捐款最多的大学名单、2012 年研发预算最多的大学名单以及美国顶尖研究型大学的多项全球排名显示，公立和私立院校在前 30 名中大量重叠。34 所美国大学和 1 所学院收到的捐款超过 20 亿美元，19 所超过 50 亿美元，6 所超过 100 亿美元，3 所超过 200 亿美元。2012 年，8 所大学在研发上支出超过 10 亿美元，22 所支出超过 7 亿美元；所有美国院校支出近 660 亿美元。*CHE Almanac*, 2014-15, 52, 53.

[67] Kerr, *Uses of the University*, 20, 117, 124, 182. 在不止一个场合，克尔认为巨型大学是"一系列独立的教员企业家，由于对泊车问题都有牢骚而走到了一起"(20)。

[68] Henry Rosovsky, *The University: An Owner's Manual* (New York: W. W. Norton, 1990).

近四分之一个世纪之后,曾任佛罗里达大学和路易斯安那州立大学系统前校长的历史学家约翰·V.隆巴尔迪发表了一部简明又深刻、个人色彩更淡的指南,即《大学如何运行》(*How Universities Work*)。[69] 两本书都证明了克尔的主要观点,即自巨型大学于20世纪60年代早期获得加冕以来,精英研究型大学在本质上少有变化。它们还赞同克尔对这些大学的定位,即位于全球知识产业的顶端,以及克尔强调的一点:这些大学秉着精英情怀以极大代价追求着卓越。贯穿始终,两本书都表明了克尔明智预测到的大学行为的发展变化,以及他无法预见的一些变化。

克尔的终极预测,即"美国研究型大学在1990年或2000年对美国社会的重要性将更甚于"其在1982年或1963年的重要性,在他的继任者当中没有激起争论,甚至没有延伸至全球范围。[70] 罗索夫斯基认为,美国顶尖的研究型大学是"我们国家精神生活的刀锋"。隆巴尔迪看到,自"二战"以来,美国高等教育已成为"创造繁荣的中产阶级,并持续培养商业、工业、政界和艺术领域精英领袖的重要产业"。"随着美国承担起越来越大的责任,并在国际事务中拥有越来越大的权威",美国高等教育也"作为积极的伙伴涉身其中"。其他的许多国家现在也效仿美国,"把研究型大学视为实现国家抱负的强有力的基地"。难怪,在全球排名和声誉方面,"世界领先大学"中——按罗索夫斯基的估计——有三分之二至四分之三一直归在美国名下。隆巴尔迪断言,当国际竞争对手想要创建自己的

---

[69] John V. Lombardi, *How Universities Work* (Baltimore, Md.: Johns Hopkins University Press, 2013).
[70] Kerr, *Uses of the University*, 184.

"质量引擎"时,"大多数所追求的……主要还是美国研究型大学的运作模式"。[71] 他或许还曾补充说,政府独裁的国家往往支持有利于经济建设的 STEM 科目,并避开民主的欧洲和北美的大学也强调和支持的人文学科和软性的社会科学。

\* \* \*

三位论者都试图回答的一个关键问题是,为什么美国研究型大学充当着知识生产领域的黄金标准?共同的答案是,它们有着相近的目标和标准,不受联邦管辖而有院校自主权,激烈地竞争,握有"大量钱财"(隆巴尔迪更愿意称之为"资金充足"),拥有掌握着专业知识的教师,受行会纪律约束,并且受到驱动而不断追求卓越。[72]

隆巴尔迪指出,无论是公立还是私立、获得的捐款和联邦拨款数额是庞大还是一般,研究型大学尽管作为个体是独立的,"却都以极为相似的方式行事",因为它们"申明的价值和目标是彼此重叠的"。"对大学而言,重要的是在产出和质量方面都持续地表现出色。"哈佛的教务长曾强调,"教员的质量是大学生活的基石。""教员的卓越程度……决定着几乎所有其他方面。"隆巴尔迪在此基础上补充说,"质量是头等大事",毕竟最优秀的大学是优质的引擎,获得了不成比例的最为优质的学

---

[71] Rosovsky, *University*, 21, 29, 58; Lombardi, *How Universities Work*, 116, 181. 隆巴尔迪宣称美国大学"主宰全球大学市场"时似乎犹豫不决(用了"或许"),原因更多地在于他对现在的全球排名方法的批评,而不是他对美国确实占据主导地位有任何真正的怀疑(ix, 42-44, 180-82)。

[72] Lombardi, *How Universities Work*, 69.

生、教员以及教育和研究项目。"质量是稀缺的",因此针对质量的竞争是"激烈的",这种状况相应地又推高了它的成本。[73]

质量也是落实在专业中的。正如罗索夫斯基站在哈佛教务长的角度所说的,"通才是现代大学中的濒危物种,我们几乎所有人都具有不同程度的专业化"。但是,我们也受到相应的全国性行会或学科的特定方法和标准的教育与同化,它们是我们主要的忠诚对象。[74] 隆巴尔迪强调,"质量是各种学术评估中最难以捉摸的方式之一,但每个大学 [ 的院系 ] 都知道是什么界定着质量",毕竟由同行构成的全国性学科"确立了他们工作的智识标准"。该学科可能并不总是一贯地或严格地应用那些标准,但在不加应用时,它会自然而然地知道,这样的标准未能达到。罗索夫斯基提醒我们,极少有哪个行业会对"自身的成员资格"做出如此之多的"频繁而公开的评判"。"做出足够数量和 [ 高 ] 质量研究并搞好教学工作的压力很大,来自许多方面":评估课程的学生,书评人和评奖委员会,期刊编辑,拨款和研究员职位管理者,滞留、晋升和终身任期委员

---

[73] Lombardi, *How Universities Work*, 12, 22, 116; Rosovsky, *University*, 183, 229-30. 如果生前读到了这本书,对于隆巴尔迪就"质量"(或"卓越")所做的强调,哥伦比亚前教务长雅克·巴尔赞会加上一个严厉的脚注。在1968年的指南,即《美国大学:运行方式与未来方向》(*The American University: How It Runs, Where It Is Going*,New York: Harper & Row)中,巴尔赞认为"卓越是在工作完成之后,其他人就你所取得的成就给出的评说。在做事过程中,精力应该放在任务而不是'卓越'上。卓越的任何外部因素,都不会由于追求卓越而遭到侵夺"(222)。关于隆巴尔迪的反驳,见此处的下一段落。

[74] Andrew Abbott, "The Disciplines and the Future," in Steven Brint, ed., *The City of Intellect: The Changing American University* (Stanford, Calif.: Stanford University Press, 2002), ch. 8; Jerry A. Jacobs, *In Defense of Disciplines: Interdisciplinarity and Specialization in the Research University* (Chicago: University of Chicago Press, 2014).

会,学术和荣誉社团,讲席教授的遴选者。[75]

2010 年对欧洲和美国精英大学所做的一项广泛研究声称,"大学越是具有自主权,面临的竞争就越是激烈,[在成果发表和专利方面]产出也越多"。[76] 20 年前,罗索夫斯基教务长就得出了类似的结论。他写道:"美国的治理哲学是我们的大学之所以优质的一个主要因素",因为"竞争和独立结合起来是最为有效的一对刺激因素,促使我们迈向更高水平的卓越"。竞争不仅"能防止自满",还促进了"追求卓越和变革的动力",其益处扩展到大学生活的几乎所有方面,从捐款、教员招募和建筑,到学生入学、藏书规模和体育运动。20 世纪 80 年代后期,罗索夫斯基注意到,"在哈佛,我们更忧心的是斯坦福的诱惑和力量,而不是哥伦比亚和耶鲁的吸引力"。即使是大量石油在握的得克萨斯大学在当时给出的傲人薪酬(10 万美元以上),对哈佛那些想要牢牢抓住本校研究"明星"的教务长来说也没有如此令人不安。[77]

这种担忧有充分的依据,在当时和现在都是如此,原因在于,斯坦福正处于以那些引擎为基础的迅速崛起的过程中,而

---

[75] Rosovsky, *University*, 187, 194, 214; Lombardi, How Universities Work, 2, 115, 120.

[76] Philippe Aghion, Mathias Dewatripont, Caroline Hoxby, Andreu MasCollall, and André Sapir, "The Governance and Performance of Universities: Evidence from Europe and the U.S.," *Economic Policy* 25:61 (Jan. 2010), 7-59. 在 2013 年的《高等教育政策与管理杂志》(*Journal of Higher Education Policy and Management*) 中,能发现对 48 个国家高等教育体系的一项研究得出的类似结果。Bernard Lane, "Recipe for Strong Higher Ed," *InsideHigherEd* (Jan. 14, 2014), https://www.insidehighered.com/news/2014/01/14/study-finds-countries-fund-freely-and-regulate-loosely-have-best-higher-ed.

[77] Rosovsky, *University*, 32, 223, 226, 284.

上述三位论者认为那些引擎是关键因素。在师资和研究生项目的全国排名中，斯坦福在五大研究领域从1957年的第14位至第15位，上升至并列第3位至第4位，仅次于哈佛和伯克利。到1983年，排名则仅次于伯克利，1995年又出现了一次。[78] 以同样的势头，斯坦福的研究人员在20世纪50年代和60年代仅获得3项诺贝尔奖，但在未来30年内获得了16项，到2014年又获得11项，不仅是在STEM领域，而且在经济学、医学和生理学领域同样斩获奖项。[79]

为了协助向所有这些人才付酬，斯坦福于1972年发起了3亿美元（按2015年美元计价为17亿美元）的筹款活动，到那时为止，世界上任何一所大学都没有进行过如此大额的筹款。15年后，该校筹集了12.69亿美元（按2015年美元计价为27亿美元），这也是美国教育史上最大的一次活动。2014年，斯坦福在本科生申请者（包括合格的和不太合格的）中极受青睐，以至于招生办公室接受的人数只占总数的5%。[80] 这些申请者可能没有听说，但他们的父母或许听说了，上一年斯坦福获得了美国所有大学中最多的私人捐款（9.31亿美元），就

---

[78] Gillmor, *Terman at Stanford*, app. D; *Chronology of Stanford*, 122, 141. 关于伯克利的数字，见 (Provost) George W. Breslauer, "What Made Berkeley Great? The Sources of Berkeley's Sustained Academic Excellence," *Center for Studies in Higher Education (UC-Berkeley), Research & Occasional Paper Series* 3.11 (Jan. 2011), 1-14。

[79] http://news.stanford.edu/nobels。

[80] 在2014年接受的比例极小的学生中，77%的人选择入学，仅次于哈佛82%的"收益率"。*Harvard Magazine* (July-Aug. 2014), 31. 在 "The Truth Behind College Admission" (*New York Times*, Sunday Review sec., Nov. 30, 2014, p. 2) 中，凯文·凯里提醒我们，"并不是说接受的[顶尖]学生更少；而是[来自握有通用申请表和充足申请费的'远程申请者和梦想家']申请已经过于泛滥。""申请精英学校的五名合格学生中，有四人至少被一所大学接受。"

像多年之前一样。到 2014 财年年末，斯坦福获得的捐款飞升至 214 亿美元（第三大个体资金），高于之前的 180 亿美元一年。[81] 斯坦福又在其挑战中加入了一份虚张声势，连续第 20 年赢得［体育运动］董事（前身为西尔斯）杯：每年赢得太平洋十二校联赛和全国大学生体育协会体育锦标赛中的多数场次，同时又使本校的数百名学生运动员成绩合格，并以近于常春藤盟校的可观数量毕业。[82]

对于哈佛校友和官员来说，最令人难堪的或许是《纽约时报》2014 年 5 月的一篇新闻报道，题为《对于今天的年轻人来说，哈佛是东方的斯坦福》。[83] 在当今的人气抗衡中，斯坦福身处硅谷的阳光下，那里谙熟技术，堪称 STEM 几门学科的乐土，从而吸引了一定程度的媒体热议和少年目光。但是，哈佛出类拔萃的受捐数额（364 亿美元）、诺奖获奖人数的领先（69∶38）以及在全球排名中对西部新贵的优势地位都表明，竞争只是变得更为激烈了，而且永无结束之时。[84] 位于少数几所顶尖大学之下的那些抱负远大的大学，在特定的院校地位、区域对抗或日益全球化的研究型大学平台上的竞争也不会停息。

---

[81] *Chronology of Stanford*, 108, 127; *Chronicle of Higher Education Almanac*, 2014-15 (Aug. 22, 2014), pp. 53-54; news.stanford.edu/news/2014/september/mp-investment-return-092414.html.

[82] Mike Antonucci and Kevin Cool, "Game Changer," *Stanford* (Sept.-Oct. 2014), 44-51, at 46.

[83] Pérez-Peña, "To Young Minds," *New York Times* (May 30, 2014), A1, A3.

[84] Christine Y. Cahill and Matthew Q. Clarida, "Endowment Grows to $36.4B with 15.4 Percent Return," *Harvard Crimson* (Sept. 24, 2014); https://en.wikipedia.org/wiki/List_of_Nobel_laureates_by_university_affiliation. 哈佛成功地吸引到了在其他地方获奖的 19 位诺奖得主，而斯坦福只吸引了 4 位。

　　　　　　　＊　＊　＊

　　随着规模越来越大、越来越注重研究，大学在本科生教学上开始微妙地有所放松，把更多的注意力投入研究生教育，使之得到了显著改善。克尔在 1963 年承认，"更好的设施，更多的研究助手和研究员职位，［以及］学生能直接与教师在其中合作的更多的研究项目……所有这些都是联邦资金带来的"。与此同时，关于联邦援助对高等教育所产生的影响的不止一项研究发现，它"在大型大学中加速了本科教育存在已久的贬值过程"。[85]

　　克尔看法相同。"教学负担和接触学生的时间都减少了"，同时"班级的平均人数一直在增加……教员更为频繁地休假或暂时离开校园，［所以］更多的指导工作落到了正规教员以外的教师身上"。"最优秀的研究生更愿意担任研究员和研究助理，而不是助教"，而"有可能填上这个缺口的博士后研究员通常又不会去教课"。克尔总结说，简而言之，"一所大型大学的本科教育更有可能是差强人意，而不是出类拔萃"。但他也指出，"很少几所长期以来有极高本科教育质量的私立院校，一直能够维持着自己的标准"，正如普林斯顿、耶鲁、康奈尔、杜克、斯坦福和芝加哥今天仍然能够做到。[86]

---

［85］　最为透彻的研究是 Harold Orlans, *The Effects of Federal Programs on Higher Education: A Study of 36 Universities and Colleges* (Washington, D.C.: The Brookings Institution, 1962), ch. 3.

［86］　Kerr, *Uses of the University*, 64-65. 学生的优质也强化了它们对本科教学的关注。无论班级规模大小，精英大学的学生都要求获得最好的教学。在获得了世界上最为挑剔——也最为昂贵——的一些院校的录取资格后，如果教师不能对人产生激励、不够专注或效率不高，他们就不会怯于向教授们施加压力。从我在美国四所研究型大学（包括耶鲁和普林斯顿）的经历来看，教授对学生的课程评估、除名或遭到社交媒体"抨击"的担忧，（转下页）

罗索夫斯基教务长选择捍卫排名前50名左右"大学学院"本科生的福祉，而不是追随劣质教学的大流。他承认，"大学学院从来不是由500位奇普斯先生*构成的"（任何小型学院同样不是），并就为什么本科生想要"研究型教师"给出了许多理由。第一个原因在于他们"热爱知识"，因为这些教授是"希望在余生一直当学生的人"。第二个原因是，"对进步有信心，因而在智识上具有乐观倾向的人，即学者型教师，可能是更有趣和更优秀的教授"。他的第三个理由对文理学院的教务长来说尤其重要，即"侧重于研究的教员不太可能孕育出知识朽木"，他估计（没有科学依据）在任何主要大学的师资队伍中这样的教员所占的比例在2%以下。[87]

罗索夫斯基还相信，在做关于聘任和授予终身教职的决策时，"相比于基于难以定义的教学能力来做选择，主要基于研究表现的教师遴选方式产生的错误要更少。两种才能都应该加以考虑"，他承认，"但研究能力是更好的长期指标"。为了确定自己对类似哈佛这样的精英大学的论点，他设想"通过与写有著述、做过重大实验并在政府中制定政策的人接触，能提升知识上的兴奋感"。不过到头来，他不得不承认研究型教授

---

（接上页）要远远小于对未达到自己的高标准和期望的担忧。关于在一所旗舰公立大学（弗吉尼亚大学）从事教学情况的敏锐表达，见 Mark Edmundson, *Why Teach? In Defense of a Real Education* (New York: Bloomsbury, 2013)。

[87] Rosovsky, *University*, 88, 89, 90, 210-11. 关于其他多方面原因，见 James Axtell, "Twenty-Five Reasons to Publish," *Journal of Scholarly Publishing* 29:1 (Oct. 1997), 3-20, 重印于 Axtell, *The Pleasures of Academe: A Celebration & Defense of Higher Education* (Lincoln: University of Nebraska Press, 1998), ch. 3, esp. 58-66。

\* 美国小说及电影《再见，奇普斯先生》（一译《万世师表》）的主角，在任教之初教学刻板，照本宣科。

"在很大程度上是由追随他们的研究生的数量和质量",而不是他们受本科生欢迎的程度或对本科教学的效果来评判的。[88]

近来,约翰·隆巴尔迪通过强调加州理工学院(950名本科生)和俄亥俄州立大学(超过40000名本科生)之间的**规模**差异,对研究型大学的教学给出了另一番描述。所有的研究型大学都致力于寻求新的知识,但需要提醒的是,"大多数人是以教学为基础来组织工作的"。尽管校园文化和风格存在差异,"教学在美国研究型大学中举足轻重……几乎在所有情况下都是如此"。大多数教学位于"从好到极好"这个不大的范围内。不过,由于存在竞争和监管,本科课程在核心的文科和理科内容以及学科专业方面极为相似。"竞争确保了每所学院和大学,都向那些寻求"优质的"同等产品的学生和父母构成的共同市场提供着相同的课程"。"监管通过认证强化了内容的标准化",这一过程主要是由兄弟院校或等级更高的院校的教员和管理人员来实施的。[89]

一流大学开设的是大型和小型相混合的课程。高年级学生和研究生倾向于选规模更小、个人色彩更强,也更为专业化的课程;低年级学生通常要适应与数百名陌生人一起上大型讲座课程,这些课程通常由教学才能出众的资深教员来讲授。但是,作为节省成本的措施,越来越多的本科教学被分配给非终身教职(nontenure-track)或"临时的"教员,即低薪、兼职助手或研究生助理,即使入学人数在稳定增长。[90]相形之下,

---

[88] Rosovsky, *University*, 93, 94, 163.
[89] Lombardi, *How Universities Work*, 45-47, 53-54, 121-22.
[90] Goldie Blumenstyk, *American Higher Education in Crisis: What Everyone Needs to Know* (New York: Oxford University Press, 2015), 90, 102-104. 布罗克·里德的(转下页)

研究生教学仍然是个人化的，成本昂贵，并且抵抗着规模上的经济考量。由于研究生教育的标准模式，包括研究班、实验室项目、一般论文以及博士学位论文，都是以研究为导向的"手工艺"活动，隆巴尔迪认为规模最为充分地解释了"为什么公立和私立研究型大学在研究生和博士教育方面看起来最为相似，在本科课程方面又最不相似"。[91]

精英大学中研究工作所具有的核心地位，也解释了为什么教学这项活动并不具有相同的声望。隆巴尔迪认为，"大学研究的质量推动了本科课程的质量、广度和深度"（尽管也可以反过来如此声称）。[92] "教学传递的是当前知识的状态"，而研究"是在突破人类当前理解力的界限来追求知识"。此外，"教学人才比研究人才更为普遍"，因此不得安于更低的薪酬。研究是一项在全国和国际层面展开的极为激烈的竞争，通过严格的同行评议来加以评估。教师的声誉却仅仅局限于当地，且无法移植，部分原因在于"国家无法规定优质教学的衡量特征"。[93]

---

（接上页）"Here's the First Mention of an 'Adjunct Professor' in The New York Times" (*Chronicle of Higher Education*, Vitae section, https://chroniclevitae.com/news/624-here-s-the-first-mention-of-an-adjunct-professor-in-the-new-york-times, [July 25, 2014])，对于在 20 世纪 70 年代开始显著增多的对助理的提及，给出了一幅引人注目的曲线图。首次提及是在《时代》周刊中，那是 1855 年，提到了弗吉尼亚大学的一名助理法学教授。

[91] Lombardi, *How Universities Work*, 50-51, 53-54.
[92] 1977 年对美国 77 位科学领域诺贝尔奖获得者的一项研究发现，绝大多数获奖者是在常春藤联盟（哈佛、耶鲁、普林斯顿、哥伦比亚）或公立研究型大学（伯克利）接受的本科教育，通常是在之前的诺贝尔奖获得者的实验室里。Harriet Zuckerman, *Scientific Elite: Nobel Laureates in the United States* (New York: Free Press, 1977). 参见 Burton Feldman, *The Nobel Prize: A History of Genius, Controversy, and Prestige* (New York: Arcade Publishing, 2000)。
[93] Lombardi, *How Universities Work*, 55-57, 123.

＊　＊　＊

教授和学生之间的个人协同作用仍然必不可少且并不陌生，但专业化、内容和技术方面的激增在过去一二十年中甚至改变了学术图景。1972 年，克拉克·克尔把巨型大学的诞生归因于教员及其"越来越狭窄的专业化"。到 1990 年，学术性学科的分裂增殖能力对罗索夫斯基教务长来说已经不再陌生。在评论教员们"极其苛刻和耗时地"试图在自身领域内保持现状时，他提请人们注意生物学、他自己研究的经济学领域以及文学性的人文学科等专业领域的发展。[94] 25 年后，面对曾经任职过的文理学院当前的课程，他可能不会吓得脸色煞白：其 40 个系和 46 个本科"专注点"（或专业）拥有生物工程、梵语和印度研究、女性研究、性别和性行为等逐渐演变出来的名称。[95]

课程的内容甚至比它们的名称扩张得更为激烈。第二次世界大战将美国人引入了欧洲以外的许多地区，让他们接触到那里的人民、文化、语言、宗教和政治。战争结束后，联邦政府和福特基金会向各所大学提供了数量可观的拨款，这些拨款会在它们的课程和研究议程中嵌入对这些"关键"的新地方的

---

[94] Kerr, *Uses of the University*, 129, 141; Rosovsky, *University*, 162-63. 在国家层面，美国学术团体理事会的会员数量，从 1919 年实际成立时的 13 名，跃升至 2014 年的 72 名。www.acls.org. 感谢副校长斯蒂芬·惠特利提供就职"公告"（1920 年 10 月）的电子副本和一封内容翔实的电子邮件。规模更大的美国科学促进会（1848 年成立）把 1000 万名会员归入 24 个科学活动"分部"，现有 262 个附属的社团、协会和科学院。en.wikipedia.org/wiki/American_Association_for_the_Advancement_of_Science.

[95] www.fas.harvard.edu.

研究。大西洋和太平洋的各个战区提醒学者们，海洋、海滩和沿海经济体在历史上举足轻重。20世纪60年代，美国的"特殊"问题——种族问题——与民权和"黑人荣誉"运动一起走到学术研究的前台，女性作为活跃分子、主体和学者的出现也是如此。每种肤色的非白种人少数族群——以及白人本身——在进入公众视野时都引起了学术界的注意。性别、性行为以及它们的交织和表达也是如此。儿童、老人、"身体异能的人"＊，甚至是非人类物种，都获得了学界的关注。部分归功于地球日（于1970年4月22日作为年度纪念活动得到确立），环境终于得到了学术上应有的关注，尤其是当全球变暖变得显而易见并且化石燃料继续对我们呼吸的空气造成严重破坏时。历史上的"失败者"也幸运地进入课程，尤其是美国的土著人口，他们拒绝安静地离开。与女性和非洲裔美国人一样，美国土著研究如果无法形成完全成熟的系科，往往会得到属于自己的学术"项目"。[96]

至于阅读任务，书籍和文章过去和现在都把注意力倾注于几乎所有事项的历史和意义上，无论是大事还是（可以说已经不再是）小事：气味和声音、情绪、疼痛、身体部位、颜色、脂肪、毛皮、天才、游戏、八卦、幽默、梦想、疾病、衣服（和裸体）、贫穷、财富、硝石、珍珠、酒宴、尘土（你没

---

[96] David John Frank, Evan Schofer, and John Charles Torres, "Rethinking History: Change in the University Curriculum, 1910-1990," *Sociology of Education* 67:4 (Oct. 1994), 231-42; Lawrence W. Levine, *The Opening of the American Mind: Canons, Cultures, and History* (Boston: Beacon Press, 1996); Sheila Slaughter, "The Political Economy of Curriculum-Making in American Universities," in Brint, ed., *The Future of the City of Intellect*, ch. 10.

＊ 残疾人的委婉说法。

看错），以及（我个人最喜欢的）脚注。[97] 由于研究范围从最遥远的星系和宇宙大爆炸本身，延伸到亚原子和分子，教授们可以毫不费力地找到引人入胜的作业，学生也不缺乏研究课题，所有这些都是为了讲授所发起的各门学科的关键方法和标准。[98]

\* \* \*

如果说已知的裂变对各门文科课程构成了挑战（不存在单独一门课程，也不应该存在），用于处理、存储、访问、"发布"、复制和分发该知识的新技术的快速发展，已经对知识产业及其身为师傅的教员和身为学徒的学生发出了自己的挑战。毫无疑问，计算机、无线局域网、互联网、网络、电子邮件、短信、激光打印机、U盘、CD、云存储、智能手机，以及讲台、答题器、电子储备系统（如"触屏黑板"）、谷歌、维基百科和电子阅读器（Kindle 和 Nook），对学习和教学产生了相当大的影响。很明显，这些发明中有许多节省了时间、避免了挫折并降低了费用，并放大了研究的可能性。同时，又有一些用途会引发智能的简化和剽窃，就像滥用社交媒体（Twitter、Facebook、Instagram）有可能削弱人际互动、注意力范围以及面对面交流的社会约束和考量。

对于传统的教学和学习方式具有同样破坏性的，是新的

---

[97] 我参考的是安东尼·格拉夫顿博学而有趣的 *The Footnote: A Curious History* (Cambridge, Mass.: Harvard University Press, 1997). 参见 Chuck Zerby, *The Devil's Details: A History of Footnotes* (Montpelier, Vt.: Invisible Cities Press, 2002)。

[98] 关于研究生和本科生历史研究的学科价值，一篇令人信服的概要见 Anthony Grafton and James Grossman, "Habits of Mind," *American Scholar* 84:1 (Winter 2015), 31-37。

数字实验,这些实验不仅想改善学生的学习并将其益处扩展到本地以外的受众,并且在理想状态下还用来产生储蓄,以协助缓解正在把公立和私立大学的"标价"推到高于通货膨胀率以及许多工薪阶层和中产阶级家庭预算的"成本痼疾"。两个期望中的解决方案是"大规模开放式在线课程"(massive open online courses,MOOC)和"快速翻转的"课堂。前者类似于以前的一种现象:教育电视(如肯尼斯·克拉克颇受欢迎的《文明》系列),只不过相比于人们熟悉的学术"讲坛上的圣人"(哪怕是在大规模开放式在线课程中),讲解的专家漫游到更远的地方,进入景观、历史遗址和博物馆。然而,在两种老式媒体中,身为观众的"学生"都无法要求更详细的说明或者表达怀疑和异议,而后者是学习过程的主要部分。独白无论多么渊博或迷人,就是不能成为对话。

新近得名的"快速翻转的"教室,创设出来是为了嵌入更多的对话,甚至是在大型讲座中。在"翻转的"或"混合的"课堂中,一名当地教授或MOOC明星会介绍该主题的基本内容,用时远远少于传统的50分钟模块。两种课堂每一种接下来都是分成小组、设有(或不设)主持人("边上的向导",很像大多数传统大型讲座中的研究生学生助教)的在线讨论或现场讨论,和/或对模块概念与内容的测试。模块得到"掌握"后,"讲座"和课程继续推进。[99]

---

[99] Dan Berrett, "Who's the Hardest-Working Person in the Lecture Hall? Maybe It Should No Longer Be the Professor," *Chronicle of Higher Education* (Nov. 21, 2014), A14; Carl Straumsheim, "For Some Research Universities, Flexibility and Modularity Influence Long-Term Plans," *InsideHigherEd*, https://www.insidehighered.com/news/2014/12/02/some-research-universities-flexibility-and-modularity-influence-long-term-plans (Dec. 2, 2014).

一些教员对购买和使用由"杰出的"外来者讲授的商业MOOC有抵触，但是如果能够修改内容、讨论和测试以适应自身特定的院校和学生群体时，他们的疑虑往往会减轻。尽管如此，关于在线教育的一切都是实验性的，在时间和金钱上都代价不菲，而且教员对课程的所有权问题很难裁定。数字教学是否比传统模式在知识或成本上效益更高，评判的人仍然没有定论。[100]

\* \* \*

受数字革命挑战的另一个教育合作伙伴是大学图书馆。在馆藏规模和服务群体方面，图书馆不可阻挡地不断增长，以跟上入学人数和知识的增长。可想而知，资金最为雄厚的大学拥有最大的图书馆。[101] 美国藏书最多的大学图书馆是哈佛图书馆，有近1900万册图书分布在73个综合图书馆和专业图书馆中。伊利诺伊大学和耶鲁大学藏书比哈佛少三四百万册。散乱的斯坦福藏书只有其位于剑桥的竞争对手的一半，但它还可以从伯克利的1150万册中极快地借阅。[102] 研究型图书馆协会（成立于1932年）125名会员的藏书量中位数约为400万册。

---

[100] 关于这些问题，最为透彻、最有见地的导读是 William G. Bowen, *Higher Education in the Digital Age* (Princeton, N.J.: Princeton University Press, 2013; paperback ed. with additional material and analysis, 2014)。

[101] 一个突出的例外是伊利诺伊大学，其图书馆是第五大图书馆，但所获的大学捐赠和图书馆支出排名较低（分别为第 37 名和第 14 名）。

[102] "The Nation's Largest Libraries: A Listing by Volumes Held." ALA Library Fact Sheet 22. American Library Association. http://www.ala.org/tools/libfactsheets/alalibraryfactsheet22.

图 28　哈佛怀德纳图书馆，世界上规模最大的大学图书馆系统的主馆，建于 1915 年，以纪念哈佛 1907 级一名喜好藏书、与父亲一起在"泰坦尼克号"上失踪的校友。馆中的 10 个楼层和 50 英里长的书架现在拥有哈佛分布于约 70 个图书馆、总数近 1900 万册藏书中的 300 万册

不过，这些数字都不能说明它们通过馆际互借系统（1916 年实现系统化）借阅书籍和文章的能力，[103] 也无法说明两者现在都能够在线获取的数百万册（篇）电子本。研究型图书馆协会会员的预算中位数仅为 1200 多万美元，其中 10% 至 50% 花在电子材料和服务上。[104]

他们以这些支出所获得的是真正的进步和艰难的挑战。其

---

［103］Arthur T. Hamlin, *The University Library in the United States: Its Origins and Development* (Philadelphia: University of Pennsylvania Press, 1981), 184-86. 2014 年 10 月，12 所精英大学（包括 8 所常春藤盟校）签订了互惠借阅和个人使用协议，根据协议，所借图书既可以在借阅图书馆也可以在借阅者本校的图书馆归还。*Cornell Chronicle* (Oct. 1, 2014).

［104］Lombardi, *How Universities Work*, 150-53.

中显而易见的一个是空间及其配置。

随着实体图书藏量的不断增加，不得不找到新的书架空间（不常用的书籍和老期刊可能会放到馆外），以免侧重于书本的人文学者和社会科学家感到不快。但是，新的电子基础设施、计算机银行和在线馆藏也得配备"空间"和专家工作人员，以满足依赖于最新实验数据和期刊的 STEM 和医学专业教员的需求。对于不断搜寻阅读作业以及文章和论文信息的学生来说，图书馆则是"服务中心、小组作业的场所，以及接入电子世界并获取所需材料的地方"。[105] 所有用户，无论是在图书馆还是在能够上网的任何地方，都首先查阅电子版馆藏目录，**卡片目录已经成为过去时代的遗物**。越来越多的馆藏以印刷（模拟）和/或电子（数字）形式出现。来自海量新旧杂志和期刊的文章，可以从 JSTOR、EBSCO、ProQuest 等信息汇总商（aggregator）以高成本为前景不明的未来提供的平台上检索和阅读。同样，学生可以在 ARTstor 上调出原版的高分辨率彩色图像，而不用默记别在艺术史系公告版上的黑白老照片。

部分规模最大的研究型图书馆，其现有图书馆藏正在进行数字化以供全球使用——对于进入 20 世纪、出版在廉价酸化纸张上的许多图书来说正是时候，长期使用下来，这些纸张已经变成了棕色的薄片。早在 1971 年，古登堡项目就开始对版权进入公共领域的图书进行数字化并免费提供。[106] 谷歌图书

---

〔105〕Lombardi, *How Universities Work*, 152-53, at 153. 多人协作（或仅仅是社交）极为普遍，以至于一些图书馆为那些想要独自看书、使用笔记本电脑，或沉思的人保留了"安静的楼层"。许多图书馆放松了之前关于使用钢笔以及禁止在学习区域和书架间吃东西和喝饮料的刻板规定。

〔106〕https://en.wikipedia.org/wiki/Project_Gutenberg.

和 Hathi Trust 在 20 世纪 90 年代启动时充满豪情，却受缚于作者对 1923 年后出版的图书拥有的版权。幸运的是，它们的电子图书和目录已经纳入同样抱负远大但更加合法的美国数字公共图书馆，设立该馆的构思来自哈佛大学图书馆前馆长、历史学家罗伯特·达顿。[107] 配备着带有科幻小说意味的"时光机器"的互联网档案馆（成立于 1996 年），想要实现的是最终实现免费公开访问"所有知识"，包括书籍、音乐、动态图像和容易消失的网站。不过，它们的电子书也仅限于版权进入公共领域的作品。[108]

电子资料面临的最为严峻的挑战，是要确保能长期保存。[109] 只要使用合理，约翰·古登堡在 15 世纪中叶印刷在当时的无酸碎浆纸上的图书既耐用、可行，又易读，就像从他那冰冷的印刷机上刚印出来的一般。电子书和在线期刊的存在则有些脆弱，带着几分缥缈，再加上需要保存、重置或取代曾经能够按需存储和生产它们的退役机器，情况就更复杂了。存储

---

[107] Robert Darnton, "The National Digital Public Library Is Launched!" *New York Review of Books* (April 25, 2013), 4, 6; Robert Darnton, "Jefferson's Taper: A National Digital Library," *New York Review of Books* (Nov. 24, 2011), 23-25. 参见他的 "The Research Library in the Digital Age," *Bulletin of the American Academy of Arts and Sciences* (Spring 2008), 9-15; "The Library in the New Age," *New York Review of Books* (June 12, 2008), 72-73, 76, 78-80; and "5 Myths of the 'Information Age,'" *Chronicle [of Higher Education] Review* (April 22, 2011)。

[108] https://en.wikipedia.org/wiki/Internet_Archive. 参见 Jill Lepore, "The Cobweb: Can the Internet be Archived?" *New Yorker* (Jan. 26, 2015)。

[109] Steve Kolowich, "Uphill Battle on Digital Preservation," *Inside Higher Ed*, https://www.insidehighered.com/news/2010/04/02/preservation (April 2, 2010), 于 2010 年 2 月 17 日发布了"可持续数字保存和访问蓝丝带工作组"的一份长达 116 页的报告。作为企业，数字内容绑定商的上架销售时间并不确定；有意向无限期运营的大学不仅不拥有它们授权（出租）的图书的所有权，并且无法确定这些图书在它们需要时能长期使用。

在软盘和硬盘、CD、"触屏黑板"和 U 盘上的资料,面临着同样的技术过时或消亡的威胁。几乎所有的大学出版社都采用了无酸纸张,它们的书籍内容预计会在古登堡之后的时代中再存在 500 年。无论知识在未来会呈现为何种形式,大学图书馆在人们的预期中都会成为研究人员潜入未知世界以及学生"学习游泳"的重要平台。

\* \* \*

美国研究型大学之间的激烈竞争长期以来采取的是一种不同寻常的形式,对于其全球竞争者来说,这种形式几乎完全是个谜团。除了极少数例外,那些最好的大学也会参加校际体育比赛,在橄榄球和男子篮球这样观众众多的——"收入型"——运动中则尤其卖力。如此一来,竞争的冲动便以某种方式推动它们参与代价高昂、难以为继的"军备竞赛",看看谁能够建造最大和最好的设施——橄榄球场、篮球场——并聘请最好的(通常是收费最高的)教练,所有这些都是为了吸引技术最好的"学生运动员",后者是能用全国大学体育协会批准的"体育奖学金"引入的。[110]

那些支持一流体育项目的人认为,**获胜的**团队能为大学带来许多好处:他们会宣扬母校的名字或"品牌",往往遍及全

---

[110] 由于学生对全国大学体育协会的垄断权力和政策从法律上发起的挑战,许多大型体育联合会被迫提高体育奖学金,达到接近或等于教育运动员的全部费用的水平,以在整个四年中为他们提供保障,并提供质量更好、时间更长的医疗保健。部分"收入型"运动项目甚至把从票务、服装销售和电视转播中获得的巨额收入,拿出一定的比例来投入信托。

国范围；他们让学生和校友有了吹牛的资本；他们增加了大学收到的捐款；他们有助于招收到条件更好的申请者；他们的门票销售、电视转播收入和特许服装销售不仅能覆盖学校体育部门的成本，往往还能为所有部门提供教育和一般性资金。[111]

几乎所有这些说法都具有误导性，或者说都是错误的。先看最后一个：绝大多数体育项目都会**亏**钱，必须由校方（"教学和研究的直接成本"）或由没有引起充分注意的学费来补贴，往往补贴数额还很高，摊到每个学生头上达数百美元。[112]体育运动的宣传效应则是一把双刃剑：原则上，每场比赛都必定有落败的一方。此外，那些在学术上作弊的球队（比如聘请"学术顾问"来撰写球员论文或在测试中为自己代考）、私下买通新成员的球队、不让球员毕业的球队，或者继续让犯下严重罪行的明星球员比赛的球队，很快就会付出声名狼藉和遭到删除记录的代价。[113]对于一所**教育**机构来说，高中生即使学术

---

[111] 2014 年，"有执照的大学商品市场每年估值 45 亿美元"。Michael Posner, "Universities Can Put Their Economic Clout to Good Use," *Chronicle of Higher Education* (Nov. 21, 2014), A60.

[112] 2014 年，228 所公立一级大学中，只有 23 所从体育运动中获得的收入多于支出，其中 16 所还在接受大学补贴。部分原因在于教练员的薪水：2013 年，70 所公立大学的橄榄球教练每人获得超过 100 万美元（他们许多助理的收入通常超过薪酬最高的教员）。13 所主要的体育大学的体育预算每年轻松超过 1 亿美元；2014 年，其中 8 所要求获得学生补贴，6 所补贴数额达到数百万美元。在过去的十年中，每名运动员的运动支出超过了每名学生的学业支出。大型和豪华新设施的债券问题，通常被加进大学的整体债务总额中。Blumenstyk, *American Higher Education in Crisis?* 82-84; Lombardi, *How Universities Work*, 146; *USA Today* (2014), www.usatoday.com/sports/college/schools/finance.

[113] 2014 年曝光的北卡罗来纳大学教堂山分校长期存在的学术作弊，严重损害了这所旗舰大学的声誉。麦卡莱斯特学院院长布赖恩·罗森伯格在一篇著名的博客中主张，应该吊销该大学的委任状。"UNC-Chapel Hill Should Lose Accreditation," *Chronicle of Higher Education* (Oct. 24, 2014),（转下页）

能力评估测试（SAT）成绩和年级平均绩点较高，如果主要是冲着冠军称号或橄榄球季后比赛的表现而选择某所大学，也不会是可靠的新生。[114]同样的，校友捐款有时的确会在某些引人注目的胜利之后上升，并且主要投向体育运动，但是当这些壮举不再重现时，捐款数额又会迅速跌落。

也许主要的大学运动项目中最大的丑闻是，太多的运动员是作为"特招生"加以录取和注册入学的；他们没有就读高中的记录，没有本校学生的资质，也没有完成大学层面的学业的愿望，尤其是在被要求每周花费30—40小时进行精疲力竭的训练、观看比赛影片、调理、接受物理治疗，往往还要长途旅行到客场比赛的时候。[115]这样的球员毕业率低得可怜，人生前景也相当黯淡，尤其是当受伤或学业上的不合格终结他们每年更新的奖学金资格时。[116]最公平的补救措施或许是，为每

---

（接上页）blog "The Conversation," http://chronicle.com/blogs/conversation/2014/10/24/unc-chapel-hill-should-lose-accreditation/.

[114] Brad R. Humphreys and Michael Mondello, "Intercollegiate Athletic Success and Donations at NCAA Division I Institutions," *Journal of Sports Management* 21 (2007), 265-80.

[115] 还在就读于俄亥俄州立大学一年级时，一名花大力气招进来的橄榄球四分卫参加完社会学考试后发了一条推特："如果来这里为了玩**橄榄球**，我们为什么要去上课。我们不是来玩**学校**的，课堂**毫无意义**。"类似于他的态度，鲜有写成文字的，遗憾的是这种态度本身相当普遍。他的推特消息转自《纽约时报》（2014年12月31日），A1版。

[116] 关于研究型大学的体育运动这个冲突不断的领域，见Charles T. Clotfelter, *Big-Time Sports in American Universities* (New York: Cambridge University Press, 2011); J. Douglas Toma, *Football U.: Spectator Sports in the Life of the American University* (Ann Arbor: University of Michigan Press, 2003); Brian M. Ingrassia, *The Rise of the Gridiron University: Higher Education's Uneasy Alliance with Big-Time Football* (Lawrence: University of Kansas Press, 2012); James J. Duderstadt, *Intercollegiate Athletics and the American University: A University President's Perspective* (Ann Arbor: University of Michigan Press, 2000)。

个领域的每个全国大学体育协会联合会确立一个"学业指数"，类似于常春藤联盟于 20 世纪 80 年代早期设立的，允许录取那些高中成绩和标准考试分数与之前入学班级的平均成绩差距在标准范围之内的运动员（以及任何其他具有特殊才能的学生）。[117] 它绝不是灵丹妙药，能医治与美国的特定情形相关的所有错误，但对于在全国大学体育协会眼里已经严重污名的学生运动员，它确实有可能为**学生**一词恢复某些意义和诚信。[118]

关于美国在世界一流研究型大学中占据的主导地位，我们对于其中主要原因的寻觅并未结束，无疑也不会止于仅仅提及那些一流大学体育运动的资金过多和道德疏忽。毕竟，有许多校际体育比赛是由真正的业余运动员完成的，他们中既有男性也有女性，有的领取有的不领取体育奖学金，这些比赛都没有损害学生的教育进度、竞争精神或诚信意识。[119] 一些最好的私立大学，包括哈佛、耶鲁、普林斯顿、斯坦福，会派出 25 支至 30 支校队，甚至更多的"俱乐部"和娱乐球队参加比赛，

---

[117] 关于常春藤盟校的学业指数及其应用中的部分问题，见 James Shulman and William G. Bowen, *The Game of Life: College Sports and Educational Values* (Princeton, N.J.: Princeton University Press, 2001), 13-14, 46; William Bowen and Sarah A. Levin, *Reclaiming the Game: College Sports and Educational Values* (Princeton, N.J.: Princeton University Press, 2003), 176, 263, 268, 343n7, 387nn9, 11。

[118] 关于海斯曼奖最佳大学橄榄球运动员的年度新闻报道，篇幅远远多于《高等教育纪事报》(*Chronicle of Higher Education*) 中为表彰大学橄榄球运动中最好的学生运动员，所发布的一页内容的威廉·V. 坎贝尔奖付费通告。比如，关于后者与在谷歌上搜索"海斯曼"得出的结果所做的比较，见 *CHE* (Dec. 19, 2014), A2。

[119] Paul Weiss, *Sport: A Philosophic Inquiry* (Carbondale: Southern Illinois University Press, 1969); Axtell, *Pleasures of Academe*, ch. 7 ("The Making of a ScholarAthlete"); Shulman and Bowen, *The Game of Life*; Bowen and Levin, *Reclaiming the Game*; Ronald A. Smith, *Pay for Play: A History of Big-Time College Athletic Reform* (Urbana: University of Illinois Press, 2011).

培养古代"身体健康、精神健全"的朱维诺式理想。[120]获胜是重要且首选的目标,但大多数大学教练都知道,从长远来看,偶尔落败往往会带来更为有用的教益。遗憾的是,一边是体育部门的宣传机器继续大肆鼓吹体育运动对球员"性格""团队合作""职业道德"和"学校精神"的塑造作用,一边却是教练被聘用又被解聘,并且只根据获胜的比赛场数或获得的冠军数量来发放大额奖金。

对于在电视机前或拥挤的体育馆和竞技场上支持一流的大学橄榄球和篮球比赛的数百万美国人来说,他们眼里看到的只是数百名或数十名在学习间隙寻求放松的父母、室友和朋友,后者参加的是激烈且往往灵巧但很少残忍的竞技,比如曲棍球、网球、足球、游泳和跳水、棒球、水球、排球、高尔夫球、划船和触身式橄榄球。同样,这些运动项目也代表着一流研究型大学的体育运动,但它们很少会提升母校在全国,更不用说在全球的声誉了。显而易见并且理由充足的是,一流的体育运动是美国研究型大学的各种特色中,拥有各自的民族文化和娱乐消遣的世界其他地方无意效仿的少数几个特色之一。

\* \* \*

行文至此,我们可以着手收集在前文的所有页面之间散布的基本事实了。

---

[120] Juvenal, *The Sixteen Satires*, trans. Peter Green (London: Penguin, 1982), 217: bk. 4, satire 10 (10.356). 大型公立大学赞助的大学代表队往往更少。原因或许在于,它们的大额"创收"体育项目是娱乐业务,而不是教育事务的挥霍式投资者。

## 后记 吞食世界的中世纪机构[1]

大学到现在已有八个多世纪的历史了,但它并没有枯萎,落入老朽之中。它也没有老化,在20世纪,大学不仅在美国而且在全球范围内还获得了新的活力,繁衍出后裔。仅仅据此来判断,新近关于其前景的惊恐和担忧似乎是没有根据的。

对于许多研究社会组织的学者来说,大学是当代社会中学问最为全面的机构。尤其是美国大学,不仅是"知识生产的关键场所",还是一个重要"枢纽",位于"多重机构"与"通常被视为独一无二的诸社会过程"之间的交叉点上:从劳动力市场和规模更大的经济(想想毕业生、安置办公室、经济学系、商业和金融学院)、博学的职业(研究生院和职业学院),以及科学(所有各门科学),到医疗保健(教学的医院、医学和护理学院)、军队(预备役军官训练营)、政府(政治系或政府系,以及公共行政和国际关系学院)、高雅文化(写作课程、

---

[1] Responder "Kieran" to blog post by "jdos23," "The Most Important Thing We Know Least About," orgtheory.wordpress.com/2010/01/13.

艺术、音乐和文学各系）、宗教（小教堂、牧师、宗教系和神学院）、慈善事业（校友会和发展办公室）、家庭（社会学、心理学、历史和家政学系，适合初学者），以及民族国家（联邦的拨款和规制）。位于高等教育系统顶端的精英大学，也充当着对人加以分类、调节流动性并证明专家资历的"滤网"，充当着经济资本和社会资本的"孵化器"，充当着官方知识和新的观念合法化的世俗"神殿"。在美国这样的现代社会中，"阶级分层、知识生产和合法化的大部分工作都交付给了同一个组织，即大学"。这就难怪，"教育证书充当着地位的主要标志"。[2]在美国，私家车窗户上的大学贴花以及印有自己或孩子的大学校名和运动色彩的服装，直到最近在国外流行开来之前，都是美国对其大学和学院的国家感情的独特符号，也是对个人社会地位的宣扬或确认。[3]只要当代社会不发生崩溃或破裂，大学就极不可能失去其位于现代性的基础设施之核心的复杂角色。

在我看来，美国的精英大学也没有多大可能不再聚集于研究型大学全球排名的前列（与牛津、剑桥和伦敦的帝国理工学院等相比肩的大学一起）；自从2003年首次从上海发布排名以

---

[2] Mitchell L. Stevens, Elizabeth A. Armstrong, and Richard Arum, "Sieve, Incubator, Temple, Hub: Empirical and Theoretical Advances in the Sociology of Higher Education," *Annual Review of Sociology* 34 (2008), 127-51. 参见 David Frank and John Meyer, "University Expansion and the Knowledge Society," *Theory and Society* 36:4 (Aug. 2007), 287-311。

[3] Paul Fussell, "Schools for Snobbery," *New Republic* (Oct. 4, 1982), 25-26, 28-31; also in Fussell, *Class: A Guide through the American Status System* (New York: Summit Books, 1983), ch. 6. 在过去的一二十年里，即使是最为矜持的英国大学商店也销售"品牌"运动衫和T恤（此外还销售难以看懂的俱乐部领带和大学围巾），不仅仅是卖给来访的美国人。

来，它们没有失去任何优势。要失去优势，除非支持着美国大学成功的元素和条件，被那些竞争的社会和国家获得或复制，并且在美国还要急剧地、以不可能的数量和组合方式衰落。美国精英大学成功的"秘密"完全不是秘密。学者和历史学家，包括国内的和国外的，认识到它们已有相当长的时间。做个简短的调查便能表明，全世界的效仿者若想复制它们，在过去会面临、在未来又将继续面临着艰巨的挑战。

（1）大学往往会反思、呼应它们的全国性协会和文化，并把这些协会和文化的相关内容编辑成书。[4]作为一个经济稳健、国家富足、充满教育雄心的大型民主国家，美国拥有涵盖范围广泛的院校，即便那是"公立和私立、宗教和世俗、小型和大型、廉价和昂贵的院校狂热无度又缺乏规划的混合"——单单四年制院校就有超过 3000 所。[5]这种多样性"为学生提供了大量的环境和机会，让他们能从中选择最符合自身需求和能力的学校"。[6]作为英才教育制度（当它能发挥最佳作用时），该系统还允许一个人从任何层面开始，通过展示他或她的学术或知识能力而向上攀升，甚至升至顶层。父辈收入和教育成果之

---

[4] Henry Rosovsky, *The University: An Owner's Manual* (New York: W. W. Norton, 1990), 299; Stevens, Armstrong, and Arum, "Sieve, Incubator, Temple, Hub," 141; Clark Kerr, *The Great Transformation in Higher Education, 1960-1980* (Albany: State University of New York Press, 1991), 41.

[5] 这个数字包括 784 所私立营利性院校，这些院校往往缺乏非营利性学院和大学的常规特征，包括住宿的校区。Hunter R. Rawlings III, "Universities on the Defensive," *Princeton Alumni Magazine* (April 2, 2014), 28-31, at 29; *Chronicle of Higher Education Almanac, 2014-15* (Aug. 22, 2014), 73.

[6] Charles M. Vest, *The American Research University from World War II to World Wide Web: Governments, the Private Sector, and the Emerging Meta-University* (Berkeley: University of California Press, 2007), 7-8.

间仍然存在极强的相关性，但是在招收和支持来自低收入及第一代家庭的合格学生方面，资金雄厚的精英大学和许多其他公立大学正在取得进展。佩尔助学金（Pell Grants）等联邦援助项目的增加，目的就在于实现相同的结果。

（2）美国的学术多样性利用了多种资金来源：公共和私人、联邦、州、市、社团、企业和慈善机构。[7]一流的研究型大学有能力获得对其费用高昂的研究和教学功能的最大支持。最好的那些公立院校大部分作为准私立大学运行，不仅依靠学生的学费和年度的州内支持（即使在最近几十年每个学生的额度一直在稳步下降），而且依靠竞争性的联邦拨款和合同（多半是在经过严格的同行评审后获得），由校友、企业和其他捐款人提供的捐助（受联邦税收政策鼓励），以及科学研究和技术创新产生的专利和特许收入。[8]

（3）大多数一流大学都认识到了教学与研究之间的协同作用并着意加以培养。[9]除了一些明显的例外，例如指定的研究型教授和数量越来越多的兼职教师，大多数终身教员两方面都做到了，至少在研究生阶段做到了。在学期论文、文章和学位论文中，学生的研究被视为教授关键的学科方法和标准、培养

---

[7] 美国大学，甚至是由州提供支持的大学，长期以来一直在获取校友的年度支持和特别支持方面走在世界前列。2013 年，加州大学系统从私人，主要是校友来源筹集了超过 16 亿美元。得克萨斯大学系统以 8.19 亿美元排名第二。私立的斯坦福大学是受捐数额远胜于其他大学的单个大学，数额为 9.31 亿美元。*CHE Almanac 2014-15*, 54.

[8] Kerr, *Great Transformation*, ch. 3.

[9] Vest, *American Research University*, 8; Rosovsky, *University*, 84-94; Rawlings, "Universities on the Defensive," 29; Jonathan R. Cole, *The Great American University: Its Rise to Preeminence, Its Indispensable National Role, Why It Must Be Protected* (New York: Public Affairs, 2009), 112.

原创性并确立稳固自信的最佳方式。在 1988 年博洛尼亚大学成立 900 周年之际，呼应着美国的这一信条，由 388 所欧洲大学的校长签署的《大学宪章》(Magna Charta Universitatum) 宣布，"大学的教学要想避免落后于不断变化的需求、社会提出的要求以及科学知识的进步，教学和研究就必定不可分割"。相应的，"教师的招募以及对其身份的规定"也必须坚持这一原则。[10]

（4）美国学术系科的结构（主要由学科或次级学科构成）也是教师素质的一个源头，因为各个系科，尤其是最好大学的系科，信任并鼓励新任教员创建自己的课程，加入重要的委员会，并投入他们选择的研究和学术领域的任何主题。助理教授不协助任何人，副教授同样如此。"他们并不是资深教授的从属者或学徒工，因此能为［他们的］院校带来源源不断的新的观念、激情和看法。"[11] 无论初级教员是"本校培养的"还是从竞争的院校引进的，所有人都必须通过终身教职的严酷考验，成为永久的教员。"不晋升就出局"是一项严格的标准，却由于受到顶尖大学激烈的排名竞争的助推而确保了高标准。与此同时，兼职和非全日制教员的上升趋势，尤其是在状况艰难的公立大学，对终身教员的稳定性、质量和全身心投入构成了威胁。

---

[10] Kevin Carey, "The Best Idea of the University," *Chronicle of Higher Education* (Oct. 5, 2012), A32, http://chronicle.com/article/The-Best-Idea-of-the/134758/?cid=at&ut.

[11] Vest, *American Research University*, 8 (quotation); Rosovsky, *University*, 171, 216-18; Christina González, "Can China Build Something Like the University of California?" *Inside Higher Ed* (May 31, 2012), https://www.insidehighered.com/views/2012/05/31/can-china-build-something-university-california-essay.

(5)在美国一流大学延揽资深成员担任全职教授或讲席教授之际,争取新教员的竞争加剧了。哈佛毫不掩饰地想为每个职位寻找"全世界最优秀的人",但它有许多竞争对手,后者怀着相似的野心,只是更为低调。无疑,普林斯顿、耶鲁、伯克利、斯坦福、芝加哥以及其他一些精英大学都想获得"最优秀人才",即使不是"在全世界范围内",至少也是就它们自己的需要、野心、预算和吹嘘的资格而言。无人能够否认,顶级野心是一种狂妄自大,但这是抬高门槛的一种方法,能防止安于 A- 而不是 A + 的应聘者,更不用说 B + 了;并且,无疑还能避免另一种危险,即近亲繁殖。[12]

(6)美国在大学建设方面的成功,部分要归功于学术界对有才华的外国学生、学者和教员的物色和接纳。与美国相比,中国可能吸引了更多的外国人到该国的大学,但这些人停留的时间要短得多,而且很少是为了攻读高级学位和获得教职。[13] 20 世纪 30 年代,当纳粹政权的"种族净化"法律把数百名犹太学者和教授驱离德国及其轴心征服国时,第一批也是最杰出的外国人作为希特勒送出的礼物拥入美国。阿尔伯特·爱因斯坦、欧文·潘诺夫斯基、汉娜·阿伦特、约

---

[12] Rosovsky, *University*, 31-32, 35, 195-96, 223, 226, 284; Cole, *Great American University*, 5, 186-90; William G. Bowen, *Higher Education in the Digital Age* (Princeton, N.J.: Princeton University Press, 2013;平装版附有材料和分析, 2014), 12; Kerr, *Great Transformation*, 41; John V. Lombardi, *How Universities Work* (Baltimore, Md.: Johns Hopkins University Press, 2013), 38, 42, 56; Vest, *American Research University*, 9。

[13] Ben Wildavsky, *The Great Brain Race: How Global Universities Are Reshaping the World* (Princeton, N.J.: Princeton University Press, 2010), ch. 3, at 73-74; Ben Wildavsky, "Mea Culpa," *Chronicle of Higher Education* (May 17, 2012), http://chronicle.com/blogs/worldwise/mea-culpa/29574?sid=at&utm.

翰·冯·诺伊曼和豪约·霍尔本等名流对美国研究和教学所做的贡献，表明了希特勒自己造成的损失是多么巨大。[14]随后继续到来的人，把"思想……丰富性这一鲜明特质"带入美国大学，尤其是在 STEM 科目中，同时也将"文化丰富性"带入社会科学、艺术和人文学科。[15]

（7）美国高等教育的一个鲜明特征是，坚定地相信教员和学生具有同等的学术自由。自 1915 年美国大学教授协会这一监督机构成立以来，大学一直想确保自己的基本活动免于政治、宗教和其他形式的干涉。[16]终身教职这一制度受到诸多误解，人们熟悉其试用期，却几乎无视此后的年度或短期评估。长期以来，它一直是教员依学科行会的建议和允许自由地从事教学和研究活动的堡垒。除终身教职外，竞争和能随身携带的退休账户（如美国教师退休基金会）为顶级教员创造了某种

---

[14] Rosovsky, *University*, 31; Jean Medawar and David Pyke, *Hitler's Gift: The True Story of the Scientists Expelled by the Nazi Regime* (New York: Arcade Publishing, 2000); Donald Fleming and Bernard Bailyn, eds., *The Intellectual Migration: Europe and America, 1930-1960* (Cambridge, Mass.: Harvard University Press, 1969); Laura Fermi, *Illustrious Immigrants: The Intellectual Migration from Europe, 1930-41* (Chicago: University of Chicago Press, 1968); Jarrell C. Jackman and Carla M. Borden, eds., *The Muses Flee Hitler: Cultural Transfer and Adaptation, 1930-1945* (Washington, D.C.: Smithsonian Institution Press, 1983).

[15] Vest, *American Research University*, 8.

[16] Richard Hofstadter and Walter P. Metzger, *The Development of Academic Freedom in the United States* (New York: Columbia University Press, 1955); Walter P. Metzger, ed., *The American Concept of Academic Freedom in Formation: A Collection of Essays and Reports* (New York: Arno Press, 1977); Louis Menand, ed., *The Future of Academic Freedom* (Chicago: University of Chicago Press, 1996).《大学宪章》（1988）宣称："研究和培养的自由是大学生活的基本原则。"但是，当它提出"政府和大学，**每一方依其自身涉及的程度**，必须确保对此基本要求的尊重"时，就不那么有说服力了。Carey, "Best Idea of the University"（强调为我所加）。

"自由选择权",正如在欧洲、亚洲和中东的大部分地区那样,这些教员的流动性不受文职或效力于皇家的义务限制。[17]

(8)美国研究型大学实力尤其强大,因为它们在管理上采用了类似的方式,并且与强大的师资相协调。无论是公立还是私立,它们依靠"相对独立"的世俗理事会、来自新一代"博学船长"的"开明和大胆"的校领导集体,以及任命的——因此是可撤换的——高级和中级管理人员,为教员在课程、研究生招生、研究以及教员的招聘、晋升和解聘方面保留了**几乎**独享的权力。现在,在高级教员和终身任期的决策方面,与过去的小型院校的校长一样,教务长和负责学术的院长通常具有决定性的投票权,但是大多数人选还是从教员中来,并力图按最高标准选任。这些特征使顶尖大学不仅能够灵活地适应"新的、不断变化的环境",而且获得了很大尺度的院校自主权来指引自身的命运,免受"政治权威和经济权力"的过度压力。[18]

(9)美国有一个悠久的传统,即着眼于塑造"完整的人"

---

[17] Cole, *Great American University*, 5, 32, 114; Rawlings, "Universities on the Defensive," 29; Kerr, *Great Transformation*, 41.

[18] 行政方面对预算的控制的**升级**(本身不是一种新现象)也限制了教师在招聘和课程扩展方面的自主权。Rosovsky, *University*, 33(第一处引用), 284; Cole, *Great American University*, 5(第二处引用), 115-16; Kerr, *Great Transformation*, 41(第三处引用); *Magna Charta Universitatum*, in Carey, "Best Idea of the University"(第四处引用); González, "Can China Build;" Lombardi, *How Universities Work*, ch. 14; Larry G. Gerber, *The Rise and Decline of Faculty Governance: Professionalization and the Modern American University* (Baltimore. Md.: Johns Hopkins University Press, 2014); William G. Bowen and Eugene M. Tobin, *Locus of Authority: The Evolution of Faculty Roles in the Governance of Higher Education* (Princeton, N.J.: Princeton University Press and Ithaka, 2015)。

而不仅仅是技术能力，向本科生提供广泛的文科教育。[19]美国的精英研究型大学在提供这种教育方面有两个优势。首先，在知识前沿从事研究工作的教授谙熟自己的学科，并能够让自己和其他研究人员的最新发现，对课堂讨论以及研究文章和论文的选题产生影响。其次，精英大学的财力和较高的师生比例，使它们能够为高素质的本科生提供"体验强烈、因人而异"的教学。即便是在大型的公立精英院校中，在较高层面以及实验室、研究班、座谈会和选择性的荣誉课程中的个性化指导，也提供了作为有效的、参与式学习之关键组成部分的"强烈体验"。[20]和我们那些最优秀的文科学院一样，精英大学提供优秀的教育（尤其是在人文学科和社会科学领域）、"行之有效的方法"，并通过个性化指导，对阅读、写作和辅导的细致重视，培养对智识探究的热情以及对原创性思想的珍视。[21]

（10）除了杰出的教员，美国的精英大学还公开争夺"最优秀的"，即具有多样天资的学生，放眼于庞大的国际人才库。随后，它们往往在"整体"评估之后录取很少的一部分人，这种评估的标准远远超出标准化考试成绩和高中平均绩点。[22]在过去的一个世纪中，美国在全国范围内开拓出了一个精英申请者人才库，凭借的是

---

[19] Rosovsky, *University*, ch. 6; Lawrence R. Veysey, *The Emergence of the American University* (Chicago: University of Chicago Press, 1965), ch. 4; Mark Van Doren, *Liberal Education* (New York: Henry Holt, 1943); Michael S. Roth, Beyond the University: *Why Liberal Education Matters* (New Haven, Conn.: Yale University Press, 2014).
[20] Lombardi, *How Universities Work*, 179-80.
[21] Rawlings, "Universities on the Defensive," 29. 一项互惠性的好处是，本科生的学费和本科校友的捐款有助于支撑研究生的项目和教员的研究工作。Cole, *Great American University*, 32; Joseph Ben-David, *American Higher Education: Directions Old and New* (New York: McGrawHill, 1972), 44-45.
[22] Vest, *American Research University*, 9; González, "Can China Build."

招生工作人员覆盖范围的扩大和说服技巧的提升，使长途访问得以实现的飞机旅行，大学预修（Advanced Placement，AP）和国际中学毕业会考（International Baccalaureate，IB）等高中课程，向应试者选择的院校报告分数的教育考试服务中心（学院理事会）考试，使优质学生脱颖而出的（私人资助的）全国优秀学生奖学金计划，STEM 科目和外语领域的地区性和全国竞赛，以及允许（并在技术上鼓励）通过点击鼠标和刷信用卡实现多重申请的线上"通用申请表"（Common Application）。

过去的一二十年中，美国还特别鼓励更多的表现最好的少数群体、第一代移民以及低收入高中生提交申请。富裕的大学，尤其是捐款充裕的私立大学，也实行"不考虑经济能力的"录取政策，并为低收入的被录取学生提供免息贷款作为经济援助，来减少当前存在的社会经济财富与占优势的录取率之间的重叠。如果州议会议员被证实反应迟钝，"标价"更低但对州内居民承担着更多责任的精英公立大学，便会通过积极的筹款和捐赠动员来达到同样的目标。

（11）美国大学经常遭到忽视的一个特点，在于"广泛而深入地投身于公共服务中"。这一必要事项最为明显地体现于19 世纪的"政府赠地大学"运动。但是，"今天，对公共服务的投入本质上已经渗透于大学领域的所有部分，并促成了与［美国］商业、工业和政府之间的强烈互动"。公立大学的存在主要是为了效力于自己所属的州，但私立大学也服务于公众利益，只不过是"按照自己的条件"来定义这种利益，往往相当宽泛。[23] 早在 1896 年，当属于社会精英的新泽西学院正式变

---

[23] Vest, *American Research University*, 9（引文）; Cole, *Great American University*, 114-15。

身为更为庄重的普林斯顿大学时，教员代言人伍德罗·威尔逊便赋予该校"为国家服务"这一座右铭，1988年在此基础上又增加了"为万国服务"。未来的普林斯顿校长以及美国总统威尔逊，只不过阐明了美国一流大学长期以来日益以之为指引的东西。[24] 教育和培养着来自其他国家的大量年轻人，并力图通过自身所做的研究来解决全球性大问题的那些大学，与美国的大学一样，为全球公众提供着双重服务。随着越来越多的其他国家意识到大学作为经济和人才"孵化器"的现代价值，并努力仿效精英式的美国研究模式（许多国家都是这么做的），它们的大学也会同时以负债和资产清单上的多重伪装来提升公共服务。

（12）美国精英大学的最后一个属性并不直接显现在全球排名中，那就是它们一般位于令人向往的地点，拥有唤起回忆的建筑和启发灵感的校园。其中许多大学位于拥挤的城市之外的大片土地上，或者它们存在时城市尚未发展起来，于是保护着城市的核心区域。大多数都投入了精心设计的景观，往往拥有建筑技艺高超的大楼。几乎所有大学都创建了住宿校区，有的有、有的没有标志性建筑和吸引人的公共空间，学生能在这

---

[24] James Axtell, *The Making of Princeton University: From Woodrow Wilson to the Present* (Princeton, N.J.: Princeton University Press, 2006), 604; Alexander Leitch, ed., *A Princeton Companion* (Princeton, N.J.: Princeton University Press, 1978), 385-87; Mark R. Nemec, *Ivory Towers and Nationalist Minds: Universities, Leadership, and the Development of the American State* (Ann Arbor: University of Michigan Press, 2006), esp. chs. 7-9; Nemec, "The Unappreciated Legacy: Wilson, Princeton, and the Ideal of the American State," in James Axtell, ed., *The Educational Legacy of Woodrow Wilson: From College to Nation* (Charlottesville: University of Virginia Press, 2012), 185-206; Adam R. Nelson, "Woodrow Wilson on Liberal Education for Statesmanship, 1890-1910," in ibid., 49-73.

里每天与教师进行多层次的互动。对于教员来说,地点"并不一定胜过基本条件:拥有最好的设施和资源来完成研究,并且能与第一流的同事和学生一起工作,这一点仍然会比地理位置更为重要",但"在其他条件大致相当时,地理位置就重要了"。美国在地理方面极为多样(并且基本上都很温和),每个地区都有自己独特的吸引人之处,这一点部分解释了为什么国内外的学生、学者和教员会被吸引到哈佛、耶鲁、普林斯顿、伯克利和斯坦福等美国一流大学,正如被吸引到牛津和剑桥一般。即使教师和学生最终是在网上进行更多的教学和学习,可以肯定的是,两者中的绝大多数人都更希望在熟悉的校园里完成这些事项,毕竟校园已经赢得了他们的忠诚甚至是钟爱。[25]

\* \* \*

1982年,伯克利和加州大学的前任校长克拉克·克尔提出了一个现在广为人知的断言,即在"到1520年时西方世界创建的、目前仍以能够识别的形式存在的约85个机构"中,包括天主教会、英国议会和"70所大学"。令人惊讶的是,"这70所大学……仍在原地"求索着它们的"永恒主题,即教学、学术和服务,以某种方式组合在一起"。在外人看来,它们

---

〔25〕 Cole, *Great American University*, 114 (quotation); Blumenstyk, *American Higher Education in Crisis?* 147-50, 154; González, "Can China Build"; Richard P. Dober, *Campus Architecture: Building in the Groves of Academe* (New York: McGraw-Hill, 1996); Paul Venable Turner, *Campus: An American Planning Tradition* (Cambridge, Mass.: MIT Press, 1984). 关于一位校园外来人员的欣慕之情,见"College Towns" in James Axtell, *The Pleasures of Academe: A Celebration & Defense of Higher Education* (Lincoln: University of Nebraska Press, 1998), ch. 10。

"属于变化最小的机构",但内部人士知道,它们"在多项职能和指导精神的重点方面已经大为不同"。[26]

当然,克尔的目标是要确认美国50多所精英研究型大学,包括他自己麾下加州大学多座校园的绵长血统。到2010年,在最终被卡内基教学促进基金会加以归类后,拥有"活跃"或"极为活跃"的研究活动的美国大学数量为200多所,仅占美国高等教育机构总数的4.4%。[27]不过,他也是在向那些精英大学的一种能力致敬,即在适应不断变化的使命和环境的同时,并未忘记或放弃自身的核心目标。如果说到目前为止,美国顶尖的研究型大学堪称古老的大学模式最为先进的化身,它们其实深深受惠于欧洲先祖们遗传下来的毅力,也受惠于各式各样的美国先驱的机敏之处,凭着这种机敏,它们充分利用了在崭新的世界中遭遇的种种独特状况和机遇。

---

[26] Clark Kerr, *The Uses of the University*, 3rd ed. (Cambridge, Mass.: Harvard University Press, 1982 [1963, 1972], 152.
[27] *Chronicle of Higher Education Almanac* 2014-15 (Aug. 22, 2014), 7.

# 推荐阅读

GENERAL

Cohen, Arthur M., with Carrie B. Kisker. *The Shaping of American Higher Education: Emergence and Growth of the Contemporary System*. 2nd ed. San Francisco: Jossey-Bass, 2010 [1998].

Curti, Merle, and Roderick Nash, *Philanthropy in the Shaping of American Higher Education*. New Brunswick, N.J.: Rutgers University Press, 1965.

Geiger, Roger L. *The History of American Higher Education: Learning and Culture in America from the Founding to World War II*. Princeton, N.J.: Princeton University Press, 2014.

Hamlin, Arthur T. *The University Library in the United States: Its Origins and Development*. Philadelphia: University of Pennsylvania Press, 1981.

Hofstadter, Richard, and Wilson Smith, eds. *American Higher Education: A Documentary History*. 2 vols. Chicago: University of Chicago Press, 1961.

Horowitz, Helen Lefkowitz. *Campus Life: Undergraduate Cultures from the End of the Eighteenth Century to the Present*. New York: Knopf, 1987.

Rudolph, Frederick. *The American College and University: A History. With Introductory Essay and Supplemental Bibliography by John R. Thelin*. Athens: University of Georgia Press, 1990 [1962].

———. *Curriculum: A History of the American Undergraduate Course of Study Since 1636*. San Francisco: Jossey-Bass, 1977.

Tejerina, Fernando, ed. *The University: An Illustrated History*. New York: Overlook Duckworth, 2011.

Thelin, John R. *Essential Documents in the History of American Higher Education*. Baltimore, Md.: Johns Hopkins University Press, 2014.

———. *A History of American Higher Education.* 2nd ed. Baltimore, Md.: Johns Hopkins University Press, 2011 [2004].
Thelin, John R., and Richard W. Trollinger. *Philanthropy and American Higher Education.* New York: Palgrave Macmillan, 2014.
Turner, Paul Venable. *Campus: An American Planning Tradition.* Cambridge, Mass.: MIT Press, 1984.

MEDIEVAL ORIGINS

Catto, J. I., ed. *The Early Oxford Schools.* Vol. 1 of *The History of the University of Oxford*, edited by T. H. Aston. 8 vols. Oxford: Clarendon Press, 1984.
———, ed. *Late Medieval Oxford.* Vol. 2 of *The History of the University of Oxford*, edited by T. H. Aston. 8 vols. Oxford: Clarendon Press, 1992.
Cobban, Alan B. *English University Life in the Middle Ages.* Columbus: Ohio State University Press, 1999.
———. *The Medieval English Universities: Oxford and Cambridge to c. 1500.* Berkeley: University of California Press, 1990 [1988].
———. "Medieval Student Power." *Past & Present*, no. 53 (November 1971), 28–66.
———. *The Medieval Universities: Their Development and Organization.* London: Methuen, 1975.
Courtney, William J. "Inquiry and Inquisition: Academic Freedom in Medieval Universities." *Church History* 58:2 (June 1989), 168–81.
De Ridder-Symoens, H., ed. *Universities in the Middle Ages.* Vol. 1 of *A History of the University in Europe*, edited by Walter Rüegg. Cambridge: Cambridge University Press, 1992.
Karras, Ruth Mazo. "Separating the Men from the Beasts: Medieval Universities and Masculine Formation." In *From Boys to Men: Formations of Masculinity in Late Medieval Europe*, 66–108, 181–94. Philadelphia: University of Pennsylvania Press, 2003.
Lawrence, C[lifford]. H[ugh]. *The Medieval Idea of a University: An Inaugural Lecture.* Bedford College, University of London, June 1972.
Leader, Damien Riehl. *The University to 1546.* Vol. 1 of *A History of the University of Cambridge*, edited by Christopher Brooke, 4 vols. Cambridge: Cambridge University Press, 1988.
Leff, Gordon. *Paris and Oxford Universities in the Thirteenth and Fourteenth Centuries: An Institutional and Intellectual History.* New York: John Wiley & Sons, 1968.
Novikoff, Alex J. "Toward a Cultural History of Scholastic Disputation." *American Historical Review* 117:2 (April 2012), 330–64.

Pedersen, Olaf. *The First Universities*: Studium Generale *and the Origins of University Education in Europe*. Translated by Richard North. Cambridge: Cambridge University Press, 1997.
Rashdall, Hastings. *The Universities of Europe in the Middle Ages*. New ed. by F. M. Powicke and A. B. Emden, 3 vols. Oxford: Oxford University Press, 1936 [1895].
Seybolt, Robert Francis, ed. and trans. *The Manuale Scholarium: An Original Account of Life in the Medieval University*. Cambridge, Mass.: Harvard University Press, 1921.
Thorndike, Lynn, ed. *University Life and Records in the Middle Ages*. New York: Columbia University Press, 1944.
Wagner, David L., ed. *The Seven Liberal Arts in the Middle Ages*. Bloomington: Indiana University Press, 1983.
Wieruszowski, Helene. *The Medieval University: Masters, Students, Learning*. Princeton, N.J.: D. Van Nostrand, 1966.

### TUDOR-STUART OXBRIDGE

Charlton, Kenneth. *Education in Renaissance England*. London: Routledge and Kegan Paul, 1965.
Curtis, Mark H. *Oxford and Cambridge in Transition, 1558–1642: An Essay on Changing Relations between the English Universities and English Society*. Oxford: Clarendon Press, 1959.
Feingold, Mordechai. *The Mathematicians' Apprenticeship: Science, Universities, and Society in England, 1560–1640*. Cambridge: Cambridge University Press, 1984.
Goulding, Robert. "Humanism and Science in the Elizabethan Universities." In *Reassessing Tudor Humanism*, edited by Jonathan Woolfson (Basingstoke, UK: Palgrave Macmillan, 2002), 223–42.
Leedham-Green, Elisabeth. "Cambridge Under the Tudors, 1485–1603." In *A Concise History of the University of Cambridge*, 29–65. Cambridge: Cambridge University Press, 1996.
McConica, James. "Humanism and Aristotle in Tudor Oxford." *English Historical Review* 94:371 (April 1979), 291–317.
———, ed. *The Collegiate University*. Vol. 3 of *The History of the University of Oxford*, edited by T. H. Aston, 8 vols. Oxford: Clarendon Press, 1986.
McLean, Antonia. *Humanism and the Rise of Science in Tudor England*. New York: Neal Watson Academic Publications, 1972.
Morgan, Victor, ed. *1546–1750*. Vol. 2 of *A History of the University of Cambridge*, edited by Christopher Brooke, 4 vols. Cambridge: Cambridge Uni-

versity Press, 2004.
O'Day, Rosemary. *Education and Society, 1500–1800: The Social Foundation of Education in Early Modern Britain.* London: Longman, 1982.
Porter, H. C. *Reformation and Reaction in Tudor Cambridge.* Cambridge: Cambridge University Press, 1958.
Sharpe, Kevin, "Archbishop Laud and the University of Oxford." In *History & Imagination: Essays in Honour of H. R. Trevor-Roper*, edited by Hugh Lloyd-Jones, Valerie Pearl, and Blair Worden, 146–64. London: Duckworth, 1981.
Simon, Joan. *Education and Society in Tudor England.* Cambridge: Cambridge University Press, 1966.
Thompson, Craig R. "Universities in Tudor England." In *Life and Letters in Tudor and Stuart England*, edited by Louis B. Wright and Virginia A. LaMar, 337–82. Ithaca, N.Y.: Cornell University Press for the Folger Shakespeare Library, 1962.
Tyacke, Nicholas, ed. *Seventeenth-Century Oxford.* Vol. 4 of *The History of the University of Oxford*, edited by T. H. Aston, 8 vols. Oxford: Clarendon Press, 1997.

COLONIAL AMERICAN COLLEGES

Axtell, James. *The School upon a Hill: Education and Society in Colonial New England.* New Haven, Conn.: Yale University Press, 1974. See ch. 6: "The Collegiate Way."
Broderick, Francis L. "Pulpit, Physics, and Politics: The Curriculum of the College of New Jersey, 1746–1794." *William & Mary Quarterly*, 3rd ser., 6:1 (January 1949), 42–68.
Foster, Margery Somers. *"Out of Smalle Beginings . . .": An Economic History of Harvard College in the Puritan Period (1636 to 1712).* Cambridge, Mass.: Harvard University Press, 1962.
Gordon, Anne D. *The College of Philadelphia, 1745–1779: The Impact of an Institution.* New York: Garland 1989.
Herbst, Jurgen. "The American Revolution and the American University." *Perspectives in American History* 10 (1976), 279–354.
———. *From Crisis to Crisis: American College Governance, 1636–1819.* Cambridge, Mass.: Harvard University Press, 1982.
———. "*Translatio Studii*: The Transfer of Learning from the Old World to the New." *History of Higher Education Annual* 12 (1992), 85–99.
Hoeveler, J. David. *Creating the American Mind: Intellect and Politics in the Colonial Colleges.* Lanham, Md.: Rowman and Littlefield, 2002.

Hornberger, Theodore. *Scientific Thought in the American Colleges, 1638–1800.* New York: Octagon Books, 1968 [1946].

Humphrey, David C. *From King's College to Columbia, 1746–1800.* New York: Columbia University Press, 1976.

Kraus, Joe W. "The Development of a Curriculum in the Early American Colleges." *History of Education Quarterly* 1:2 (June 1961), 64–76.

McAnear, Beverly. "College Founding in the American Colonies, 1745–1775." *Mississippi Valley Historical Review* 42:1 (June 1955), 24–44.

———. "The Raising of Funds by the Colonial Colleges." *Mississippi Valley Historical Review* 38:4 (March 1952), 591–612.

———. "The Selection of an Alma Mater by Pre-Revolutionary Students." *Pennsylvania Magazine of History and Biography* 73:4 (October 1949), 429–40.

Miller, Howard. *The Revolutionary College: American Presbyterian Higher Education, 1707–1837.* New York: New York University Press, 1976.

Morison, Samuel Eliot. *The Founding of Harvard College.* Cambridge, Mass.: Harvard University Press, 1935.

———. *Harvard in the Seventeenth Century.* 2 vols. Cambridge, Mass.: Harvard University Press, 1935.

———. *Three Centuries of Harvard, 1636–1936.* Cambridge, Mass.: Harvard University Press, 1936.

Morpurgo, J. E. *Their Majesties' Royall Colledge: William and Mary in the Seventeenth and Eighteenth Centuries.* Williamsburg: Endowment Association of The College of William and Mary of Virginia, 1976.

Peckham, Howard H. "*Collegia Ante Bellum*: Attitudes of College Professors and Students toward the American Revolution." *Pennsylvania Magazine of History and Biography* 95:1 (January 1971), 50–72.

Robson, David W. *Educating Republicans: The College in the Era of the American Revolution, 1750–1800.* Westport, Conn.: Greenwood Press, 1985.

Tucker, Louis Leonard. "Centers of Sedition: Colonial Colleges and the American Revolution." *Proceedings of the Massachusetts Historical Society* 91 (1979), 16–34.

Warch, Richard. *School of the Prophets: Yale College, 1701–1740.* New Haven, Conn.: Yale University Press, 1974.

ANTEBELLUM COLLEGES

Allmendinger, David F., Jr. *Paupers and Scholars: The Transformation of Student Life in Nineteenth-Century New England.* New York: St. Martin's Press, 1975.

Beadie, Nancy, and Kim Tolley, eds. *Chartered Schools: Two Hundred Years of Independent Academies in the United States, 1727–1925.* New York: Routledge

Fulmer, 2002.
Burke, Colin B. *American Collegiate Populations: A Test of the Traditional View.* New York: New York University Press, 1982.
Coulter, E. Merton. *College Life in the Old South.* Athens: University of Georgia Press, 1983 [1928].
Durrell, Wayne K. "The Power of Ancient Words: Classical Teaching and Social Change at South Carolina College, 1804–1860." *Journal of Southern History* 65:3 (August 1999), 469–98.
Eschenbacher, Herman. "When Brown Was Less than a University but Hope Was More than a College." *Brown Alumni Magazine* (February 1980), 26–33.
Findlay, James. "'Western' Colleges, 1830–1870: Educational Institutions in Transition." *History of Higher Education Annual* 2 (1982), 35–64.
Geiger, Roger L., ed. *The American College in the Nineteenth Century.* Nashville, Tenn.: Vanderbilt University Press, 2000.
——. "The Reformation of the Colleges in the Early Republic, 1800–1820." *History of Universities* 16:2 (2000), 129–82.
Guralnick, Stanley M. *Science and the Ante-Bellum American College.* Memoirs of the American Philosophical Society 109 (Philadelphia, 1975).
Harding, Thomas S. *College Literary Societies: Their Contribution to Higher Education in the United States, 1815–1876.* New York: Pageant Press, 1971.
Henry, James Buchanan, and Christian Henry Scharff. *College as It Is, or, The Collegian's Manual in 1853.* Edited by J. Jefferson Looney. Princeton, N.J.: Princeton University Libraries, 1996.
Herbst, Jurgen. "American Higher Education in the Age of the College." *History of Universities* 7 (1988), 37–59.
Knight, Edgar W., ed. *A Documentary History of Education in the South Before 1860.* 5 vols. Chapel Hill: University of North Carolina Press, 1949–53. Vol. 3, *The Rise of the State University* (1952). Vol. 4, *Private and Denominational Efforts* (1953).
Naylor, Natalie A. "The Antebellum College Movement: A Reappraisal of Tewksbury's *Founding of American Colleges and Universities.*" *History of Education Quarterly* 13 (Fall 1973), 261–74.
Noll, Mark A. *Princeton and the Republic, 1768–1822: The Search for a Christian Enlightenment in the Era of Samuel Stanhope Smith.* Princeton, N.J.: Princeton University Press, 1989.
Pace, Robert F. *Halls of Honor: College Men in the Old South.* Baton Rouge: Louisiana State University Press, 2004.
Potts, David B. *Liberal Education for a Land of Colleges: Yale's Reports of 1828.* New York: Palgrave Macmillan, 2010.

Schmidt, George P. *The Old-Time College President*. New York: Columbia University Press, 1930.
Sizer, Theodore R. ed., *The Age of the Academies*. Classics in Education. No. 22. New York: Bureau of Publications, Teachers College, Columbia University, 1964.
Smith, Wilson. "Apologia pro Alma Matre: The College as Community in Ante-Bellum America." In *The Hofstadter Aegis: A Memorial*, edited by Stanley Elkins and Eric McKitrick, 125–53. New York: Alfred A. Knopf, 1974.
Sumner, Margaret. *Collegiate Republic: Cultivating an Ideal Society in Early America*. Charlottesville: University of Virginia Press, 2014.
Winterer, Caroline. *The Culture of Classicism: Ancient Greece and Rome in American Intellectual Life, 1780–1910*. Baltimore, Md.: Johns Hopkins University Press, 2002.

### THE GERMAN IMPRESS

Ben-David, Joseph. "The Universities and the Growth of Science in Germany and the United States." *Minerva: A Review of Science, Learning, and Policy* 7:1–2 (Autumn–Winter 1968–69), 1–35.
Clark, William. *Academic Charisma and the Origins of the Research University*. Chicago: University of Chicago Press, 2006.
Conrad, Johannes. *The German Universities for the Last Fifty Years*. Translated by John Hutchison. Glasgow: D. Bryce and Son, 1885 [1884].
Diehl, Carl. *Americans and German Scholarship, 1770–1870*. New Haven, Conn.: Yale University Press, 1978.
Goodchild, Lester F. and Margaret M. Miller, "The American Doctorate and Dissertation: Six Developmental Stages." *New Directions for Higher Education*, no. 99 (Fall 1999), 17–32.
Hart, James Morgan. *German Universities: A Narrative of Personal Experience*. New York: G. P. Putnam's Sons, 1874.
Herbst, Jurgen. *The German Historical School in American Scholarship: A Study in the Transfer of Culture*. Ithaca, N.Y.: Cornell University Press, 1965.
Kohler, Robert E. "The Ph.D. Machine: Building on the Collegiate Base." *Isis* 81:4 (Dec. 1990), 638–62.
Long, Orie William. *Literary Pioneers: Early American Explorers of European Culture*. Cambridge, Mass.: Harvard University Press, 1935.
Mazón, Patricia M. *Gender and the Modern Research University: The Admission of Women to German Higher Education, 1865–1914*. Stanford, Calif.: Stanford University Press, 2003.

McClelland, Charles E. *State, Society, and University in Germany, 1700–1914*. New York: Cambridge University Press, 1980.

Metzger, Walter P. "The German Contribution to the American Theory of Academic Freedom." *Bulletin of the American Association of University Professors* 41:2 (Summer 1955), 214–30.

Paulsen, Friedrich. *The German Universities: Their Character and Historical Development*. Translated by Edward Delavan Perry. New York: Macmillan, 1895.

Reingold, Nathan. "Graduate School and Doctoral Degree: European Models and American Realities." In *Scientific Colonialism*, edited by Nathan Reingold and Marc Rothenberg, 129–49. Washington, D.C.: Smithsonian Institution Press, 1986.

Ryan, W. Carson. *Studies in Early Graduate Education*. Bull. 30 (New York: Carnegie Foundation for the Advancement of Teaching, 1939).

Singer, Sandra L. *Adventures Abroad: North American Women at German-Speaking Universities, 1868–1915*. Westport, Conn.: Praeger, 2003.

Storr, Richard J. *The Beginning of the Future: A Historical Approach to Graduate Education in the Arts and Sciences*. New York: McGraw-Hill, 1973.

———. *The Beginnings of Graduate Education in America*. Chicago: University of Chicago Press, 1953.

Thwing, Charles Franklin. *The American and the German Universities: One Hundred Years of History*. New York: Macmillan, 1928.

Turner, James, and Paul Bernard. "The 'German Model' and the Graduate School: The University of Michigan and the Origin Myth of the American University." *History of Higher Education Annual* 13 (1993), 69–98.

Wellmon, Chad. *Organizing Enlightenment: Information Overload and the Invention of the Modern Research University*. Baltimore, Md.: Johns Hopkins University Press, 2015.

Werner, Anja. *The Transatlantic World of Higher Education: Americans at German Universities, 1776–1914*. New York: Berghahn Books, 2013.

THE NEW UNIVERSITIES

Axtell, James. *The Making of Princeton University: From Woodrow Wilson to the Present*. Princeton, N.J.: Princeton University Press, 2006.

Elliott, Orrin Leslie. *Stanford University: The First Twenty-Five Years*. Stanford, Calif.: Stanford University Press, 1937.

Geiger, Roger L. *To Advance Knowledge: The Growth of the American Research Universities, 1900–1940*. New York: Oxford University Press, 1986.

Goldin, Claudia, and Lawrence F. Katz. "The Shaping of Higher Education:

The Formative Years in the United States, 1890 to 1940." *Journal of Economic Perspectives* 13:1 (Winter 1999), 37–62.

Goodspeed, Thomas Wakefield. *A History of the University of Chicago: The First Quarter-Century.* Chicago: University of Chicago Press, 1972 [1916].

Karabel, Jerome. *The Chosen: The Hidden History of Admission and Exclusion at Harvard, Yale, and Princeton.* Boston: Houghton Mifflin, 2005.

Leslie, W. Bruce. *Gentlemen and Scholars: College and Community in the 'Age of the University,' 1865–1917.* University Park, Pa.: Penn State University Press, 1992.

Levine, David O. *The American College and the Culture of Aspiration, 1915–1940.* Ithaca, N.Y.: Cornell University Press, 1986.

Newfield, Christopher. *Ivy and Industry: Business and the Making of the American University, 1880–1980.* Durham, N.C.: Duke University Press, 2003.

Reuben, Julie A. *The Making of the Modern University: Intellectual Transformation and the Marginalization of Morality.* Chicago: University of Chicago Press, 1996.

Roberts, Jon H., and James Turner. *The Sacred and the Secular University.* Princeton, N.J.: Princeton University Press, 2000.

Shils, Edward. "The Order of Learning in the United States: The Ascendancy of the University." In *The Organization of Knowledge in Modern America, 1860–1920,* edited by Alexandra Oleson and John Voss, 19–47. Baltimore, Md.: Johns Hopkins University Press, 1979.

Slosson, Edwin E. *Great American Universities.* New York: Macmillan, 1910.

Stadtman, Verne A. *The University of California, 1868–1968.* New York: McGraw-Hill, 1970.

Stone, James C., and Donald P. DeNeri, eds. *Portraits of the American University, 1890–1910.* San Francisco: Jossey-Bass, 1971.

Storr, Richard J. *Harper's University: The Beginnings.* Chicago: University of Chicago Press, 1966.

Turner, James. *Philology: The Forgotten Origins of the Modern Humanities.* Princeton, N.J.: Princeton University Press, 2014.

Veysey, Laurence R. *The Emergence of the American University.* Chicago: University of Chicago Press, 1965.

GLOBAL ASCENDANCE

Archibald, Robert B., and David H. Feldman. *Why Does College Cost So Much?* New York: Oxford University Press, 2011.

Blumenstyk, Goldie. *American Higher Education in Crisis? What Everyone*

*Needs to Know*. New York: Oxford University Press, 2015.
Bok, Derek. *Higher Education in America*. Princeton, N.J.: Princeton University Press, 2013.
———. *Universities in the Marketplace: The Commercialization of Higher Education*. Princeton, N.J.: Princeton University Press, 2003.
Bowen, William G., and Derek Bok. *The Shape of the River: Long-Term Consequences of Considering Race in College and University Admissions*. Princeton: Princeton University Press, 1998.
Bowen, William G., Matthew M. Chingos, and Michael S. McPherson. *Crossing the Finish Line: Completing College at America's Public Universities*. Princeton, N.J.: Princeton University Press, 2009.
Bowen, William G., Martin A. Kurzweil, and Eugene M. Tobin. *Equity and Excellence in American Higher Education*. Charlottesville: University of Virginia Press, 2005.
Bowen, William G., and Sarah A. Levin. *Reclaiming the Game: College Sports and Educational Values*. Princeton, N.J.: Princeton University Press, 2003.
Bowen, William G., and Eugene Tobin. *Locus of Authority: The Evolution of Faculty Roles in the Governance of Higher Education*. Princeton, N.J.: Princeton University Press, 2015.
Brint, Steven, ed. *The City of Intellect: The Changing American University*. Stanford, Calif.: Stanford University Press, 2002.
Charles, Camille Z., Mary J. Fischer, Margarita A. Mooney, and Douglas S. Massey. *Taming the River: Negotiating the Academic, Financial, and Social Currents in Selective Colleges and Universities*. Princeton, N.J.: Princeton University Press, 2009.
Clotfelter, Charles T. *Big-Time Sports in American Universities*. New York: Cambridge University Press, 2011.
———. *Buying the Best: Cost Escalation in Elite Higher Education*. Princeton, N.J.: Princeton University Press, 1996.
Cole, Jonathan R. *The Great American University: Its Rise to Preeminence, Its Indispensable National Role, Why It Must Be Protected*. New York: Public Affairs, 2009.
Espenshade, Thomas J., and Alexandria Walton Radford. *No Longer Separate, Not Yet Equal: Race and Class in Elite College Admission and Campus Life*. Princeton, N.J.: Princeton University Press, 2009.
Geiger, Roger L. *Knowledge and Money: Research Universities and the Paradox of the Marketplace*. Stanford, Calif.: Stanford University Press, 2004.
———. *Research and Relevant Knowledge: American Research Universities Since World War II*. New York: Oxford University Press, 1993.
Gerber, Larry G. *The Rise and Decline of Faculty Governance: Professionaliza-

*tion and the Modern American University*. Baltimore, Md.: Johns Hopkins University Press, 2014.

Graham, Hugh Davis, and Nancy Diamond. *The Rise of American Research Universities: Elites and Challengers in the Postwar Era*. Baltimore, Md.: Johns Hopkins University Press, 1997.

Henry, David D. *Challenges Past, Challenges Present: An Analysis of American Higher Education Since 1930*. San Francisco: Jossey-Bass, 1975.

Kerr, Clark. *The Uses of the University*. 3rd ed. Cambridge, Mass.: Harvard University Press, 1982.

Kirp, David L. *Shakespeare, Einstein, and the Bottom Line: The Marketing of Higher Education*. Cambridge, Mass.: Harvard University Press, 2003.

Levine, Arthur. "Higher Education as a Mature Industry." In *In Defense of American Higher Education*, edited by Philip G. Altbach, Patricia J. Gumport, and D. Bruce Johnstone, 38–58. Baltimore, Md.: Johns Hopkins University Press, 2001.

Lombardi, John V. *How Universities Work*. Baltimore, Md.: Johns Hopkins University Press, 2013.

Rhode, Deborah L. *In Pursuit of Knowledge: Scholars, Status, and Academic Culture*. Stanford, Calif.: Stanford University Press, 2006.

Rosovsky, Henry. *The University: An Owner's Manual*. New York: W. W. Norton, 1990.

Shulman, James L., and William G. Bowen. *The Game of Life: College Sports and Educational Values*. Princeton, N.J.: Princeton University Press, 2001.

Smith, G. Kerry, ed. *1945–1970: Twenty-Five Years*. San Francisco: Jossey-Bass, 1970.

Smith, Wilson, and Thomas Bender, eds. *American Higher Education Transformed, 1940–2005: Documenting the National Discourse*. Baltimore, Md.: Johns Hopkins University Press, 2008.

Vest, Charles M. *The American Research University from World War II to World Wide Web: Governments, the Private Sector, and the Emerging Meta-University*. Berkeley: University of California Press, 2007.

Wildavsky, Ben. *The Great Brain Race: How Global Universities Are Reshaping the World*. Princeton, N.J.: Princeton University Press, 2010.

## 图　目

图1. 博洛尼亚大学的中世纪教室，1350年代

图2. 中世纪用来记笔记的蜡板，14世纪

图3. 用链子锁住的图书，牛津大学默顿学院图书馆

图4. 国王比创始人更显眼，牛津大学沃德姆学院

图5. 学院之城：剑桥，1575年

图6. 在16世纪的剑桥焚烧"异端"书籍和遗骸

图7. 宽敞的博德利图书馆，牛津大学

图8. 哈佛第一座建筑复原

图9. 哈佛的三所"学院"，1726年

图10. 拿骚堂与院长楼，普林斯顿，1764年

图11. 宾夕法尼亚大学徽章上的里滕豪斯太阳系仪

图12. 佐治亚大学校园，1854年

图13. 耶鲁的"哥特式复古"风格图书馆，1858年

图14. 联合学院为解决纪律问题建造的宿舍楼

图15. 傲慢的南方学院学生

图16. 哈佛的背诵课，1877年

图17. 哥廷根大学与图书馆，约1815年

图18. 书房中的巴兹尔·兰诺·吉尔德斯利夫肖像

图 19. 典型的德语字体页面，1894 年

图 20. 利奥波德·冯·兰克教授，柏林大学，约 1867 年

图 21. 芝加哥大学的"学院哥特式"校园规划，1894 年

图 22. 斯坦福的"西班牙布道院风格"校园，2005 年

图 23. 斯坦福的地震受害者：路易·阿加西，1906 年

图 24. 不断扩建的杜尔图书馆，加州大学伯克利分校

图 25. 住在威斯康星大学的"二战"退伍军人

图 26. 学术、产业、战事融为一体，1958 年

图 27. 加州大学伯克利分校总体规划，1899 年

图 28. 哈佛大学怀德纳图书馆，1915 年

# 出处说明

图 1、4、5、17、20、23、24 和 28 承蒙"维基共享资源"（Wikimedia Commons）提供；图 9、10、12—14、21 和 27 承蒙保罗·维纳布尔·特纳提供；图 2 承蒙索尼娅·奥康纳和多米尼克·特威德尔提供；图 3 来自伯内特·希尔曼·斯特里特，《上了链的图书馆》(*The Chained Library*, Macmillan, 1931)；图 6 来自约翰·福克斯，《基督教会的行为和纪念碑》(*Acts and Monuments of the Christian Church*, London, 1563)；图 7 承蒙威尔康姆研究所（Welcome Institute）提供；图 8 来自塞缪尔·艾略特·莫里森，《哈佛学院的创立》(*The Founding of Harvard College*, Harvard University Press, 1935)；图 11 承蒙普林斯顿大学图书馆提供；图 15，波特·克雷恩绘制的"学生"，来自《哈泼斯新月刊》杂志 (*Harper's New Monthly Magazine*)，13：75（1856 年 8 月）；图 16 来自 F. G. 阿特伍德，《耶鲁和哈佛学生的礼仪和习俗》(*Manners and Customs of Ye Harvard Studente*, 1877)；图 18 经弗吉尼亚历史学会许可使用（1989.27.1）；图 19 承蒙威廉与玛丽学院厄尔·G. 斯韦姆图书馆特别馆藏部提供；图 22 经 Plexuss.com 许可使用；图 25 来自米尔顿·格林伯格，《美国退伍军人权利法案》(*The GI Bill*, Lickle, 1997)；图 26 经《纽约客》许可使用。

# 索 引

（所列数字为原书页码，即本书边码。粗体页码表示位于图注中*）

Abelard, Peter, 彼得·阿伯拉尔 3, 27-28；"是和否", 25
academies, American, 美国的专门学校 150, 151-59, 179, 184, 217；建筑, 153-54；与殖民地时期的学院, 126-27, 130；课程, 152, 155-57, 158；女生, 156；与兄弟会, 153；筹款, 167；地理分布与受欢迎程度, 158；作为大专学校或中等学校, 151；图书馆与设备, 154；多功能的, xvi；数量, 151；招生人数, 158n29；师生比例, 157；教师, 152-53
Adams, Charles K., 查尔斯·K.亚当斯 261
Adams, Herbert Baxter, 赫伯特·巴克斯特·亚当斯 233n29

Adams, John, 约翰·亚当斯 118
Advanced Placement (AP), 大学预修 280, 370
Aeschylus, 埃斯库罗斯 202
African American colleges, 非裔美国人大学 281, 323
African Americans, 非裔美国人 310n80, 323, 352
Agassiz, Louis, 路易·阿加西 **300**
Agricola, Rudolph, 鲁道夫·阿格里科拉 80-81, 101
Alabama, 亚拉巴马州 155
Alabama, University of, 亚拉巴马大学 188n100
*Altertumswissenschaft*, 古典文明 202
alumni, 校友 61, 168n54, 285, 365n7；协会, 168, 292, 293；

---

\* 字母 n 指位于注释（note）中。

与体育运动，360；与理事会，292；来自～的捐款，366；筹款，292，312，313-14；与毕业生社团，292；重聚，292

American Academy of Science，美国科学院 329

American Association for the Advancement of Science，美国科学促进会 200，351n94

American Association of University Professors，美国大学教授协会 266，368

American Civil War，美国内战 147，152，154，156，215，276；战后时期，220，221，222，226

American Council of Education，美国教育委员会 327

American Council of Learned Societies，美国学术团体理事会 308，351n94

American Education Society，美国教育协会 167-68

American frontier，美国边境 142，148，221，276；位于～的学院，149，169，171，174，179，182，184，208，209

American Historical Association，美国历史协会 274

American Home Missionary Society，美国本土宣教协会 167

*American Journal of Mathematics*，《美国数学杂志》273

*American Journal of Science and Arts*，《美国科学与艺术杂志》200

American Legion，美国退伍军人协会 319

American Philological Association，美国哲学协会 306

American Revolution，美国革命 xvi，123，127，134，137，141，143，145，147

Amherst College，阿默斯特学院 155，172，283；校友，168n54；实验室，259；图书馆，213；与后殖民地时期的专门学校，155；背诵课，196；研究班，261；体育设施，193；教学，203-4

Anderson, Walker，沃克·安德森 181

Andover Theological Seminary，安德沃神学院 163n40，180

Angell, James B.，詹姆斯·B. 安吉立 261，272，312

Angers, University of，昂热大学 14，16，34

Anglicans，圣公会 123，126；与国王学院，126n52，135；与宾夕法尼亚大学，127n53，135；与威廉与玛丽学院，135. 参见 Church of England

Anne Boleyn, Queen，安妮·博林王后 46

Antwerp, printers and publishers of，安特卫普的印刷商和出版商 101

Aquinas, Thomas，托马斯·阿奎那 27

Arabic，阿拉伯语 83，99
Arabic numbers，阿拉伯数字 85
Arabs，阿拉伯人 2，20
architecture，建筑 171；学院式哥特风格，174，297，**298**；Federalist，联邦主义 170；梁式哥特风格，298；哥特复古式，173-74；希腊复古式，172-73. 参见 buildings
Arendt, Hannah，汉娜·阿伦特 368
aristocracy，贵族 45，47-48，73-75，112-13. 参见 social class
Aristophanes，阿里斯托芬 206
Aristotle，亚里士多德 30-31，89；与美洲殖民地时期的学院，135；与剑桥，77，82，83，84；与人文主义，78，82；《新逻辑》，25n62；与中世纪的课程 8，20，21；与观察性和实验性自然科学，45；与口头辩论，25；与牛津，77，82，83；《物理学》，8；与经院哲学，21；《论题篇》，25n62
arithmetic，算术 19，84，85，130. 参见 mathematics
Arizona, University of，亚利桑那大学 283
Armstrong, A. C.，A. C. 阿姆斯特朗 254-55
Arnett, Trevor，特雷弗·安尼特 296-97
Arnold, Matthew，马修·阿诺德 272
Arthur Tudor, Prince of Wales，威尔士亲王阿瑟·都铎 46 诸艺，343，368. 参见 liberal arts；seven liberal arts
Ascham, Roger，罗杰·阿谢姆 72
Asian Americans，亚裔美国人 323
Association of American Universities，美国大学协会 269，282，283，286，309
Association of Colleges and Secondary Schools，学院和中学协会 287
Association of Research Libraries，研究型图书馆协会 355
astronomy，天文学 19，85，200；与美国专门学校，157；与殖民地时期的学院，137，138；与哈佛课程，116；与太阳系仪，139，**140**；牛津和剑桥的，82，84，85，86. 参见 natural philosophy；quadrivium
Athens，雅典 105，202
athletics，体育运动 192-94，284，347，358-62
atomic bomb，原子弹 330
Atomic Energy Commission（AEC），原子能委员会 332
AT&T，AT&T 公司 277
Authentic *Habita*，《真理令》4-5
Averroës，阿威罗伊斯 20
Avicenna，阿维琴纳 20
Avignon，阿维尼翁 40
Avignon, University of，阿维尼翁大学 12，16

Babcock, Kendric, 肯德里克·巴布科克 283

Bacon, Francis, 弗朗西斯·培根 135

Bacon, Roger, 罗杰·培根 20, 40

Baldwin, J. Mark, J. 马克·鲍德温 227n17, 231, 232, 238

Baldwin, Theron, 西伦·鲍德温 161

Bancroft, Frederic, 弗雷德里克·班克罗夫特 247

Bancroft, George, 乔治·班克罗夫特 217

Baptists, 浸礼会教友 126n52, 159, 165, 166, 169, 177

Barnard, Frederick, 弗雷德里克·巴纳德 226

Barzun, Jacques, *The American University*, 雅克·巴尔赞,《美国大学》344n73

Basle, printers and publishers of, 巴塞尔的印刷商和出版商 101

Bayh-Dole Act of 1980, 1980 年《拜杜法案》337n55

bedels, 仪仗官 7, 16, 33, 51

Beecher, Edward, 爱德华·比彻 167

Belcher, Jonathan, 乔纳森·贝尔彻 125

Bell Telephone Laboratories, 贝尔电话实验室 329

Berlin, University of, 柏林大学 227, 230, 245, 251, 261, 264, 265

Bible,《圣经》29, 30, 38n91, 99, 139, 140, 148, 205; 与阿伯拉尔, 25; 与哈佛课程, 117; 希伯来语, 45; 詹姆斯国王钦定本, 55; 与文科诸艺, 4; 与中世纪课程, 8; 羊皮纸与一般纸张, 87; 与真理, 18

Big Science, "大科学" 339

*Bildung*, "自我教化" 202, 271-72

Black Pride movement, "黑人荣誉"运动 352

Blair, James, 詹姆斯·布莱尔 124

Bluntschli, J. K., J. K. 布伦奇利 233n29

Board of Trade and Plantations, 贸易和种植园委员会 124

Bodin, Jean, *De republica*, 让·布丹,《共和六论》84

Bodley, Sir Thomas, 托马斯·博德利爵士 55, 94

Boeckh, August, 奥古斯特·博基 230

Boethius, 波伊提乌 20

Bologna, University of, 博洛尼亚大学 xvi, 1n1, 7, 11, 366; 书商, 32; 西班牙学院, 10, 36; 第一批章程, 4; 创立 3; 图书馆, 36; 医学, 76; 与牛津和剑桥, 43; 与经院哲学, 21; 规模, 12; 文具商, 31; 学生同乡会, 6

*Book of Common Prayer, The*,《公祷书》47 图书, 5; 注释, 104; 战后学院中的, 207-17; 与经文的权威性, 103; 装订者, 29; 博德利图书馆的目录, 95; 焚烧,

索 引 449

91，100；在剑桥，83-84，85，87-104；上锁的卷册，34，**35**，36，37，88，90，93；修订版，103；电子化的，357；勘误表，103；与欧洲出版商，100，101；与哈佛，118；异教的，48，49；图案彩饰，29；索引与参考书目，104；与中世纪大学，22-23，27，29-37；在牛津，83-84，85，87-104；私人拥有，92-93，103；价格，31-32；清除，89-90；与阅读实践，103；对制作者的监管，29；用～代替手稿经文，44. 参见 libraries; print and printing

booksellers，书商 5，31-32，94，98，100-101，233

Bowdoin College，鲍登学院 149，168n54，210

Bowen, William G.，威廉·G. 鲍文 339n60

bowling, of cannon-balls in Nassau Hall（Princeton），拿骚堂的保龄球道（普林斯顿）132，176，193

Boyle, Robert，罗伯特·玻意耳 135

Brahe, Tycho，第谷·布拉赫 82

Braun, Georg, and Frans Hogenberg, *Civitas orbis terrarum*，格奥尔格·布劳恩和弗兰斯·霍根伯格，《世界之国》**66**

Briggs, Henry，亨利·布里格斯 85

British Empire，大英帝国 147

Brooke, Lord，布鲁克勋爵 83

Brown University 布朗大学：在校生年龄，184；校友，168n54，292；课程，197；选修课，263；作为罗得岛学院创立，127；与大学的观念，219；图书馆，209，212；科学院系，200；理事，125n50；女生，310n80. 参见 Rhode Island College

Bryant, William Cullen，威廉·卡伦·布莱恩特 215

Buckingham, Duke of，白金汉公爵 83

buildings 建筑：美国专门学校的，153-54；美国战后学院的，169-76，192，209-10；美洲殖民地时期学院的，131-32；美国大学的，xvii，297-302，313，372；剑桥大学的，9，132；哈佛学院的，120；国王学院的，132；中世纪大学的，8，9-11；牛津大学的，9，132；普林斯顿学院（新泽西学院）的，131-32；耶鲁学院的，131，132，171-72，174. 参见 architecture

bureaucracies, medieval，中世纪的官僚机构 2

Burgersdijk, Franco（Franciscus Burgersdicius），佛朗哥·伯格斯迪克 81，101

Burgess, John W.，约翰·W. 伯吉斯 228n19，247n52，261

Burghley, William Cecil, Lord，伯利勋爵，威廉·塞西尔 65，68n56，

75

Burgis, William, 威廉·伯吉斯 121

Buridan, Jean, 让·比里当 20

Burr, George Lincoln, 乔治·林肯·伯尔 250n59

Bush, Vannevar, 万尼瓦尔·布什 329;《科学：永无止境的前沿》, 331-32 业务, 130-31, 198, 276, 289, 290, 291, 292, 294, 295, 296, 336-37, 343. 参见 corporations; industry; merchants, American

Butler, Nicholas Murray, 尼古拉斯·默里·巴特勒 226-27n16, 294-95

Byron, Lord, 拜伦勋爵 215

Byzantium, 拜占庭 105

Caesar, *Commentaries*, 恺撒,《高卢战记》84

Caldwell, Joseph, 约瑟夫·考德威尔 181

California, University of, 加州大学 285, 365n7, 373; 担任理事的校友, 293; 与美国大学协会, 282; 体育设施, 305; 杂志, 307; 作为巨型大学, 340n62; 斯洛森的排名, 284; 本科学院, 283

California, University of (Berkeley), 加州大学（伯克利分校）xvi, 309, 340n62, 346; 与原子弹, 330; 争夺教员, 367; 杜尔纪念图书馆, 303-4, **304**, 355; 与第二次世界大战, 331

California, University of (Los Angeles), 加州大学（洛杉矶分校）331

California, University of (San Francisco), 加州大学（旧金山分校）331

California Institute of Technology (Caltech), 加州理工学院 329, 331, 333, 335, 349

Calvinism, 加尔文宗 113

Cambridge, MA, 剑桥, 文科硕士 107

Cambridge, University of, 剑桥大学 xv, 43n2, 228, 280, **298**; 校友, 61; 与美国学生宿舍, 175, 176; 阿拉伯语, 83; 亚里士多德, 84; 算术, 85; 天文学, 85; 文学士, 77, 86; 神学学士, 76; 仪仗官, 51; 图书, 87-104; 书商, 98, 100-101; 在布劳恩和霍根伯格笔下, **66**; 建筑, 9, 132; 校长, 50, 51-52, 61, 65; 与追思弥撒捐款, 47-48, 59-60; 与查理一世, 53, 62; 基督学院, 84, 95, 98, 111, 114; 与民法, 76; 卡莱尔学院, 92; 学院院长, 49, 50, 52, 56, 61, 62, 65, 70; 学院图书馆 88-93; 学院, 65-66; 学院的自由, 114, 115; 与殖民地时期的新英格兰, xvi; 法人权利与特权, 45; 王权对～的司法管

索 引 | 451

辖权，49；课程，71，75，76-82，83-84，86，114；对国家的依赖，45；辩论，71；与爱德华1549年的雕像，85；与爱德华六世，47；与伊丽莎白一世，49，52，53-54；伊曼纽尔学院，109-14，116，145；用捐款设立的讲师职位和教授职位，57；与英国政府和宗教，43，44；招生，145；创立，2-3；宗派主义，61；院系，51，59，65，70-71，73，113；教员评议会，70；身在～的研究员，50；研究员职位，57，59，60，61-64，74；属于～的研究员，52，57，59，65，88，89；绅士与贵族，45，72；全球排名，364；治理，48-57，59-71；研究生学习，76；希腊语，78-79，83，99；发展，72；师博行会，51；行会传统，59；与哈佛，xvi，109-14，116，117，118，119，120，122；希伯来语，83，99；与亨利八世，44，45-48，59-60；历史类课程，83-84；人文主义，77-82；人文主义学院，85；人文学科、逻辑和哲学，84；与詹姆斯一世，53，57；基督学院，111，113；国王学院，89，92，111，113；国王学院小教堂，56，174；国王学堂，40-41；讲座，93；图书管理员，94；图书馆，33-34，37，86，101；与教学许可，19；与伦敦，

44；托钵会修士和修道士的流失，76；M.A. at，76，77，84，85；莫德琳学院，109n7，112，114；手稿文本与图书，44；出走～的玛丽流亡者，48，49；与玛丽一世，48，49；与马萨诸塞普通法院，110；数学，84-86；入学注册，72；与医学，76；托钵会修士和修道士，45；新的学术领域，83；与宣誓拥护王权的至高无上，49；牛津学者转移到，11；与教区牧师，39；与议会，50，51；为～塑造的血统，105；彼得豪斯，91；哲学博士项目，224；平民学生，63，72-73；贫困生，9n22，64；出版社，98-100，101；学监，51；后四艺，84，85；王后学院，78，85；摄政与非摄政研究员，70；摄政与非摄政师傅，65；摄政师傅，9，51；注册员，51；宗教宗派主义，59；宗教测试或宣誓，114；与文艺复兴时期的人文主义44-45；住处，9；寄宿式学院，xvi；富人和穷人，60；与皇家慈善，56-57；学术出版社，273；学术研究，63；学者/学生，59；科学，45，84；威廉·司各特，228；作为自治的法人，50，126；西德尼·苏塞克斯学院，63；规模，12-13；社会成分，45，72；与国家，43，45；文具商，98，102；章程，48，50，

52，57，59，61，62-63，64-65，68n56，70-71，77，114；圣约翰学院，63，69，74，85，111，113；作为一般学问所，4，45；禁止奢侈的规定，68n56；三一学院，49n12，56，57n35，60，81，92，111，114；由导师个别指导的班级，257；导师，70-71，74，75，77，83，84，86，93，113，257；作为本科文理学院校，76-82；大学图书馆，90-91，94；大学与学院讲师，77，83；副校长，50，51，52，61，65，70；督导，48，50，52，59，61，65；女性，71，75；与耶鲁学院，xvi

Cambridge Platonists，剑桥柏拉图主义者 113-14

Camden，William，威廉·卡姆登 83；《大不列颠》，84

campus. 校园 见 universities, American 词条下

Canterbury，archbishop of，坎特伯雷大主教 57

Caribbean，colonial students from，来自加勒比海地区的殖民地学生 130

Carnegie，Andrew，安德鲁·卡内基 288

Carnegie Foundation，卡内基基金会 314

Carnegie Foundation for the Advancement of Teaching，卡内基教学促进基金会 xv，283，288-89，339n60，373

Carnegie Institution of Washington，华盛顿卡内基研究所 329

cathedrals，大教堂 1，3，39

cathedral schools，大教堂学校 1-2，17，21，25

Catherine of Aragon，阿拉贡的凯瑟琳 44，45

Catholic Church，天主教会 1-2，7，106，373；管理，38；与战后学院，159-60；职业生涯，11；与爱德华六世，47；从～逐出，17；与亨利八世，44，46，47；与中世纪大学，38，39，40-41；与对教师和学者的保护，4；教义，18；与～关联的大学，17. 参见 colleges, American；colleges, American antebellum；popes 诸词条下

Catholicism，天主教 89；与英国内战，50；与牛津和剑桥，48

Catholics，天主教徒 123；与《美国军人权利法案》，323；在牛津，67；与牛津和剑桥图书馆，89，91-92；不参加英国国教礼拜仪式的人，106；在美国，148

Catholic University of America，美国天主教大学 268，269，282

Cattell，James，詹姆斯·卡特尔 232，234n33，237，238，244

censorship，审查制度 56，100

Chaldee（Aramaic），迦勒底语（阿拉

姆语）117

chancellor, medieval, 中世纪校长 6. 参见 Cambridge, University of; Oxford, University of

Chantries Act of 1546, 1546 年《追思弥撒捐款法案》76n75

Chapel Hill Research Triangle, 教堂山三角研究中心 337

character formation, 品格塑造 185, 222, 272, 285, 287

Charles I, King, 查理一世国王 50, 53, 62, 105

Charles V, King, 查理五世国王 46

Chaucer, Geoffrey, 杰弗里·乔叟 92

Chauncy, Charles, 查尔斯·昌西 105

Cheke, Sir John, 约翰·奇克爵士 47, 85

chemistry, 化学 157, 200. 参见 sciences

Chicago, University of, 芝加哥大学 233, **298**；校友担任理事, 293；与美国大学协会, 282；与原子弹, 330；校园, 297, 302；争夺教员, 367；部门与管理者, 295-97；与联邦资助, 333；创立, 291, 295；筹款, 313；研究生教育, 296, 306；杂志, 307；出版社, 295, 308；研究与成果发表, 307；规模, 279；斯洛森的排名, 284；本科生教育, 348；"二战"退伍军人在～, 320

China, 中国 367

Church Fathers, 早期教父 80

Church of England, 英国国教会 46, 106；信纲, 47, 67；与伊丽莎白一世, 49；与伊曼纽尔学院, 112, 113；与议会, 49；转向新教, 47；重新罗马化, 48；圣职买卖, 64. 参见 Anglicans

Cicero, 西塞罗 81

citizens, education of, 公民的教育 198, 326-27

civil rights movement, 民权运动 352

Clap, Thomas, 托马斯·克拉普 136, 137, 139

Clark, Jonas Gilman, 乔纳斯·吉尔曼·克拉克 268-69

Clark, Kenneth, *Civilization* series, 肯尼斯·克拉克 354

Clark, William 威廉·克拉克 S., 259

Clark University, 克拉克大学 268-69, 282, 306, 313

Clement VII, 克莱门特七世 46

clergy, 教士 5, 39, 222, 289-90. 参见 ministers

Cobb, Henry Ives, 亨利·艾夫斯·科布 **298**

Coke, Sir John, 约翰·柯克爵士 43

Cold War, 冷战 xvii, 327, 328

College Entrance Examination Board, 大学入学考试委员会 310

College of New Jersey（Princeton）, 新泽西学院（普林斯顿）128-29；受到特许, 124-25. 参见 Princeton

College（College of New Jersey）
College of Philadelphia.费城学院见
   Pennsylvania, University of
College of the Treasurer,司库学院 34,
   36
College Retirement Equities Fund
   （CREF）,学院退休股票基金 289.
   参见 TIAA-CREF
colleges, American 美国学院：院系的
   高级培养,225;授予学士学位的,
   xv;与卡内基基金会,288-89;
   天主教的,281,289;成本,
   354;课程,222,263-65;系科,
   270;发展成大学,xvii;选修课,
   263-65;营利性的,281;～中的
   自由,262-67;以德国大学为榜
   样,253-58;历史上属于黑人的,
   323;初级的（社区的）,280,
   281;实验室,258-60;文科,
   xvii,280,281,283,288,302,
   305,370（参见 liberal arts）；数
   量,277;与哲学博士学位,237,
   267-70;私立的,292;公立的,
   280;研究与研究生教育,215;
   研究与教学,270;中学的预备,
   xvii;研究班,260-62;州立,
   166,326;州立的培养教师的,
   281;理事,292.参见 faculties,
   American; universities, American
colleges, American antebellum,美
   国内战前的学院 xvi,159-220,
   294;与专门学校,157,158,

159;建筑,169-76,192,
209-10;军训队,193;天主教
的,166;成本,164;课程,
160,162,172,176-77,184-85,
194,197-99,200-201,207;教
派的,xvi,150,165-69,177,
178,182;互不相同的定义,
160-62;精英,149;入学人数,
277-78;考试,185;失败,162;
女性,156;食物,189;边境,
149,169,171,174,177n72,
179,182,184,208,209;筹
款,162-65;与语法学校,151;
运动场,193;实验室,259;土
地,164;讲座,185,200,203,
204;文科,160,220;文学社
团,214-15;数量,149,160,
161;与后殖民地时期的专门学
校,155,156;预科系,154,
157,162,165,174,189n103,
208,217;目标,285;背诵课,
185,194-97,203-4,205;宗教
的,166;住处,174-76;划船,
193-94;学术研究,163-64;各
门科学,160,185;体育运动与
比赛,192-94;州特许状,160,
162;教学,185,194-97;理事,
162-63,178,189;学费,278;
与大学,160;西部的,161.参见
faculties, American antebellum；
students, American antebellum
colleges, American colonial 美洲殖民

索引 | 455

地时期的学院：建筑，131-32；授予特许状，xvi，124-25，126；成本，141-42；课程，135，136-41，146；学校，145；与伊曼纽尔学院，109-14；用捐款设立的教席，135；与英格兰和苏格兰的大学，146；创立，123-24；伦理学，139-40；与欧洲的学院，144-45；与欧洲的大学，145；与豁免，146；法庭辩论，136-37；筹款，125-26；治理，125-26；缺乏更大的制度结构或规划，146；与议会中的代表权，146；图书馆，128，145；地理位置，128-29；道德哲学，140；专门学校或语法学校的起源，126-27；院长，126，128，134-35；与新教，126；住处，131；在美国革命时期，134；科学设备，138-39；规模，145；与社会流动性，141-44；社会科学，141；理事，125-26，131；导师，130，133-34，135. 参见 students, American colonial colleges, medieval. 见 universities, medieval 词条下

Collinson, Patrick, 帕特里克·柯林森 112

Cologne, printers and publishers of, 科隆的印刷商和出版商 101

Columbia College, 哥伦比亚学院 130；校友，168n54；选修课，263；图书馆，207；与哲学博士学位，268. 参见 King's College

Columbia University 哥伦比亚大学：与美国大学协会，282；与原子弹，330；校园，297，298；杂志，307；规模，279；斯洛森的排名，284；女性，310n80；与第二次世界大战，331

Committee on Medical Research, 医学研究委员会 329

Common Application, "通用申请表" 371

common schools, 普通学校 149-50, 158

Compton, Karl, 卡尔·康普顿 329

Conant, James, 詹姆斯·科南特 320, 329

Congregationalists, 公理会信徒 127-28, 159, 166, 167, 177, 182

Connecticut, 康涅狄格州 124, 125n50

Cooper, James Fenimore, 詹姆斯·费尼莫尔·库珀 215

Cooper, Thomas, 托马斯·库珀 192

Copernicus, Nicolaus, 尼古拉·哥白尼 82, 85

copyists, medieval, 中世纪抄写员 32. 参见 scribes

Cordasco, Francesco, 弗朗切斯科·科尔达斯科 221

Cornell, Ezra, 埃兹拉·康奈尔 276

Cornell University, 康奈尔大学 252,

257，262，263；与美国大学协会，
282；校园，298；与哲学博士学
位，268；斯洛森的排名，284；
本科生教育，348；与第二次世界
大战，331

Cornell University Press，康奈尔大学
出版社 308

corporations，法人 xviii，276-77，
330，333-37，366. 参见
business；industry

correspondence courses，in World War
II，二战中的函授课程 319-20n9

Coventry，Henry，亨利·考文垂 74

Cracow, University of，克拉科夫大学
34

Cranmer，Thomas，托马斯·克兰麦
47，48

critical editions，评述版 78，82，100

Cromwell，Thomas，托马斯·克伦威
尔 52，59

Cumberland College，坎伯兰学院 218

curricula 课程：美国专门学校的，
152，155-57，158；美国战后学
院的，160，162，172，176-77，
184-85，194，197-99，200-201，
207；美洲殖民地时期学院的，
135，136-41，146；剑桥的，71，
75，76-82，83-84，86，114；德
国大学的，231，244-51；哈佛学
院的，116-18，122，137n76；中
世纪大学的，4，8，12，17-21，
80；现代美国学院和大学的，

222，263-65，274，310，350，
351-53；牛津的，71，75，76-82，
83-84，85，86，95；威廉与玛丽
学院的，137n76；耶鲁学院的，
137n76，137n78. 参见 teaching

*curriculum vitae*，234

Curtis，Mattoon，马顿·柯蒂斯 238

Curtius，Georg，格奥尔格·库尔提乌
斯 206，230

Cutler，Manassah，马纳萨·卡特勒
175

Cutler，Timothy，蒂莫西·卡特勒 136

dame schools，夫人学校 150

Darnton，Robert，罗伯特·达顿 357

Dartmouth College，达特茅斯学院
127，168n54，334

Davidson College，戴维森学院 163-64

Demosthenes，狄摩西尼 202

Descartes，René，勒内·笛卡尔 82

D'Ewes，Sir Simonds，西蒙兹·德埃
韦斯爵士 69，74，111

Dewey，Thomas，托马斯·杜威
326n24

Dickinson College，狄金森学院 190

Digital Public Library of America，美
国数字公共图书馆 357

disciplines，academic，学术学科 41，
199，303

Disputation 辩论：与美洲殖民地时期
的学院，136-37；剑桥的，53-54，
71；～文化，27；与伊丽莎白一

世，53-54；与哈佛课程，117；与人文主义，80；与詹姆斯一世，54-55，56；与男子气概，27-28；与中世纪的生涯，40，41；与中世纪大学，19，21，25-28，206；牛津的，53-55，56，67，71

Dix-huit, Collège des，十八人学院 10n25

Dodd, William，威廉·多德 251

Donatus，多纳图斯 21

Dougherty, Peter，彼得·多尔蒂 xiii, xiv

DuBridge, Lee，李·杜布里奇 330

Duke University，杜克大学 348

Duns Scotus, John，约翰·邓斯·斯科特斯 20，89-90，101

Dunster, Henry，亨利·邓斯特 108-9，112，114，116，117

Dutch Reformed Church，荷兰归正教会 126

Dwight, Timothy，蒂莫西·德怀特 172

Earth Day，地球日 352

East Tennessee University，东田纳西大学 187

Eaton, Nathaniel，纳撒尼尔·伊顿 107，108，110n10，111

economics，经济学 17；与斯坦福，346

Edinburgh, University of，爱丁堡大学 145

*editiones principes*，评述版 100

Educational Testing Service (College Board) exams，教育考试服务中心（学院理事会）考试 370

Edward II，爱德华二世 4

Edward III，爱德华三世 40-41

Edward VI，爱德华六世 47，48，49，52，60，64，90；1549 年章程，81n84，85

Einstein, Albert，阿尔伯特·爱因斯坦 368

Eliot, Charles W.，查尔斯·W. 艾略特 254，262，263，279，291，301，312

Eliot, John，约翰·艾略特 106，111

Elizabethan Settlement，伊丽莎白和解 65，93

Elizabeth I，伊丽莎白一世 49-50，60，76，77；与博德利，94；与剑桥，52，53-54，70；与教士成婚，72；与研究员职位，62；与迈尔德梅，109；与牛津，52，53-54，56；与牛津的出版社，99；～的统治，85；与大学章程，65；作为督导，52，53-54，55

Elizabethtown, NJ，新泽西州伊丽莎白镇 128

Ely, bishops of，伊利主教 51

Ely, Richard，理查德·伊利 264

Emmanuel College. 伊曼纽尔学院见 Cambridge, University of

Emory College，埃默里学院 209

engineering,工程 197,198. 参见 sciences

engineers,工程师 327-28,329-31

England 英国/英格兰:与《教会统一条例》(1549),47;与天主教会,46,47;追思弥撒捐款,47-48;语法学校,85;王位中断时期,115,124;宣誓拥护王权的至高无上,49;都铎王朝与斯图亚特王朝,xvi

English civil war,英国内战 50,98

English crown 英国王权:与牛津和剑桥校长,51;与威廉与玛丽学院的特许状,124;与研究员职位和领导职务,62-63;与牛津和剑桥,45,51-52

English Parliament,英国议会 373;与追思弥撒捐款,47-48;与英国国教会,49;与英国内战,与英国内战 50;与亨利八世 46;与牛津和剑桥 50,51,70,72

Enlightenment,启蒙运动 103,137

Episcopalians,新教圣公会信徒 159,177,182

Erasmus, Desiderius,德西德里乌斯·伊拉斯谟 78,79,80,84,101,103

Estienne, Robert,罗贝尔·艾蒂安 100

Euclid,欧几里得 85

Euripides,欧里庇得斯 202

Europe, medieval,中世纪欧洲 xv, xvi,1,41

evangelicals,福音派信徒 159,281

Everett, Edward,爱德华·埃弗里特 213

faculties, American 美国的教员:academic costume of,学术服装 274-75;副手,350,366,367;与高级研究,222-25;争夺~,367;对基础设施的控制,341;系科组织,274,366-67;纪律与管理职责,294;纪律,303;教育水平,223-25;与选修课,263-64;专业知识与卓越性,344-45;自由,262-63,265-66,368-69;作为未来的教士,222;~的治理,369;研究生阶段,366;与研究生助教,354;初级的,366-67;假期,308;与图书馆,356;医学的,356;全国性协会,306-7;兼职的,367;养老金,288-89;~提供的私人化指导,370;与哲学博士,287,306;与巡察和维护纪律,222,287;与课堂上的政治中立,266;二战之后,321;与出产研究成果和教学的压力,345;职业主义,239,272-75,306;发表的成果,307-9;与学生的比率,370;所做的研究,239-40,287,294,303,307-9,316-17,348-49,366-67,370;退休账户,369;学习假期,308;学术研究

索引 459

与讲座, 256, 257, 258; 自治
的, 306; 专业化, 351; 标准化,
305-9, 310; 教学, 239, 241,
247n52, 309; 终身职位, 266,
367, 368-69; 在德国接受培养,
xvi-xvii, 224, 226, 227-66; 培
养, 239; 世界排名, 328; 与二战,
318, 329-31
faculties, American antebellum, 美
国内战前的教员 176, 179-83;
作为～的教士与世俗人员, 199;
根据学科归入各系, 199; 豁免,
164; 科学的发展, 200; 与哈
德利, 204-7; 与图书馆, 211,
215-17; 与课程的现代化, 198;
薪酬, 182-83; 巡察与维护纪律,
182, 183-84, 186, 187, 189,
190, 192, 194, 199, 207; 职业化,
199; 专业化, 199, 200; 与学生
宿舍, 174, 176; 教学, 196-97;
终身职位, 199; 在德国接受培养,
201; 作为～的导师, 199. 参见
colleges, American antebellum
faculties, American colonial, 美洲
殖民地时期的教员 126; 生涯,
134-35; 与豁免, 146; 预备,
133; 与学生行为, 132; 终身职
位与薪酬, 134; 作为～的导师,
133-34, 135
faculties, Cambridge, 剑桥的教员 51,
59, 65, 70-71, 73, 113
faculties, German 德国的教员: 自
由, 230-31, 265-66; 国际声誉,
230; 讲座, 244-45, 247; 哲学与
法学、神学和医学的, 270; 职业
主义, 239; 研究与教学, 239
faculties, medieval 中世纪的教员,
10; 文科, 6, 18, 30, 34, 39;
自主, 4; 与图书, 29-30, 34; 所
作的评论, 22, 25, 29, 30n74;
服装, 8, 19; 维持纪律的职责, 9;
用捐款设立的讲师职位, 11; 高等
职业性的, 18-19; 讲座, 21-23,
25, 30n74; 与文科硕士学位,
18; 与口头辩论, 25-28; ～的组
织, 6-7; 特权, 5-6; 保护, 4-5;
与学生的关系, 8, 13; 与住处, 9;
专业化, 3; 与学生纪律, 13; 与
教学许可, 4, 5, 6, 19, 42; 与
博洛尼亚大学, 6
faculties, Oxford, 牛津的教员 7, 51,
59, 65, 70-71, 73
Fairchild Semiconductor, 飞兆半导体
336
farmers, 农民 131, 143, 152
farming, 农业 184n89
federal government, 联邦政府
148-49, 328-33; 与受教育的国
民, 326-27; 拨款, xvii, 318,
328-33, 338, 347-48, 352,
366; 与《莫里尔法案》, 278-79;
与研究, 319; 与斯坦福, 335;
与学生援助, 365; 与税收政策,
366. 参见 United States

fellows,研究员 10,36;在剑桥,50,52,57,59,65,70,88,89;在伊曼纽尔学院,113,114;在哈佛,120;在牛津,36,50,52,57,59,65,70,88,89

fellowships 研究员职位:与英国王权,62-63;与牛津和剑桥,57,59,60,61-64,74

Felton,Cornelius,科尼利厄斯·费尔顿 202

female schools,女子学校 156,217

Ferguson,Adam,亚当·弗格森 141

Fichte,Johann,约翰·费希特 272

Fielding,Henry,亨利·菲尔丁 215

Fisher,John,约翰·费希尔 46-47

Fithian,Philip Vickers,菲利普·维克斯·菲西安 144

Ford Foundation,福特基金会 352

Fordyce,David,戴维·福代斯 140

foundations,基金会 288-89,314

France,法国 68,94,224,228,280

Franeker,University of,弗拉讷克大学 111

Frankfurt,法兰克福 94,99

Franklin College,富兰克林学院 149

fraternities,兄弟会 xviii,15n43,284,311,325

Frederick I,Holy Roman Emperor(Frederick Barbarossa),神圣罗马帝国皇帝弗雷德里克一世(弗雷德里克·巴尔巴罗萨)4-5

French,法国人 84,102,103

French cathedral schools,法国大教堂学校 25

friars,托钵会修士 12,17,36,39,45

funding 出资,筹款:专门学校的,167;由校友,292,312,313-14;与美国专门学校,153;与美国普通学校,150;美国大学的,312-14,344;战后学院的,162-65;of 战后图书馆,208,209;殖民地时期学院的,125-26;与南方的普通学校,150;法人的,333-37;由捐款人,312,313,314;由联邦政府,xvii,318,328-33,338,347-48,352,366;与知识生产 341-42;公共的,278;公共高中的,222;中等学校的,167;与斯坦福,346-47;by 由各州,xviii,164,208,312,326;由美国军方,338-39;第二次世界大战期间,318

Galilei,Galileo,伽利略 82,86

Gardiner,Stephen,斯蒂芬·加德纳 47n8

Gates,Frederick,弗雷德里克·盖茨 291

Gegenbaur,Carl,卡尔·盖根鲍尔 249-50

General Education Board,一般教育委员会 288,296

General Electric，通用电气 336
gentry，乡绅 12，45
geography，地理 84，157
geology，地质学 138，200
geometry，几何学 19，84，157. 参见 mathematics；quadrivium
George II，乔治二世 **229**
Georgetown College（Washington, D.C.），乔治城学院（哥伦比亚特区华盛顿）209
Georgia，佐治亚州 149，151
Georgia，University of，佐治亚大学 163，168n54，186n95，187，191-92，217
German and Dutch Reformed congregations，德国和荷兰的归正教会会众 159
German language，德语 84，241-44
German philology，德国语文学 202，203
German Reformed colleges，德国归正教的学院 182
German Romanticism，德国浪漫主义 202
Germany 德国：纳粹，317，368；专科教育机构，269；与第二次世界大战，329，330. 参见 universities，German
G. I. Bill of Rights，《美国军人权利法案》319，**322**，323-24，325
Giessen，University of，吉森大学 258
Gilded Age，镀金时代 276，278

Gildersleeve，Basil，巴兹尔·吉尔德斯利夫 179n78，212-13，233，236，239，**240**，242n46，245，248，252，254，261，264-65
Gilman，Daniel C.，丹尼尔·C. 吉尔曼 267，268，308
Glasgow，University of，格拉斯哥大学 145
Goliards，吟游书生 20n53
Goodspeed，Thomas W.，托马斯·W. 古德斯皮德 291
Google，谷歌 337n55
Google Books，谷歌图书 357
Göttingen，University of，哥廷根大学 228，**229**，250n59，254，261；实验室，259，260；图书馆，208；女性，251，252-53
*Graeca Majora*，《希腊辑要》201，202，203
grammar，语法 4，19，20，21，77-78，80，157. 参见 trivium
grammar schools，语法学校 217；战前的，184；与追思弥撒捐款，48；与殖民地时期的美洲学院，126-27，130；与哈佛，118；拉丁语，118，157；后革命时期美国的，150- 51；初级和中级的，103
Grand Tour，《大巡回》227
Gratian，格拉蒂安 30；*Decretum*，《教令集》25
Great Awakening，"大觉醒" 126
Great Depression，大萧条 279，313，

315,316,317
Greco-Roman learning, 古希腊－罗马语知识 2
Greek, 希腊语 179, 201; 与美国的专门学校, 157; 与战前学院, 176, 184, 194, 203, 204, 205, 206; ～图书, 102; 在剑桥, 54, 78-79, 81, 82, 83, 98, 99; 与殖民地时期的美洲学院, 130; 英文翻译, 212; 与哈佛, 116, 118; at Oxford, 54, 78, 79-80, 81, 82, 83, 98, 99, 102; 与哲学博士学位, 267; 与文艺复兴时期的人文主义, 44; 教堂, 201-2. 参见 Latin Greek New Testament, 44, 54, 78, 80, 90
Greenwood, Isaac, 艾萨克·格林伍德 138; *An Experimental Course of Mechanical Philosophy*, "机械哲学实验课程" 139
Gregory IX, 格列高利九世 13
Gresham College, 格雷沙姆学院 85
Grimm, Jacob, 雅各布·格林 230
Grosseteste, Robert, 罗伯特·格罗斯泰特 20
Grotius, Hugo, 胡果·格劳秀斯 141
Grund, Francis, 弗朗西斯·格伦德 182
Guicciardini, Francesco, *History of Italy*, 弗朗切斯科·圭恰迪尼, 《意大利史》 84
guilds, 行会 4, 5, 6, 42, 51, 59,

344, 369
Gutenberg, Johann, 约翰·古登堡 87, 358
*Gymnasium*, 预科学校 xvii, 241n44, 248, 258, 265, 269, 270

Hadley, Arthur Twining, 阿瑟·特文宁·哈德利 286, 309
Hadley, James, 詹姆斯·哈德利 183, 204-7
Hall, Benjamin, *A Collection of College Words and Customs*, 本杰明·霍尔,《学院用语与习俗集》311
Hall, G. Stanley, G. 斯坦利·霍尔 231n24, 245, 247, 265, 268-69
Hamilton, Alice, 艾丽斯·汉密尔顿 253n62
Hamilton, Edith, 伊迪丝·汉密尔顿 253n62
Hamilton, John, 约翰·汉密尔顿 125
Hammond, William, 威廉·汉密尔顿 213
Hanover, NH, 汉诺威, 新罕布什尔州 123
Harper, William Rainey, 威廉·雷尼·哈珀 295, 296, 307
Harrington, James, 詹姆斯·哈林顿 141
Harris, Elijah, 伊莱贾·哈里斯 259-60
Harrison, William, 威廉·哈里森 60,

75

Hart, James Morgan, 詹姆斯·摩根·哈特 222, 223, 233, 254, 255-56, 266

Hartley, L. P., L.P. 哈特利 xv

Harvard, John, 约翰·哈佛 107-8, 112

Harvard College, 哈佛学院 xiii, **108**, 127；文学士学位, 109, 116, 119；建筑, 120；伯吉斯所绘的"景象", **121**；军训队, 193；与剑桥大学, xvi, 109-14, 116, 117, 118, 119, 120, 122；毕业生的职业生涯, 136n75；特许状1650, 118, 119, 120, 124；与昌西, 105；作为法人, 120, 124；课程, 116-18, 122, 137n76；入学者的地理分布, 129, 130, 131；与剑桥伊曼纽尔学院, 109-14；捐款设立的数学讲席, 138, 139；捐款, 263；豁免, 120；教员, 263；教员薪酬, 182-83；第一个捐款设立的教席, 135n73；基金会, 107-14；自由, 115, 262, 263；出资, 120-22, 312；获赠的土地, 121；戈尔堂, 173, 174；格林伍德在～, 138, 139；运动场, 193；希伯来语, 136；拉丁语, 136；讲座, 116-17；授予学位的法定权利, 119；租户, 121；图书馆, 108, 208, 209, 211, 212, 213-14；文科硕士学位, 119；马萨诸塞楼, 131n62；与数学, 138；监督者, 107, 108-9, 111, 112, 120；与牛津和剑桥的寄宿式学院, xvi；与牛津大学, xvi, 109, 111, 114, 118, 119, 120, 122；与哲学博士学位, 268；教员中的哲学博士, 306；院长和研究员的薪酬, 120；院长, 108-9, 116, 117, 119, 122, 178；出版社, 145；教授, 134；获得的公共支持, 120-21；与清教徒控制局面的王位中断时期, 119-20；来自～的清教牧师, 115-16；与学术假期制度, 228；科学设备, 139；研究班, 260；规模, 122；体育运动, 193-94；学生数量, 145；学生排名, 133；学生年龄, 184n89；学生, 114, 115, 116, 120-21, 122；更名为大学, 219；导师, 117, 122；本科生, 114；作为大学, 118-19 哈佛神学院, 225n11

Harvard University 哈佛大学：校友, 168n54；与美国大学协会, 282；与体育运动, 305, 361；与原子弹, 330；校园, 301；中心与研究所, 341n63；争夺教员, 367；捐款, 347；与联邦拨款, 333；劳伦斯科学学院, 258；图书馆, 303, 304, 355, 356；二战后, 324-25；无线电研究实验室, 331, 334；研究, 316；科学院系, 200；科学学院, 198；规模,

279；斯洛森的排名，284；与斯坦福，334，345-46，347；本科生教育，283，349；怀德纳图书馆，355，356；与二战，329，331；二战退伍军人在～，320

Harvey, Gabriel, 加布里埃尔·哈维 62

Hathi Trust，Hathi Trust 数字图书馆 357

Haverford College，哈弗福德学院 197，283；洛根社，215

Hebrew, 希伯来语 179；与战前学院，203；～图书，102；在剑桥，99；在哈佛学院，117，136；在牛津，99，102；在普林斯顿，136；在耶鲁学院，136

Heidelberg, University of, 海德堡大学 237，242，244，249-50，251，261；中世纪的，7-8，14-15，30-31

Heimert, Alan, 艾伦·海默 110n9

Helmholtz, Hermann von, 赫尔曼·冯·亥姆霍兹 230，274n103

Heloise, 埃洛伊兹 28

Henricus de Alemania, 亨里克斯·德·阿勒马尼亚 23

Henri d'Andeli, "The Battle of the Seven Arts,"亨利·达安德利，《七艺之战》21

Henry, Joseph, 约瑟夫·亨利 183

Henry IV, King, 亨利四世国王 94

Henry VI, King, 亨利六世国王 174

Henry VII, King, 亨利七世国王 56

Henry VIII, King, 亨利八世国王 44，45-48，49，106；在剑桥，59-60，89；与英国的追思弥撒捐款，47-48；与希腊语，79；身为英国国教会和教士的首领，46；与国王学院小教堂，174；与牛津，52，59-60；与牛津和剑桥学院图书馆，89；与剑桥的出版社，99；与希伯来语和希腊语钦定教席，83；与剑桥三一学院，57n35；督导行为，88

Herbert, George, 乔治·赫伯特 105

Herbst, Jurgen, 尤尔根·赫布斯特 162

Herodotus, 希罗多德 202

Hewlett-Packard, 惠普 336

high schools, 高中 156，280，286-87，319，325，360；私立的，277-78；公立的，154，222，277-78．参见 secondary schools and education

Hirohito, Emperor, 裕仁天皇 329

Hispanic Americans, 西班牙裔美国人 323

history 历史：美国的，197，215，250-51；与美国专门学校，157；与战前课程，197；与德国大学，250-51；与哈佛课程，116，117；与中世纪课程，20；牛津和剑桥的，83-84

Hitchcock, Edward, 爱德华·希契科

克 155
Hitler, Adolf, 阿道夫·希特勒 329, 368
Hoeveler, J. David, J. 戴维·赫费勒 110n10
Holborn, Hajo, 豪约·霍尔本 368
Hollis, Thomas, 托马斯·霍利斯 135n73, 138, 139
Holst, Hermann von, 赫尔曼·冯·霍尔斯特 250-51
Holy Roman Empire, 神圣罗马帝国 5
home mission societies, 本土布道团 165
Homer, 荷马 21, 202, 203n134
Hooper, William, 威廉·胡珀 181-82
Hoover, Herbert, 赫伯特·胡佛 **299**
Hopkins Metaphysics Club, 霍普金斯形而上学俱乐部 274
Horsford, Eben, 埃本·霍斯福德 258
Howard, John Galen, 约翰·盖伦·霍华德 **340**
Howard College, 霍华德学院 169
Hubner, Emil, 埃米尔·哈布纳 233n29
Hudson, Winthrop, 温思罗普·哈得孙 109
humanism, 人文主义 21, 44-45; 与爱德华六世, 47; 与牛津和剑桥课程, 77-82; 与牛津和剑桥图书馆, 72; 剑桥的, 85; 作为学者兼印刷商, 100
humanities, 人文学科 84, 260, 285, 338, 343, 368, 370
Humboldt, Alexander von, 亚历山大·冯·洪堡 272
Humfrey, Duke of Gloucester, 格洛斯特公爵汉弗莱 33, 94
Hus, Jan, 扬·胡斯 22
Hutcheson, Francis, 弗朗西斯·哈奇森 140, 141
Hutchins, Robert, 罗伯特·哈钦斯 320
Huxley, T. H., 赫胥黎 228, 250

Illinois, 伊利诺伊州 326
Illinois, University of, 伊利诺伊大学 282n17, 284, 330, 355
Illinois College, 伊利诺伊学院 163, 167, 171
immigrants, 移民 123, 159, 221, 241
Imperial College, London, 伦敦帝国理工学院 364
Index of Prohibited Books (Catholic), "禁书索引"(天主教) 100
Indiana, 印第安纳州 326
Indiana, University of, 印第安纳大学 282n17
industry, 工业／产业 335, 343. 参见 business; corporations
Innocent III, 英诺森三世 13, 38n91
Inns of Court (London), 72, 76, 113, 120
institutes for advanced study, 着眼于

高级研究的机构 327
Intel，英特尔公司 336
International Baccalaureate（IB），国际中学毕业会考 370
Internet Archive，互联网档案馆 357
Iowa, University of，艾奥瓦大学 282n17
Iowa Band，"艾奥瓦团" 163n40
Islamic scholarship，伊斯兰教的学术研究 1n1
Italy，意大利 2；阿拉伯语光学作品，29n72；书商，94；来自～的衣服，68；与印刷风格，100. 参见 universities, Italian

Jackson, Andrew，安德鲁·杰克逊 152
Jacksonian America，杰克逊时期的美国 197，202
Jacques, de Vitry，雅克·德·维特里 17
James, William，威廉·詹姆斯 268
James I, King，詹姆斯一世国王 50，53，54-56，57，**58**，62，63
Japan，日本 317，329，330
Jay, John，约翰·杰伊 142
Jefferson, Thomas，托马斯·杰斐逊 147，192，208
Jesse, R. H.，R. H. 杰西 257，258
Jesuits，耶稣会会士 61
Jewett, Charles，查尔斯·朱伊特 209
Jewett, Frank，弗兰克·朱伊特 329

Jews，犹太人 15，126n52，148，310n80，323，368
John of Garland，加兰的约翰 28
John of Salisbury, *Metalogicon*，索尔兹伯里的约翰,《元逻辑》28
Johns Hopkins University，约翰·霍普金斯大学 233，239，252，259，273，279，295；与美国大学协会，282；出资，313；研究生院，306；杂志，307；与哲学博士学位，268；研究班，260；斯洛森的排名，284；与第二次世界大战，331
Johns Hopkins University Press，约翰·霍普金斯大学出版社 273，308
*The Johns Hopkins University Studies in Historical and Political Science*,《约翰·霍普金斯大学历史与政治学研究》273
John Simon Guggenheim Memorial Foundation，约翰·西蒙·古根海姆纪念基金会 308
Johnson, Samuel，塞缪尔·约翰逊 132
Judson, Harry Pratt，哈里·普拉特·贾德森 285

Kansas, University of，堪萨斯大学 282n17，283
Keats, John，约翰·济慈 215
Keckermann, Bartholomew，巴塞洛

索 引 | 467

缪·凯克曼 81
Kenyon College，肯扬学院 173
Kepler, Johannes, 约翰尼斯·开普勒 82
Kerr, Clark, 克拉克·克尔 2n3, 339-43, 348, 351, 373
Key Centers of Information and Training, 信息和培训重点中心 318
King's College, 国王学院 130；建筑 132；课程，137n76；入学者的地理分布 130；与神学硕士学位，145；在革命时期，134；与社会流动性，142，143；与学生排名，133. 参见 Columbia College
Kingsley, James, 詹姆斯·金斯利 183
Kirkland, John, 约翰·柯克兰 228
knowledge, 知识 287, 350-51；与美国大学，xvii, 363；与图书，104；新～的发现，260；为～生产出资，341-42；制度化，41；与中世纪大学，18，38，41；与研究，351；与研究型大学，340-43；管理～的技术，353
Kodak, 柯达公司 336
Korean War, 朝鲜战争 332

laboratories, American, 美国的实验室 200；政府，327-28；在约翰·霍普金斯大学，268；军方的，329；全国性的，339；大学，258-60，302，327-28；第二次世界大战中的，330

laboratories, German university, 德国大学的实验室 232, 233, 249-50, 256, 258-60, 268
Lafayette College, 拉法耶特学院 237, 238
languages 语言：与在德美国学生，201；与战前学院的课程，197, 198；古典的，201；与基础课程，222；现代的，197, 215
Lateran Council of 1215, 1215 年拉特兰议会 38n91
Latimer, Hugh, 休·拉蒂默 60
Latin, 拉丁语 21, 78, 201；与美国专门学校，157；与美洲殖民地时期的学院，130, 136-37；与美国的女子学校，156；与美国的语法学校，151；与内战前的学院，176, 184, 194, 203, 206；与剑桥 53-54, 81, 98；与伊丽莎白一世，53-54；英语翻译，212；与哈佛，116, 118, 136；与詹姆斯一世，54-55；作为通用语，101-2, 103；与中世纪的学生，14-15；与中世纪大学，8, 38-39；与牛津，53-55, 81, 98, 101-2；与哲学博士学位，267；与文艺复兴时期的人文主义，44；拼写的标准化，100；教学，201-2；在耶鲁学院，136. 参见 Greek

Laud, William, 威廉·劳德 52, 83, 86, 101, 105, 111

law 法律: 与美洲殖民地时期的学院, 136; 与美洲殖民地时期的商人子弟, 143; 与战前学院的课程, 197; 教会法, 25, 40, 46, 76; 民法, 40, 76; 与费城学院, 143; 与伊曼纽尔学院毕业生, 113; 与哈佛, 118; 与律师学院（伦敦）, 72; 中世纪的, 2, 38n91; 与中世纪图书馆, 34; 与中世纪大学, 4-5, 18-19, 40; 与牛津和剑桥, 76; 与社会流动性, 142; 与一般学问所, 4; 与博洛尼亚大学, 6. 参见 Inns of Court（London）

law schools, medieval, 中世纪的法律学校 11, 18-19, 20, 25, 30, 218

lawyers, 律师, 法学家 73, 115, 122, 159, 179, 182-83

Leicester, Robert Dudley, Earl of, 莱斯特伯爵罗伯特·达德利 54n25, 65-66, 67-69, 99

Leiden, University of, 莱顿大学 76

Leipzig, University of, 莱比锡大学 237, 238, 244, 245, 248, 250n59, 251, 261

Leland Stanford Junior College, 利兰·斯坦福初级学院 293

Leslie, Bruce, 布鲁斯·莱斯利 154

liberal arts, 文科 2, 232, 323, 325n21, 353; 与战前学院, 160; 与神学院, 225n11; 与哈佛课程, 117-18; 与中世纪课程, 4, 18, 19-21; 牛津和剑桥的, 71, 76, 77. 参见 colleges, liberal arts; Seven Liberal Arts

liberal culture, 文科文化 272n99, 285

liberal education, 文科教育 155, 262, 271, 272, 318, 369-70

Libraries 图书馆: 美国大学的, 303-5, 321; 战前学院的, 207-17; 剑桥的, 86, 88-97; 数字化馆藏, 357; 与电子资料, 356-58; 欧洲的, 208; 罚款, 209; 战前的出资, 208, 209; 德国大学的, 232, 250; 中世纪大学的, 30, 33-37; 牛津的, 86, 88-97, 101; 州的, 208. 参见 books

Lieber, Francis, 弗朗西斯·利伯 189

Liebig, Justus, 尤斯图斯·李比希 258-59

Lincoln, Abraham, 亚伯拉罕·林肯 170

Lincoln, bishops of, 林肯主教 51, 63-64

Lindsley, Philip, 菲利普·林斯利 147, 161, 168-69, 170, 218

Lipsius, Justus, 尤斯图斯·利普修斯 101

Litton, 利顿 336

Locke, John, 约翰·洛克 xiii, 135, 141

Lockheed,洛克希德 336

logic 逻辑:与美国专门学校,157;与内战前的学院,184;与剑桥课程,77-78,80-81,84,114;与哈佛课程,116;与中世纪课程,8,19,20,21,25,28;与牛津课程,77-78,80-81;与经院哲学,21;大学的～训练,40.参见 trivium

Lombard,Peter,*Book of Sentences*,彼得·隆巴德,《四部语录》25,27,30

Lombardi,John V.,*How Universities Work*,约翰·V.隆巴尔迪,《大学如何运行》342-43,344-45,349-51

lotteries,state,州的彩票业务 164

Lowell,A. Lawrence,A.劳伦斯·洛厄尔 312

Lutheran colleges,路德宗学院 182

Lutherans,路德宗信徒 177

Macalester College,麦卡莱斯特学院 360n113

Machiavelli,Niccolò,*The Prince*,尼科洛·马基雅维里,《君主论》84

Maclean,John,约翰·麦克莱恩 186n96

Madison,James,詹姆斯·麦迪逊 292

madrasas,伊斯兰教学校 1n1

*Magna Charta Universitatum*,《大学宪章》366

Maine,缅因州 149

Makdisi,George,乔治·马克迪希 1n1

Manhattan Project,曼哈顿工程 330

Manning,Thomas,托马斯·曼宁 74

manuscript codices,手稿古抄本 30,87

Manutius,Aldus,阿尔杜斯·马努蒂斯 100

Marburg,University of,马尔堡大学 254

Marian exiles,"玛丽流亡者" 48,49

marriage,成婚 142,158

Marshall,Texas,得克萨斯州马歇尔镇 152

Marshall College,马歇尔学院 210

Mary I,Queen,玛丽一世女王 48,49,52,91-92

Mary II,Queen,玛丽二世女王 125n49

Masefield,John,约翰·梅斯菲尔德 xiii

Massachusetts,马萨诸塞州 105,149;1780 年宪法,118;普通法院,107,108;1647 年《一般学校法》(《老骗子撒旦法案》),118

Massachusetts Bay Colony,马萨诸塞湾殖民地 124

Massachusetts General Court,马萨诸塞州普通法院 110,111

Massachusetts Institute of Technology(MIT)麻省理工学院:与联邦拨款,333;与工业,334n44;辐射

实验室, 330-31; 与斯坦福, 334,
335; 与第二次世界大战, 329,
331
mathematics, 数学 157, 222, 256;
与美洲殖民地时期的学院,
137-39; 与战前学院, 176, 184,
194, 198; 与剑桥, 81n84, 84-
86; 与哈佛, 116, 118; 与中世
纪课程, 2, 19; 与牛津, 84-86.
参见 arithmetic; geometry;
quadrivium; STEM disciplines
Matthews, Anne, 安妮·马修 316
McCosh, James, 詹姆斯·麦考什
228, 238, 293
mechanics' institutes, American, 美国
的机械学校 155
Mede, Joseph, 约瑟夫·梅德 95,
98, 99-100
medical schools, 医学院 xv, 143,
218
Medicine 医学: 与战前学院课程,
197; 与哈佛, 118; 中世纪的,
2; 与中世纪图书馆, 34; 与中世
纪大学, 18-19; 与牛津和剑桥,
76; 与社会流动性, 142; 与斯坦
福, 346; 与一般学问所, 4. 参
见 physicians
Melanchthon, Philip, 菲利普·梅兰
克森 81
merchants, American, 美国商人 115,
122, 131, 143. 参见 business
metaphysics, 形而上学 18, 82

Methodists, 卫理公会信徒 159, 165,
166, 177
Miami University, Oxford, Ohio, 迈
阿密大学, 俄亥俄州牛津市 171,
195
Michigan, University of, 密歇根大
学 223, 256-57, 272, 279; 与美
国大学协会, 282; 图书馆, 303,
304; 教员中的哲学博士, 306;
研究班, 260, 261; 规模, 279;
斯洛森的排名, 284; 本科学院,
283; 与第二次世界大战, 331
microelectronic companies, 微电子公
司 336
Middlebury College, 明德学院
168n54; "老石排", 172
middle class, 中间阶级 130-31, 152,
315, 341, 354; 与美国专门学
校, 152, 157, 158; 与战前学院,
163, 182; 形成, 343; 与教派学
院, 168. 参见 social class
Midwest (U.S.), 中西部(美国)
128, 149, 150, 151, 182, 281
Mildmay, Sir Walter, 沃尔特·迈尔
德梅爵士 109, 114
ministers, 牧师 131; 作为内战前学
院院长, 177-78; 与战前学院,
159; 作为殖民地时期的学院院
长, 126, 128, 134-35; 来自哈佛
学院, 122; 与普林斯顿, 143
ministry, 牧师职位 179; 与美洲殖民
地时期的学院, 136; 与战前学院

课程，197；与教派学院，167；
与伊曼纽尔学院毕业生，113；与
来自乡村的美洲殖民地时期的学
生 143
Minnesota, University of, 明尼苏达大
学 282n17, 284, 290, 298, 304,
330
Mirror for Magistrates, A,《为官之鉴》
84
missionaries, 传教士 179
missionary societies, 传教团 148
Mississippi, University of, 密西西比
大学 216-17
Missouri, University of, 密苏里大学
207-8, 257, 282n17
Mitchell, Elisha, 伊莱沙·米切尔 182
Mitchell, Walter, 沃尔特·米切尔
213-14
Mommsen, Theodor, 西奥多·莫姆森
230, 274n103
monasteries, 修道院 1, 3, 36, 39,
46
monks, 修士 45
Montpellier, University of, 蒙彼利埃
大学 3, 7, 76
MOOCs（massive open online
courses），大型开放式在线课程
354
moral philosophy, 道德哲学 18, 140,
157, 176, 177, 184
More, Thomas, 托马斯·莫尔 79-80,
84；《乌托邦》, 84

Morison, Samuel Eliot, 塞缪尔·艾略
特·莫里逊 109, 115
Morrill Act of 1862, 1862 年《莫里尔
法案》278-79
Morse, Anson, 安森·莫尔斯 261-62
Mowlson, Ann Radcliffe, 安·拉德克
利夫·莫尔森 122
Mulcaster, Richard, 理查德·马卡斯
特 72
multiversity, 巨型大学 340-43, 351
Munich, University of, 慕尼黑大学
251, 253n62, 258-59
music, 音乐 19, 84. 参见 quadrivium

Naples, University of, 那不勒斯大学
1n1
Nashville, University of, 纳什维尔大
学 168-69, 195
National Association of State
Universities, 州立大学全国协会
286
National Defense Education Act,《国防
教育法案》327
National Defense Research Committee
（NDRC），国防研究委员会 329,
334, 335n46
National Institutes of Health, 国家卫生
研究所 332-33
National Merit Scholarship program,
371
National Research Council, 国家研究
委员会 xiv, 308

National Science Foundation，全国优秀学生奖学金计划 332-33

Native Americans，美国土地 xiii，xv，281，352

natural history，自然史 200，215

natural law，自然法 176

natural philosophy，自然哲学 18，20，54，82n88，137，156，176，184，200．参见 astronomy；physics；sciences

Nebraska, University of，内布拉斯加大学 282n17

Netherlands，荷兰 94，109

Neumann, John von，约翰·冯·纽曼 368

Newark, NJ，纽瓦克，新泽西州 128

New Brunswick, NJ，新泽西州新不伦瑞克 128

New England，新英格兰 xiii，106-7，184n89，281；专门学校，151；语法学校，151；与哈佛，115；前往~的移民，123；与牛津和剑桥，xvi；移民至~的牛津和剑桥毕业生，111；初级和中级教育，149

New England Association of Colleges and Secondary Schools，新英格兰学院和中学协会 287

New England Confederation，新英格兰邦联 118

*New England's First Fruits*，《新英格兰早期成果》117

New Haven, CT，纽黑文，康涅狄格州 128，131

New Humanist philology，新人文主义语文学 201

New Learning，新知识 135，137

New Science，新科学 82

Newton, Sir Isaac，艾萨克·牛顿爵士 82，135，139

Newtonian physics，牛顿物理学 138

New York City，纽约市 123

New York State，纽约州 149，151，153n13，154n17，155，326

New York University，纽约大学 233n29

Nicholson, Sir Francis，弗朗西斯·尼科尔森爵士 124

Nobel laureates，诺贝尔奖得主 350n92

Nobel Prize，诺贝尔奖 282n17，328，346，347

normal schools，师范学院 280-81

North（U.S.）北方（美国）：专门学校，157；普通学校，150

North Carolina, University of（Chapel Hill），北卡罗来纳大学（教堂山分校）163，168n54，181，187-88，214，217，360n113

Northeast（U.S.）东北部（美国）：语法学校，151；与后殖民地时期美国的专门学校，156．参见 New England

Northrop, Cyrus，赛勒斯·诺斯罗普 290

索　引　473

Northwest（U.S.）,西北部（美国）149

Norwich University, Vermont,诺威治大学,佛蒙特州 209

Nott, Eliphalet,伊利法莱特·诺特 178

nuclear energy,核能 332

Oberlin College,欧伯林学院 283

Oecolampadius, Johannes,约翰尼斯·厄科兰帕迪乌斯 101

Office of Naval Research（ONR）,海军研究办公室 332, 335n46

Office of Strategic Research and Development（OSRD）,战略研究与发展办公室 329

Ohio State University,俄亥俄州立大学 349

Olmstead, Frederick Law,弗雷德里克·劳·奥姆斯特德 299

online colleges,在线学院 281

online education,在线教育 354-55

Orleans, University of,奥尔良大学 12, 16, 21

Otterbein University,奥特本大学 219

Ovid,奥维德 81

Oxbridge,牛津–剑桥 43n2

Oxford, University of,牛津大学 xv, 1n1, 228, 280, **298**；万灵学院, 176；校友, 61；与美国学生宿舍, 175, 176；阿拉伯语, 83；文学士, 77；贝利奥尔学院, 48；食宿费欠费生, 74；神学学士, 76；仪仗官, 51；博德利图书馆, 10, 55, 94-95, **96-97**；图书, 87-104；书商, 32, 98, 100-101；建筑, 9, 132；校长, 7, 50, 51-52, 61；与追思弥撒捐款, 47-48, 59-60；与查理一世, 53；基督教会学院, 50, 57, 60, 74-75；与教会管理, 39；与民法, 76；学院院长, 49, 50, 52, 54, 56, 61, 62, 65, 70；学院图书馆, 88-93, 101；学院, xvi, 65-66；学院导师, 70-71, 84, 86, 95；与殖民地时期的新英格兰, xvi；教职员大会堂, 10；教职员大会堂图书馆, 34；法人权利和特权, 45；王权对～的司法管辖权, 49；课程, 71, 75, 76-82, 83-84, 85, 86, 95；对国家的依赖, 45；辩论, 67, 71；神学院, 10；与1549年爱德华章程, 85；与伊丽莎白一世, 49-50, 52, 53-54, 55, 56；用捐款设立的讲师职位和教授职位, 57；与英国政府和宗教, 43, 44, 45；招生, 145；与剑桥的创立, 3, 11；宗派主义, 61；教员, 7, 51, 59, 65, 70-71, 73；作为教员主导的学问地热能, 7；研究员职位, 57, 59, 60, 61-64, 74；研究员, 36, 50, 52, 57, 59, 65, 70, 88, 89；足球, 69；创立, 3；全球排名, 364；治理, 7,

48-57，59-71；研究生学习，76；希腊语，78，79-80，83，99；发展，72；师傅行会，51；行会传统，59；与哈佛，xvi，109，111，114，118，119，120，122；希伯来语，83，99；与亨利八世，44，45-48，59-60；历史，83；人文主义，77-82；与詹姆斯一世，53，54-56，57；拉丁语，101-2；讲座，93；图书馆，33，34，36，37，86，90；与教学许可，19；与伦敦，44；文科硕士，76，77，84；莫德琳堂，110；手稿文本与图书，44；离开～的玛丽流亡者，48，49；与玛丽一世，48，49，49n12；与马萨诸塞普通法院，110；数学，84-86；入学注册，66，72；与医学，76；中世纪的，7，9，9n22，12，19，21，31，32，33，34，36，37，39；默顿学院，**35**，36；修道士和托钵会修士，45；修道士和托钵会修士的流失，76；新的学术领域，83；新学院，36；与宣誓拥护王权的至高无上，49；奥里尔学院，89；与议会，50，51；塑造的血统，105；哲学博士项目，224；平民学生，72-73；贫困生，12，64；与教皇，4；出版社，98-100，101，273；私人导师，84，86；学监，7，51；后四艺，84，85；王后学院，74，75；摄政师傅，7，9，

21-22，34n85，51；登记员，51；宗教宗派主义，59；宗教测试或宣誓，114；与文艺复兴时期的人文主义，44-45；住处，9；寄宿式学院；与皇家慈善，56-57；学生/学者 59；与经院哲学，21；科学，45，84；作为自治的法人，50；自治，126；规模，12；社会成分，45；绅士和贵族子弟，45，72；上演的戏剧，69；与国家，43，45；文具商，31，98，102；学生，48，52，57，59，61，62-63，64-71，77；与1564年章程，86；与1565年章程，50；圣约翰学院，75-76n74，86；作为一般学问所，4，45；禁止奢侈的纪律，67-68；三一学院，74-75；导师的个别辅导，83，257；导师，74，75，77，83，84，86，93，95，257；作为文科和理科的本科院校，76-82；大学图书馆，90；大学与学院讲师，77，83；副校长，50，51，52，56，61，65，70；督导，48，50，52，59，61，65；沃德姆学院，57，**58**；女性，71，75；与耶鲁学院，xvi. 参见 students, Oxford

Padua, 帕多瓦 11
Padua, University of, 帕多瓦大学 76
paganism, 信奉异教 82
Panofsky, Erwin, 欧文·帕诺夫斯基

242n45，368
Papal Schism，教会大分裂 7，40
paper，纸张 30，87-88，358
Paracelsus，帕拉塞尔苏斯 101
parchment，羊皮纸 5，29，30，32-33，37，87-88
Paris 巴黎：印刷商和出版商，101；圣马蒂兰教会，33
Paris，University of，巴黎大学 xvi，1n1，5-7，9n24，38n91；文科教员，6-7；书商，31-32；与教会管理，39；辩论，26；创立，3；欺凌现象，16；与海德堡，7-8；文科，20-21；与教学许可，19；医学，76；与牛津和剑桥，43，105；贫困生，9n22，12；与经院哲学，21；规模，12；章程，4，13；学生组织，6-7；作为一般学顺所，4；羊皮纸的使用，32，33
Parker，Matthew，马修·帕克 71，94
Parliament. 议会 见 English Parliament
Parsons，Robert，罗伯特·帕森斯 60-61
patents and licenses，专利与授权 366
Peachem，Henry，亨利·皮奇 74n71
Pell Grants，佩尔助学金 365
Pennsylvania，宾夕法尼亚州 151，326
Pennsylvania，University of，宾夕法尼亚大学 189，238；与美国大学协会，282；作为学院和费城专门学校起步，126-27，130，132，133，135，138，142，143，

145；学院礼堂，132；课程，138；与神学硕士学位，145；与博士学位，268；徽章，**140**；斯洛森的排名，284；与社会流动性，143；与学生排名，133；与第二次世界大战，331
Pennsylvania State University，宾夕法尼亚州立大学 331
Perne，Andrew，安德鲁·佩尔内 91
Perry，Bliss，布利斯·佩里 227-28，230，237，249，275
Perry，Edward D.，爱德华·D. 佩里 257
Ph.D. degree，哲学博士学位 xvi，xvii，xviii，220，224，234-38，267-70，280，287，306
Philadelphia，费城 123
Philco，菲尔科公司 336
philosophy，哲学 2，34，82，84，114，116，118
physicians，内科医生 115，122，159，179，182-83，251. 参见 medicine
physics，物理学 82，116，137，138，197，200. 参见 natural philosophy; sciences
physiology, and Stanford，生理学与斯坦福 346
Pittsburgh，University of，匹兹堡大学 298；求知堂，298
Plato，柏拉图 202
Pliny，普林尼 85
Plutarch，*Lives*，普鲁塔克，《希腊罗

马名人传》84
Pole, Reginald, 雷金纳德·波尔 48, 52, 92
politics, 政治学 176
poor people, 穷人 9n22, 12, 16, 60, 64, 72-73, 168. 参见 social class
popes, 教皇 1, 4, 6, 78; 与亨利八世, 46; 与牛津, 4; 与博洛尼亚大学, 4; 与巴黎大学, 4. 参见 Catholic Church
Porter, Noah, 诺厄·波特 183, 219
Post-Hostility Schools (World War II), 战后学校 (二战) 319-20n9
preachers, medieval, 中世纪的传道人 39. 参见 clergy
preparatory schools, 预科学校 123, 143-44n91, 222. 参见 colleges, American antebellum 词条下
Presbyterian colleges, 长老会学院 166
Presbyterians, 长老会教友 126, 127-28, 143, 159, 165, 167, 177
presidents, 院长/校长 266, 289-90, 294-96, 297, 369; 战前学院的, 176-78, 180; 殖民地时期的, 128, 134-35
Preston, John, 约翰·普雷斯顿 74
primary education, 初级教育 149, 150. 参见 common schools; dame schools; grammar schools
Princeton, New Jersey, 普林斯顿, 新泽西州 123, 128

Princeton College (College of New Jersey), 普林斯顿学院 (新泽西学院) 232; 与学术服装, 275n104; 与专门学校, 155n22; 校友, 168n54, 292; 建筑, 171; 大楼, 131-32; 校园, 297; 拿骚堂的保龄球道, 132, 176, 193; 毕业生的职业生涯, 136-37n75; 特许状, 124-25; 课程, 137n76; 入学者的地理分布, 129-31; 选修课, 263; 教员薪酬, 182, 183; 作为新泽西学院创立, 124-25, 128-29; 德语, 242n46; 希伯来语, 136; 图书馆, 209-10, 212-13; 地理位置, 128; 拿骚堂, 125n48, 128, **129**, 131-32, 171, 176, 193, 210; 与哲学博士学位, 268; 与后殖民地时期的专门学校, 155; 院长楼, **129**; 背诵课, 195; 科学课程, 200; 科学设备, 139; 与社会流动性, 142, 143-44; 社会科学, 141; 体育, 194; 学生纪律, 185; 学生时间表, 187; 理事, 292-93; 与耶鲁, 127
Princeton Theological Seminary, 普林斯顿神学院 180, 225n11
Princeton University, 普林斯顿大学 371; 校友, 313; 与美国大学协会, 282; 与体育运动, 361; 与原子弹, 330; 争夺教员, 367; 与联邦拨款, 333; 派恩图书馆,

303；斯洛森的排名，284；本科学院，283；本科教育，348；女性，310n80；与第二次世界大战，331
print and printing，印刷品与印刷 36，98-100；效果，102-4；字体，78，87，99，100；与人文主义者，78；活字印刷，30，44，87；在纸张上，87；与书折制度，32；学者对~风格的协助，100；与专业化，104；风格，100；与文本权威，103. 参见 books
printers，印刷商 98-100，101
Priscian，普里西安 21
proctors，medieval，中世纪的学监 7，16，51
professional schools，职业学院 159，280，296
professions，职业 118，142-43，159，264
Project Gutenberg，古登堡计划 357
Protestantism 新教：在美洲殖民地，123；与英国国教会，47；与殖民地时期的美洲学院 126；与教派学院，166；信仰重于事工，139；与亨利八世，44；与牛津和剑桥，43
Protestants 新教徒：作为战前学院的院长，177；与牛津和剑桥的神学学士，76；与英国内战，50；在新英格兰，106-7；与牛津和剑桥的图书馆，89-90，92；在美国，148
Pryds，Darleen，达琳·普吕茨 1n1

psychology，心理学 176
Ptolemy，托勒密 45，85
publication，发表的成果 199，234，287
Public Health Service，公共卫生局 332
publishers，出版商 100，101
Pufendorf, Samuel，塞缪尔·普芬道夫 141
Puritans，清教徒 105，106，117；与伊曼纽尔学院，109，112；与哈佛，109，115-16，119-20；牛津的，67
Pusey, Nathan，内森·普西 316

quadrivium，后四艺 19，20，76，84，85. 参见 arithmetic；astronomy；geometry；music
Queen's College, NJ，王后学院，新泽西州 127
questions (quaestiones)，问题 25
Quintilian，昆体良 81n84
*quodlibeta*，纯理论辩论 26

Rabi, Isador，伊萨多·拉比 330
race，种族 319，323-24，352
radar，雷达 330-31
Ramus, Peter，彼得·雷默斯 81，101
Ranke, Leopold von，利奥波德·冯·兰克 230，233，245，**246**
rankings, of universities，大学排名 xiv-xv，xvii，282-85，328，334，

343，345-47，364
Rashdall, Hastings, 黑斯廷斯·拉什达尔 1
R&D 研发：公司提供资金，333-37；与联邦拨款，333. 参见 research
*Realschule*，实科学校 269
Rede, Sir Robert, 罗伯特·里德爵士 84
religion 宗教：与美国专门学校，153；与战前学院，165，176；与《美国退伍军人权利法案》，319；在美国，148
Remsen, Ira, 艾拉·雷姆森 259，295
Renaissance, 文艺复兴 21，44-45，78，100
Rensselaer Polytechnic Institute, 伦斯勒理工学院 198
Republic of Letters, 文士共和国 103，104
research, 研究 285；由美国教员展开，239-40，287；基础研究与应用研究，339；与联邦政府，328-33；德国大学中的，233-34，239；与知识，351；与文学社图书馆，215；与中世纪大学，18；产出压力，345；与斯坦福，335；与教学，350-51，366；与技术进步，331-32；与第二次世界大战，329-31. 参见 R&D
Research Construction Company, 研究建设公司 330n32
rhetoric, 修辞 19，20，25，28；与美国专门学校，157；与战前学院，176，184；剑桥的，77-78，98，114；与哈佛课程，116，117；与牛津和剑桥的人文主义，80-81；牛津的，77-78，98；对教师和学者的保护，4；大学训练，40. 参见 trivium
Rhode Island College, 罗得岛学院 126n52，127，133n69. 参见 Brown University
Rittenhouse, David, 大卫·里滕豪斯 139
Rockefeller, John D., Jr., 小约翰·D. 洛克菲勒 291
Rockefeller, John D., Sr., 老约翰·D. 洛克菲勒 288，291，295
Rockefeller Foundation, 洛克菲勒基金会 314
Roman Empire, 罗马帝国 76，202
Roman philosophers, 古罗马哲学家 80
Rome 罗马：centers of learning in, 知识中心 105；与教会大分裂，40；印刷商和出版商，101
Roosevelt, Franklin D., 富兰克林·D. 罗斯福 331
Rosenberg, Brian, 布赖恩·罗森伯格 360n113
Rosovsky, Henry, *The University*, 亨利·罗索夫斯基，《大学》342-43，344，345，348-49，351
Route 128, 128 号公路 337
Royal Society of London, 伦敦皇家学

会 138
Ruegg, Walter, 沃尔特·鲁格 2
Rutgers University（Queen's College）, 罗格斯大学（王后学院）126

Sacrobosco, Johannes de, 约翰内斯·德·萨克罗斯科 85
Salamanca, University of, 萨拉曼卡大学 34, 43
Salisbury, Sir Robert Cecil, Earl of, 罗伯特·塞西尔爵士, 索尔兹伯里伯爵 50-51, 68n56
Sanderson, Robert, 罗伯特·桑德森 81
San Francisco Bay region, 旧金山湾区 337
San Francisco earthquake, 旧金山地震 300, **300**
Sanskrit, 梵语 205, 206
Savile, Sir Henry, 亨利·萨维尔爵士 83, 85
Schmidt, George P., 乔治·P. 施密特 178
Scholastic Aptitude Tests, 学术能力倾向测试 310
scholasticism, 经院哲学 21, 42, 101; 与殖民地时期美洲的学院 136-37; 与哈佛课程, 116; 与人文主义, 80; 与牛津和剑桥, 76, 82
sciences, 诸科学 200-201, 208, 215; 与殖民地时期美洲的学院, 137-39; 与美国的学校, 156; 美国大学的, 302; 与战前学院, 176, 197, 198; 应用科学, 20; 与联邦政府, 328-33; 与基础课程, 222; 与德国大学, 232; 教员的增长, 200; 与哈佛课程, 116; 与中世纪大学, 2, 18, 20; 自然科学, 20, 45; 与牛津和剑桥, 45, 84; 从～研究中获得的专利和许可, 366; 物理～1, 84; 专业化, 200. 参见 chemistry; engineering; natural philosophy; physics; STEM disciplines
scientific agriculture, 科学农业 198
scientific equipment, 科学设备 138-39
Scientific Revolution, 科学革命 103
scientists, 科学家 327-28; 聘用成本, 342; 与第二次世界大战, 329-31
Scotland, 苏格兰 109, 123, 143
Scott, Sir Walter, 沃尔特·司各特爵士 215
Scott, William "Wink," 威廉·"眨眼"·斯科特 228-29, 234n33, 237-38, 242, 244, 247n52, 249-50
Scottish universities, 苏格兰的大学 xvi, 146
scribes, 抄写员 29, 30, 32, 87
secondary schools and education, 中级学校与教育 xvii, 149, 158, 221-22, 280. 参见 high schools
seminaries, 中等学校 xv, 156, 159,

160，167，179-80，225
seminars，研究班 232，256，260-62，268
Servicemen's Readjustment Act，《退伍军人重新安置法案》319. 参见 G. I. Bill of Rights
Seton，John，约翰·西顿 81
Seven Liberal Arts，文科七艺 2，4，76，77. 参见 liberal arts
Sheldon，Henry D.，*Student Life and Customs*，亨利·D. 谢尔顿，《学生生活与习俗》311
Shepard，Thomas，托马斯·谢泼德 108，111，117-18
Shippen，Edward，爱德华·希彭 213
Sicily，西西里 2
Sidney，Algernon，阿尔杰农·西德尼 141
Sihler，Ernest，欧内斯特·西勒尔 241n44
Silicon Valley，硅谷 xvii，334，336，337，347
Silliman，Benjamin，本杰明·西利曼 200
slavery，奴隶制 221
Slosson，Edwin E.，*Great American Universities*，埃德温·E. 斯洛森，《美国优秀大学》283-84，286
Smith，Adam，亚当·斯密 141
Smith，Charles F.，查尔斯·F. 史密斯 227
Smith，Robert，罗伯特·史密斯 **129**

Smith，Sir Thomas，托马斯·史密斯爵士 62，85
Smith，William，威廉·史密斯 142
Smith College，史密斯学院 227，283
social class 社会阶级：与美国后殖民地时期的专门学校，152；与殖民地时期美洲的学院，130-31；与伊曼纽尔学院，112-13；与牛津和剑桥，45，67，71，72. 参见 aristocracy；middle class；poor people；working class
social media，社交媒体 353
social mobility 社会流动性：与殖民地时期美洲的学院，141-44
social networks 社交网络：与美国专门学校，158
Social Science Research Council，社会科学研究委员会 308
social sciences，社会科学 343，368，370；殖民地时期美洲的学院中的，141；与战前学院，176-77；与中世纪课程，20；与研究班，260；斯坦福的，338
Society for the Promotion of Collegiate and Theological Education at the West（Western College Society），西部学院和神学教育促进会（西部学院协会）165，167
Socratic questioning，苏格拉底式问答 203
sonar，声呐 331
Sophocles，索福克勒斯 202

Sorbon, Robert de, 罗贝尔·德·索邦 20n55

Sorbonne, Collège de, 索邦学院 10n25, 34, 36, 37n89

South (U.S.), 南方（美国）182; 专门学校, 151, 158; 内战前的学院, 190-92, 193; 普通学校, 150; 教育研究所, 156; 后殖民地时期的专门学校, 153, 154, 156; 公共用地, 149

South Carolina College, 南卡罗来纳学院 164, 170, 171, 192, 208, 210, 212, 215-16

Southern American colonies, 美国南方的殖民地 123, 127, 128, 130

Southern Pacific (railroad), 南太平洋（铁路）277

Southwest (U.S.), 西南（美国）149

Soviet Union, 苏联 327, 332

Spain, 西班牙 2

Spanish, 西班牙的 84

Sparks, Jared, 贾里德·斯帕克斯 217-18

Sperry Gyroscope, 斯佩里陀螺仪 336-37

sports. 体育见 athletics

Sputnik, 苏联人造地球卫星 327, 333, 336

Standard American University (SAU), 标准美国大学 286-87, 293-94, 296, 308

Standard Oil, 标准石油 277, 288

Stanford, Leland, 利兰·斯坦福 298-99

Stanford, Mrs. Leland, 利兰·斯坦福夫人 291

Stanford Industrial Park (Research Park), 斯坦福工业园（研究园）335-36

Stanford University, 斯坦福大学 263, 331; 校友, 293; 与美国大学协会, 282; 与体育运动, 305, 361; 校园, 298-301, **299**, **300**, 302; 集成系统中心, 336; 衍生的公司, 337; 争夺教员, 367; 与公司, 333-37; 系科, 338, 339; 航空工程部, 336; 恩西纳楼, 302; 出资, 313, 333-37, 338-39; 研究生, 338-39; 与哈佛, 345-46, 347; 荣誉合作计划, 336; 胡佛塔, **299**; 工业附属计划, 336; 内部方院, 299-300; 图书馆, 355; 纪念教堂, **299**; 技术许可办公室, 337; 毕业的博士, 336; 声誉, 334, 346-47; 罗夫莱楼, 302; 斯洛森的排名, 284; "卓越的尖顶"观点, 338-39; 理事, 291; 本科教育, 348; 与美国军方出资, 334-35, 338-39; 与第二次世界大战, 334, 335n46; 二战退伍军人在～, 320

states 州: charters of 特许状, xvi; 出资, xviii, 153, 312, 313; 向战前学院出资, 164; 州议会, 215,

216，294；与《莫里尔法案》，279；与公立大学，371；与社会-经济流动性，326

state universities，州立大学 284，286；校友，292n43；分校区，281，326；校园，301；与卡内基基金会，289；教员薪酬，313n90；出资，312，313；与《莫里尔法案》，279；校长，290；理事，292n40；与退伍军人，323n16

stationers，文具商 31-33，98，102

Stationers' Company，London，伦敦文具商公司 95，99

Steffens，Lincoln，林肯·斯蒂芬斯 271n96

STEM disciplines，科学、技术、工程、数学学科 338，343，346，347，368，371. 参见 engineering；mathematics；sciences；technology

Stiles，Ezra，埃兹拉·斯泰尔斯 144-45

St. Mathurin's Church（Paris），圣马蒂兰教会（巴黎）33

Stone，Irving，欧文·斯通 309

Stourbridge fair，斯陶尔布里奇书市 99

Strabo，斯特拉博 45，85

Strasbourg, University of，斯特拉斯堡大学 227，230，233，237，249，251

Stuart，Isaac W.，艾萨克·W. 斯图尔特 203n134

Stuart，Moses，摩西·斯图尔特 180

Studemund，Wilhelm，威廉·施图德蒙德 233

students, American 美国学生：学术自由，368；招生政策，310；与体育运动，358-62；争夺最好生源，370-71；债务，xviii；维持纪律，287；歧视，310n80；评估，370-71；联邦援助项目，365；经济援助，326，327，371；外国的，xviii；研究生，347，348，349，350；毕业生研究员职位，327；毕业生海外学习，282；作为研究生助教，22；与管理部门的增加，294；欺凌现象，xviii；行话和俚语，311；与塑造完整的人的文科教育，369-70；生活与文化，284；低收入，xviii，371；与低收入家庭，365；医学生，356；少数群体，xviii；与二战后的行为规则，324-25；抗议，xviii；与教员的比例，370；所做的研究，366；社会-经济流动性，326；标准化的经历，310；斯坦福的，338；与研究型大学中的教学，309；本科生，xvii，369-70；本科生被忽视，347-51；半工半读，74；在二战期间，318；身为～的美国退伍军人，319-25，326 美国战前的学生，162，163；在专门学校中，151，152，153，154-55，157-58；年龄，184，190；在德国的，199n123，201；军训队，193；在普通学校中，150；每日时间表，186-87；纪律，157-58，174-76，183-97，222；荣誉，190-92；法则，184，187-88；与图书馆，211-15，216；文学社团，214-15；数量，182；预科的，208；住处，174-76；南方的，190-92，**191**. 参见 academies, American; colleges, American antebellum

students, American at German universities, 在德国大学的美国学生 xvi，224-56；与文凭，236-38；与课程，244-51；与选修课，263；自由，263-65；与德语，241-44；与德国的哲学博士，235-38；与德国的研究方法，233-34；与德国学生成熟度对比，258；女性，251-53. 参见 students, German

students, American colonial 殖民地时期的美洲学生：年龄，130；吸引力，123，125；商业关系，142；人口分布，129-30，142-44；纪律，132-34；与豁免，146；未来职业，115，116，122，136，142-44；语法学校，127；遗产，130；与学院的地理位置 129-30；与文科硕士考试，116；与婚姻，142；

流动性，128；数量，122，123，126，145；来源，115；学院前的准备，130；与普林斯顿，143；与职业，142-43；与社会阶级，132-33；与社会流动性，141-44. 参见 colleges, American colonial

students, Cambridge 剑桥学生：年龄，130；出勤，71；拥有的图书，83-84，92-93，95，98；用～的罚款购买的图书，89；职业生涯，65，72；值得帮助的贫困生，72-73；纪律，65-66，71，75；精英，73；与伊曼纽尔学院，112-13；受雇于研究员级自费生，73-74；费用，73；研究员级自费生，73-75，98，112，113；资金来源，65，71；欺凌现象，69；与讲座，77；与数学，86；不读到毕业的精英，83；其中的自费生，74，98；与宗教，71；住处，73，77；学术研究，72-73；其中的减费生，74，98，112-13；与社会阶级，71-75；其中的补贴对象，74；本科生，76-82；与大学图书馆，94 德国学生，234-35，245，258；与选修课，264，265；自由，230-31，263，266. 参见 students, American at German universities; universities, German

students, Harvard College, 哈佛学院学生 114，115，116，117，120-21，122，133，145，184n89 students, medieval 中世纪学生：入学过程，8-9；黑话，15；贵族的，40；文科的，9，22；上课出勤，13，14；与图书，22-23，29，30-31；职业生涯，37-42；教士身份，9；作为教士，13；穿衣，13-14；体罚，16；与犯罪，9n24；受罪犯掠夺，9；课程，17-21；其中的纪律和秩序，13-17；与辩论，19，21，25-28，206；辍学率，18n49；考试，24-28；与收费，12；与罚款，16；所加的注解与注释，23，30-31；毕业生，9，33，34；受到欺凌，15-16；遭到监禁，17；来自～的收入，7；与拉丁语，14-15；世俗人士，16；与讲座，21-23；法律保护，9；与图书馆，34；受高年级学生敲诈，15-16；同乡会，6-7；记笔记，22-23，**24**；数量，12-13；来自贫困阶级，12，16；预科的，9；作为～的祭司、托钵会修士和修道士，11；特权，5-6，13；保护，4-5；资格，8；与师傅的关系，8，13；住所，9-10；世俗动机，17；社会背景，11-12，40；作为告密者，14-15；一般学问所中的，4；暂时除名或永久开除，17；与神学，30；本科生，13，18，34；与大学景观，8；与大学章程，9；上层阶级，16；蜡板，22，**24**，33；与女性，9，14，28

students, Oxford 牛津学生，55-56，130；出勤，69，71；与博德得图书馆，95；拥有的图书，83-84，95，98；用～的罚款购买的图书，89；职业生涯，65，72；天主教与清教的，67；与英国国教会，67；自费生，67；值得帮助的贫困生，72-73；纪律，65-66，69，71，75；精英，73；不读到毕业的精英，83；受雇于研究员级自费生，73-74；费用，73；研究员级自费生，73-75；资金来源，65，71；受到欺凌，69；与讲座，77；与数学，86；注册入学，66-67；其中的自费生，74，98；个人藏书，92-93；与宗教，67，71；住所，66，73，77；与王室的至高无上，67；学术研究，72-73；其中的减费生，74，98，112-13；与社会阶级，66，67-68，69，71-75；本科生，76-82；与大学图书馆，94；上层阶级，68．参见 Oxford, University of

*studium generale*，一般学问所 4；创立，7；法定权利，6；作为～的牛津与剑桥，45

Sturtevant, Julian, 朱利安·斯图尔特万 167，171

Syracuse University, 雪城大学 233

Syriac, 古叙利亚语 117

Tappan, Henry, 亨利·塔潘 219,

223，224，261
taxes，税收 6，107，120，125，146，153，164，312，366
teachers，教师 305，309；与专门学校，152-53，156，158；与普通学校，150；来自哈佛学院，122；与哲学博士学位，269；高中的标准，286-89. 参见 faculties
Teachers Insurance and Annuity Association（TIAA），教师保险与年金协会 289. 参见 TIAA-CREF
teaching，教学 263，307；在战前学院，203-6；与战前图书馆，215-17；古典学的，201-2，203-4；电子的，354-55；与教育电视，354；与选修课，264；与联邦政府，328；德国教授的，239；作为职业，272-75；与研究，366；与乡村的殖民地时期的毕业生，143；中级的，198；与讨论班，261；大学中的，239，241，347-51. 参见 curricula；faculties；students
technology，技术 338；创新，366；与斯坦福，347. 参见 STEM disciplines
Teletronix，Teletronix 公司 336
Ten Brink, Bernhard，贝恩哈尔·坦恩·布林克 230，249
Tennyson, Alfred, Baron，阿尔弗雷德·丁尼生男爵 206
Terence，特伦斯 81

Terman, Frederick，弗雷德里克·特尔曼 331，334-35，336，338
Texas，得克萨斯州 151-52
Texas, University of，得克萨斯大学 345，365n7
Texas Instruments，德州仪器公司 336
Thackeray, William Makepeace, *The History of Pendennis*，威廉·梅克皮斯·萨克雷，《潘登尼斯》43n2
theologians 神学家：作为牛津－剑桥的研究员级自费生，73；在德国学习，201
theology，神学 4，12，18-19，20，21，30，34. 参见 seminaries
Thomas, M. Carey，M. 凯里·托马斯 252-53
Thornwell, James，詹姆斯·桑韦尔 170，218
Thucydides，修昔底德 202
Thwing, Charles F.，查尔斯·F. 特温 258
TIAA-CREF，教师保险与年金协会－学院退休股票基金 369
Todd, John, *The Student's Manual*，约翰·托德，《学生手册》188
Tolman, Richard，理查德·托尔曼 329
Toulouse, University of，图卢兹大学 12，13-14，32
Transylvania College，特兰西瓦尼亚学院 178；主楼，171
Treitschke, Heinrich Gotthard von，海

因里希·冯·特赖奇克 230,245,
247
Tresidder, Donald, 唐纳德·特里西
德 334-37
Trinity College, Dublin, 三一学院,
都柏林 10
Trinity College, Hartford,
Connecticut, 三一学院, 康涅狄
格州哈特福德 298
trivium, 前三艺 19, 20, 76, 77-78.
参见 grammar; logic; rhetoric
Troy Female Seminary, 特洛伊女子中
等学校 156
Truman, Harry, 哈里·杜鲁门 326-27
trustees, 理事 125-26, 180, 189,
266, 290-93, 294, 297, 369
Tübingen, University of, 蒂宾根大学
259
Tunstall, Cuthbert, 卡斯伯特·滕斯
托尔 79, 85
Turner, James, 詹姆斯·特纳 272n99
tutors 导师: 战前的, 174, 179,
199; 剑桥的, 70-71, 74, 75,
77, 83, 84, 86, 93, 113,
257; 与殖民地时期的美洲学院,
130, 133-34, 135; 与伊曼纽尔学
院, 113; 与哈佛, 117, 122; 牛
津的, 74, 75, 77, 83, 84, 86,
93, 95, 257. 参见 faculties
Twain, Mark, 马克·吐温 241-42,
274n103, 276
Tyler, William S., 威廉·泰勒 180,
203-4

Union College, 联合学院 149,
168n54, 171, 175-76, 178,
189, 292
Union Theological Seminary, 联合神
学院 225n11
United Brethren, 弟兄会学院 219
United Colonies of New England, 新英
格兰联合殖民地 120
United States, 美国 221; Bureau of
Education, 教育局 283; churches
in, 教会 148, 150; 城市, 148;
教育专员, 286; 宪法, 148; 经
济, 148, 276-77, 281, 317; 全
球竞争力, 328-29; 移民, 147,
276; 国家实验室, 339; 教育部,
318; 人口, 147, 276, 277; 后
殖民地时期的商业革命, 152; 后
革命年代, 147-50; 二战后的进
步, 328; 教育的公共用地捐赠,
149, 371; 共和主义意识形态,
148; 领土扩张, 147; 与第二次
世界大战, 317. 参见 American
frontier; federal government
United States Congress, 美国国会
319, 327, 332, 333, 337n55
United States military, 美国军方
323-24, 334-35, 338-39
United States Military Academy at West
Point, 美国西点军校 198
*universitas magistrorum et scholarium*,

大学教师与学者团体 6
universities，American，美国大学 282，327-28；学术服装，315；与学术自由，xviii；与专门学校，159；管理，xviii，293-97；与美国社会，340-41，343，365；与战前学院，160；冠以～之名的战前院校，217；与体育运动，305，358-62；自主权，xvii，220，332，338，341，344，345，369；B.A.学位，xv；与"自由"和"知识"，271-72；预算，294；建筑，xvii，297-302，313，372；校园，297-302，318，372-73；小教堂服侍，290；获得成功的特征，364-73；～之间的竞争，xvii，289，302，305，341，344，345-47，349-50，358，367；审计员（事务主管），296；作为法人，291，296；费用，xviii，294；课程，263-65，274，310，350，351-53；定义，218-19；系科自治，270，306，338，339；系科组织，366-67；系科，274，307；发展办公室，314；学科，303；多样性，365；宿舍，302；选修课，263-65，274，309；精英，xvii-xviii，364-73；出现，xv；彼此追赶，289；收到的捐款，312，314，341-42n66；招生，277-78，302；演变，264；来自外国的学生、学者和教员，367-68；创立，xvii；自由，262-67；出资，312-14，344，365-66；与德国大学，253-58；目标，295；与研究生和职业学院，219；研究生助手，321；研究生教育，350；来自～的研究生研究员职位，228；研究生项目，280；研究生院，xvii，225，226；研究生院与职业学院，270；历史上属于黑人的，323；独立性，345；与杂志和系列研究成果，273，307；与知识，xvii，340-43，363；实验室，258-60，302；赠地，371；讲座大厅，302；与二战后时期的讲座，321；图书馆，273，287，303-5，355-58；生活准备，285；与文科硕士学位，xv，287；专业，309；与英才教育，365；与《莫里尔法案》，278-79；在全国不可或缺，341；"不考虑经济能力的"录取政策，371；数量，277；与哲学博士学位，xvii，xviii，236，267-70，287；战后关于～目标的观念，285；出版社，308；私立的，282，371；私立营利性的，xv；问题，xviii；职业学院，287；从技术中获得的收益，337n55；晋升与终身职位，273-74；公立的，xv，282，291，321，371；发表成果的机构，273；从公共部门获得资金，278；与公共服务，xvii，371-72；排名，xiv-xv，

xvii，282-85，328，343，345-47，364；区域性认证团体，287-88；规制，349-50；研究，xvii，270，272，273-74，347；崛起，xiv；学术性出版社，273；与世俗主义，289-91；研究班，260-62；目标、标准和相近性，343-44；规模，278，279，294，296，297，302，326；与社会组织，363-64；与社会地位，364；标准化，xvii，286-87，288，314-15；教学，270，309，347-51；与职业训练，285；与第二次世界大战，xvii，316-19，329-31；年末庆祝活动，314-15．参见 state universities

universities，European，欧洲大学 366；与内战后的教员，224；与美国大学的质量，282

universities，German，德国大学 180，199；与美国大学协会，282，283；高级工作，224；～中的美国学生，xvi-xvii，199n123，201，224-56，258，263-65；自主权，265；自由，202，271-72；与职业目标，234-35；与古典语文学，224；发放的证书，236-38；课程，231，244-51；作为真正的～发展，225；相互之间的区别，255；哲学博士学位，234；院系，270；自由，230-31，262；研究生院，xvi；欺凌现象，250；对古典文明的历史主义态度，202；国际声誉，230；实验室，232，233，249-50，256，258-60，268；讲座，233，244-45，247，256-58；图书馆，232，250；作为榜样，253-56，285，315；从～获得的哲学博士学位，xvi，234-38，269-70，306；哲学教员，232，234，252，270；高级工作的实践和条件，230；作为职业学院，235，264；与发表的学术成果，234；研究，xvi-xvii，233-34，247-49；科学，232；研究班，233，247-49，256，260-62，268；特别训练，233；知识，271-72；女性，251-53．参见 students，German

universities，German medieval 德国中世纪大学：与教会管理，39；辍学率，18n49；与拉丁语，14-15；与口头辩论，26；贫困生，12；规模，13

universities，Iberian，伊比利亚半岛的大学 1n1

universities，Italian，意大利的大学 10，12，32，78；law schools of，法学院 11，20，25

universities，medieval，中世纪大学 2-42，76；arts faculty of，文科教员 18-19，30，34；自主权，6；中学毕业会考，26；与文学士学位，18-19，22；与图书，22-23，27，29-37；书商，29，31-32；建筑与景观 8，9-11；仪式，19；校

索引 489

长，19；与教会管理，39；～的教会协会，17；学院图书馆，29，34-37；课程，4，8，12，17-21，80；与暂缓履行军事和市政职责，5；授予的学位，42；与学科专业性，41；～中的辩论，19，21，25-28；与辩论，26；与博士学位，5；辍学率，18n49；与帝国和王国，38；与罚款，14；形式上的特权，4-6；与德国大学，235；治理，6，7；类似于行会的组织，4，5，6，42；高等职业性院系，18-19；与帝国、皇家和贵族服务，40；与帝国官僚机构，2；智识目标，17-21；与知识，18；与拉丁语，14-15；法律院系，18-19；讲座，21-23；对～的法定认可，4；与文科，18，19-21；图书馆，33-37；与文科硕士学位，5，18-19，22；师傅行会，19；与注册入学费用，12；医学院系，18-19；数量，7；贫困生，12；特权，5-6；职业化，41-42；职业准备，18；声誉，22；与研究，18；～中的寄宿式学院，9，10，12，14n39，16，17，22；住宿楼和校外学生宿舍，9；与科学，18；印章与徽章，29；规模，13；社会背景，18，37-42；与国家，38，40-41；文具商，31-33；章程，4，9，13-17；从～暂时除名或永久开除，17；与教学许可，4，5，6，19，42；与

神学博士，18；神学院系，18-19

University Centers（post-World War II），大学中心（二战后）319-20n9

University of Chicago Press，芝加哥大学出版社 295，308

University of Pennsylvania Press，宾夕法尼亚大学出版社 308

Urban VI，Pope，乌尔班六世，教皇 7-8

*U.S. News and World Report'* *Best Colleges,*"《美国新闻与世界报道》"最佳大学"团队 xiv

U. S. Steel，美国钢铁公司 277

Valence，University of，瓦朗斯大学 16

Vanderbilt University，范德堡大学 313

Vane，Henry，亨利·范内 110

Veblen，Thorstein，索尔斯坦·凡勃伦 284

vellum，牛皮纸 87

Venice，printers and publishers of，威尼斯的印刷商和出版商 101

venture capitalists，风险投资者 337

venture schools，风险学校 150

Vermont，University of，佛蒙特大学 172

vernacular，白话 14

veterans，退伍军人 319-25

Veterans Administration，退伍军人管

理局 321
Vicenza, University of, 维琴察大学 11
Vienna, University of, 维也纳大学 251
Vietnam War, 越南战争 325
Virchow, Rudolph, 鲁道夫·菲尔绍 274n103
Virgil, 维吉尔 81
Virginia, academies of, 弗吉尼亚专门学校 151
Virginia, University of, 弗吉尼亚大学 208, 210, 236-37, 264, 282n17
vocational training, 职业训练 155, 281, 285
Voltolina, Laurentius de, 劳伦丘斯·德·沃尔托利纳 23

Wadham, Dorothy, 多萝西·沃德姆 57, **58**
Wadham, Nicholas, 尼古拉斯·沃德姆 **58**
Walker, Williston, 威利斯顿·沃克尔 234n33
Ward, Samuel, 塞缪尔·沃德 63
Wayland, Francis, 弗朗西斯·韦兰 219
Webster, Noah, 诺厄·韦布斯特 160
Weinberg, Alvin, 阿尔温·温伯格 333n29
Wesleyan University, 卫斯理大学 168n54, 261

Western Association of Colleges and Secondary Schools, 西部学院和中学协会 287
Western Electric, 西电公司 330n32
Western Reserve College, 西储学院 172
Western Reserve University, 西储大学 258
West Indies, colonial students from, 来自西印度群岛的殖民地时期学生 143
Wheeler, Benjamin Ide, 本杰明·艾德·惠勒 285, 303-4
White, Andrew D., 安德鲁·D. 怀特 250n59, 252, 256-57, 262
Whitney, William Dwight, 威廉·德怀特·惠特尼 205
Wilamowitz-Moellendorff, Ulrich von, 维拉莫维茨 230
Willard, Emma, 埃玛·威拉德 156
William III, King, 威廉三世国王 125n49
William & Mary, Royal College of, 威廉与玛丽皇家学院 xvi, 115, 144; 文学士学位, 127, 127n54; 神学教席, 135n73; 特许状, 124; 课程, 137n76; 收到的捐款, 125n49; 语法学校, 127; 与数学, 138; 教授, 127, 134; 与在公共立法机构中的代表权, 146; 本科生群体, 127
William of Ockham, 奥卡姆的威廉

20，22
Williamsburg，VA，威廉斯堡，弗吉尼亚州 123
Williams College，威廉姆斯学院 149，210，227，228，259，292；格里芬楼，171
Wilson，Woodrow，伍德罗·威尔逊 268，371
Winthrop，John，约翰·温思罗普 138
Wisconsin，University of，威斯康星大学 282，283，284，**322**
*Wissenschaft*，知识 271-72
Witherspoon，John，约翰·威瑟斯彭 136，141，297
Wolsey，Thomas，托马斯·沃尔西 50
women，女性 148，163，251，300，302，310n80；与美国专门学校，158；与教育，155，158，324；与夫人学校，150；与女子中等学校，156；德国大学的，233，251-53；与《美国退伍军人权利法案》，319，324；与中世纪大学，9，14，28；剑桥和牛津的，71，75；与后殖民地时期的专门学校，155，156；在后革命时代的美国，148
women's colleges，女子学院 281，284
women's studies，女性的学业 352
Wood，Alva，阿尔瓦·伍德 208n144
working class，工人阶级 182，354.
参见 social class
World War I，第一次世界大战 226，266
World War II，第二次世界大战 xvii，316-19，327-28，329，352
Wounded Knee，翁迪德尼 xiii
Wundt，Wilhelm，威廉·冯特 232
Wycliffe，John，约翰·威克利夫 22

Yale，Elihu，伊莱休·耶鲁 131
Yale Band，"耶鲁团" 162-63，165，167
Yale College，耶鲁学院 xiii，115，127-28；校友，168n54，292；建筑，171；大楼，131，132，171-72，174；与剑桥大学，xvi；毕业生的职业生涯，136n75；康涅狄格楼，131n62，171；课程，137n76，137n78；哲学系与文科，267；系科，219-20；发展成大学，204；神学院，225n11；德怀特楼，174；选修课，263；招生，145；创立，124；教员，199n124；教员薪酬，182，183；第一个捐款设立的教席，135n73；研究生系，220；运动场，193；希伯来语，136；拉丁语，136；图书馆，209，212；与联合图书馆中的利农尼亚和兄弟会文学社，214；文学社团，214；地理位置，128；与牛津-剑桥的寄宿式学院，xvi；与哲学博士学位，220，267-68；与后殖民地时期的专门学校，155；院长，124；教长，124；授予学位的权利，124；科学设备，139；科学学院，198；与中等教育，221-22；谢菲尔德科学学院，267；学生的人口分布，129，130-31；与学生排名，133；学生年龄，184n89；神学系，162-63；更名为大学，219-20；理事，125n50，292

Yale Reports of 1828，1828年《耶鲁报告》199，208n144，221-22

Yale University，耶鲁大学 xvi；与美国大学协会，282；体育设施，305；与体育运动，361；争夺教员，367；研究生院，267；～的研究生学院，306；图书馆，355；斯洛森的排名，284；本科学院，283；本科教育，348；女性，310n80

Zurich, University of，苏黎世大学 251，253